AutoML 인 액션

AutoKeras와 KerasTuner로
머신러닝 파이프라인 최적화하기

Automated
Machine Learning
in Action

AutoML 인 액션

AutoKeras와 KerasTuner로 머신러닝 파이프라인 최적화하기

초판 1쇄 발행 2023년 9월 26일

지은이 칭취안 송, 하이펑 진, 시아 후 / **옮긴이** 박찬성 / **펴낸이** 김태헌
펴낸곳 한빛미디어(주) / **주소** 서울시 서대문구 연희로2길 62 한빛미디어(주) IT출판2부
전화 02-325-5544 / **팩스** 02-336-7124
등록 1999년 6월 24일 제25100-2017-000058호 / **ISBN** 979-11-6921-146-8 93000

총괄 송경석 / **책임편집** 박민아 / **기획 · 편집** 김지은
디자인 표지 최연희 내지 박정화 / **전산편집** 이경숙
영업 김형진, 장경환, 조유미 / **마케팅** 박상용, 한종진, 이행은, 김선아, 고광일, 성화정, 김한솔 / **제작** 박성우, 김정우

이 책에 대한 의견이나 오탈자 및 잘못된 내용에 대한 수정 정보는 한빛미디어(주)의 홈페이지나 아래 이메일로
알려주십시오. 잘못된 책은 구입하신 서점에서 교환해드립니다. 책값은 뒤표지에 표시되어 있습니다.

한빛미디어 홈페이지 www.hanbit.co.kr / **이메일** ask@hanbit.co.kr

지금 하지 않으면 할 수 없는 일이 있습니다.
책으로 펴내고 싶은 아이디어나 원고를 메일(**writer@hanbit.co.kr**)로 보내주세요.
한빛미디어(주)는 여러분의 소중한 경험과 지식을 기다리고 있습니다.

AutoKeras와 KerasTuner로
머신러닝 파이프라인 최적화하기

AutoML 인 액션

칭취안 송, 하이펑 진, 시아 후 지음
박찬성 옮김

Automated
Machine Learning
in Action

MANNING   한빛미디어
Hanbit Media, Inc.

이 책의 표지 그림은 자크 그라세 드 생소베르Jacques Grasset de Saint-Sauveur의 『Aragón Espana Spain Spanien Tracht Trachten costume』(1797)에서 가져온 '아라곤 사람Homme de l' Aragon'입니다. 과거에는 의복만으로도 사람들의 거주지, 직업, 지위 등을 쉽게 파악할 수 있었습니다. 매닝 출판사는 오늘날의 컴퓨터 비즈니스의 창의성과 주도성을 기념하기 위해 수백 년 전 지역 문화의 다양성을 기반으로 한 책 표지를 제작하고 있습니다.

이 책은 머신러닝에 대한 완벽한 실용 가이드입니다. 최신 AutoML 기술의 이론과 실제 응용 사례를 포함하고 있어, 머신러닝 전문가로 성장하고자 하는 사람들에게 이상적인 학습 자료가 될 것입니다. 다양한 시각적인 예제와 코드를 통해 실제 작업의 흐름과 개념을 이해하기 쉽게 설명해서 초보자와 숙련자 모두에게 유용합니다. 또한 알고리즘 최적화와 배포 전략과 같이 중요한 주제들도 다루고 있어 실제 업무에 적용하기에도 유용합니다. 머신러닝에 열정을 품은 사람들에게 꼭 필요한 도서입니다.

윤명식, 메가존클라우드 아키텍트

AutoKeras와 KerasTuner를 기반으로 AutoML을 구현하는 책입니다. 이 책의 저자들이 AutoKeras와 KerasTuner를 만든 창시자로, 예제는 간결하면서도 원리에 대한 상세한 설명을 제공하고 있습니다. 이 책은 단순히 하이퍼파라미터 튜닝과 AutoModel에 국한되지 않고 파이프라인까지 고려하여 케라스의 성능을 극대화하는 방법에 대해 상세히 다루고 있습니다. 이 책을 통해 케라스를 사용하는 모든 연구자가 업무나 연구에서 케라스의 생산성을 높이는 경험을 쌓기 바랍니다.

이영빈, 모두의연구소

'AutoML'이라는 이름 자체가 무척 고도화되고 쉽게 접근할 수 없는 기술로 느껴질 수 있습니다. 이러한 AutoML의 진입 장벽을 낮추기 위해 이 책은 모델 튜닝이 필요한 개발자들이 더 쉽게 접근할 수 있는 기회를 제공하고, 더 많은 사람이 AutoML을 활용할 수 있도록 돕습니다. 특히 AutoKeras 프레임워크를 활용한 예제와 함께 이론을 제공하므로 AutoML 관련 기술을 탐색하는 개발자에게 유용한 참고 자료가 될 수 있습니다. 단순히 하이퍼파라미터 탐색뿐만 아니라 모델 파이프라인의 응용 예시도 함께 제공하므로 해당 기술을 실제로 적용하려는 사람들에게 큰 도움이 될 것입니다.

강찬석, LG전자 소프트웨어 엔지니어

그동안 머신러닝 모델을 구축하면서 항상 가졌던 '어떻게 하면 모델과 하이퍼파라미터를 더 최적화할 수 있을까?'라는 아쉬움과 갈증을 해소할 수 있는 책입니다. MLP, CNN, RNN, SVM 등 다양한 모델에 대한 기초적인 내용뿐만 아니라 이미지, 텍스트, 정형 데이터 등 여러 형식의 데이터를 다루는 방법에 대해서도 친절하게 설명합니다. 특히 코드를 활용한 예제로 모든 내용을 설명하고 있다는 점이 가장 인상 깊었습니다. 복합적인 머신러닝 모델과 하이퍼파라미터를 자동으로 최적화하고 싶은 모든 이에게 이 책을 추천합니다.

박희민, 상명대학교 소프트웨어학과

아키텍처 설계는 물론, 하이퍼파라미터 튜닝까지 해야 하는 바쁜 여러분을 위해, 이 책은 AutoKeras를 활용하여 하이퍼파라미터 튜닝을 자동화하는 방법을 소개합니다. 따라서 이 책을 읽고 나면 AutoKeras를 통해 반복적인 테스트 과정으로부터 해방되어 데이터 분석과 아키텍처 설계에 집중하여 업무 효율을 높일 수 있을 것입니다.

신기원, 고려대학교 안암병원 의료 AI 연구자

AutoKeras와 KerasTuner를 통해 ML 파이프라인을 자동화하는 방법을 단계별로 안내합니다. 다양한 기술의 장단점은 물론, 각 단계는 다양한 이론과 기술을 코드와 함께 소개하고 있습니다. 이 책 한 권으로 실무에 바로 적용할 수있는 AutoML 파이프라인 전체를 학습해보세요.

박민우, AI Researcher

지은이 칭취안 송 Qingquan Song

링크드인 AI 파운데이션팀의 머신러닝 및 렐러번스 엔지니어 relevance engineer.
AutoKeras의 창시자 중 한 명이기도 합니다. 텍사스 A&M 대학교에서 컴퓨
터 공학 박사학위를 받았으며, 관심 연구 분야는 추천 시스템과 소셜 네트워
크에서 AutoML, 동적 데이터 분석 dynamic data analysis, 텐서 분해 tensor decomposition를 활용하는
것입니다. 그리고 지금까지 KDD, NeurIPS, TKDD Transactions on Knowledge Discovery from Data
등 주요 데이터 마이닝 및 머신러닝 학회에서 논문을 발표했습니다.

지은이 하이펑 진 Haifeng Jin

구글 케라스팀의 소프트웨어 엔지니어. AutoKeras의 창시자이자 Keras
Tuner 프로젝트의 리드 역할을 맡고 있습니다. 또한 케라스 및 텐서플로의
기여자이기도 합니다. 텍사스 A&M 대학교에서 컴퓨터 공학 박사학위를 받았
으며, 관심 연구 분야는 머신러닝과 AutoML입니다.

지은이 시아 후 Xia Hu

라이스 대학교 Rice University의 컴퓨터 과학과의 부교수. NeurIPS, ICLR,
KDD, WWW, IJCAI, AAAI를 비롯한 여러 학회에서 100편 이상의 논문을
발표했습니다. 그가 이끈 팀에서 개발한 AutoKeras는 깃허브에서 가장 많이
사용되는 자동화된 딥러닝 프로젝트가 되었습니다(8,000개 이상의 별과 1,000개 이상의 포
크). 또한 그가 작업한 심층 협업 필터링 deep collaborative filtering, 이상 징후 감지 anomaly detection,
지식 그래프 knowledge graph는 각각 텐서플로 패키지, 애플의 상용 시스템, 빙 Bing 상용 시스템에
탑재되었습니다. 그가 쓴 논문들은 WWW, WSDM, ICDM 등 여러 곳에서 최우수 논문(후
보)상을 받았으며, NSF CAREER상을 비롯해 ACM SIGKDD의 라이징 스타상을 받기도 했
습니다. 그의 작업은 10,000번 이상 인용되었으며 WSDM 2020 컨퍼런스의 총괄 공동 의장
을 역임하기도 했습니다.

옮긴이 **박찬성**

컴퓨터로 할 수 있는 모든 일에 관심이 있습니다. 한국전자통신연구원에서 10년간 광역, 가입자 네트워크 인프라 플랫폼을 연구 및 개발해왔습니다. 그리고 머신러닝 분야의 구글 Developers Expert로서 머신러닝 응용, 머신러닝 운용에 대한 커뮤니티 활동도 병행하고 있습니다. 작업한 저/역서로는 『나만의 스마트워크 환경 만들기』(비제이퍼블릭, 2020), 『실전 시계열 분석』(한빛미디어, 2021), 『주머니 속의 머신러닝』(제이펍, 2021), 『fastai와 파이토치가 만나 꽃피운 딥러닝』(한빛미디어, 2021), 『딥러닝을 이용한 정형 데이터 분석』(책만, 2022)이 있습니다.

일부 소수의 특권으로 여겨졌던 머신러닝은 대중적으로 활용 가능한 '도구'로 우리의 삶에 녹아들고 있습니다. 특히 우리가 이미 보유한 전문성과 결합하면 업무 효율뿐만 아니라 성과를 한 단계 업그레이드할 수 있습니다. 다만 공개된 머신러닝 모델을 그대로 활용하기보다는 튜닝하는 과정이 필요합니다. 이러한 튜닝 과정은 수많은 실험을 통해 다양한 하이퍼파라미터를 조정하는 최적의 모델을 도출할 수 있습니다. 하지만 예산과 시간이라는 한정된 자원 때문에 제한적일 수밖에 없죠. 예산과 시간의 제약을 고려하면서, 어떤 하이퍼파라미터를 조절해야 할지 결정하는 과정이 필요합니다. 이때 머신러닝 모델과 하이퍼파라미터의 의미를 명확히 이해하는 전문성이 필요합니다.

하지만 최근에는 이러한 전문성의 필요성이 크게 줄어들고 있습니다. 머신러닝에 대한 전문성을 약간만 보유해도 머신러닝의 이점을 쉽게 누릴 수 있게 되었습니다. 그 주요 도구로 AutoKeras와 KerasTuner와 같은 라이브러리가 있어, 이들을 통해 API를 호출하는 것만으로도 하이퍼파라미터를 효과적으로 튜닝할 수 있습니다. 이 두 라이브러리를 사용하면 작업 유형에 따라 머신러닝 모델을 즉시 튜닝할 뿐만 아니라, 사용자 정의하여 튜닝 과정을 상황에 맞게 디자인할 수도 있습니다. 또한 AutoKeras와 KerasTuner는 이미 머신러닝 실무에서 활용되고 있는 텐서플로, 케라스, 사이킷런, 파이토치 등과 결합할 수 있는 범용적인 라이브러리이기도 합니다.

챗GPT의 열풍 속에서 머신러닝은 더 직간접적으로 우리가 경험할 수밖에 없는 하나의 경험으로 자리 잡을 것입니다. 그만큼 다양한 산업 분야에서 머신러닝을 적용하려는 노력이 점점 확대될 것이며 기존 실무자들의 머신러닝을 활용한 개발 및 업무 수행은 더 이상 특별한 일이 아니라 당연한 일이 될 것입니다.

_박찬성

자동화된 머신러닝^{automated machine learning}(AutoML)의 목표는 통계학자나 컴퓨터 과학자뿐만 아니라 의사, 토목 엔지니어, 재료 과학자, 중소기업 창업가 등 모든 사람이 머신러닝에 접근할 수 있도록 돕는 것입니다. 이 장기적인 비전은 일반 사용자가 문서나 보고서를 쉽게 작성할 수 있는 마이크로소프트의 오피스, 언제 어디서나 편리하게 사진을 찍을 수 있는 스마트폰의 카메라를 탑재하는 것과 매우 유사합니다. 머신러닝 커뮤니티는 이 목표를 달성하기 위해 수많은 연구와 개발에 노력을 기울여왔습니다. 도메인 전문가와 데이터 과학자의 협업을 통해, 이들이 AutoML의 기본 개념, 알고리즘, 도구 이면에 숨겨진 마법과도 같은 기술에 대한 관심도가 높다는 것을 알 수 있었습니다.

먼저, 이 책을 쓰게 된 과정을 공유하고 싶습니다. 본문으로 바로 넘어가도 좋지만, 재밌는 경험 이야기를 싫어하는 사람은 없을 것입니다.

필자들의 데이터 과학과 머신러닝에 대한 여정은 수년 전에 시작되었습니다. 그동안 머신러닝 알고리즘과 시스템을 열심히 연구했습니다. 초기에는 다른 사람들처럼 복잡한 방정식, 불안정한 결과, 이해하기 어려운 하이퍼파라미터의 조합 때문에 많은 어려움을 겪기도 했습니다. 하지만 나중에는 더 많은 고급 알고리즘이 개발되고 오픈 소스화되었죠. 머신러닝과 딥러닝 모델을 학습시키는 효과적인 방법은 연금술사와 비슷합니다. 유능한 연금술사가 되기 위해 수년간의 훈련이 필요하듯이, 머신러닝과 딥러닝 모델을 학습시키는 데 수년의 노력이 필요했습니다.

지난 수년간 머신러닝이라는 마법의 도구를 사용해보고 싶다는 문의를 여러 도메인 전문가로부터 받았습니다. 그 이유는 머신러닝이 다양한 분야에서 최고의 성능에 도달했거나, 단순히 많은 사람에 의해 머신러닝이 회자되고 있기 때문이었죠. 머신러닝은 대규모 데이터셋에서 잘 작동했고 기존의 규칙을 뛰어넘었습니다. 분류, 클러스터링, 예측 등 비슷한 문제를 여러 사람과 함께 반복적으로 작업해온 결과, 필자는 머신러닝을 적용하는 데 지쳐버렸고, 결국 머신러닝을 대중화할 수 있는 무언가를 해야 한다는 확신을 갖게 되었습니다. 바로 AutoML이죠!

그 후로부터 필자는 DARPA의 지원을 받아, 데이터 기반 모델 발견^{Data Driven Discovery of Model}(D3M)이라는 프로젝트에 착수했고, 오픈 소스 프로젝트인 AutoKeras를 만들었습니다.

많은 사람이 이 프로젝트에 관심을 두었고, (감사하게도) 긍정적인 피드백이 있었지만 혹독할 정도로 부정적인 피드백도 받을 수 있었습니다. 또한 동시에 비슷한 문제를 연구하는 훌륭한 연구자와 공학사들을 알게 되면서 함께 협업할 수 있는 기회를 얻을 수 있었습니다. 이를 통해 모든 것이 올바른 방향으로 흘러갈 수 있었습니다.

데이터 과학자나 머신러닝 엔지니어와 함께 일하면서 우리의 비전은 진화했습니다. 처음에는 사람들이 몇 줄의 코드만으로 빠르게 머신러닝을 활용할 수 있도록 돕고 싶었지만, 너무 많은 하위 작업과 문제에 직면하면서 아직 가야 할 길이 멀다는 것을 깨닫게 되었습니다. 가장 시급한 문제는 많은 실무자가 자동화된 이상값 감지, 자동화된 추천 시스템, 자동화된 피처 엔지니어링과 같은 소규모 문제에 대한 자체적인 AutoML 시스템을 개발하고 있다는 점이었습니다. 필자의 목표는 모든 사람이 머신러닝에 접근할 수 있도록 돕는 것이 되었습니다. 결국 원래와 같은 목표로 돌아온 것이었죠! 그래서 이 목표를 달성하기 위해 AutoML 도구를 보다 효과적으로 활용하고 개발을 쉽게 할 수 있도록, 많은 시간을 투자하여 이 책을 쓰기로 결정했습니다.

부디 여러분이 이 책을 재미있게 읽고 큰 도움을 받길 바랍니다.

이 책은 AutoML의 기본 개념을 소개하며, AutoKeras와 KerasTuner를 활용하여 다양한 머신러닝 문제를 해결하고 머신러닝 파이프라인을 효과적으로 개선하는 방법을 안내합니다. 또한 AutoML의 핵심 요소와 머신러닝 간의 연결고리에 집중하며, 머신러닝 초보자도 쉽게 접근할 수 있는 문제부터 사용자가 원하는 대로 조작하는 고급 문제까지 점진적으로 AutoML을 탐구하고 학습하는 방법을 제시합니다.

대상 독자

AutoML 기술을 도입하고자 하는 학생, 강사, 실무자, 연구자에게 AutoML 파이프라인을 편리하게 설계하고 학습시키는 방법을 설명하는 책입니다. 번거로운 수학 공식과 표기법은 되도록 피하고, 구체적인 예제와 코드를 통해 AutoML 개념과 기술을 소개합니다.

책의 구성

총 9장으로 구성된 이 책은 크게 3부로 나눕니다. 1부에서는 머신러닝의 핵심 개념과 인기 있는 모델을 소개합니다. 이를 통해 머신러닝의 기본 요소를 쉽게 이해할 수 있으며 AutoML을 배우기 위한 사전 지식을 습득할 수 있도록 도와줍니다. 머신러닝 문제를 해결해본 경험이 많이 없는 독자라면 AutoML을 배우기에 전에 1부를 반드시 읽어보기 바랍니다.

- 1장은 AutoML을 정의하고 핵심 개념을 다룹니다.
- 2장은 AutoML을 효과적으로 설계하고 활용하는 데 필요한 머신러닝의 구성 요소를 구체적으로 설명하고, 문제를 해결하는 방법에 대해 소개합니다. 이를 통해 독자들은 사전 지식을 습득하여 AutoML을 더욱 효율적으로 활용할 수 있게 됩니다.
- 3장은 딥러닝의 기본 구성 요소를 다루며, 이는 2부에서 소개할 딥러닝 모델을 생성하고 튜닝하는 AutoML을 잘 이해할 수 있도록 도와주는 디딤돌 역할을 합니다.

2부는 AutoML을 도입하여 머신러닝 문제를 해결하고, 솔루션을 개선하는 내용을 다룹니다.

- 4장은 지도 학습 문제에 대해 AutoML로 엔드투엔드 딥러닝 솔루션을 만드는 방법을 다룹니다.
- 5장은 AutoML의 탐색 공간을 필요에 따라 사용자 정의하고, 서로 다른 작업 유형에 대한 딥러닝 솔루션을 자동으로 발견하는 방법을 다룹니다.
- 6장은 AutoML의 탐색 공간을 사용자가 원하는 방식으로 정의하는 방법에 대해 자세히 다룹니다. 계층별 설계를 통해 비지도 학습 모델과 최적화 알고리즘을 더욱 유연하게 튜닝합니다.

3부는 검색 기법과 가속화 전략의 차원에서 일부 고급 AutoML 설계 및 설정에 대한 내용을 다룹니다.

- 7장은 AutoML의 탐색 공간을 순차적으로 탐색하는 기법을 구현하는 방법에 대해 다룹니다.
- 8장은 제한된 계산 자원의 환경에서 검색 과정을 가속화하는 기법에 대해 다룹니다.
- 9장은 몇 가지 보충 자료와 함께 지금까지 배운 핵심 개념을 다시 한번 살펴봅니다. 그리고 최신 AutoML 기술을 소개하고, 이 분야를 더 깊이 이해하고 파고들기 위한 방향을 제시합니다.

소스 코드

대부분 원본 소스 코드와는 서식이 다를 수 있습니다. 지면상 공간의 제약 때문에, 줄 바꿈 및 들여쓰기 작업이 추가로 필요했습니다. 드물지만 줄 바꿈 마커(➡)가 포함된 코드도 있습니다. 또한 코드가 텍스트로 설명된 경우, 소스 코드에서는 주석이 삭제된 경우가 있습니다. 코드상의 주석은 특히 중요한 개념을 강조하는 역할을 합니다.

이 책의 예제에 대한 전체 코드는 매닝 웹사이트[1]에서 다운로드할 수 있습니다. 이 책에 사용된 기술과 오픈 소스 라이브러리는 진화하므로 출간 이후의 예제 코드에 변화가 있을 수도 있습니다. 따라서 최신 소스 코드를 깃허브 저장소[2]에서 참조하기 바랍니다.

---

1 http://mng.bz/y48p
2 http://mng.bz/M2ZQ

역자 노트_ 이 책이 집필된 시점에 사용된 패키지의 버전과 여러분이 사용하는 패키지 버전 사이에는 차이가 있을 수 있습니다. 명시된 패키지 버전[3]이나 이를 활용한 노트북을 이 책의 깃허브에서 확인할 수 있습니다. 코드가 수정될 때마다 완전히 동일한 코드를 책에 업데이트하는 것은 어렵습니다. 따라서 의미론적으로 코드를 읽고 이해하기 바랍니다. 약간의 변화는 있을 수 있지만 API의 사용 방식은 크게 다르지 않습니다.

그 밖의 온라인 자료

다음 두 가지 자료는 이 책을 이해하는 데 도움이 됩니다.

- 이 책에 대한 오류나 의견을 보내거나 다른 사람들의 의견을 살펴보고 싶다면 이 책의 깃허브[4]를 방문하길 바랍니다.
- AutoKeras에 대한 깃허브 디스커션 페이지[5] 또한 질문하고 도움받기 좋은 곳입니다.

---

3 옮긴이_ https://github.com/datamllab/automl-in-action-notebooks/blob/master/requirements.txt
4 http://mng.bz/aDEj
5 http://mng.bz/g4ve

CONTENTS

PART 1 AutoML 기초

CHAPTER **1** 머신러닝을 AutoML로

CONTENTS

PART 2 실전 AutoML

CHAPTER 4 자동화된 엔드투엔드 머신러닝 솔루션 생성

CONTENTS

PART 3   AutoML의 고급 주제

CHAPTER 7   AutoML 검색 기법의 사용자 정의

CONTENTS

부록 A 코드 실행을 위한 환경 설정

부록 B 이미지, 텍스트, 정형 데이터 분류 예제

AutoML 기초

1부에서는 AutoML의 기본 개념과 머신러닝 모델을 소개합니다. 이를 통해 머신러닝의 기본적인 구성 요소를 이해하고 AutoML 학습을 위한 기초를 배울 수 있습니다.

1장에서는 AutoML의 개념과 머신러닝과의 관계를 설명합니다. 2장에서는 머신러닝 문제를 해결하기 위한 전통적인 머신러닝 파이프라인을 소개합니다. 3장에서는 인공지능 커뮤니티와 그 밖의 분야에서 인기있는 딥러닝 모델을 고려하여, 세 가지 인기 모델의 예시를 통해 딥러닝을 다룹니다. 여기서는 복잡한 딥러닝 개념은 다루지 않고, 기본적인 구성 요소와 다른 데이터 형식에 적용되는 세 가지 고전적인 모델만 소개합니다. 머신러닝, 딥러닝, 파이썬을 활용한 경험이 많지 않은 경우, 실전 응용을 다루는 2부로 넘어가기 전에 반드시 1부를 읽어보고 넘거가길 바랍니다. 부록 B를 읽기 전에 1부를 학습하고 가면 기본적인 머신러닝 파이프라인에 더욱 익숙해질 수 있습니다.

AutoML 기초

CHAPTER 1

머신러닝을 AutoML로

이 장의 내용
- 머신러닝의 기본 개념
- 고수준으로 정의된 AutoML의 개념과 필요한 이유

우리 삶 속 여러 곳에 스며든 **인공지능**^{artificial intelligence}(AI)은 최근 방대한 연구가 이뤄지고 있는 분야입니다. 인공지능은 계산에 특화된 장비로 기계가 주변 환경을 스스로 인식하여, 종래에 사람이 하던 작업을 기계로 자동화하도록 시도합니다. 한편 **머신러닝**^{machine learning}(ML)은 인공지능의 한 분야로, 컴퓨터가 스스로 데이터를 탐구하고 특정 문제를 해결합니다. 컴퓨터가 스스로 학습할 수 있게 만들기 때문에, 사람이 지시하는 것 이상의 일을 해낼 수 있습니다. 하지만 머신러닝을 배우기 위한 진입 장벽은 높은 편입니다. 관련 기술을 학습하고 애플리케이션에 필요한 경험을 축적하는 데 많은 비용이 들기 때문에 전문 지식이 없는 실무자는 머신러닝을 쉽게 사용할 수 없습니다. 따라서 최근 연구 및 산업계에서는 전문 지식이 없는 사람들도 머신러닝 기술을 최대한 쉽게 활용할 수 있는 방법에 주목하고 있습니다. 이에 지배적인 연구 분야로 떠오른 것이 바로 **자동화된 머신러닝**^{automated machine learning}(AutoML)입니다. AutoML의 목표는 사람이 머신러닝 문제를 해결하는 방식을 시뮬레이션해서, 기계가 주어진 문제에 대한 최적의 솔루션을 자동으로 찾도록 하는 것입니다. 즉 실무자가 폭넓은 경험이 없더라도, 머신러닝 기술에 쉽게 접근하여 바로 사용할 수 있습니다. 그뿐만 아니라 AutoML은 머신러닝 모델의 구조를 설계하고 설정하는 전문가들의 짐을 덜어주기도 합니다. 하지만 비교적 최근 기술이라서 아직 많은 사람에게는 생소하게 느껴질 수 있습니다. 그리고 대중 매체에서 이를 꽤 과대 포장하기도 합니다. 여러분이 AutoML이 무엇인지에 대한 감을 잡을 수 있도록, 이번 장에

서는 배경지식, 기본 개념, 연구적 가치와 실질적인 이점에 대해 소개합니다. 먼저, 간단한 예제로 시작해봅시다.

1.1 AutoML에 대한 감 잡기

이미지 속 손 글씨 숫자를 인식하는 머신러닝 모델을 설계한다고 가정합니다. 이 ML 모델은 [그림 1-1]처럼 이미지를 입력받고 해당 이미지에 부합하는 숫자를 출력으로 내보냅니다.

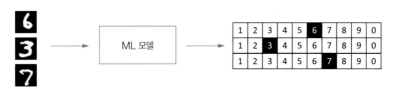

그림 1-1 머신러닝 모델로 손 글씨 숫자 인식하기

머신러닝에 대한 이해가 부족한 사람을 위해 파이썬 특유의 프로그래밍 방식으로 설명하겠습니다. [코드 1-1]처럼 모델은 클래스의 객체 인스턴스를 만들어서 얻을 수 있습니다. 여기서 클래스는 모델[1]로 사용하고자 하는 특정 머신러닝 알고리즘 유형을 의미합니다. 사용할 알고리즘의 클래스를 선택하면 기록된 데이터와 매개변수(**arg1**과 **arg2**)를 해당 알고리즘에 주입해서 실제 모델의 인스턴스를 만들 수 있습니다. [그림 1-1]의 기록된 데이터는 손 글씨 숫자 이미지와 각 이미지에 대응되는 레이블(숫자)로 구성됩니다. 머신러닝 알고리즘은 이렇게 주입된 데이터를 통해 학습합니다. 즉 어린아이가 사진 속에서 객체를 인식하는 것처럼, 이미지 속의 숫자를 인식하는 방법을 배우는 것이죠(이 과정은 잠시 후 상세히 다룹니다). 그리고 매개변수는 학습 과정의 진행 방식을 지시하여, 알고리즘을 제어하는 데 쓰입니다. 이렇게 만들어진 머신러닝 모델의 인스턴스는 [코드 1-1]처럼 세 번째 줄의 코드로 지금까지 본 적 없는 이미지로부터 숫자를 예측할 수 있습니다.

---

1 사이킷런처럼 잘 알려진 머신러닝 패키지는 머신러닝 알고리즘과 대응되는 이름의 클래스를 제공하여, 둘 사이의 관계를 쉽게 파악할 수 있습니다

코드 1-1 간소화된 머신러닝 절차

```
ml_model = MachineLearningAlgorithm1(
    arg1=..., arg2=..., data=historical_images)  ◁─┤ 머신러닝 모델 생성       머신러닝 모델로
digits=[ml_model.predict_image_digit(image) for image in new_images]  ◁─┤ 예측하기
```

코드에서 알 수 있듯이, 데이터셋을 준비하는 일은 논외로 치더라도 다음 두 요소가 제공되어
야 합니다.

- MachineLearningAlgorithm1과 같이 사용되는 머신러닝 알고리즘(또는 메서드)
- 알고리즘의 행동 방식을 결정할 매개변수

알고리즘을 선택하고 매개변수를 설정하는 것은 현실적으로 꽤 어렵습니다. 알고리즘을 선택
하는 과정을 예로 들어봅시다. 흔히 초심자는 학습 자료를 모으고 원하는 작업과 관련된 코드
를 읽어보면서 문제를 해결할 수 있을 것이라 판단되는 머신러닝 알고리즘 목록을 파악합니다.
그리고 보유한 데이터로 각 알고리즘을 하나씩 시도한 다음(코드 1-2), 모두의 성능을 비교해
이미지 속 숫자를 가장 잘 인식하는 단 하나의 모델을 선정합니다. 이 반복되는 과정을 코드로
요약하면 다음과 같습니다.

코드 1-2 머신러닝 알고리즘을 선택하는 단순한 접근법(의사 코드)

```
ml_algorithm_pool = [
    MachineLearningAlgorithm1,
    MachineLearningAlgorithm2,       실험할 머신러닝
    ...,                             알고리즘의 목록
    MachineLearningAlgorithmN,
]
for ml_algorithm in ml_algorithm_pool:  ◁─┤ 모든 후보 머신러닝 알고리즘을
    model = ml_algorithm(                   하나씩 접근
        arg1=..., arg2=...,          각 머신러닝 알고리즘에 기반한
        data=historical_images)      모델의 생성 및 평가
    result = evaluate(model)
    push result into the result_pool
    push model into the model_pool
best_ml_model = pick_the_best(result_pool,
                    ml_model_pool)  ◁─┤ 성능이 가장 뛰어난 머신러닝 모델 선택

return best_ml_model
```

이 과정은 꽤 직관적이어서 타당해 보입니다. 하지만 머신러닝에 대한 지식과 경험이 풍부하지 않다면 시간이 오래 걸릴 가능성이 높습니다. 첫째, 문제를 해결할 수 있다고 판단되는 머신러닝 알고리즘 목록을 수집하는 일부터가 꽤 어렵습니다. 논문을 포함하여 다양한 문헌을 읽고 가장 최신 알고리즘을 파악한 다음 해당 알고리즘을 직접 구현해야 합니다. 둘째, 이 알고리즘의 목록이 방대할 수 있습니다. 따라서 이들을 하나씩 시도하는 것은 좋은 생각이 아닙니다. 여러분은 엄두조차 못 낼 정도의 작업량을 처리해야 할지도 모릅니다. 마지막으로 각 알고리즘은 각자만의 매개변수를 가집니다. 그리고 매개변수를 올바르게 설정하려면, 해당 매개변수로 구성된 특정 알고리즘에 대한 전문성과 경험이 필요합니다. 때로는 행운까지도 뒤따라야 합니다.

그렇다면 이 과정을 수행할 수 있는 더 좋은 방법은 없을까요? 아니면 사람 대신 컴퓨터가 자동으로 해줄 수 있는 방법은 없을까요? 이와 같은 문제를 겪어봤거나 사람의 노동이 덜 개입되는 방식으로 머신러닝을 하고 싶은 이에게는 AutoML이 이를 가능케 하는 최적화된 도구입니다. 앞서 의사 코드로 설명한 수동적인 과정을 흉내 내는 것이 바로 AutoML입니다. 즉 머신러닝 알고리즘의 선택과 설정이라는 반복되는 지루한 과정을 자동화해줍니다. 그뿐만 아니라, AutoML은 존재조차 몰랐을 여러 고급 알고리즘도 사용해볼 기회를 열어줍니다. 다음 두 줄의 의사 코드는 AutoML 알고리즘으로 머신러닝 솔루션을 만들어내는 방법을 보여줍니다.

```
automl_model = AutoMLAlgorithm()
best_ml_model = automl_model.generate_model(data=historical_images)
```

AutoML 알고리즘으로 AutoML 모델 객체를 생성한다는 것은 검증해야 할 머신러닝 알고리즘 목록을 제공할 필요조차 없으며, 단순히 보유한 데이터를 제공하면 훌륭한 모델이 만들어진다는 것을 의미합니다.

그렇다면 AutoML 알고리즘은 어떻게 선택해야 할까요? AutoML 알고리즘이 선택하는 머신러닝 알고리즘에는 어떤 것이 있을까요? 어떻게 모델을 평가하고 선택할까요? 이 내용들을 깊이 들어가기에 앞서 AutoML이 자동화할 대상을 잘 이해하기 위해 머신러닝에 대한 일부 배경지식과 실전에서 시간과 노력을 절약하는 데 사용되는 방식을 소개합니다. 즉 여기서는 AutoML을 배우고 사용하는 데 필요한 것에 집중합니다. 머신러닝 알고리즘을 더 자세히 배우고 싶다면,『머신러닝 인 액션』(제이펍, 2013)과『케라스 창시자에게 배우는 딥러닝(개정 2

판)』(길벗, 2022)을 참고하길 바랍니다. 머신러닝의 기본적인 내용을 이미 알고 있더라도 복습한다는 느낌으로 다음 절을 함께 살펴봅시다.

1.2 머신러닝 시작하기

이 절에서는 머신러닝을 간략히 소개합니다. 머신러닝의 개념, 머신러닝 알고리즘의 핵심 구성 요소, 선택된 알고리즘과 데이터 입력으로 머신러닝 모델을 만드는 방법에 대해 다룹니다. 여기서 배운 기초는 다음 절에서 소개할 AutoML의 개념을 이해하는 데 도움이 됩니다.

1.2.1 머신러닝이란?

머신러닝이 등장하기 전에 인공지능 연구를 지배하던 패러다임은, 사람이 명시적으로 사전에 정의한 규칙에 따라 컴퓨터가 데이터를 처리하는 **상징적 AI**symbolic AI이었습니다. 머신러닝의 출현은 데이터에 내포된 지식을 학습할 수 있는 방식으로 프로그래밍의 패러다임에 혁명을 일으켰습니다. 예를 들어 컴퓨터가 사과와 바나나 이미지를 자동으로 구별할 수 있도록 만든다고 가정해봅시다. 상징적 AI의 시대에서는 사람이 읽을 수 있는 형식의 규칙에 색상과 모양 같은 특징(피처)을 지정하여 결과를 추론했습니다. 반면 머신러닝 알고리즘은 단지 수많은 이미지와 각 이미지에 대응되는 레이블('바나나' 또는 '사과')을 보고 결과를 도출해내는 규칙을 학습하게 되고, 그 후 레이블이 없는 이미지를 예측하는 데 사용될 수 있습니다(그림 1-2).

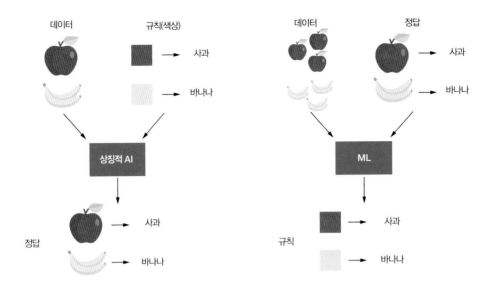

그림 1-2 상징적 AI와 ML 비교

머신러닝의 궁극적인 목표는 자동화와 일반화입니다. 여기서 자동화란 머신러닝 알고리즘이 데이터의 규칙(패턴)을 자동으로 추출할 수 있도록 학습되는 것을 의미합니다. 과거의 데이터와 상호작용하며 기계가 스스로를 개선하는 이 방식은 사람이 생각하는 방식을 모방한 것입니다. 이렇게 추출된 규칙을 사용하면 사람의 개입 없이도 새로운 데이터를 반복적으로 예측할 수 있습니다. 가령 [그림 1-2]의 머신러닝 알고리즘은 사과와 바나나 이미지와 상호작용하고, 학습 과정을 거치면서 두 종류의 이미지를 구별할 수 있는 색상 규칙을 추출하게 됩니다. 이렇게 얻은 규칙은 사람의 감독 없이, 기계가 스스로 새로운 이미지를 구별하는 데 사용됩니다. 한편 추출된 패턴이 학습할 때 보지 못한 데이터도 잘 구별해낼 수 있다면, 이를 신규 데이터에 대하여 일반화가 잘 되었다고 말합니다. 일반화의 능력은 머신러닝 알고리즘의 좋고 나쁨을 평가하는 중요한 기준입니다. 예를 들어 노란색 사과 이미지가 머신러닝 알고리즘에 주입된다고 가정해보죠. 색상 규칙만으로는 이미지가 사과인지 바나나인지를 올바르게 식별할 수 없습니다. 모양이라는 피처도 학습한 머신러닝 알고리즘이 예측을 더 잘 해낼 수 있겠죠.

1.2.2 머신러닝의 절차

머신러닝 알고리즘은 미리 준비된 데이터와 각 데이터에 대응된 출력(정답)을 통해 규칙을 학습합니다. 이렇게 학습된 규칙은 입력을 유의미한 출력으로 변형시킬 수 있습니다. 가령 손 글씨 숫자 이미지를 대응되는 숫자로 변형시키는 것이죠. 따라서 모델이 학습해야 할 목표는 데이터를 원하는 형식으로 변형할 수 있도록 만드는 것입니다. 일반적으로 학습 과정에는 다음 두 가지가 필요합니다.

- **입력 데이터**: 머신러닝 알고리즘에 주입될 데이터. 예를 들어 [그림 1-2]의 이미지 분류 문제에서는 사과와 바나나 이미지와 각 이미지에 대응되는 레이블이 입력 데이터입니다.
- **학습 알고리즘**: 입력 데이터에 기반한 모델을 도출하는 수학적 절차로 다음 네 가지 요소를 포함합니다.
  - 데이터를 학습할 수 있는 파라미터로 구성된 모델
  - 현재 학습된 파라미터에 대해 모델의 성능을 측정할 수 있는 측정법(예: 예측 정확도)
  - 모델을 갱신하기 위한 최적화 방법 optimization method
  - 학습 과정이 종료될 때를 정하는 종료 기준 stop criterion

모델의 파라미터가 초기화[2]되고 나면 학습 알고리즘은 종료 기준에 도달할 때까지 측정법에 기반하여 모델의 파라미터를 반복적으로 갱신합니다. 한편 학습 단계에서의 측정법을 손실 함수(또는 목적 함수)라고 합니다. 손실 함수는 [그림 1-3]에서 묘사된 대로 모델이 도출한 예측과 입력된 데이터에 포함된 실제 정답(레이블) 간의 다름을 계량화하여 측정합니다.

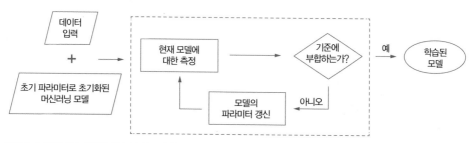

그림 1-3 머신러닝 모델을 학습시키는 절차

학습 과정을 잘 이해하기 위해 한 가지 예를 더 살펴봅시다. 예를 들어 2차원 공간에 여러 데이터점이 존재한다고 상상해보세요(그림 1-4).

2　파라미터값은 임의로 값을 초기화하거나 유사한 모델이 학습한 파라미터로 초기화하는 웜 스타트 같은 전략이 사용됩니다.

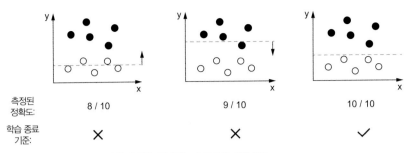

그림 1-4 학습 절차의 예시: 검은색과 흰색 원을 구분하는 수평선에 대한 학습

각 데이터점은 검은색 또는 흰색입니다. 신규 데이터점이 생길 때마다 데이터 위치에 따라 검은색인지 흰색인지를 결정하는 모델을 만드는 것이 목표입니다. 이 목표를 달성하는 가장 간단한 방법은 보유한 데이터점들이 위치한 2차원 공간을 두 부분으로 나눌 수 있도록 수평선을 그리는 것입니다. 바로 이 수평선을 머신러닝 모델로 볼 수 있습니다. 모델의 파라미터가 수평선의 위치를 결정하는데 이 파라미터는 주입된 데이터점을 학습하면서 점진적으로 갱신됩니다. [그림 1-3]의 학습 과정의 구성 요소를 요약하면 다음과 같습니다.

- 입력 데이터는 2차원 공간에서 표현될 수 있는 데이터점과 각 점을 흰색 또는 검은색으로 구별할 수 있는 레이블 정보로 구성됩니다.
- 학습 알고리즘은 다음 네 가지 요소로 구성됩니다.
  - 머신러닝 모델: $y = a$처럼 공식화될 수 있는 수평선으로 여기서 a는 알고리즘이 갱신할 수 있는 파라미터를 의미합니다.
  - 정확도 측정: 모델이 올바르게 예측한 데이터점의 백분율입니다.
  - 최적화 방법: 수평선을 위·아래로 일정 거리만큼 움직이는 방법입니다. 여기서 거리는 반복적인 학습 과정에서 매번 측정되는 값과 연관되어 있습니다. 종료 기준을 만족할 때까지 최적화는 계속 수행됩니다.
  - 종료 기준: 측정이 100%일 때 종료합니다. 즉 모델이 학습한 수평선이 모든 데이터점을 올바르게 분류했을 때를 의미합니다.

[그림 1-4]에서는 모든 데이터점을 구별하는 완벽한 수평선을 얻기 위해 학습 알고리즘은 반복 학습을 두 번 거쳤습니다. 하지만 실전에서는 이 기준에 충족되는 모델을 항상 얻을 수 있는 것은 아닙니다. 입력 데이터의 분포, 선택된 모델의 유형, 모델의 성능을 측정하는 방법, 모델의 파라미터를 갱신하는 방법 등 수많은 고려 사항에 따라 결과가 달라집니다. 원하는 머신러닝 모델을 얻기 위해 다른 구성 요소를 선택하고 각 구성 요소 간의 조합을 달리하여 학습 과

정을 조정하는 것은 꽤 흔히 일어나는 일입니다. 또한 학습된 모델이 학습에 사용된 데이터를 완벽하게 예측할 수 있더라도, 학습할 때 보지 못한 데이터까지 잘 작동하리라는 보장은 없습니다. 즉 모델의 일반화 능력이 떨어지는 것이죠(이 내용은 이어지는 절에서 더 자세히 다룹니다). 따라서 신중하게 구성 요소를 선택하고 학습 과정을 조정하는 것은 매우 중요합니다.

1.2.3 하이퍼파라미터 튜닝

원하는 모델을 얻기 위한 구성 요소를 선택하고 학습 과정을 조정하는 적절한 방법은 무엇이 있을까요? 이 질문에 답하기에 앞서 먼저 하이퍼파라미터의 개념과 하이퍼파라미터와 파라미터의 관계를 이해해야 합니다.

- 파라미터는 학습 과정 중에 머신러닝 알고리즘이 갱신할 수 있는 변수입니다. 데이터에 내재된 규칙(패턴)을 포착하는 데 쓰입니다. 가령 [그림 1-4]의 데이터점들을 분류하기 위한 수평선의 위치는 단 하나의 파라미터로 결정되었습니다. 그리고 그 파라미터는 학습 과정에서 최적화 기법에 따라 조정되어 서로 다른 색상으로 데이터점들을 분리하는 위치 규칙을 포착했습니다. 파라미터를 조정함으로써 입력 데이터에 대해 예측을 정확히 수행할 수 있는 머신러닝 모델을 얻을 수 있습니다.

- 하이퍼파라미터는 또 다른 파라미터입니다. 하지만 알고리즘의 작동 방식을 조정하기 위해 학습 과정이 시작되기 전에 고정된 값으로 사전 정의된다는 점이 다릅니다. 측정법, 최적화 기법, 학습률, 종료 기준 등이 여기에 포함됩니다. 보통 머신러닝 알고리즘은 여러 개의 하이퍼파라미터를 가집니다. 서로 다른 값들로 조합된 하이퍼파라미터는 학습 과정에 영향을 미치게 됩니다. 그 결과 전혀 다른 성능을 가진 머신러닝 모델이 만들어지게 됩니다. 하이퍼파라미터의 또 다른 예로는 알고리즘의 유형 또는 머신러닝 모델의 유형이 있습니다. 사람이 직접 선택하고 학습 과정 중에는 변하지 않기 때문입니다.

머신러닝 알고리즘에 대해 최적의 하이퍼파라미터 조합을 선택하는 것을 **하이퍼파라미터 튜닝**hyperparameter tuning이라고 합니다. 이 하이퍼파라미터 튜닝은 반복적인 과정을 통해 이루어지는 것이 보통입니다. 반복할 때마다 한 가지의 하이퍼파라미터 조합으로 머신러닝 모델을 학습시키는 것이죠. 한편 [그림 1-5]의 머신러닝 알고리즘은 [그림 1-3]의 학습 과정을 나타냅니다. 그렇다면 각 하이퍼파라미터의 조합으로 만들어진 머신러닝 모델 중 무엇을 어떻게 선택해야 할까요? 학습된 모델을 별도의 검증용 데이터셋으로 평가하면 최종적으로 선발될 최상의 모델을 선택할 수 있습니다. 선택된 모델의 일반화 능력 또한 별도의 테스트용 데이터셋으로 검증될 수 있습니다. 그러면 머신러닝의 전체 작업 흐름이 끝납니다.

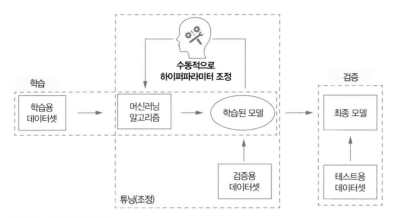

그림 1-5 일반적인 머신러닝의 흐름

일반적으로 머신러닝의 작업 흐름에는 세 종류의 데이터셋이 관여합니다. 각 데이터셋은 다음과 같은 방식으로 서로 완전히 격리 및 구분되어야 합니다.

- **학습용 데이터셋**은 모델을 학습시키는 학습 과정에서 사용됩니다. 이때 한 번의 모델 학습당 하나의 하이퍼파라미터 조합이 사용됩니다.
- **검증용 데이터셋**은 가장 좋은 하이퍼파라미터 조합을 선택하기 위해 학습된 모델을 검증하는 튜닝 과정에서 사용됩니다.
- **테스트용 데이터셋**은 튜닝 과정 이후 모델의 최종 검증에 사용됩니다. 최종적으로 선택된 모델의 성능을 확인하는 데 한 번 사용되고 머신러닝 알고리즘을 학습시키거나 튜닝하는 데 사용되어서는 안 됩니다.

학습용 및 테스트용 데이터셋은 쉽게 이해할 수 있습니다. 그리고 별도의 검증용 데이터셋을 두는 이유는 조정 단계에서 알고리즘을 모든 학습용 데이터에 노출하고 싶지 않기 때문입니다. 즉 최종 모델의 학습 단계에서 보지 못한 데이터에 대한 일반화 능력을 향상시키는 게 검증용 데이터셋의 주 목적이죠. 검증용 데이터셋이 없다면 튜닝 단계에서 선택된 최상의 모델이 학습용 데이터에 대해서는 정확도가 매우 높을지언정 학습할 때 보지 못한 데이터는 전혀 고려하지 않은 모델이 되고 말 것입니다. 그리고 결국 테스트용 데이터셋에 대한 나쁜 성능으로 이어질 수밖에 없겠죠. 모델의 성능이 학습용 데이터셋보다 검증용 또는 테스트용 데이터셋에서 더 낮게 측정된다면, 이를 **과적합**overfitting된 상황이라고 표현합니다. 머신러닝에서 잘 알려진 문제로, 모델의 학습 능력이 매우 뛰어나지만 학습용 데이터셋의 크기가 제한적일 때 흔히 발생합니다. 예를 들어 연속된 숫자의 네 번째를 예측하고 싶다고 가정해보죠. 처음 세 개의 숫자가 $a_1 = 1$, $a_2 = 2$, $a_3 = 3$처럼 입력 데이터로 주어졌을 때 a_4의 값을 예측하는 것이죠(여기서

a_4는 일종의 검증용 데이터셋, a_5는 테스트용 데이터셋으로 간주할 수 있습니다). a_4의 올바른 값이 4라면 정답을 올바르게 예측할 수 있는 모델은 매우 단순한 $a_i = i$가 될 것입니다. 하지만 a_4의 올바른 값이 10일 때 3차원 방정식으로 주어진 데이터를 학습한다면 네 번째 숫자를 정확하게 예측하는 모델은 $a_i = i^3 - 6i^2 + 12i - 6$이 됩니다. 모델의 검증 과정은 모델의 일반화 능력을 평가하여 더 나은 모델이 선택될 수 있도록 해줍니다.

> **NOTE_** 과적합은 머신러닝의 가장 중대한 문제입니다. 학습 과정 중에 검증을 수행하는 방법 말고도, 데이터 증강 및 학습 능력을 제한하기 위한 모델의 정규화 등 이 문제를 해결할 여러 가지 방법이 존재합니다. 이 책에서는 각 방법을 상세히 다루지는 않으므로, 더 깊은 내용을 배우고 싶다면 『케라스 창시자에게 배우는 딥러닝(개정 2판)』을 참고하기 바랍니다.

1.2.4 머신러닝 도입 시 마주치는 장애물

이제 머신러닝이란 무엇이며, 머신러닝 모델이 학습되고 검증되는 과정을 이해했을 것입니다. 이미 꽤 성숙한 도구들이 많이 존재하지만, 이들을 사용하더라도 여전히 다양한 문제에 봉착할 가능성이 있습니다. 이번 절에서는 앞으로 겪게 될 어려움을 소개합니다. 여러분을 겁주려는 것이 아닙니다. 나중에 소개할 AutoML을 이해하는 데 도움이 될 것입니다.

- 머신러닝을 배우는 비용: 앞서 기초 내용을 배우기는 했지만, 머신러닝을 실제 문제에 적용하려면 훨씬 더 많은 지식이 필요합니다. 예를 들어 직면한 문제를 머신러닝 알고리즘의 작동 방식에 따라 머신러닝의 문제로 재구성하는 방법, 머신러닝 알고리즘이 원하는 입력 형식으로 데이터를 정리하고 전처리하는 방법, 모델의 학습과 하이퍼파라미터 튜닝에 쓰일 평가 기준을 세우는 방법 등과 같은 것이 있습니다. 이 모든 질문에 대한 답은 실제로 머신러닝 모델을 학습시키기 전에 구해야 합니다. 이 답을 찾기 위해서는 엄청난 시간이 필요합니다.
- 구현의 복잡도: 문제 해결에 필요한 지식과 경험을 갖추고 있더라도, 선택한 머신러닝 알고리즘으로 실제 작업의 흐름을 구현하는 일은 꽤 복잡합니다. 또한 고급 알고리즘을 사용할수록 구현과 디버깅에 소요되는 시간도 함께 증가합니다.
- 이론과 현실의 차이: 학습 과정을 해석하는 것은 꽤 번거로운 일이고, 머신러닝 모델의 성능은 데이터에 의해 결정됩니다. 또한 머신러닝에 사용되는 데이터셋 자체도 복잡하고, 지저분하기 때문에 이를 해석하고, 정리하고, 제어하기가 어렵습니다. 즉 조정 과정은 분석보다는 경험으로 진행하는 경우가 많습니다. 때로는 머신러닝 전문가조차 원하는 결과에 도달하지 못하는 경우가 비일비재합니다.

이러한 어려움은 경험이 부족한 사람이 머신러닝을 사용하지 못하게 만드는 저해 요소이며, 머신러닝 전문가에게는 부담감을 가중시키는 요인입니다. 이런 사실을 통해 머신러닝 연구자와 실무자들은 진입 장벽은 낮추고 불필요한 절차를 피하고 수동으로 알고리즘을 설계하고 튜닝하는 부담감을 덜기 위해 AutoML을 개척했습니다.

1.3 AutoML: 자동화 속의 자동화

AutoML의 목표는 기계가 사람의 설계, 튜닝, 머신러닝 알고리즘의 적용 방식을 흉내 내어 머신러닝을 보다 쉽게 사용할 수 있도록 만드는 것입니다(그림 1-6). 머신러닝의 주요 특성 중 하나는 자동화인데, AutoML은 그 자동화를 자동화한다는 목표를 가지고 있습니다.

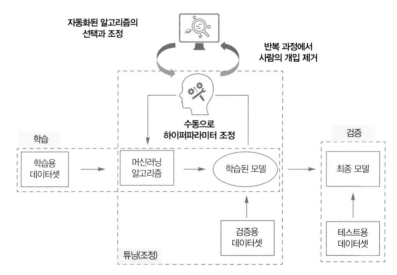

그림 1-6 AutoML의 목표: 머신러닝 알고리즘을 설계하고 튜닝하는 반복 과정에서 사람의 개입 제거

AutoML의 작동 방식을 이해하기 위해 먼저 주요 구성 요소를 살펴보겠습니다.

1.3.1 AutoML의 세 가지 구성 요소

다음은 1.1절에서 본 의사 코드입니다.

```
ml_algorithm_pool = [
    MachineLearningAlgorithm1,
    MachineLearningAlgorithm2,
    ...,
    MachineLearningAlgorithmN,
]
for ml_algorithm in ml_algorithm_pool:
    model = ml_algorithm(arg1=..., arg2=..., data=historical_images)
    result = evaluate(model)
    push result into the result_pool
    push model into the model_pool
best_ml_model = pick_the_best(result_pool, ml_model_pool)
return best_ml_model
```

간단하지만 일종의 AutoML 알고리즘을 구현한 코드로 볼 수 있습니다. 머신러닝 알고리즘 목록을 입력받고, 각 알고리즘을 하나씩 평가한 뒤 최상의 모델을 출력하기 때문입니다. AutoML 알고리즘의 주요 구성 요소는 다음과 같습니다.

- **탐색 공간**search space: 하이퍼파라미터들의 다양한 조합과 각 하이퍼파라미터가 가질 수 있는 값의 범위입니다. 각 하이퍼파라미터의 값 범위는 AutoML을 사용하는 사람의 요구 사항과 지식에 따라 정의됩니다. 가령 고려 대상으로 선정된 머신러닝 알고리즘의 목록, 머신러닝 모델의 구조처럼 특정 머신러닝 알고리즘의 행동 방식을 결정하는 값도 하이퍼파라미터의 한 종류가 될 수 있습니다. 탐색 공간의 설계는 풀고자 하는 문제에 따라 달라지는 경우가 많습니다. 여러 종류의 작업마다 알맞은 머신러닝 알고리즘들이 있기 때문입니다. 또한 AutoML 사용자의 관심사, 전문 지식, 경험 수준에 따라 달라질 수도 있습니다. 다만 탐색 공간의 범위를 넓게 정의하면 선택의 폭이 넓어져 편리할 수는 있지만, 그만큼 좋은 모델을 찾는 데 많은 시간이 소요되는 트레이드오프가 있습니다(사용 가능한 시간이 한정적이라면, 제한된 시간 내 달성된 모델 중 최고 성능을 보인 것이 채택됩니다). 머신러닝을 이제 막 시작했다면 모든 종류의 머신러닝 알고리즘을 포함하는 등 작업과 상황을 고려하지 않은 채 광범위한 탐색 공간을 정의하고 싶을지도 모릅니다. 하지만 시간과 계산적 비용을 고려할 때 이는 좋지 않은 방식입니다. 이 내용은 추가적인 요구 사항에 따라 바뀐 시나리오에 대해 탐색 공간을 사용자 정의하는 방식을 다루는 2부에서 자세히 살펴봅니다.

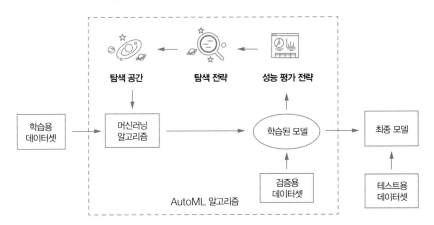

그림 1-7 AutoML 과정

- **탐색 전략**search strategy : 탐색 공간에서 최적의 하이퍼파라미터 조합을 선택하기 위한 전략입니다. 반복적인 시행착오를 통해 최적의 모델을 찾는 AutoML은 탐색 공간에 포함된 각 하이퍼파라미터의 조합을 순차적으로 선택하고 성능을 평가하는 기본 전략을 사용합니다. [코드 1-2]의 의사 코드처럼 탐색 공간의 모든 하이퍼파라미터 조합을 모두 시도합니다. 하지만 지금까지 평가된 하이퍼파라미터를 토대로 그다음에는 더 효율적인 방식으로 하이퍼파라미터를 선택하는 등의 전략을 세울 수도 있습니다. 즉 더 나은 탐색 전략은 동일한 시간 내에 더 나은 머신러닝 모델을 얻을 수 있도록 해줄 수 있습니다. 또한 검색 시간과 계산 비용이 줄어들기 때문에, 더욱 큰 탐색 공간을 정의할 수도 있죠. 서로 다른 검색 알고리즘의 비교, 구현, 적용 방법에 대한 내용은 3부에서 자세히 살펴봅니다.

- **성능 평가 전략**performance evaluation strategy : 선택된 하이퍼파라미터의 조합으로 만들어진 특정 머신러닝 알고리즘의 성능을 평가하는 방법입니다. 보통 평가 기준으로는 검증용 데이터셋에 대해 모델의 성능을 평가했던 것처럼, 수동으로 튜닝할 때와 같은 것을 사용합니다. 이 책에서는 다양한 유형의 머신러닝 작업을 해결하기 위한 다양한 평가 전략을 소개합니다.

AutoML 알고리즘을 쉽게 사용할 수 있도록 만들기 위해 보통 AutoML 소프트웨어는 위 세 가지 구성 요소를 포장하여 일반화된 **애플리케이션 프로그래밍 인터페이스**application programming interface(API)를 제공합니다. 또한 기본 탐색 공간 및 검색 알고리즘도 함께 제공하여, 사용자가 직접 이들을 선택할 걱정거리를 줄여줍니다. 사용자가 최종 모델을 얻는 가장 쉬운 방법은 다음처럼 단순히 데이터를 제공하는 것입니다. 데이터를 학습용 및 검증용으로 나눌 필요조차 없죠.

```
automl_model = AutoMLAlgorithm()
best_ml_model = automl_model.generate_model(data=...)
```

하지만 사용자마다 서로 다른 방식으로 활용하고 싶고, 머신러닝에 대한 전문성의 수준이 다를 수 있습니다. 이 경우에는 자신에게 맞는 탐색 공간, 평가 전략, 탐색 전략을 설계할 필요가 있습니다. 따라서 현존하는 AutoML 시스템은 각 구성 요소를 매개변수로 입맛에 맞게 설정할 수 있는 API를 제공합니다. 모든 것이 기본으로 작동하는 가장 간단한 것부터 모든 것을 원하는 대로 설정할 수 있는 광범위한 활용이 가능하죠.

그림 1-8 AutoML API의 범위

사용자에게 가장 맞는 설정이 가능하도록 다양한 API가 제공됩니다. 이 책에서는 AutoML을 구현한 도구 중 하나인 AutoKeras를 사용하기에 앞서, AutoML이 활용되는 다양한 상황에 가장 적합한 API를 선택하는 방법을 다룹니다. 또한 원하는 AutoML 알고리즘을 KerasTuner를 통해 정의하는 방법도 살펴봅니다.

1.3.2 완전한 자동화를 달성할 수 있을까?

AutoML은 지난 30년간 산업과 오픈 소스 커뮤니티와 함께 발전한 분야입니다. 그 과정에서 다양한 성공 사례와 유망한 개발을 확인할 수 있었습니다. 그중 일부 사례를 소개합니다.

- 여러 회사가 보유한 내부 도구 및 오픈 소스 플랫폼이 머신러닝 모델의 선택과 하이퍼파라미터 튜닝을 위해 개발되어 왔습니다(구글의 비지어[Vizier], 페이스북의 Ax 등).
- 캐글이 주최하는 데이터 과학 경연 대회의 참가자들이 사람의 입장에서 고수준[high-level 3]으로 작동하는 AutoML 기법을 선보였습니다.
- 향상된 하이퍼파라미터 튜닝 및 머신러닝 파이프라인의 구성을 위한 다양한 오픈 소스 머신러닝 패키지가 개발되었습니다(AutoSklearn, AutoKeras 등).
- 크고 작은 수많은 회사가 상업용 AutoML 제품을 통해서 머신러닝을 도입했습니다. 예를 들어 디즈니는 구글의 클라우드 AutoML을 도입하여 머신러닝 엔지니어로 구성된 팀을 꾸리지 않고도, 성공적으로 온

---

3 옮긴이_여기서 '고수준'의 의미는 머신러닝 알고리즘의 연산 단위를 세부적으로 직접 구현하는 방법 대신, 보다 편리한 사용을 위해 래핑된 API를 사용하는 것을 의미합니다.

라인 매장에 적용 가능한 머신러닝 솔루션을 개발했습니다.[4]

- 의학, 신경 생물학neurobiology, 경제학 등 컴퓨터 공학 이외의 분야에서도 연구자들이 AutoML을 적극적으로 도입하고 있습니다. 의료영상분할medical image segmentation[5], 유전체해석연구genomic research[6], 동물 인식과 보호[7] 등 구체적인 전문 분야의 문제에도 머신러닝과 프로그래밍을 배우는 데 시간을 많이 들일 걱정 없이 새로운 머신러닝 솔루션을 도입할 수 있게 되었습니다.

그리고 다양한 분야의 다양한 사람들이 머신러닝의 혜택을 받을 수 있도록 여전히 AutoML로 실현할 수 있는 다양한 가능성에 대한 연구가 활발히 이루어지고 있습니다. AutoML을 성공적으로 도입한 다양한 사례에도 불구하고, 아직까지도 해결되어야 하는 도전 과제와 문제가 존재합니다. 다음은 그중 일부를 보여줍니다.

- **AutoML 시스템 구축의 어려움**: AutoML 시스템을 처음부터 구축하는 것은 머신러닝 시스템을 구축하는 것보다 훨씬 더 복잡하고 많은 것을 고려해야 합니다.
- **자동화된 데이터 수집과 정리**: AutoML을 쓰더라도 여전히 데이터의 수집, 정리, 레이블링은 사람이 수행해야 하는 영역입니다. 그리고 이 과정이 머신러닝 알고리즘을 설계하는 것보다 더 복잡한 경우가 많습니다. 현재로서는 이 과정을 AutoML로 자동화할 방법은 없으며, 고품질의 데이터셋과 매우 명확한 목적을 AutoML에 제공해야만 잘 작동합니다.
- **AutoML 알고리즘의 선택과 튜닝에 대한 비용**: '공짜 점심은 없다There ain't no such thing as a free lunch'에 따르면 모든 하이퍼파라미터 튜닝에 적합한 전지전능한 AutoML 알고리즘이란 존재하지 않는다고 볼 수 있습니다. 머신러닝 알고리즘을 직접 선택하고 튜닝하는 노력을 최소화하려고 AutoML을 선택했지만, AutoML 알고리즘을 선택하고 튜닝하는 데 필요한 노력도 만만치 않게 클 수 있습니다.
- **자원에 대한 비용**: AutoML은 상대적으로 투입되는 시간과 계산 자원 측면에서 꽤 비용이 드는 작업입니다. 현존하는 대부분의 AutoML 시스템의 경우 사람이 직접 하는 것에 맞먹는 결과를 도출하기 위해서는 사람보다 훨씬 더 많은 하이퍼파라미터 튜닝에 시간과 자원을 투입해야 합니다.
- **사람과 컴퓨터 간의 상호작용에 따른 비용**: AutoML이 하이퍼파라미터를 튜닝하는 과정과 그렇게 도출된 결과를 해석하는 것은 쉽지 않습니다. 그리고 시스템이 점점 더 복잡해질수록 사람이 튜닝 과정에 개입하는 것은 더 어려워집니다. 그 결과 도출된 최종 모델을 이해하는 것 또한 매우 어려워질 수 있습니다.

---

4 옮긴이_https://blog.google/products/google-cloud/cloud-automl-making-ai-accessible-every-business/

5 Weng, Yu, et al., "NAS-Unet: Neural Architecture Search for Medical Image Segmentation," IEEE Access 7 (2019): 44247–44257.

6 Liu, Denghui, et al., "AutoGenome: An AutoML Tool for Genomic Research," bioRxiv (2019): 842526.

7 Liu, Yao, and Ze Luo, "Species Recognition of Protected Area Based on AutoML," Computer Systems and Applications 28 (2019): 147–153.

AutoML의 개발은 여전히 초기 단계에 머물러 있습니다. 이 분야의 지속적인 발전을 위해서는 연구자, 개발자 외에도 다른 분야 전문가들의 참여가 중요합니다. 언젠가 여러분도 이 대열에 합류하게 될지 모르지만, 일단 이 책의 목표는 AutoML의 개요를 알리는 것입니다. 따라서 이 책의 대상 독자는 비교적 머신러닝의 전문성이 부족하거나 어느 정도 경험은 있지만 직접 머신러닝 솔루션을 만드는 데 드는 노력을 최소화하고 싶은 사람입니다. 대략 다섯 줄 정도의 코드만으로 머신러닝 문제를 자동으로 해결하는 방법을 다루며, 이미지 텍스트 등의 다양한 유형의 데이터로 더욱 복잡한 시나리오에 대한 섬세한 AutoML 솔루션을 점진적으로 배우게 될 것입니다. 다음 장에서는 머신러닝의 기초를 더 상세히 살펴보며, 머신러닝 프로젝트를 엔드투엔드end-to-end[8]로 구축하는 방법을 알아봅니다. 기초적인 내용이지만 그 이후의 장들에서 다뤄질 AutoML 기법을 이용하기 위한 이해를 높이는 데 도움이 될 것입니다.

요약

- 머신러닝이란 명시적으로 프로그램을 작성하지 않고도, 자동으로 데이터와 상호작용하여 컴퓨터의 처리 방식을 수정하는 능력을 의미합니다.

- 머신러닝의 학습은 입력 데이터와 특정 측정에 따라 반복적으로 머신러닝의 파라미터가 조정되는 과정으로 묘사될 수 있습니다.

- 머신러닝의 학습 과정은 어느 정도 원하는 수준의 결과에 도달하거나 사용자가 정의한 특정 기준에 도달했을 때 종료됩니다.

- 머신러닝 알고리즘의 하이퍼파라미터 튜닝을 통해 학습 과정을 조정하고, 여러분이 당면한 머신러닝 문제에 맞는 구성 요소를 선택할 수 있습니다.

- AutoML의 목표는 머신러닝 모델의 설계와 적용에 따른 경험을 학습하여 하이퍼파라미터 튜닝 과정을 자동화하는 데 있습니다. 즉 데이터 과학자의 부담을 덜어줌과 동시에 머신러닝에 경험이 부족한 사람들도 쉽게 머신러닝 기술을 활용할 수 있도록 하는 데 그 목적을 둡니다.

---

8 엔드투엔드는 하나의 완전한 사이클을 의미합니다. 즉 머신러닝 관점에서는 데이터를 준비하고, 가공 처리하고, 모델에 주입한 다음에 평가 과정을 거쳐 최종 모델을 도출하는 전체 과정을 의미합니다.

- AutoML 알고리즘은 탐색 공간, 탐색 전략, 평가 전략이라는 세 가지 주요 요소로 구성됩니다. 이 세 가지 구성 요소를 자동으로 설정하는 AutoML 시스템도 있지만, 여러분의 입맛에 맞게 설정할 수 있는 방법을 제공하는 시스템도 있습니다.

- AutoML에는 여전히 해결하지 못한 다양한 도전 과제가 남아있어, 사람들의 높은 기대치를 충족시키지 못합니다. 완전히 자동화된 최적의 AutoML을 달성하는 것은 어렵습니다. 물론 미래의 발전 가능성을 낙관적으로 바라볼 수는 있지만, AutoML이 현재 실현 가능한 능력을 과대평가하지 않도록 주의해야 합니다.

CHAPTER 2

ML 프로젝트의
엔드투엔드 파이프라인

이 장의 내용

- 머신러닝 프로젝트를 위한 엔드투엔드 파이프라인에 익숙해지기
- 머신러닝 모델을 위한 데이터 준비(데이터 수집과 전처리)
- 머신러닝 알고리즘의 성능 향상을 위한 피처 생성 및 선별
- 선형 회귀 및 결정 트리 모델의 구축
- 그리드 탐색으로 머신러닝 모델을 파인튜닝하는 방법

1장에서는 머신러닝 프로젝트에 대한 전체적인 윤곽을 그려봤습니다. 이제는 머신러닝과 AutoML의 기본 개념과 친해질 시간입니다. AutoML은 머신러닝에 뿌리를 두고 있기 때문에, 머신러닝의 기본 개념을 배워야 AutoML을 더 잘 이해하고 활용할 수 있습니다. 특히 AutoML 알고리즘의 탐색 공간을 설계할 때 매우 유용합니다. 앞으로 사용하게 될 특정 머신러닝 알고리즘의 개성과 하이퍼파라미터 범위를 풍부하게 이해할 수 있기 때문이죠. 이 장에서는 구체적인 예시를 통해 특정 머신러닝 문제를 해결하고 머신러닝 파이프라인의 전체 과정을 심도 있게 다룹니다. 또한 원초적인 방식이지만, 머신러닝 모델의 하이퍼파라미터를 튜닝하는 방법도 살펴봅니다. 더 나은 머신러닝 솔루션을 발견하는 데 유용하면서도 간단한 AutoML의 적용 사례 정도로 볼 수 있습니다. 더 심화된 AutoML 고급 기법과 솔루션은 이 책의 2부에서 다룹니다.

NOTE_ 이 책에서 사용된 모든 코드는 파이썬으로 작성됐습니다. 특히 주피터 노트북에서 유효성을 확인했으며, 모든 실행 결과도 주피터 노트북[1]이 생성한 것을 그대로 가져왔습니다. 주피터 노트북은 데이터 과학 및 머신러닝 커뮤니티에서 큰 인기를 누리는 개발 편집기입니다. 주피터 노트북의 환경을 설정하는 방법을 잘 모르거나, 하드웨어 스펙이 충분치 않다면 주피터 노트북 환경을 무료로 제공하는 구글의 코랩[Google] [Colaboratory][2]을 대신 사용해도 좋습니다. 구글 코랩 환경을 사용하는 구체적인 방법은 '부록 A'에서 확인할 수 있습니다. 그리고 이 책에서 쓰인 모든 주피터 노트북은 책에서 제공하는 저장소[3]에서 확인할 수 있습니다.

2.1 엔드투엔드 파이프라인의 개요

머신러닝 파이프라인은 머신러닝 프로젝트를 수행하는 일련의 절차로, 다음과 같은 단계로 구성됩니다.

- 문제 정의 및 데이터 수집: 문제를 머신러닝의 문제로 규정하고 필요한 데이터를 수집합니다.
- 데이터 전처리 및 피처 엔지니어링: 머신러닝 알고리즘이 이해하기 적합한 형식으로 데이터를 처리합니다. 타깃[target] 출력에 연관된 피처[feature]를 선택하거나 생성합니다. 보통 데이터셋에 대한 감을 얻기 위한 탐색 작업으로 시작되는 이 작업은, 고려 중인 특정 머신러닝 알고리즘에 특화된 방식으로 수행되어야 합니다.
- 머신러닝 알고리즘 선별: 해당 문제에 대한 여러분의 경험과 지식에 따라, 시험해보고 싶은 문제에 적합한 머신러닝 알고리즘을 선별합니다.
- 모델 학습용 및 평가: 학습용 데이터에 선별된 머신러닝 알고리즘을 적용하여 머신러닝 모델을 학습시킵니다. 그다음 검증용 데이터셋에 대해 각 모델의 성능을 평가합니다.
- 하이퍼파라미터 튜닝: 모델의 하이퍼파라미터를 반복적으로 튜닝하여 성능을 개선하는 시도를 합니다.
- 서비스 배포 및 모델 모니터링: 최종으로 선택된 머신러닝 모델을 배포하고, 지속적으로 파이프라인을 관리하고 개선하기 위해 배포된 머신러닝 모델의 성능을 모니터링합니다.

보다시피 머신러닝 프로젝트에는 사람이 개입해야 합니다. 문제의 정의 및 데이터 수집을 시작으로, 보통 비동기적으로 일어나는 여러 개의 데이터 처리 과정을 거칩니다(그림 2-1). 이 책이 집중하는 영역은 서비스 배포 및 모니터링 이전 단계까지입니다. 모델 배포에 더 상세한 내

---

1 오픈 소스 웹 애플리케이션으로 대화형 코드 설계, 데이터 처리, 시각화, 설명용 마크다운 텍스트 등의 기능을 제공합니다(https://jupyter.org).

2 http://colab.research.google.com

3 https://github.com/datamllab/automl-in-action-notebooks

용은 『Machine Learning Systems』(Manning, 2018)과 『비즈니스 머신러닝』(한빛미디어, 2020)을 참고하기 바랍니다.

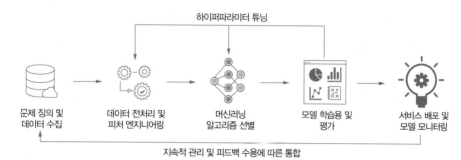

그림 2-1 엔드투엔드 머신러닝 프로젝트 파이프라인

실제 문제를 통해 파이프라인의 각 구성 요소에 익숙해져 보겠습니다. 우리가 살펴볼 문제는 특정 주거 지역에 대한 위치, 방의 개수 같은 피처가 주어졌을 때 주택의 평균 가격을 예측하는 것입니다. 이를 위해 1990년도의 인구 조사에 기반해 1997년에 R. 켈리 페이스[Kelley Pace]와 로날드 배리[Ronald Barry]가 쓴 'Sparse Spatial Autoregressions'에서 소개된 캘리포니아 주택 데이터셋을 사용합니다. 이 데이터셋은 양이 적으며 데이터 준비 과정이 간결하기 때문에, 초심자를 대상으로 실전 머신러닝을 다루는 다양한 책에서 다뤄집니다.

> **NOTE_** 머신러닝 문제로 다룰 적절한 문제를 고르는 것은 쉽지 않습니다. 비즈니스 요구 사항, 연구 목적 등 다양한 요소에 따라 상이하기 때문입니다. 특정 문제에 깊숙이 발을 들여놓기 전에 문제 해결에 따른 기대 효과, 그로부터 이득을 얻을 수 있는 후속 작업, 원하는 결과를 만족한 작업물이 존재하는지를 알아보는 것이 좋습니다. 이러한 절차는 투자할 만한 가치가 있는 문제인지를 결정하는 데 큰 도움이 됩니다.

2.2 문제 정의 및 데이터셋 조립

모든 머신러닝 프로젝트에서 가장 먼저 할 일은 문제를 정의하고, 그 문제에 맞는 데이터를 수집하는 것입니다. 그리고 문제를 정의하려면 머신러닝 모델의 입력과 출력을 구체화해야 합니다. 가령 캘리포니아 주택 문제를 예로 들면, 특정 주거 지역을 묘사하는 피처 목록이 모델의 입력으로 사용됩니다.

이 데이터셋에 묘사된 주거 지역은 지리적으로 좁은 영역에 평균 1,425명이 거주하는 블록들로 구성됩니다. 그리고 주택당 평균 방의 개수, 해당 주택이 속한 블록의 위도 및 경도와 같은 피처를 포함합니다. 우리는 이 데이터셋으로 주택 가격을 예측하는 머신러닝 모델을 학습시킬 것입니다. 한편 머신러닝 모델이 예측해야 할 대상을 모델의 **타깃**target 또는 **어노테이션**annotation 이라고 합니다. 그리고 입력과 타깃 데이터 사이의 관계를 알아내는 문제를 보통 **지도 학습 문제**supervised learning problem라고 합니다. 지도 학습은 머신러닝에서 가장 널리 연구되어온 분야이며, 이 책에서 집중할 분야이기도 합니다.

지도 학습 문제는 타깃의 유형에 따라 더 세분화됩니다. 예를 들어 연속적인 타깃값을 다루는 경우는 **회귀 문제**regression problem라고 합니다. 주택의 가격은 연속적인 값으로 표현되기 때문에, 캘리포니아 주택 가격의 예측은 회귀 문제라고 볼 수 있습니다. 반면, 타깃값이 이산적인 특성을 띤, 제한된 개수의 범주들로 표현된 경우는 **분류 문제**classification problem라고 합니다. 분류 문제의 몇 가지 예시는 '부록 B'에 수록되어 있으며, 다음 장에서도 분류 문제를 다룹니다.

문제를 정의하고 난 다음에 해야 할 일은 데이터를 수집하는 것입니다. 캘리포니아 주택 데이터셋은 가장 많이 쓰이는 머신러닝 데이터셋 중 하나여서, 사이킷런scikit-learn을 포함한 여러 머신러닝 라이브러리를 통해 쉽게 접근할 수 있습니다. 하지만 실전에서 데이터셋을 발견하고 획득하는 일은 꽤 어렵습니다. 보통 SQL[4] 등 추가 기술이 필요한 경우가 허다하다는 사실을 기억해야 합니다. [코드 2-1]은 캘리포니아 주택 데이터셋을 불러오는 방법을 보여줍니다.

코드 2-1 캘리포니아 주택 데이터셋 불러오기

```
from sklearn.datasets import fetch_california_housing    ◁─┤ 사이킷런 라이브러리의 데이터셋을
                                                             불러오는 함수를 가져옴

house_dataset = fetch_california_housing()    ◁─┤ 캘리포니아 주택 데이터셋을 불러옴
```

원본 데이터는 딕셔너리를 활용해 각 주택 블록의 피처를 행렬 형식으로 표현합니다. 그리고 각 데이터(행렬)는 주택 블록을 묘사한 피처에 대한 값으로 구성되며, 데이터별 타깃은 벡터 형식으로 저장됩니다. 또한 각 피처의 의미와 데이터의 생성 정보도 파악할 수 있습니다.

---

4 이 책은 SQL에 대한 내용을 다루지는 않습니다. 만약 더 자세한 내용을 알고 싶다면, 『Machine Learning Systems』을 읽어보기 바랍니다.

```
>>> house_dataset.keys()

# feature_names: 각 피처의 의미
# DESCR: 데이터의 생성 정보
dict_keys(['data', 'target', 'feature_names', 'DESCR'])
```

원본 데이터셋을 불러온 다음에는 데이터를 데이터프레임^{DataFrame}으로 변환해야 합니다. 데이터프레임은 파이썬으로 데이터를 분석하고 조작하는 용도의 강력한 도구인 판다스^{pandas}의 주요 자료 구조 중 하나입니다. [코드 2-2]를 통해 알 수 있듯이, 타깃은 Series라는 객체에 담기는 데, 이는 주택 가격의 중간값을 의미하는 'MedPrice'[5] 레이블을 가진 벡터입니다.

코드 2-2 데이터와 타깃 추출

```
import pandas as pd   ◁──┤ 판다스 패키지 불러오기

                                              각 피처의 이름과 함께 피처를 데이터
                                              프레임의 형식에 맞게 재구성
data = pd.DataFrame(house_dataset.data, columns=house_dataset.feature_names)   ◁──
target = pd.Series(house_dataset.target, name = 'MedPrice')   ◁──
                                              이름을 가진 Series 객체에
                                              타깃 정보를 담음
```

전체 데이터 중 처음 5개를 출력해봅니다(그림 2-2). 그중 첫 번째 열은 피처들의 이름을 나열합니다.[6] 예를 들어 'AveRooms'라는 피처는 특정 주거 블록의 평균 방 개수를 의미합니다. 또한 같은 방식으로 타깃 데이터의 값도 확인할 수 있습니다.

```
>>> data.head(5)
```

	MedInc	HouseAge	AveRooms	AveBedrms	Population	AveOccup	Latitude	Longitude
0	8.3252	41.0	6.984127	1.023810	322.0	2.555556	37.88	-122.23
1	8.3014	21.0	6.238137	0.971880	2401.0	2.109842	37.86	-122.22
2	7.2574	52.0	8.288136	1.073446	496.0	2.802260	37.85	-122.24
3	5.6431	52.0	5.817352	1.073059	558.0	2.547945	37.85	-122.25
4	3.8462	52.0	6.281853	1.081081	565.0	2.181467	37.85	-122.25

그림 2-2 캘리포니아 주택 데이터셋 중 처음 5개 데이터의 피처별 값

----

5 옮긴이_MedPrice는 주택 가격의 중간값(median)을 의미하며, 그 단위는 백만 달러입니다.
6 피처별 상세한 설명은 https://scikit-learn.org/stable/datasets.html에서 확인할 수 있습니다.

그다음으로 할 일은 데이터 전처리입니다. 데이터 전처리 단계를 수행하기에 앞서, 전체를 학습용과 테스트용 데이터셋으로 나눌 필요가 있습니다. 앞 장에서 배운 대로, 데이터를 분할하는 주된 목적은 모델을 학습시키는 데 사용된 것과 동일한 데이터로 모델을 검증하는 상황을 피하기 위함입니다. [코드 2-3]은 그 방법을 보여줍니다.

코드 2-3 전체를 학습용과 테스트용 데이터셋으로 나누기

```
from sklearn.model_selection import train_test_split   ←── 사이킷런의 데이터 분할 함수를
X_train, X_test, y_train, y_test = train_test_split(        불러옴
    data, target,
    test_size=0.2,         ┌── 전체 중 20%를 무작위로 선택해
    random_state=42)   ←──┘   테스트용 데이터셋에 할당
```

전체 중 20%를 무작위로 선택해 테스트용 데이터셋으로 분할했습니다. 그리고 잘 분할되었는지 확인해봅시다. 다음 코드의 결과에 따르면 전체 데이터셋은 20,640개의 데이터로 구성되며, 각 주거 블록은 8개의 피처로 묘사된 것을 알 수 있습니다. 또한 학습용과 테스트용 데이터셋은 각각 16,512개와 4,128개의 데이터로 구성되어 있습니다.

```
>>> (data.shape, target.shape), (X_train.shape, y_train.shape), (X_test.shape,
y_test.shape)
(((20640, 8), (20640,)), ((16512, 8), (16512,)), ((4128, 8), (4128,)))
```

최종 머신러닝 모델을 도출하기 전까지는 테스트용 데이터셋의 타깃을 건드리면 안 됩니다. 만약 건드렸다면 데이터 준비 및 모델 학습을 포함한 모든 분석이 물거품이 될지도 모릅니다. 즉 테스트용 데이터에 과적합되어, 배포된 모델이 학습 단계에서 못 본 데이터를 잘 다루지 못할 가능성이 높습니다. 하지만 데이터의 피처를 가공하는 전처리 단계에서, 학습용과 테스트용 데이터셋의 피처들을 조합하는 것은 허용됩니다. 특히 데이터셋의 크기가 작을 때, 피처들의 정보를 취합하면 꽤 유용할 수 있습니다.

2.3 데이터 전처리

다음 절차는 데이터에 일부 전처리preprocessing 작업을 적용하여, 머신러닝 알고리즘에 적합한 형태로 변형transform하는 과정입니다. 이 과정은 사전 지식에 따른 가정, 데이터 자체에 대한 궁금증에 따른 **탐색적 데이터 분석**exploratory data analysis(EDA)이 수반됩니다. EDA는 데이터셋에 익숙해지고, 숨은 통찰을 파헤쳐 데이터를 더 잘 준비할 수 있도록 해줍니다. 가령 다음과 같은 일반적인 질문을 생각해볼 수 있죠.

- 각 피처의 자료형은 무엇일까요? 문자열일까요, 아니면 다른 자료형일까요? 파이프라인상 이어지는 다음 단계에서 사용하는 피처인가요? 그렇다면 일부 변형이 필요할까요?
- 각 피처는 얼마나 많은 고윳값을 가지나요? 각 피처는 수치형으로 표현되나요? 범주형으로 표현되나요? 아니면 그 외에도 다른 종류가 있나요?
- 값 범위 등 각 피처의 기본 통계 속성에는 어떤 것이 있을까요? 값 분포와 상관관계를 시각화하면 어떤 통찰을 얻을 수 있나요?
- 데이터에 누락된 값이 있나요? 그렇다면 누락된 값이 존재하는 행 또는 열을 제거해야 할까요? 아니면 다른 값으로 채워 넣어야 할까요?

서로 다른 데이터에는 그 유형과 특성, 고려 중인 문제의 종류, 선별된 머신러닝 모델에 따라 맞춤형 데이터 전처리 기법이 필요합니다. 그리고 그 기법들은 경험적으로 발견되기 때문에, 지속적이고 점진적인 다양한 시도를 거쳐야만 합니다.

우리는 앞서 제기한 네 가지 일반적인 질문 목록을 따라 탐색적 데이터 분석을 수행합니다. 더 다양한 예시는 '부록 B'를 참고하기 바랍니다. 첫 번째 질문부터 답해보죠. 우리가 다루는 데이터셋의 모든 피처와 타깃은 다음처럼 부동소수점 값으로 저장되어 있으며, 이 유형의 값은 추가 작업 없이도 머신러닝 알고리즘에 직접 사용할 수 있습니다

```
>>> data.dtypes
MedInc          float64
HouseAge        float64
AveRooms        float64
AveBedrms       float64
Population      float64
AveOccup        float64
Latitude        float64
Longitude       float64
dtype: object
```

```
>>> target.dtypes
dtype('float64')
```

두 번째 질문은 피처가 가진 고윳값의 개수와 관련된 것입니다. 이는 피처의 유형을 구별하여, 각 피처마다 적합한 전처리 전략을 세우는 데 유용합니다. 또한 중복된 값들이 존재하는 피처를 제거할 때도 유용합니다. 가령 특정 피처^{feature}의 모든 데이터가 동일하다면, 해당 피처로는 유의미한 예측을 할 수 없습니다. 또한 특정 피처의 모든 데이터가 고유하더라도, 분류 문제를 해결하는 데 유용하지 않을 수 있습니다. 식별자(ID) 또는 단순히 순서대로 매겨진 값들인 경우 더욱 그렇습니다. 캘리포니아 주택 데이터셋은 총 20,640개의 데이터로 구성되어 있습니다. 이 사실에 입각해 볼 때 [코드 2-4]의 결과는 모든 값이 고유하거나 모든 값이 동일한 피처는 없다는 것을 보여줍니다. 한편 'MedInc', 'AveRooms', 'AveBedrms' 같은 피처는 꽤 많은 고윳값을 가지고 있지만, 주거 블록 비교 및 주택 가격 예측에 유용한 수치형 값들로 구성되어 있어서 제거 대상으로 보기는 어렵습니다.

코드 2-4 각 피처별 고유한 값의 개수 확인하기

```
>>> data.nunique()[7]
MedInc       12928
HouseAge        52
AveRooms     19392
AveBedrms    14233
Population    3888
AveOccup     18841
Latitude       862
Longitude      844
dtype: int64
```

피처별 일부 기본 통계 속성을 확인하여, 더 많은 통찰을 얻을 수도 있습니다(그림 2-3). 가령 평균적으로 주거 블록에는 약 1,425명이 살고 있습니다. 가장 밀집된 블록은 35,000여 명, 밀집되지 않은 블록에는 3명 정도밖에 살고 있지 않다는 것을 알 수 있습니다.

---

7 옮긴이_nunique는 number of unique의 약어로, 교윳값의 개수를 확인한다는 의미를 가진 메서드입니다.

```
> data.describe()
```

	MedInc	HouseAge	AveRooms	AveBedrms	Population	AveOccup	Latitude	Longitude
count	20,640.00	20,640.00	20,640.00	20,640.00	20,640.00	20,640.00	20,640.00	20,640.00
mean	3.87	28.64	5.43	1.10	1,425.48	3.07	35.63	-119.57
std	1.90	12.59	2.47	0.47	1,132.46	10.39	2.14	2.00
min	0.50	1.00	0.85	0.33	3.00	0.69	32.54	-124.35
25%	2.56	18.00	4.44	1.01	787.00	2.43	33.93	-121.80
50%	3.53	29.00	5.23	1.05	1,166.00	2.82	34.26	-118.49
75%	4.74	37.00	6.05	1.10	1,725.00	3.28	37.71	-118.01
max	15.00	52.00	141.91	34.07	35,682.00	1,243.33	41.95	-114.31

그림 2-3 캘리포니아 주택 데이터의 피처별 기본 통계 속성

현실에서 문제를 해결할 때 가장 어려운 작업 중 하나는 누락된 값을 처리하는 것입니다. 데이터를 수집하거나 전송하는 과정과 데이터를 불러오는 과정에서 발생한 오류 등의 원인으로 일부 값들은 누락될 수 있습니다. 만약 누락된 값을 적절히 다루지 못한다면, 머신러닝 모델의 성능에 지대한 영향을 미치게 될 뿐만 아니라, 심지어 프로그램이 예기치 못하게 종료되는 문제가 발생하기도 합니다. 누락되거나 유효하지 않은 값을 적절한 대체 값으로 교체하는 과정을 대치imputation라고 합니다.

[코드 2-5]는 캘리포니아 주택 데이터의 학습용 및 테스트용 데이터셋에 누락된 값의 존재 여부를 검사합니다.

코드 2-5 학습용 및 테스트용 데이터셋에 누락된 값의 존재 여부를 검사하기

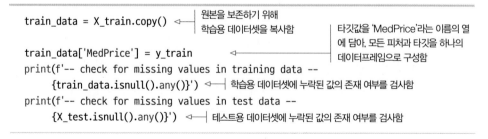

```
train_data = X_train.copy()          ◁─┤ 원본을 보존하기 위해
                                          학습용 데이터셋을 복사함
                                                              ┌─ 타깃값을 'MedPrice'라는 이름의 열
                                                              │  에 담아, 모든 피처과 타깃을 하나의
train_data['MedPrice'] = y_train    ◁──────────────────────  데이터프레임으로 구성함
print(f'-- check for missing values in training data --
    {train_data.isnull().any()}')  ◁─┤ 학습용 데이터셋에 누락된 값의 존재 여부를 검사함
print(f'-- check for missing values in test data --
    {X_test.isnull().any()}')      ◁─┤ 테스트용 데이터셋에 누락된 값의 존재 여부를 검사함
```

그 결과를 통해 누락된 값이 없다는 사실을 알 수 있습니다. 따라서 여기서는 이 문제를 더 이상 고려하지 않아도 좋습니다(누락된 값을 다루는 예제는 3장에서 살펴봅니다).

```
-- check for missing values in training data --
MedInc          False
HouseAge        False
AveRooms        False
AveBedrms       False
Population      False
AveOccup        False
Latitude        False
Longitude       False
MedPrice        False
dtype: bool
```

```
-- check for missing values in test data --
MedInc          False
HouseAge        False
AveRooms        False
AveBedrms       False
Population      False
AveOccup        False
Latitude        False
Longitude       False
dtype: bool
```

문제를 간소화하기 위해 이 이상의 데이터 전처리는 하지 않습니다. 다만 머신러닝 모델의 학습에 지대한 영향을 미칠 수 있는 이상치outliers 같은 데이터를 검사하고 제거하는 등, 여기서 살펴본 내용보다 몇 가지 기본적인 전처리가 더 수반되는 경우가 보통입니다. 또한 현실의 데이터셋은 예제 데이터만큼 아주 깔끔하지 않다는 것도 알아야 합니다. 서로 다른 유형의 데이터에 대한, 더욱 다양한 데이터 전처리 기법은 '부록 B'에 수록되어 있습니다. 이 주제에 익숙하지 않다면, 다음 장으로 넘어가기 전에 '부록 B'를 먼저 읽어보기 바랍니다. 이어서 데이터 전처리와 함께 다뤄야 할 피처 엔지니어링에 대한 내용을 살펴봅니다.

2.4 피처 엔지니어링

피처 엔지니어링feature engineering은 원시 데이터를 유용하고 효과적인 형식으로 변형하는 데이터 전처리와는 다릅니다. 피처 엔지니어링의 목적은 머신러닝 알고리즘의 성능을 끌어올리기 위해, 쓸만한 피처를 선별하고 만들어내는 것입니다. 보통 다음 두 단계가 반복적으로 수행됩니다.

- 피처 생성feature generation은 이미 존재하는 피처로 새로운 피처를 파생시킵니다. 범주형 데이터에서 각 범주별로 빈도수를 매겨서, 측정 가능한 수치형 피처를 얻는 것도 피처 생성으로 볼 수 있습니다. 또한 하나 이상의 피처로 새로운 피처를 생성할 수도 있습니다. 가령 여러 직업군의 남성과 여성 직원 수를 통해, 서로 다른 산업군에 걸친 채용의 공정성을 분석하기 위한 유용한 피처를 얻을 수도 있습니다.
- 피처 선별feature selection은 존재하는 피처 중 가장 유용한 피처를 선별해서, 머신러닝 알고리즘의 효율과 정확도를 향상시킵니다.

피처 생성과 선별은 보통 생성된 피처와 타깃 사이의 상관관계 측정, 검증용 데이터셋에 대한 머신러닝 모델의 성능을 측정하는 등의 피드백 고리 속의 반복 과정을 통해 이루어 집니다.

[코드 2-6]은 피어슨 상관 계수Pearson's correlation coefficient로 각 피처와 타깃의 상관관계를 측정하여, 피처를 선별하는 간단한 예시를 보여줍니다. 피어슨 상관 계수는 두 변수(피처와 타깃)간의 선형적 관계를 −1 ~ 1 사이의 값으로 측정합니다. 이때 −1은 완전한 부정 상관관계negative relationship를, 1은 완전한 정적 상관관계positive relationship를, 0은 상관관계가 없음을 의미합니다.

코드 2-6 피어슨 상관 계수 행렬 그래프

```
import matplotlib.pyplot as plt     ←┤ 그래프를 그리는 라이브러리 불러오기
import seaborn as sns     ←┤ 히트맵을 그리기 위한 Seaborn 라이브러리 불러오기
%matplotlib inline     ┤ 그림을 주피터 노트북에 그리기 위한 조치를 취함

plt.figure(figsize=(30,10))     ←┤ 그림의 크기 설정
correlation_matrix = train_data.corr().round(2)     ←┤ 피어슨 상관 계수 행렬을 계산함
sns.heatmap(data=correlation_matrix, square= True,
            annot=True, cmap='Blues')     ←┤ 모든 피처와 타깃 간의 상관관계를 그림
```

우리는 타깃인 주택 가격과 각 피처 사이의 상관관계를 보여주는 행렬의 마지막 열에 집중합니다(그림 2-4). 그리고 이를 토대로 선택된 두 피처를 살펴봅니다.

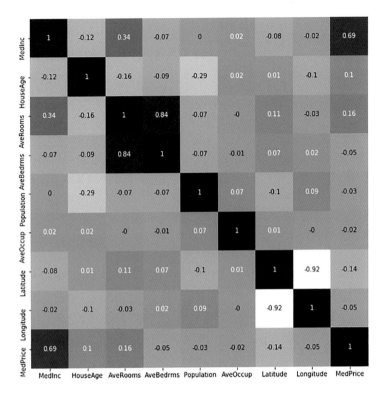

그림 2-4 모든 피처와 타깃 간의 피어슨 상관 계수를 보여주는 행렬

상관 계수 행렬 및 다음과 같은 가정으로, 가장 연관성 높은 두 피처를 선별할 수 있습니다.

- MedInc: 주거 블록 내 가정 소득의 중간값에 대한 피처로, 타깃과 높은 정적 상관관계를 보입니다. 즉, 높은 소득을 가진 사람일수록, 더 비싼 주택의 블록에 살 가능성이 높다는 일반적인 통념과 일맥상통합니다.

- AveRooms: 주거 블록 내 주택의 평균 방 개수에 대한 피처입니다. 방이 많을수록, 주택의 가격이 더 비싼 경향을 띠는 정적 상관관계를 보입니다.

문제를 간소화하기 위해 두 개의 피처만 선별했습니다. [코드 2-7]은 그 방법을 보여줍니다. 데이터를 시각적으로 확인하는 방법 대신, 자동화된 방법으로 피처를 선별할 수도 있습니다. 계산된 피어슨 상관 계수의 한계점을 정하면 되겠죠. 사실 선별될 피처 수는 조심스럽게 결정되어야 할 하이퍼파라미터의 한 종류입니다. 다양한 피처의 조합으로 머신러닝 모델을 학습시키는 여러 차례의 시도와 실패를 통해 최고의 모델을 선별할 수 있습니다.

```
selected_feature_set = ['MedInc', 'AveRooms',]   ◁─┤ 선별된 피처 집합
sub_train_data = train_data[
    selected_feature_set + ['MedPrice']]   ◁─┤ 새롭게 구성된 학습용 데이터셋
X_train = sub_train_data.drop(['MedPrice'], axis=1)   ◁─┐ X_train에서 target 열을 제거하고,
X_test = X_test[selected_feature_set]   ◁─┐           │ 나머지 모델 학습에 필요한 피처만
        테스트용 데이터에 대해서도 동일한 피처를 선별하기 │ 남겨두기
```

두 피처를 선별한 뒤, 산점도^{scatterplot}를 통해 각 피처와 타깃 사이의 상관관계를 확인할 수 있습니다. 다음은 산점도와 함께 히스토그램으로 표현된 분포를 함께 그리는 코드입니다.

```
sns.pairplot(sub_train_data, height=3.5, plot_kws={'alpha': 0.4})
```

산점도에 따르면 'MedInc' 피처와 타깃 'MedPrice' 사이에 강한 정적 상관관계를 관측할 수 있습니다. 한편 'AveRooms' 피처과 'MedPrice' 사이의 상관관계는 이상치로 인한 크기 차이 때문에 비교적 눈에 덜 띕니다.

피어슨 상관 계수는 쉽게 피처를 선별할 수 있게 해주지만, 실전에서 큰 효과를 거둘 것이라고 낙관할 수는 없습니다. 피처와 피처 사이의 비선형적 관계를 무시하기 때문이죠. 또한 순서적인 특성을 띠지 않는 범주형 피처의 경우, 피처와 타깃 사이의 상관관계에 큰 의미를 두기 어렵습니다. 피처를 가공하는 기법이 계속해서 발명됨에 따라, 최고의 피처를 선별하는 기법을 결정하기도 점점 더 어려워지고 있습니다. 이는 AutoML의 한 가지 중요한 주제인 자동화된 피처 선택 및 변형에 대한 고민으로 이어집니다. 다만 그 내용은 이 책의 2부에서 더 자세히 다루므로 당장은 이 화제를 덮어두겠습니다.

이렇게 피처의 선별을 통해 학습용 데이터셋을 준비했습니다. 그다음으로는 전처리된 데이터로 머신러닝 모델을 학습시키는 알고리즘을 선별하는 것입니다(실전에서는 데이터 전처리 및 피처를 가공하는 과정보다 먼저 머신러닝 알고리즘을 선별해야 하는 경우가 있습니다. 이 경우 특정 머신러닝 알고리즘에 더 알맞은 방식으로 데이터를 준비할 수 있습니다).

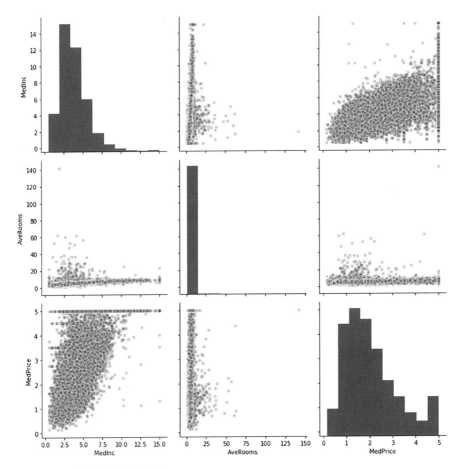

그림 2-5 선별된 피처와 타깃 간 상관관계

2.5 머신러닝 알고리즘의 선별

각 머신러닝 알고리즘에 대해 선택해야 할 네 가지 핵심 요소를 기억하기 바랍니다. 첫 번째는 학습시킬 머신러닝 모델, 두 번째는 모델의 효험을 측정하기 위한 지표metric, 세 번째는 지표에 따라 모델의 파라미터를 갱신하는 최적화optimization 함수, 마지막은 파라미터의 갱신(즉, 학습)을 멈추는 기준stop criterion입니다. 지금 다루는 예시의 주 목적이 최적화는 아니기 때문에, 선별된 각 모델의 최적화 함수와 파라미터 갱신을 멈추기 위한 기준에 대한 내용은 간단하게만 살펴봅니다.

우리는 두 개의 고전적인 모델을 사용합니다. 그중 첫 번째는 선형 회귀 모델[linear regression model]이며, 두 번째는 결정 트리 모델[decision tree model]입니다. 먼저 선형 회귀 모델의 핵심 개념을 살펴본 뒤, 해당 모델을 생성하고, 학습시키고, 학습 결과를 평가합니다. 학습용 데이터셋 전체를 사용해 모델을 학습시킨 다음, 테스트용 데이터셋을 사용해 평가하죠. 하이퍼파라미터 튜닝용 검증용 데이터셋을 구성하기 위해 학습용 데이터셋을 추가로 분할하는 작업은 하지 않습니다. 하이퍼파라미터 튜닝은 결정 트리 모델 다음에 다룹니다.

2.5.1 선형 회귀 모델을 구축하기

선형 회귀는 지도 학습 머신러닝 모델 중 가장 간단하며, 가장 처음에 배우는 머신러닝 모델입니다. 피처들의 값에 가중치를 곱하고, 이들을 모두 더해 타깃값을 예측하는 방식으로 작동합니다. 수식으로 나타내면 $\hat{y} = w_0 + \sum_{i=1}^{m} w_i x_i$와 같은데, 여기서 m은 피처의 개수를 의미합니다. 즉 우리가 다루는 예제에서 선별된 피처는 'MedInc'와 'AveRooms'이기 때문에, m의 값은 2입니다. 그리고 w_i는 데이터로부터 모델이 학습할 **파라미터**[parameter](또는 **가중치**[weight])를 전체적으로 표현합니다. 이를 세분화해서 살펴보면, w_0를 **절편**[intercept], $w_i(i \geq 1)$를 x_i 피처에 대한 **계수**[coefficient]라고 합니다. 파라미터는 학습용 데이터셋을 통해, 피처와 타깃 사이의 선형적 관계를 파악하는 방향으로 학습합니다. 다음은 사이킷런에서 선형 회귀 모델을 만드는 방법입니다.

```
from sklearn.linear_model import LinearRegression

linear_regressor = LinearRegression()
```

파라미터를 학습하려면 최적화 함수와 성능 측정용 지표가 필요합니다. **평균 제곱 오차**[mean squared error](MSE)는 회귀 문제에서 널리 사용되는 손실 함수이자 평가 지표로, 모델의 예측과 타깃의 차이를 제곱한 뒤 모두 더하여 평균을 구합니다. 우리도 평균 제곱 오차를 사용합니다. 먼저 모델의 학습 방향을 잡아주기 위한 손실 함수로 사용한 뒤, 테스트용 데이터셋에 대한 모델의 예측 능력을 평가하는 단계에서는 평가 지표로 사용합니다. [코드 2-8]은 평균 제곱 오차가 계산되는 방식을 보여줍니다. 학습 단계에서 `true_target_values`는 학습용 데이터셋 중 모든 타깃값만 따로 담은 리스트이며, predictions는 모델이 예측한 모든 주택 가격을 리스트로 담고 있습니다.

코드 2-8 MSE 계산

```
def mean_squared_error(predictions, true_target_values):
    mse = 0   ◁──┤ MSE 값을 0으로 초기화

    for prediction, target_value in zip(predictions, true_target_values):
        mse += (prediction - target_value) ** 2   ◁──┤ 제곱 오차를 모두 더함
    mse /= len(predictions)   ◁──┤ 모두 더한 제곱 오차의 평균을 구함
    return mse
```

[그림 2-6]은 단일 변수(피처)에 대해 작동하는 선형 회귀 모델을 보여줍니다. 이 모델은 학습되는 동안 평균 제곱 오차를 최소화할 수 있는 기울기와 절편을 발견하는 것이 목표입니다. [그림 2-6]에서 각 데이터의 타깃(점)과 모델의 예측(직선) 제곱 오차는 점선으로 표현되어 있습니다.

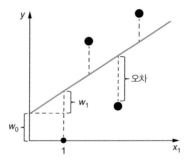

그림 2-6 하나의 피처에 대한 선형 회귀의 개념도

사이킷런의 fit 메서드에 학습용 데이터를 입력하여 호출하면, 가중치를 쉽게 최적화할 수 있습니다. MSE는 기본 손실 함수로 선택되어 있어서 따로 명시할 필요는 없습니다.

```
linear_regressor.fit(X_train, y_train)
```

다음처럼 학습된 가중치를 출력할 수 있습니다.

코드 2-9 학습된 파라미터(절편값, 계숫값) 출력하기[8]

```
>>> coefficients = pd.DataFrame(
...     linear_regressor.coef_,
...     X_train.columns,
...     columns=['Coefficient'])          계수의 값들을 데이터프레임
                                           형식으로 만듦
>>> print(f'Learned Intercept: {linear_regressor.intercept_:.2f}\n')    절편값 출력
>>> print(coefficients)     계숫값 출력


Learned intercept: 0.60

--The coefficient value learned by the linear regression model--
        Coefficient
MedInc          0.44
AveRooms       -0.04
```

학습된 계수로 미루어 볼 때, 'MedInc' 피처와 타깃 사이에는 정적 선형 관계가 있다는 것을 알 수 있습니다. 반면 'AveRooms' 피처와 타깃 사이에는 부정 상관관계가 있는 것으로 보이며, 이는 우리가 기대한 것과는 상반된 결과입니다. 이 결과의 원인은 다음과 같습니다.

- 학습용 데이터에 포함된 이상치(방 수가 적지만 주택 가격이 높은 주거 블록)가 학습 과정에서 어떤 영향을 행사했을 수 있습니다.
- 우리가 선별한 두 피처 사이에는 정적 선형 관계가 존재합니다. 이는 두 피처가 타깃을 예측하는 데 유용한 공통된 정보를 공유하기 때문입니다. 'MedInc'는 이미 'AveRooms'로 유추 가능한 정보를 표현하므로 'AveRooms'의 영향력이 감소하여 약간의 부정 상관관계라는 결과를 초래할 수 있습니다.

가장 이상적인 선형 회귀 모델을 얻으려면, 각 피처와 타깃 사이에는 높은 상관관계가 관측되어야 하지만, 각 피처는 서로 약한 상관관계를 띄는 것이 좋습니다. 괜찮은 피처를 최종적으로 선별하는 데는 다양한 조합의 피처를 고르고, 모델을 학습시켜보는 반복적인 노력이 필요합니다. 이 노력은 여러분을 위한 연습 문제로 남겨둔 채, 그다음 단계인 모델 검증을 살펴보겠습니다. [코드 2-10]은 테스트용 데이터셋에 대한 학습된 모델의 MSE를 계산하는 방법을 보여줍니다.

---

8 옮긴이_가독성을 위해 일부 출력 결과도 번역했지만, 실습 시 일부 결과는 영문으로 출력될 수 있습니다.

코드 2-10 선형 회귀 모델 검증하기

```
>>> from sklearn.metrics import mean_squared_error  ◁──┤ 평가 지표 불러오기
>>> y_pred_test = linear_regressor.predict(X_test) ◁─────────
>>> print(f'Test MSE: {mean_squared_error(y_test, y_pred_test):.2f}')

Test MSE: 0.70
```

테스트용 데이터셋에 대한 타깃값 예측

테스트용 데이터셋에 대한 MSE는 0.70으로 계산되었습니다. 즉 테스트용 데이터셋의 실제 타깃값과 모델의 예측 간 오차를 제곱해 모두 더한 뒤 평균을 낸 결과죠. 한편 MSE의 값이 작을수록, 모델의 성능이 더 뛰어나다고 볼 수 있습니다. 즉 MSE의 값을 최대한 0에 가깝게 만드는 것이 이상적입니다. 이어지는 내용에서는 또 다른 모델인 결정 트리를 시도해보고, 선형 회귀 모델과 비교합니다.

2.5.2 결정 트리 모델을 구축하기

[그림 2-7]은 결정 트리의 핵심 개념을 나타냅니다. 즉 일련의 조건에 따라, 데이터를 서로 다른 그룹(보통 이진)으로 분할하는 것이죠. 결정 트리의 노드 중 이파리(끝 노드)가 아닌 것은 데이터를 또 다른 그룹으로 분할하기 위한 조건의 역할을 합니다. 그리고 각 이파리 노드는 실제 예측 결과를 표현하는 특정 값으로 표현됩니다. 즉 예측 대상 데이터를 결정 트리에 입력하면, 그 데이터는 트리의 뿌리(최상단) 노드부터 일련의 조건을 통과하며 이파리 노드 중 하나에 도달합니다. 가령 MedInc=5, AveRooms=3인 주택의 가격을 예측하고 싶다고 가정해보죠. 최상단 노드에서는 '아니오', 그다음 노드에서는 계속 '예'라는 조건을 거쳐 $260,000 값을 가진 이파리 노드에 도달합니다. 그리고 $260,000가 바로 결정 트리가 예측한 주택 가격입니다.

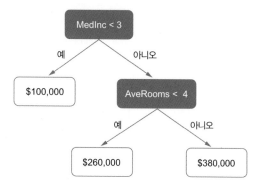

그림 2-7 결정 트리 모델로 값 예측하기

트리가 가지를 쳐 나간 방식(조건)과 이파리 노드의 값(예측)은 학습용 데이터로 학습된 것입니다. [코드 2-11]은 결정 트리가 만들어지는 전형적인 재귀 과정을 보여줍니다. 각 재귀마다, 현재 노드의 데이터를 최적으로 분리하는 조건을 찾습니다. 그리고 각 분할 노드의 예측은 해당 노드에 속한 모든 학습용 데이터의 평균값과 같습니다. 한편 최적 분할은 예측과 타깃 사이의 MSE를 최소화하는 방향으로 결정됩니다. 그리고 분할에 따라 트리가 더 자라지 않는 종료 조건을 만족하면 재귀가 종료됩니다. 이 종료 조건은 여러 가지 방식으로 정의될 수 있습니다. 가령 트리의 최대 깊이를 정해서, 그 깊이에 도달할 때 종료되도록 만들 수 있습니다. 또한 알고리즘을 종료하는 기준을 정할 수도 있죠. 예를 들어 '현재 노드에 속하는 데이터가 5개 미만인 경우 종료'처럼 재귀의 구조상 종료 조건을 정할 수도 있습니다.

코드 2-11 결정 트리 모델 만들기

```
decision_tree_root = construct_subtree(training_data)

def construct_subtree(data):
    if exit_condition(data):
        return LeafNode(get_predicted_value(data))    ⟵┤ 조건에 부합하면 예측값을 계산함
    condition = get_split_condition(data)    ⟵┤ 데이터를 최적으로 분리할 수 있는 조건을 구함
    node = Node(condition)    ⟵┤ 해당 조건으로 신규 노드를 만듦
    left_data, right_data = condition.split_data(data)    ⟵┤ 해당 조건으로 데이터를
                                                            두 부분으로 나눔
    node.left = construct_subtree(left_data)    ⟵┤ 좌측 하위 트리를
    node.right = construct_subtree(right_data)    ⟵┤ 재귀적으로 만듦
    return node        우측 하위 트리를 재귀적으로 만듦 ┤
```

한편 사이킷런을 사용하면 쉽게 결정 트리를 만들 수 있습니다. [코드 2-12]는 사이킷런으로 결정 트리를 학습시키고 검증하는 방법을 보여줍니다. max_depth 매개변수는 트리의 최대 깊이를 제한하는 하이퍼파라미터입니다. 즉 특정 노드의 깊이가 max_depth에 도달하면, 더 이상 트리를 키우지 않고 종료하죠. 물론 현재 노드에 포함된 데이터가 두 개보다 적은 경우도 마찬가지입니다. 더 이상 분할될 데이터가 없기 때문이죠.

코드 2-12 사이킷런으로 결정 트리 모델 만들기

```
from sklearn.tree import DecisionTreeRegressor
tree_regressor = DecisionTreeRegressor(max_depth=3,
                                        random_state=42)    ←──┤ 회귀용 결정 트리 모델을 생성함
tree_regressor.fit(X_train, y_train)
y_pred_train = tree_regressor.predict(X_train)
y_pred_test = tree_regressor.predict(X_test)
```

그러면 다음처럼 학습용 및 테스트용 데이터셋에 대한 MSE 값을 구할 수 있습니다. 그리고 이 두 값의 차이를 통해 과적합overfitting이 약간 발생한 사실을 파악할 수 있습니다.

```
>>> print(f'Train MSE: {mean_squared_error(y_train, y_pred_train):.2f}')
>>> print(f'Test MSE: {mean_squared_error(y_test, y_pred_test):.2f}')
Train MSE: 0.68
Test MSE: 0.71
```

선형 회귀 모델과 비교해보면, 결정 트리 모델의 성능이 약간 떨어져 보입니다. 하지만 테스트용 데이터셋에 대해 평가된 모델의 성능 결과에만 의존해서 모델을 선택해서는 안 됩니다. 모델의 선별과 하이퍼파라미터를 튜닝하는 올바른 방법은 분리된 또 다른 데이터셋(검증용)을 통해, 다양한 모델을 시도하는 검증 과정을 수행하는 것입니다. 다만 여기서 테스트용 데이터셋을 직접 사용한 이유는 학습과 테스트 과정에 익숙해지기 위해서입니다. [코드 2-13]은 학습된 트리 모델을 시각화하여 좀 더 직관적인 이해를 돕습니다.

코드 2-13 결정 트리 시각화[9]

```
from six import StringIO
import sklearn.tree as tree
import pydotplus
from IPython.display import Image

dot_data = StringIO()
tree.export_graphviz(tree_regressor,
                     out_file=dot_data,
                     class_names=['MedPrice'],      ← 타깃의 이름
                     feature_names=selected_feature_set,
                     filled=True,
                     rounded=True)   ← 사각형의 모서리를 둥글게 만들지를 정함
graph = pydotplus.graph_from_dot_data(dot_data.getvalue())
Image(graph.create_png())
```

사각형에 색상을 입힐지를 정함 → filled=True

학습된 트리 모델은 깊이가 3이며, 균형이 잘 맞는 이진 트리 구조를 띱니다(그림 2–8). 분할 조건이 없는 이파리 노드를 제외한 모든 노드는 네 가지 숨은 의미가 있습니다.[10] 먼저 분할 조건은 특정 피처의 값에 따라, 입력 데이터가 어느 자식 노드에 소속되어야 하는지를 결정합니다. 그리고 학습용 데이터 샘플 수는 현재 노드 이하에 속한 데이터의 개수를 의미합니다. 또한 값^{value}과 MSE는 현재 노드에 부합한 데이터들의 타깃 평균값과 MSE 값을 의미합니다. 각 노드의 MSE는 타깃과 모델의 예측값으로 계산됩니다.

이렇게 두 종류의 머신러닝 모델을 만들었습니다. 그리고 테스트용 데이터셋에 대한 결정 트리 모델의 성능이 선형 회귀 모델보다 약간 떨어진다는 사실도 파악했습니다. 이 시점에서 테스트용 데이터셋을 손대지 않고, 결정 트리 모델의 성능을 선형 회귀 모델보다 좋게 만들 방법이 있을까요? 이어지는 내용에서는 머신러닝 파이프라인의 중요한 과정 중 하나인 하이퍼파라미터 튜닝과 모델 선별을 통해 이 궁금증을 해결해봅니다.

---

9   옮긴이_0.23.0 이전 버전의 사이킷런을 사용하는 경우에는 from sklearn.externals.six import StringIO로 해당 모듈을 불러와야 합니다.

10 옮긴이_[그림 2–8]의 각 노드에 출력된 내용을 차례대로 하나씩 살펴봅니다.

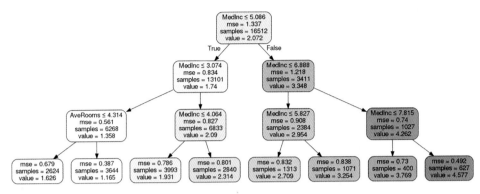

그림 2-8 학습된 결정 트리의 시각화

2.6 머신러닝 모델의 파인튜닝: 그리드 탐색

머신러닝 알고리즘의 최적 하이퍼파라미터(예: 결정 트리 모델의 `max_depth`)를 사전에 알 수 없습니다. 따라서 최고라고 판단되는 구성 요소 선별을 통해 머신러닝 알고리즘을 형성하고 성능을 끌어올리는 하이퍼파라미터 튜닝은 매우 중요합니다. 하지만 튜닝은 수많은 시도와 오류를 통해 이루어지는 과정입니다. 여러 하이퍼파라미터의 조합을 미리 정한 다음, 이들을 하나씩 적용한 모델의 성능을 평가 및 검증하여 가장 최고로 꼽히는 조합을 선택해야 하죠. 이 과정을 더 쉽게 이해하기 위해, 결정 트리 모델의 `max_depth` 하이퍼파라미터를 튜닝하여 모델의 성능을 향상하는 예제를 다뤄보겠습니다.

가장 먼저 할 일은 검증용 데이터셋을 구성하는 것입니다. 검증용 데이터셋은 여러 모델 간 성능을 비교하고, 그 결과에 따라 하이퍼파라미터를 튜닝하는 데 쓰입니다. 테스트용 데이터셋은 결코 건드리면 안 된다는 사실을 항상 기억하기 바랍니다. 오직 튜닝 과정이 완료된 다음, 모델의 최종 평가를 위한 목적에서야 비로소 테스트용 데이터셋을 단 한 번만 사용할 수 있습니다. 학습용 데이터셋을 분할해서 모델을 검증하는 방법에는 여러 가지가 있습니다. 우리는 그중 특히 데이터셋의 크기가 작을 때 많이 사용되는 **교차 검증**^{cross validation}을 알아봅니다. 교차 검증에서는 여러 차례에 걸친 모델의 학습과 평가에 대한 평균을 구합니다. 매번 데이터셋을 무작위로 학습과 검증용으로 나누는 교차 검증에는 크게 두 가지 방식이 있습니다.

- 첫 번째 방식은 비교적 철저한 교차 검증으로, 데이터를 두 부분으로 분할 수 있는 모든 경우의 수에 대해 모델을 학습시키고 검증합니다. 가령 전체 데이터셋 중 80%를 학습용, 20%를 검증용으로 사용하기로 했다고 가정해보죠. 이 두 데이터셋에 포함될 수 있는 모든 데이터 조합을 구성한 뒤, 각 조합에 대해 모델을 학습시키고 평가하여, 모든 평가의 평균을 구합니다. 비교적 철저한 교차 검증의 대표적인 예시는 매번 테스트용 데이터셋의 위치를 이동하며 모델을 학습하고 평가하는 리브원아웃leave-one-out 교차 검증입니다. 즉 전체 데이터셋을 N개로 나눈 뒤 N번 모델을 학습합니다. 학습된 모델의 평가에 참여하는 테스트용 데이터셋의 위치가 0부터 N-1번으로 바꾸는 방식이죠.

- 두 번째 방식은 철저하지 않은 교차 검증입니다. 이름으로 알 수 있듯이 모든 가능한 데이터 조합을 활용하지 않습니다. 이 방식의 대표적인 예시로는 홀드아웃holdout과 k-폴드k-fold 교차 검증이 있습니다. 홀드아웃은 단순히 원본 학습용 데이터셋을 무작위로 두 부분으로 분할하여 하나는 학습에, 나머지 하나는 검증에 사용합니다. 홀드아웃 교차 검증은 보통 단 한 번만 수행되고 개별 데이터가 학습과 검증에 모두 사용되지 않아 교차 검증이 아니라 단순 검증으로 알려져 있습니다. k-폴드 교차 검증은 원본 학습용 데이터를 균등하게 k개로 분할하여, 모델의 학습과 평가를 k번 수행합니다. 그리고 분할된 한 부분이 차례대로 모델 검증에 사용되고, 이런 부분을 제외한 나머지는 모두 모델을 학습하는 데 사용합니다(그림 2-9). 즉 N-폴드 교차 검증은 리브원아웃 교차 검증과 동일합니다.

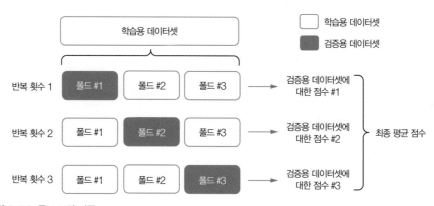

그림 2-9 3-폴드 교차 검증

5-폴드 교차 검증을 통해 max_depth 하이퍼파라미터를 튜닝해보죠. [코드 2-14]는 교차 검증용 데이터셋의 생성(분할)을 위해 사이킷런의 KFold 객체를 만들고, 후보 max_depth 값들을 하나씩 시도하며 트리 모델을 생성하여 교차 검증을 수행합니다. 핵심은 모든 하이퍼파라미터의 조합을 하나씩 시도하고, 모델의 평가 결과에 따라 그중 최적의 조합을 선별하는 것입니다. 다만 우리가 튜닝할 하이퍼파라미터는 하나뿐이므로, 단순히 하나의 반복문만 두었습니다.

코드 2-14 max_depth 하이퍼파라미터를 튜닝하기 위한 교차 검증용 데이터셋 생성하기

```python
import numpy as np
from sklearn.model_selection import KFold

kf = KFold(n_splits = 5)    ◁─┤ 5-폴드 교차 검증용 객체를 생성함
cv_sets = []
for train_index, test_index in kf.split(X_train):
    cv_sets.append((X_train.iloc[train_index],
                    y_train.iloc[train_index],
                    X_train.iloc[test_index],
                    y_train.iloc[test_index]))

max_depths = list(range(1, 11))    ◁───┐ max_depth 하이퍼파라미터에 대한
for max_depth in max_depths:             │ 모든 후보 값 리스트를 구성함
    cv_results = []
    regressor = DecisionTreeRegressor(max_depth=max_depth, random_state=42)
                                      ┌─ 모든 교차 검증용 데이터셋을 하나씩 접근하여,
    for x_tr, y_tr, x_te, y_te in cv_sets:  ◁─┤ 검증 결과를 낸 다음 평균을 구함
        regressor.fit(x_tr, y_tr)
        cv_results.append(mean_squared_error(regressor.predict(x_te) , y_te))
    print(f'Tree depth: {max_depth}, Avg. MSE: {np.mean(cv_results)}')
```

평가 결과는 다음과 같습니다. 그리고 그 내용에 따라 **max_depth** 값이 6일 때 최저 MSE가 관측된 사실을 알 수 있습니다.

```
Tree depth: 1, Avg. MSE: 0.9167053334390705
Tree depth: 2, Avg. MSE: 0.7383634845663015
Tree depth: 3, Avg. MSE: 0.68854467373395
Tree depth: 4, Avg. MSE: 0.6388802215441052
Tree depth: 5, Avg. MSE: 0.6229559075742178
Tree depth: 6, Avg. MSE: 0.6181574550660847
Tree depth: 7, Avg. MSE: 0.6315191091236836
Tree depth: 8, Avg. MSE: 0.6531981343523263
Tree depth: 9, Avg. MSE: 0.6782896327438639
Tree depth: 10, Avg. MSE: 0.7025407934796457
```

같은 기법을 다른 하이퍼파라미터 튜닝에 적용할 수도 있습니다. 그리고 모델의 유형도 일종의 하이퍼파라미터라고 볼 수 있기 때문에, 서로 다른 유형의 모델 중 더 적합한 것을 선별할 수도 있습니다. 가령 선형 회귀와 결정 트리 모델을 대상으로 교차 검증을 수행하고, 그 결과에 따라

두 모델 중 더 나은 것을 선택하는 식이죠.

때로는 튜닝하고 싶은 하이퍼파라미터의 종류가 꽤 많을지도 모릅니다. 이 경우 반복문을 덕지 덕지 붙여서 튜닝하는 것은 고역입니다. 다행히 사이킷런은 GridSearchCV라는 클래스를 제 공합니다. 이 클래스는 손쉽게 여러 하이퍼파라미터를 튜닝할 수 있게 해주죠. 원하는 하이퍼 파라미터의 탐색 공간을 표현한 딕셔너리, 튜닝하고자 하는 모델, 모델의 성능을 측정하는 스 코어 함수로 클래스를 생성하면 됩니다. 가령 우리가 다룬 예시에서, 탐색 공간은 max_depth 라는 단일 키와 해당 하이퍼파라미터의 후보 값을 담은 리스트를 값으로 둔 딕셔너리로 정의 할 수 있습니다. 그리고 make_scorer 함수는 성능 지표를 스코어 함수로 만드는 기능을 합니 다. 예를 들어 [코드 2-15]처럼 MSE를 스코어 함수로 만들 수 있죠. 한편 GridSearchCV는 기본적으로 성능 지표가 클수록 더 좋은 모델이라고 판단합니다. 하지만 우리는 MSE가 가장 낮을 때가 가장 좋은 모델이라고 판단해야하기 때문에, 이 사용자 정의 작동을 위해서는 make_ scorer 함수의 greater_is_better를 False로 설정해야 합니다.

코드 2-15 max_depth 하이퍼파라미터에 대한 그리드 탐색

```
from sklearn.model_selection import GridSearchCV
from sklearn.metrics import make_scorer

regressor = DecisionTreeRegressor(random_state=42)    ←┤ 결정 트리 회귀 모델을 만듦
hps = {'max_depth':list(range(1, 11))}    ←┤ max_depth 하이퍼파라미터에 대한
scoring_fnc = make_scorer(mean_squared_error,         탐색 공간을 딕셔너리로 구성함
                          greater_is_better=False)  ←┤ 스코어 함수 정의
grid_search = GridSearchCV(estimator=regressor, param_grid=hps,
                           scoring=scoring_fnc,       ┌ 5-폴드 교차 검증과 함께 그리드 탐색
                           cv=5)    ←┤ 교차 검증용 객체를 생성함
grid_search = grid_search.fit(X_train, y_train)  ←┤ 그리드 탐색 객체를 학습용 데이터셋에
                                                    적합시켜 최적의 모델을 탐색함
```

[코드 2-16]은 교차 검증 결과를 얻고, max_depth 값에 따른 MSE 변화에 대한 그래프를 그 리는 방법을 보여줍니다.

코드 2-16 그리드 탐색 교차 검증 결과 그래프 그리기

```
cvres = grid_search.cv_results_    ←┤ 교차 검증 결과 가져오기
for mean_score, params in zip(cvres['mean_test_score'], cvres['params']):
```

```
    print(-mean_score, params)

plt.plot(hps['max_depth'], -cvres['mean_test_score'])
plt.title('MSE change with hyperparameter tree max depth')     max_depth를 증가시키며
plt.xlabel('max_depth')                                         MSE 곡선을 그림
plt.ylabel('MSE')
plt.show()
```

[그림 2-10]에 따르면, 처음에는 max_depth 값이 증가함에 따라 MSE가 감소하는 것을 알수 있습니다. 그 이유는 트리의 깊이가 깊어질 때마다, 모델의 유연성이 커져 분할된 데이터셋을 잘 이해할 수용력이 좋아지기 때문입니다. 이는 모델이 학습용 데이터셋에 더 잘 적합될 수있도록 해주지만, 지나치게 큰 max_depth는 과적합을 유발합니다. 우리가 다룬 예시에서는 max_depth가 6보다 클 때 과적합이 발생하는 것으로 관측됩니다. 따라서 max_depth의 값이 6일 때, 최고 성능을 가진 모델을 얻었다고 볼 수 있습니다.

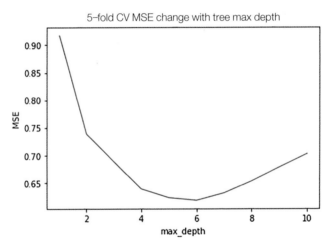

그림 2-10 max_depth 값을 증가하며 수행한 5-폴드 교차 검증 결과의 추세

학습 단계에서는 보지 못한 데이터를 잘 처리해내는 모델의 일반화 능력을 교차 검증이 얼마나잘 반영할 수 있는지에 대해서도 궁금할 것입니다. 이 궁금증은 교차 검증을 사용해 서로 다른 max_depth 값으로 얻은 10개의 모델을 대상으로, 학습용 및 테스트용 데이터셋에 대한 MSE곡선을 그려보면 해결할 수 있습니다.

```
>>> test_results = []
>>> for max_depth in hps['max_depth']:
...     tmp_results = []
...     regressor = DecisionTreeRegressor(max_depth=max_depth,
...                                       random_state=42)
...     regressor.fit(X_train, y_train)
...     test_results.append(mean_squared_error(
...                         regressor.predict(X_test) , y_test))
...     print(f'Tree depth: {max_depth}, Test MSE: {test_results[-1]}')
>>> plt.plot(hps['max_depth'], -cvres['mean_test_score'])
>>> plt.plot(hps['max_depth'], test_results)
>>> plt.title('Comparison of the changing curve of the CV results
- and real test results')
>>> plt.legend(['CV', 'Test'])
>>> plt.xlabel('max_depth')
>>> plt.ylabel('MSE')
>>> plt.show()
```

```
Tree depth: 1, Test MSE: 0.9441349708215667
Tree depth: 2, Test MSE: 0.7542635096031615
Tree depth: 3, Test MSE: 0.7063353387614023
Tree depth: 4, Test MSE: 0.6624543803195595
Tree depth: 5, Test MSE: 0.6455716785858321
Tree depth: 6, Test MSE: 0.6422136569733781
Tree depth: 7, Test MSE: 0.6423777285754818
Tree depth: 8, Test MSE: 0.6528185531960586
Tree depth: 9, Test MSE: 0.6751884166016034
Tree depth: 10, Test MSE: 0.7124031319320459
```

[그림 2-11]에 따르면, 교차 검증 결과가 테스트용 데이터셋에 대한 결과에 부합한 max_depth를 완벽하게 선택하는 것을 알 수 있습니다. 뿐만 아니라 두 곡선이 거의 일치합니다. 다만 이 결과는 교차 검증의 유효성을 보여주기 위해 확인한 것으로, 실제로는 테스트용 데이터셋에 대한 결과를 모델을 선택하는데 결코 활용해서는 안 됩니다!

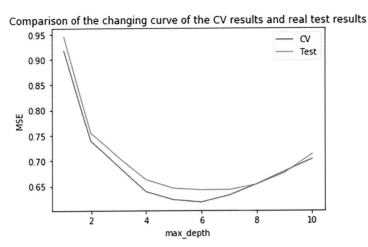

그림 2-11 max_depth를 증가시키며 얻은 교차 검증의 결과 곡선과 테스트용 데이터셋에 대한 평가 결과의 곡선 비교

지금까지 캘리포니아 주택 가격을 예측하는 문제를 통해, 머신러닝 솔루션을 배포하기 전에 이루어지는 머신러닝 파이프라인의 일반적인 절차를 함께 살펴보았습니다. 여기서 살펴본 데이터는 테이블 형식으로 저장되어 열은 데이터가 가진 피처를, 행은 각 데이터를 표현했습니다. 이런 유형의 데이터를 보통 테이블 데이터tabular data 또는 정형 데이터structured data라고 합니다. 한편 정형 데이터 밖에도, 다양한 머신러닝 문제에 따라 다양한 유형의 데이터를 접하게 되며, 각 유형의 데이터는 그에 적합한 방식으로 다뤄져야만 합니다. '부록 B'는 분류용 작업에 쓰이는 이미지, 텍스트, 정형 데이터를 다루는 방식에 대한 예시를 담고 있습니다. 모든 데이터를 준비하는 고전적인 방식과 보편적인 머신러닝 모델을 사용합니다. 만약 다른 유형의 데이터를 다루는 데 익숙하지 않다면, 3장으로 넘어가기 전에 '부록 B'를 먼저 읽어보기 바랍니다. 머신러닝 파이프라인과 사이킷런의 그리드 탐색을 사용해 1개 이상의 하이퍼파라미터를 튜닝하는 방법 또한 다루고 있습니다. 이보다 더 하이퍼파라미터를 다루는 고급 기술은 이 책의 2부에서 다룹니다.

요약

- 머신러닝 프로젝트에서 첫 번째로 해야 할 작업은 문제를 머신러닝 문제로 정의하고 이를 위한 데이터셋을 수집하는 것입니다.

- 데이터셋을 탐색하고 준비하는 과정은 중요합니다. 데이터에서 유용한 패턴을 추출하면 머신러닝 솔루션의 성능을 향상할 수 있습니다.

- 머신러닝 모델을 선별하는 과정 속에서는 서로 다른 모델을 시도하고 각 모델의 성능을 평가 및 비교해야 합니다.

- 올바른 하이퍼파라미터를 사용하는 것은 머신러닝 솔루션의 최종 성능을 결정하는 데 매우 중요합니다. 그리드 탐색은 원초적인 AutoML 접근법으로, 모델 선별과 하이퍼파라미터 튜닝에 사용될 수 있습니다.

CHAPTER 3

딥러닝 요점 정리

> **이 장의 내용**
>
> - 딥러닝 모델을 구축하고 학습시키기
> - 다층 퍼셉트론으로 정형 데이터를 회귀하기
> - 다층 퍼셉트론과 합성곱 신경망으로 이미지 데이터를 분류하기
> - 순환 신경망으로 텍스트 데이터를 분류하기

딥러닝 deep learning은 머신러닝 분야 중 하나로, AI 커뮤니티에서 큰 관심을 받고 있습니다. 또한 다양한 분야에 걸친 수많은 애플리케이션의 중추적인 역할을 하고 있으며, 이전 세대부터 사용해온 기존 모델을 압도하는 성능을 보여주고 있습니다. 3장에서는 딥러닝의 기본 구성 요소를 설명한 다음, 지도 학습으로 서로 다른 유형의 데이터 문제를 해결하는 데 유명한 세 가지 모델을 적용해봅니다. 여기서 배운 내용은 2부의 딥러닝 모델을 생성하고 튜닝하는 AutoML 방법론을 더 잘 이해하기 위한 발판이 될 것입니다.

3.1 딥러닝이란?

'딥러닝'의 '딥 deep'은 연속으로 추가된 계층 layer을 의미합니다(그림 3-1). 그렇게 쌓인 계층의 수가 딥러닝 모델의 깊이 depth입니다. 예를 들면 [그림 3-1] 모델의 깊이는 4가 됩니다. 한편 계층의 역할은 행렬과 피처를 곱하는 것처럼 피처를 변형하는 연산을 수행해 여러 계층을 연산 집합으로 볼 수 있습니다. 이렇게 연결된 각 계층은 하나하나가 개별적으로 움직이는 것이 아

니라, 서로 연관성을 가지고 차례대로 데이터를 학습합니다. 또한 각 계층의 출력을 원본 입력 데이터에 대한 표현^{representation}(임베딩^{embedding})이라고 합니다. 가령 [그림 3-1]의 좌측 고양이 이미지는 모델의 입력이며, 해당 이미지의 픽셀값을 원본 이미지의 표현으로 취급할 수 있습니다. 고양이 이미지는 모델의 첫 번째 계층으로 입력되어, 원본 이미지의 변형된 표현인 서로 다른 이미지 5개가 출력됩니다. 그리고 마지막 네 번째 계층은 벡터를 출력합니다. 이 벡터는 모델이 예측한 이미지의 범주로, 입력 이미지가 '고양이'라는 사실을 추론할 수 있습니다.

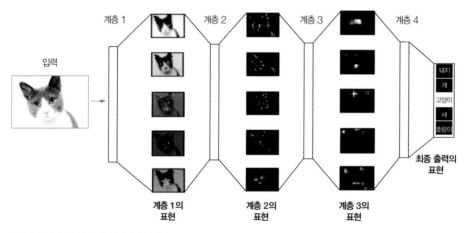

그림 3-1 동물을 분류하는 딥러닝 모델

딥러닝은 주로 뇌의 생물학적 구조로부터 영감을 받아 탄생한 인공 신경망^{artificial neural network}(ANN)에 기반하여 신경망이라고 불리는 경우가 많습니다.

실전에서 딥러닝을 적용하는 방법은 2장에서 다룬 머신러닝 파이프라인과 동일한 절차를 따릅니다. 하지만 앞서 언급한 모델과 대조적으로, 딥러닝 모델은 두 가지 다른 특징을 보여줍니다.

- 모델은 구조상, 주성분 분석^{principal component analysis}(PCA)을 적용해 이미지의 차원을 축소하는 등의 피처 엔지니어링에 들어가는 노력을 줄여줍니다. 딥러닝의 각 계층이 학습한 피처 변형이 피처 엔지니어링과 유사한 효과를 낼 수 있기 때문입니다.
- 더 깊은 모델은 앞 장의 결정 트리 및 선형 회귀 또는 계층이 2개 이하인 신경망처럼 전통적인 '얕은^{shallower}' 모델보다 더 많은 파라미터를 학습하며, 튜닝되어야 할 더 많은 하이퍼파라미터를 가집니다.

딥러닝 모델은 광범위한 문제에서 상당한 수준의 성능을 보여줍니다. 특히 대량의 데이터가 있는 문제일수록 더 좋은 성능에 도달할 가능성이 높죠. 이 장은 구체적인 예시 코드와 함께, 딥러닝이 적용되는 세 종류의 일반적인 문제를 살펴보며 실전에 딥러닝을 적용하는 방법을 살펴봅니다. 하지만 그 전에 딥러닝을 구현하는 데 사용할 도구를 먼저 살펴보겠습니다.

3.2 텐서플로와 케라스

텐서플로TensorFlow는 오픈 소스 머신러닝 플랫폼입니다. 범용석인 상황에서 유연하게 사용할 수 있는 다양한 생태계(도구, 라이브러리)가 구축되어 있어서 많은 연구자와 개발자는 텐서플로로 머신러닝 기반 애플리케이션을 구축하고 배포할 수 있습니다. 또한 텐서플로는 CPU, GPU, TPU$^{Tensor Processing Unit}$(텐서 처리 장치) 등 다양한 하드웨어에서 딥러닝 모델을 학습시킬 수 있는 수학 연산을 지원합니다. 그뿐만 아니라 딥러닝 모델의 학습은 여러 기기에 설치된 다중 GPU를 사용하도록 확장될 수 있으며, 그렇게 학습된 모델은 웹 페이지, 임베디드 시스템 등 다양한 환경으로 배포될 수 있습니다.

> **NOTE_** TPU는 텐서 연산에 특화된 특수 하드웨어입니다. GPU와 TPU는 모델의 학습과 추론 속도 향상을 위해 딥러닝 분야에서 많이 사용됩니다.

딥러닝에서 가장 빈번히 사용되는 자료형인 텐서^{tensor}는 n차원 배열로 볼 수 있습니다. 즉 2차원 이상일 수 있다는 뜻으로, 벡터와 행렬을 일반화한 개념입니다.[1] 실제 문제를 통해 텐서를 살펴보죠. RGB 이미지는 3차원 텐서(색상 채널×높이×너비), 비디오는 4차원 텐서(3개는 RGB 이미지와 같지만, 시간/프레임 차원이 더 추가됨)로 다룰 수 있습니다.

케라스는 텐서플로의 기능을 캡슐화하여 머신러닝 모델을 구축하고 학습시킬 수 있는 간편한 API를 제공하는 라이브러리입니다. 딥러닝 알고리즘을 고안하는 데 들어가는 노력을 대폭 줄여주며, 그 기능 덕분에 여러 커뮤니티에서 사용되고 있습니다. 원래 케라스는 별도의 파이썬 패키지였지만, 현재는 딥러닝 모델을 입맛에 맞게 구축하고, 확장하고, 배포할 수 있는 텐서플로의 고수준 API로 통합되었습니다. 지금부터 이 책에서도 모든 딥러닝의 작업 흐름을 구현하는 데 케라스 API를 주로 사용합니다.

---

1 벡터는 1차원 텐서, 행렬은 2차원 텐서로 볼 수 있습니다.

3.3 다층 퍼셉트론을 사용한 캘리포니아 주택 가격 예측

첫 번째로 풀어볼 문제는 2장에서도 다뤘던, 캘리포니아 주택 가격을 예측하는 것입니다. 다시 떠올려보면, 이 문제는 8개의 피처(평균 방의 개수 등)를 토대로 특정 주거 블록의 평균 가격을 예측하는 회귀 문제였죠. 이번에도 분석과 함께 머신러닝 파이프라인을 만드는 전형적인 과정을 따르지만, 중복 내용을 최대한 피하고 딥러닝의 맥락에서 강조해야 할 내용 위주로 살펴보겠습니다.

3.3.1 데이터 준비

2장에서와 같은 방식으로 사이킷런 라이브러리를 사용해 데이터를 수집한 다음, 이를 딥러닝 모델이 학습할 수 있는 형식으로 준비합니다. 그 첫 번째 단계는 다음처럼 캘리포니아 주택 데이터셋을 불러온 다음, 그중 20%를 테스트용 목적으로 분할하는 것입니다.

코드 3-1 캘리포니아 주택 데이터셋을 불러온 다음 분할

```
import pandas as pd
from sklearn.datasets import fetch_california_housing

house_dataset = fetch_california_housing()   ◁── 데이터셋 불러오기

data = pd.DataFrame(house_dataset.data, columns = house_dataset.feature_names)

target = pd.Series(house_dataset.target, name = 'MedPrice')

from sklearn.model_selection import train_test_split
train_data, test_data, train_targets, test_targets = train_test_split(
    data, target,
    test_size=0.2,
    random_state=42)   ◁── 데이터의 20%를 테스트용으로 분리
```

2장에서 본대로, 학습용 및 테스트용 데이터셋의 피처 행렬은 각각 (16512, 8)과 (4128, 8)의 형태를 띕니다. 다음 코드를 통해 확인할 수 있습니다.

```
>>> train_data.shape, test_data.shape
((16512, 8), (4128, 8))
```

2.3절에서 본 바와 같이, 데이터셋의 모든 피처는 수치형이며 누락된 값이 없어서 이미 신경망에 주입되기에 적합하다고 볼 수 있습니다. 다만 피처마다 가진 값들의 범위가 다른데, 이 사실이 문제를 일으킬 수 있습니다. 또는 학습 과정이 매우 느려질 수도 있으며, 최악의 상황에는 손실 및 신경망의 가중치가 최적값에 근접하지 못하여 수렴하지 못할 수도 있습니다. 일반적으로 신경망의 가중치가 수렴할 때 학습은 중단됩니다. 만약 중단하지 않으면, 최종적으로 얻은 모델은 잘 작동하지 않아 학습은 실패로 돌아갔다고 간주됩니다. 피처마다 서로 다른 범위의 값을 가진 문제를 해결하는 한 가지 방법은 피처마다 정규화를 적용하는 것입니다. 다음은 피처의 각 값에서, 피처의 평균을 뺀 다음, 표준 편차로 나누어 정규화를 적용하는 방법을 보여줍니다.

코드 3-2 학습용 및 테스트용 데이터에 피처별 정규화 적용하기

```
def norm(x, mean, std):    ◁── 피처마다 정규화를 수행할 함수 정의
    return (x - mean) / std

mean = train_data.mean(axis=0)    각 피처별 평균과
std = train_data.std(axis=0)      표준 편차 계산
normed_train_data = norm(train_data, mean, std)    학습용 및 테스트용
normed_test_data = norm(test_data, mean, std)      데이터 정규화
```

여기서 학습용 데이터로 계산한 평균과 표준 편차로 테스트용 데이터를 정규화한 데는 두 가지 이유가 있습니다.

- 학습용 및 테스트용 데이터가 같은 분포distribution를 따른다고 가정하기 때문입니다.
- 테스트용 데이터는 개수가 부족한 경우가 많으므로 신뢰할 만한 평균 및 표준 편차의 계산을 보장할 수 없습니다.

지금 다루는 예제에 적용된 피처 엔지니어링은 정규화뿐입니다. 2장에서 본 얕은 모델에도 정규화를 피처 엔지니어링에 포함할 수 있었지만, 정규화를 한다고 해서 결정 트리 및 선형 회귀 모델의 최적화 알고리즘의 성능은 크게 향상되지 않아 포함하지 않았습니다. 이 내용을 더 깊이 알아보고 싶다면 『밑바닥부터 시작하는 데이터 과학(2판)』(오라일리, 2019)을 읽어보길 바랍니다.

그러면 이제 여러분은 딥러닝 알고리즘을 구현할 준비가 되었습니다.

3.3.2 다층 퍼셉트론 모델을 구축하기

딥러닝 알고리즘을 구현하기 위해 텐서플로 패키지의 케라스 모듈을 불러옵니다.

```
from tensorflow import keras
```

그다음 머신러닝 알고리즘 구축에는 네 가지 구성 요소, 즉 모델의 유형, 모델의 질을 측정하기 위한 평가 지표, 모델의 가중치를 갱신하기 위한 최적화 함수, 가중치 갱신을 중단하기 위한 기준이 필요합니다. 그러면 먼저 3계층으로 구성된 인공 신경망을 만들며 첫 번째 구성 요소를 충족해보죠. [코드 3-3] 코드는 [그림 3-2] 구조의 신경망을 구축합니다.

코드 3-3 3계층으로 구성된 신경망 만들기

```
from tensorflow import keras
from tensorflow.keras import layers

model = keras.Sequential([
    layers.Dense(64, activation='relu', input_shape=[8]),
    layers.Dense(64, activation='relu'),
    layers.Dense(1)                        ← | 케라스 API로 다층 퍼셉트론 모델 생성
])
```

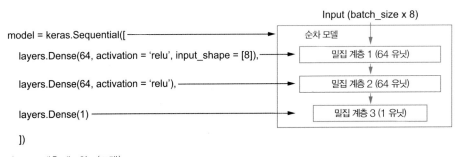

그림 3-2 3계층 네트워크(모델)

3계층 모두 같은 완전 연결$^{fully\ connected}$ 또는 밀집 계층$^{Dense\ layer}$입니다. 그중 입력에 가까운 처음 2개는 은닉 계층$^{hidden\ layer}$, 예측된 집값을 생성하는 마지막 계층은 출력 계층$^{output\ layer}$이라고 합니다. 밀집 계층의 입/출력에는 모두 텐서(n차원 배열)라는 자료형이 사용됩니다.

그리고 `keras.Sequential`은 여러 계층을 순차적으로 쌓아 올려 케라스의 모델을 만들 수 있는 API이며, 이를 사용해 예제처럼 순차적으로 여러 밀집 계층으로 구성된 모델을 다층 퍼셉트론^{multi layer perceptron}(MLP)이라고 합니다.

코드를 더 잘 이해하기 위해 밀집 계층이 작동하는 방식을 자세히 살펴보겠습니다. 밀집 계층은 *output = activation(dot(input, weight_matrix) + bias)*의 공식으로 표현할 수 있습니다. 따라서 다음 세 가지 연산으로 구성되죠.

- 텐서-행렬 내적 연산^{Tensor-matrix dot product} : 행렬 간 곱셈을 일반화한 연산입니다. 텐서-행렬 내적 연산은 입력 텐서에 행렬(커널 행렬^{kernel matrix}이라고도 합니다)을 곱해, 새로운 텐서를 만듭니다. 계층을 정의할 때는 계층의 마지막 차원의 형상(또는 유닛 개수)을 명시적으로 지정해야 합니다. 가령 각 주거 블록의 입력은 8개의 요소로 구성된 1차원 벡터이며, 첫 번째 밀집 계층은 64개의 유닛을 가집니다. 따라서 입력으로 밀집 계층의 64개의 유닛을 뽑아내려면, 이 둘 사이에는 8x64 크기의 가중치 행렬(학습 가능한)이 있어야 합니다. 만약 입력 데이터가 3x10x10 크기의 텐서라면, 3x10x64 크기의 텐서를 만들기 위해 10x64 크기의 가중치 행렬이 필요하죠. 입력과 가중치 행렬 사이의 구체적인 계산은 행렬 대 행렬간 곱셈으로 수행됩니다. 즉 입력이 여러 개의 행렬로 분할된 다음, 가중치 행렬에 의해 곱해지는 방식입니다. [그림 3-3]은 이 과정을 간소화하여 보여줍니다.
- 편향 덧셈 연산^{bias addition operation} : 내적 연산을 수행한 다음에는 편향 가중치^{bias weight}를 더합니다. 편향 가중치는 내적 연산 후 얻은 텐서와 같은 형상을 띕니다. 예를 들어 첫 번째 밀집 계층은 64개의 학습 가능한 편향 벡터를 생성합니다.
- 활성화 연산^{activation operation} : 선택된 활성화 함수는 활성화 연산을 정의합니다. 본래 신경망의 개념은 신경 생물학^{neurobiology}에 기초하므로 계층의 출력으로 얻은 텐서의 각 구성 요소를 흔히 뉴런이라고 합니다. 그리고 활성화 함수는 뉴런의 세포 외 영역^{extracellular field}의 영향을 수학적으로 표현하기 위해 도입되었습니다. 신경망의 관점에서는 활성화 함수를 각 뉴런에 적용되는 비선형 매핑 함수로 선택하여 각 계층이 정의하는 변환에 비선형성을 도입하는 경우가 많습니다. 선형 활성화를 사용한다면, 여러 선형 계층을 쌓는 경우 선형 변환만 일어나는 제한된 표현 공간만이 생성될 뿐입니다. 따라서 생성된 신경망은 보편적인 근사 변환^{universal approximator transformation}이 될 수 없습니다. 한편, 보편적으로 사용되는 활성화 함수로는 ReLU^{rectified linear unit}(정류 선형 단위), 시그모이드^{Sigmoid}, tanh(쌍곡선 탄젠트) 등이 있으며, 이들의 시각적인 모양은 [그림 3-4]와 같습니다

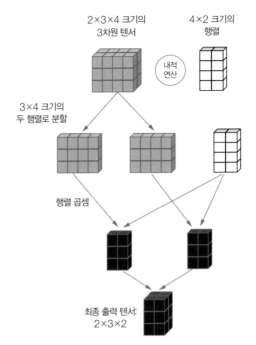

그림 3-3 텐서 내적 연산(2차원 행렬로 곱하는 3차원 텐서)

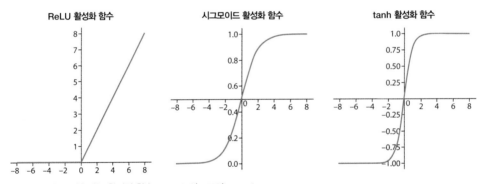

그림 3-4 흔히 사용되는 활성화 함수: ReLU, 시그모이드, tanh

밀집 계층을 만들 때는 출력의 형상(유닛의 개수)을 지정해야 합니다. 그리고 밀집 계층을 첫 번째로 둔다면, 입력의 형상도 지정해야 하죠. 하지만 첫 번째 계층이 아니라면, 입력 형상을 따로 지정할 필요는 없습니다. 이전 계층의 출력 형상을 통해 자동으로 결정될 수 있기 때문이죠.

MLP 모델을 데이터셋에 적용한다는 것은 한 번에 하나의 데이터 또는 여러 데이터 뭉치(배치)를 모델에 주입한다는 것을 의미합니다. 여기서 모델에 한번에 주입되는 데이터의 개수를 배치 크기$^{batch\ size}$라고 하죠. 배치 크기는 데이터가 모델로 주입되기 전까지 결정될 필요는 없습니다. 한편 입력(데이터)이 신경망을 거쳐 출력으로 도달하는 과정을 순전파$^{forward\ pass}$라고 합니다. 그러면 지금부터 모델을 만들고, 학습용 데이터셋 중 5개로 구성된 하나의 데이터 배치를 구성하고, 순전파를 수행해보겠습니다.

코드 3-4 하나의 데이터 배치로 모델 순전파 수행하기

```
>>> example_batch = normed_train_data[:5]          정규화된 데이터 중
>>> example_result = model.predict(example_batch)  처음 5개로 구성된 하나의 배치 생성
>>> example_result
array([[-0.06166808],                               해당 데이터 배치를
       [-0.12472008],                               모델에 입력하여 예측
       [-0.01898661],
       [-0.1598819 ],
       [ 0.17510001]], dtype=float32)
```

아직은 모델의 가중치를 학습시키지 않았기 때문에, 예측 결과(순전파의 출력)가 각 계층의 임의로 초기화된 가중치에 의해 계산되었습니다. 케라스는 각 계층의 출력 형상 및 가중치를 시각적으로 보여주는 summary()라는 편리한 함수를 제공합니다.

```
>>> model.summary()
Model: "sequential"

_____
Layer (type) Output Shape Param #
=================================================================
dense (Dense) (None, 64) 576

_____
dense_1 (Dense) (None, 64) 4160

_____
dense_2 (Dense) (None, 1) 65
=================================================================
Total params: 4,801
Trainable params: 4,801
Nontrainable params: 0

_____
```

모델은 어떤 배치 크기의 데이터도 수용할 수 있습니다. 각 계층의 출력 형상을 보면, 첫 번째 차원이 **None**인 것을 알 수 있는데, 이는 배치 크기를 미리 정해두지 않는다는 것을 의미합니다. 데이터가 주입될 때 모델은 주입된 데이터를 구성하는 배치 크기를 식별합니다. 한편, 파라미터 영역은 텐서−행렬 내적의 가중치 행렬과 편향 벡터를 모두 고려한 파라미터 개수를 표시합니다. 예를 들어 첫 번째 계층은 $8 \times 64 + 64 = 576$개의 파라미터로 구성되죠. 그리고 이 모든 파라미터는 학습되기 전까지 임의로 초기화된 값을 가집니다. 따라서 유의미한 예측 결과를 도출할 수 없습니다. 다만, 초기에 가중치와 출력의 형상을 검사하여 모델 구조의 결함을 사전에 바로 잡을 수 있습니다. 그러면 이번에는 모델을 학습시키고 그 성능을 확인해보겠습니다.

3.3.3 신경망의 학습과 성능 검사

신경망 모델을 학습시키기 위해서는 다음 세 가지 구성 요소를 가진 딥러닝 알고리즘이 필요합니다.

- **옵티마이저**optimizer : 모델의 가중치를 갱신하는 데 사용되는 최적화 함수입니다.
- **손실 함수**loss function : 모델의 성능을 측정하고 학습 과정에서 옵티마이저가 나아가야 할 방향을 가이드하기 위한 함수입니다. 일반적으로 모델의 예측과 실제 정답 사이의 차이를 측정합니다. 가령 평균 제곱 오차mean squared error(2.5절에서 다룸)는 회귀 작업에 적합한 손실 함수이며, 학습 과정에서 옵티마이저는 손실을 최소화할 수 있도록 가중치를 갱신합니다.
- **평가 지표** : 분류 작업의 정확도처럼, 학습용 및 검증 과정을 모니터링하기 위한 통계 데이터입니다. 학습 과정에는 아무런 영향을 미치지 않지만, 학습용 및 검증용 데이터셋에 대해 계산되고 기록됩니다. 주로 이 데이터는 설계된 알고리즘을 분석하고 조정하기 위한 2차 정보로 활용됩니다.

　　딥러닝에서 가장 흔히 사용되는 옵티마이저는 무엇이고, 어떤 방식으로 작동할까요?

신경망 학습에 가장 많이 사용되는 옵티마이저는 **확률적 경사 하강**stochastic gradient descent (SGD) 입니다. SGD 옵티마이저의 간소화된 작동 방식은 다음 그림과 같습니다. 해당 그림의 y축은 신경망의 손실값을, x축은 신경망의 갱신되는 가중치를 보여줍니다. 그림의 복잡성을 줄이기 위해 하나의 가중치만을 고려합니다. SGD의 적용 목표는 전체 곡선 전역 최적점(y축, 손실 함수의 최솟값이 되는 지점)을 찾는 값으로 가중치를 갱신하는 것이죠. 이 목표는 신경망의 복잡도와 선택된 하이퍼파라미터에 따라 항상 달성될 수 있는 것은 아닙니다. 지역 최적점같이 어중간한 결과를 얻을 수도 있습니다.

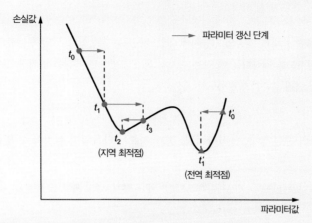

1차원 손실 곡선을 따라 내려가는 확률적 경사 하강(단일 학습 파라미터/가중치)

반복마다 SGD는 학습용 데이터의 일부를 사용해 손실 함수의 미분을 구하고, 이를 통해 파라미터의 기울기를 계산합니다. 그다음 가중치에 기울기를 더하여 가중치를 갱신합니다. 한편 일반적으로 기울기는 가중치에 직접 더해지기 보다, 갱신 속도를 제어하는 학습률learning rate이라는 하이퍼파라미터를 곱한 뒤 더해집니다. 이 과정은 [코드 3-5]의 의사 코드로 표현될 수 있습니다.

코드 3-5 확률적 경사 하강의 의사 코드

```
for i in range(num_iterations):
    gradients = calculate_gradients(loss, data_subset)
    weights = weights - gradients * learning_rate
```

그림의 각 화살표는 반복마다 가중치가 갱신되어야 할 방향을 나타내며, 그 길이는 gradients * learning_rate가 결정합니다. t_0에서 시작한 가중치의 최적화는 지역 최적점인 t_2에 도달했지만, t'_0에서 시작한 가중치의 최적화 결과는 전역 최적점에 도달했습니다. 즉 초깃값과 선택된 학습률에 따라 최적화 결과가 달라질 수 있다는 것을 알 수 있습니다. 단순한 SGD를 개선한 RMSprop 및 Adam 같은 변형 옵티마이저는 더 높은 효율과 효과로 최적화를 수행합니다. 이두 옵티마이저는 구현할 코드에서 적용합니다.

이 예제가 갱신한 가중치는 하나였습니다. 하지만 신경망은 여러 가중치를 가진 다중 계층으로 구성되므로 경사도를 계산하는 과정이 매우 복잡해질 수 있습니다. 모든 가중치에 대한 경사도를 계산하는 가장 일반적인 방법은 역전파backpropagation를 사용하는 것입니다.

각 계층을 하나의 함수로 보고 전체 신경망을 합성 함수^{composite function}의 연결로 다뤄서, 연쇄 법칙^{chain rule}을 적용해 각 계층의 가중치에 대한 경사도를 계산합니다. 앞쪽 계층의 경사도는 그 이전 계층의 경사도를 계산하는 데 사용되므로, 하나씩 앞으로 계산을 연쇄적으로 수행하여 신경망의 가장 첫 번째 계층까지 경사도를 계산하죠.

딥러닝 알고리즘의 손실 함수, 옵티마이저, 평가 지표는 다음처럼 설정할 수 있습니다.

```
model.compile(loss='mse', optimizer='rmsprop', metrics=['mae', 'mse'])
```

compile 메서드는 모델의 학습 방법을 설정합니다. 앞 코드는 신경망의 성능을 측정하는 손실 함수로, 2장의 선형 회귀 모델에서와 같은 평균 제곱 오차(MSE)를 사용했습니다. 그리고 옵티마이저는 SGD의 변형인 RMSprop이 선택되었으며, 모델의 평가 지표로는 평균 절대 오차^{mean absolute error}(MAE) 및 MSE가 적용되었습니다. 또한 다음처럼 학습률을 지정하는 등 옵티마이저를 좀 더 구체적으로 정의할 수도 있습니다.

```
optimizer = tf.keras.optimizers.RMSprop(0.01)
model.compile(loss='mse', optimizer=optimizer, metrics=['mae', 'mse'])
```

신경망의 학습 준비가 끝났다면, 다음처럼 fit 메서드로 데이터를 모델로 주입하여 학습을 진행할 수 있습니다.

```
model.fit(normed_train_data,
          train_targets,
          epochs=300,
          batch_size=1024,
          verbose=1)
```

학습 과정은 사전에 정의된 종료 기준(예: 에포크 횟수)에 따라 종료됩니다. 입력 데이터가 배치 단위로 분할되어 있어서(배치당 1024), 한 번의 에포크 동안 학습한다는 말의 의미는 가중치 갱신을 위해 신경망에 모든 배치를 한 번씩 모두 주입했다는 것을 말합니다. 예를 들어 100개로 구성된 학습용 데이터셋을 가지고 있고 배치 크기를 1로 설정했다고 가정하면 한 번의 에포크는 100번의 반복을 뜻합니다.

1장에서 본 머신러닝의 일반적인 학습 과정을 신경망에 대입하면 [그림 3-5]와 같습니다. 배치 입력 데이터가 입력되면, 손실 함수는 현재 신경망 모델의 예측과 실제 값을 비교하여 정확도를 측정합니다. 그리고 옵티마이저는 손실 함수가 측정한 결과에 기반해 신경망 각 계층의 가중치를 갱신합니다.

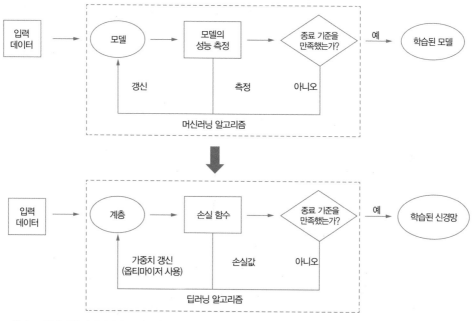

그림 3-5 일반적인 머신러닝 학습 흐름을 조정한 신경망의 학습 흐름

학습된 신경망의 성능은 **evaluate** 함수를 호출하여 검증할 수 있습니다. 다음 코드에서처럼, 300번의 에포크 동안 학습된 모델의 테스트 데이터셋에 대한 MSE는 0.34 수준까지 떨어진 것을 알 수 있습니다.

```
>>> loss, mae, mse = model.evaluate(normed_test_data, test_targets, verbose=0)
>>> mse
0.34268078
```

이렇게 딥러닝 모델을 성공적으로 학습시킨 다음 검증해봤습니다. 그다음으로는 성능 개선을 위해 하이퍼파라미터를 조정해보죠.

3.3.4 에포크 횟수 조정하기

딥러닝 알고리즘을 튜닝하는 일은 성능을 개선하는 데 있어 매우 중요하지만, 딥러닝 모델이 수많은 하이퍼파라미터(계층 수, 계층 유형, 유닛 개수 등)로 구성되기 때문에 큰 비용이 듭니다. 학습 과정은 기존 문헌에서 발견된 기존 문헌의 여러 이론적 지식으로는 보장될 수 없기 때문에 종종 블랙박스로 취급되곤 합니다. 이 절에서는 검증용 데이터셋을 사용해 에포크 횟수를 튜닝하는 간단한 예시를 다룹니다. 계층 수 및 계층을 구성하는 유닛 수와 같이 더 복잡한 하이퍼파라미터를 튜닝하는 방법은 고급 AutoML 도구를 사용하는 장에서 다룰 예정입니다.

[코드 3-6]은 데이터의 20%를 검증용으로 분할한 뒤, 최적의 에포크 횟수를 찾기 위해 교차 검증^{cross validation}을 수행합니다. 구체적으로는 많은 횟수의 에포크 동안 신경망을 학습시키며 그 과정을 판다스의 DataFrame 형식으로 저장합니다. 그리고 에포크마다 측정된 MSE 값을 학습용 및 검증용 데이터셋에 대해 그래프로 표현합니다.

코드 3-6 교차 검증으로 MLP 모델 검증하기

```
def build_model():    ◁─┤ 새로 컴파일된 모델을 반복적으로 생성하기 위한 함수 정의
    model = keras.Sequential([
        layers.Dense(64, activation='relu',
            input_shape=[normed_train_data.shape[1]]),
        layers.Dense(64, activation='relu'),
        layers.Dense(1)
    ])
    model.compile(loss='mse', optimizer='rmsprop', metrics=['mae', 'mse'])
    return model


model = build_model()    ◁─┤ 새로 컴파일된 모델을 생성함


EPOCHS=500
history = model.fit(normed_train_data, train_targets,
                    validation_split=0.2,
                    epochs=EPOCHS, batch_size=1024,
                    verbose=1)
```

학습 과정을 검증하기 위한 목적으로 데이터의 20%를 분리함

```
import pandas as pd
hist = pd.DataFrame(history.history)
```

히스토리를 데이터프레임으로 만듦. history.history는 에포크별 학습용 및 검증용 데이터셋에 대한 손실, MAE, MSE 결과를 담은 딕셔너리

```
hist['epoch'] = history.epoch    ◁─┐
```
그래프를 그리기 위해 데이터프레임에 epoch 열 추가

```
import matplotlib.pyplot as plt
plt.plot(hist['epoch'], hist['mse'], label='train mse')
plt.plot(hist['epoch'], hist['val_mse'], label='val mse')
plt.xlabel('Epochs')
plt.ylabel('MSE')
plt.title('Training and Validation MSE by Epoch')
plt.legend()
plt.show()
```

학습용 및 검증용 데이터셋에 대한
MSE 곡선 그래프 그리기

위 코드로 그린 MSE 그래프는 [그림 3-6]과 같습니다.

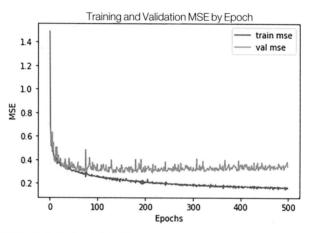

그림 3-6 에포크별 학습용 및 검증용 데이터셋에 대한 MSE

에포크 간 MSE 값의 변동성과 크기의 차이 때문에 [그림 3-6]의 곡선을 해석하기란 쉽지 않습니다. 특히 에포크값이 클수록 해석이 어렵습니다. [코드 3-7]은 y축의 값을 0.5로 제한하여 그래프를 확대하고, 가우시안 스무딩[2]을 적용하여 곡선을 부드럽게 만듭니다.

코드 3-7 가우시안 스무딩이 적용된 정확도 곡선

```
import numpy as np
def smooth_curve(values, std=5):   ◁─┤ 값 목록에 가우시안 스무딩 함수를 적용함
    width = std * 4
    x = np.linspace(-width, width, 2 * width + 1)
    kernel = np.exp(-(x / 5) ** 2)
```

2 『컴퓨터 비전』(프렌티스 홀, 2001)의 137쪽과 150쪽을 참고하기 바랍니다

```
    values = np.array(values)
    weights = np.ones_like(values)

    smoothed_values = np.convolve(values, kernel, mode='same')
    smoothed_weights = np.convolve(weights, kernel, mode='same')

    return smoothed_values / smoothed_weights

plt.plot(hist['epoch'], smooth_curve(hist['mse']), label = 'train mse')
plt.plot(hist['epoch'], smooth_curve(hist['val_mse']), label = 'val mse')
plt.xlabel('Epochs')
plt.ylabel('MSE')
plt.ylim((0, 0.5))
plt.title('Training and Validation MSE by Epoch (smoothed)')
plt.legend()
plt.show()
```

조정된 그래프는 [그림 3-7]과 같습니다. 500번의 에포크 동안 학습용 데이터셋에 대한 MSE
가 지속적으로 감소하는 것을 알 수 있습니다. 반면 검증용 데이터셋에 대한 MSE는 150번째
에포크부터 출렁이며 약간 증가하는 경향을 보입니다. 이 두 사실은 150번째 에포크부터, 신
경망이 학습용 데이터셋에 과적합되는 경향을 보인다는 사실을 암시합니다.

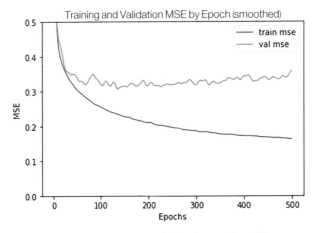

그림 3-7 에포크별 학습용 및 검증용 데이터셋에 대한 MSE(y축 값은 0.5 이하로 제한)

파악한 최적의 에포크 횟수를 통해 다음 코드처럼 전체 데이터셋에 대해 모델을 다시 학습시키고 검증해볼 수 있습니다.

코드 3-8 전체 학습용 데이터셋에 대해 최종 모델 학습시키기

```
model = build_model()
model.fit(normed_train_data, train_targets, epochs=150, batch_size=1024, verbose=1)
```

학습된 최종 모델에 대한 MSE는 약 0.31로, 300번의 에포크 동안 학습했던 모델보다 더 나은 결과를 보입니다.

```
>>> loss, mae, mse = model.evaluate(normed_test_data, test_targets, verbose=0)
>>> mse
0.30648965
```

우리는 최적의 에포크 횟수를 판단하기 위해 모델을 한 번만 학습시켰습니다. 하지만 다른 하이퍼파라미터를 튜닝하는 데는 몇 번의 시행착오가 수반될 수도 있습니다. 예를 들어 신경망의 깊이를 튜닝하기 위해 그리드 탐색grid search과 같은 기법을 사용할 수 있습니다. 즉 서로 다른 개수의 계층을 가진 여러 MLP 모델을 구축한 다음 동일한 데이터셋으로 학습용 및 검증을 수행하여 최적의 신경망을 도출하는 것이죠. 이 방법은 2부에서 편리한 도구와 함께 실습할 예정입니다.

이제 첫 번째 신경망인 MLP을 구축하고 정형 데이터를 학습하여, 회귀 문제를 해결했습니다. 이어지는 절에서는 이미지 및 텍스트 데이터셋의 분류 문제를 해결하는 딥러닝 모델을 살펴봅니다.

3.4 합성곱 신경망을 활용한 손 글씨 숫자 분류

이번에는 컴퓨터 영상처리에서 많이 사용하는 합성곱 신경망convolutional neural network (CNN)이라는 새로운 모델을 살펴봅니다. 그리고 손 글씨 숫자 분류를 통해 CNN 모델의 작동 방식을 이해하고, MLP 모델을 따로 구축하여 서로를 비교합니다.

3.4.1 데이터셋 준비

데이터셋을 수집하고 몇 가지 준비 작업을 해봅시다. 1장에서는 사이킷런에서 제공하는 8×8 크기의 손 글씨 숫자 이미지 1,797장을 데이터셋으로 사용했습니다. 이번에는 0부터 9까지의 숫자로 레이블링된, 28×28 크기의 이미지 60,000장과 10,000장을 학습용 및 테스트용으로 제공하는 미국 국립표준기술연구소National Institute of Standards and Technology (NIST)가 수집한 데이터셋을 사용합니다. 이 데이터셋은 다음 코드로 케라스 API로 구성할 수 있습니다.

코드 3-9 텐서플로의 케라스 API로 MNIST 데이터셋 불러오기

```
from tensorflow.keras.datasets import mnist
(train_images, train_labels), (test_images, test_labels) = mnist.load_data()
```

불러온 데이터는 이미 학습용 및 테스트용 데이터셋으로 분할됐습니다. 그리고 이미지와 레이블은 넘파이 배열 형식으로 저장되었습니다. 학습용 및 테스트용 데이터의 형상은 다음 코드로 확인할 수 있습니다.

코드 3-10 학습용 및 테스트용 데이터의 형상 확인하기

```
>>> train_images.shape, test_images.shape
((60000, 28, 28), (10000, 28, 28))
>>> len(train_labels), len(test_labels)
(60000, 10000)
>>> train_labels, test_labels
(array([5, 0, 4, ..., 5, 6, 8], dtype=uint8),
array([7, 2, 1, ..., 4, 5, 6], dtype=uint8))
```

그리고 다음 코드는 샘플 이미지 한 장을 시각화하는 방법을 보여줍니다.

코드 3-11 학습용 이미지 시각화하기

```
import matplotlib.pyplot as plt

plt.figure()
plt.imshow(train_images[0])
plt.colorbar()
```

```
plt.title('Label is {label}'.format(label=train_labels[0]))
plt.show()
```

[그림 3-8]을 통해 이미지를 구성하는 각 픽셀의 범위가 0부터 255 사이라는 것과 이미지의
레이블이 5라는 사실을 알 수 있습니다.

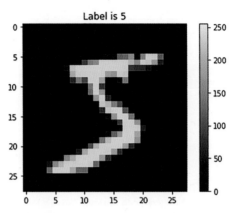

그림 3-8 MNIST의 학습용 이미지 중 한 장

이전 문제에서 살펴봤던 정규화와 유사하게, 픽셀값의 범위를 0과 1 사이로 조정하면 이미지
를 정규화할 수 있습니다. [코드 3-12]에서는 최소-최대 리스케일링^{min-max rescaling}이라는 정
규화 방법을 사용합니다. 픽셀이 가질 수 있는 최댓값과 최솟값은 255와 0인데, 이 방법은 픽
셀값과 최솟값의 차이를 최댓값과 최솟값의 차이로 나누어 픽셀값을 재조정합니다. 여기와 앞
의 예제에서 사용한 정규화 방법은 학습 알고리즘의 효율성을 높이기 위해 딥러닝에서 매우 일
반적으로 사용됩니다.

코드 3-12 이미지의 픽셀값의 크기 조정하기[3]

```
train_images = train_images / 255.0
test_images = test_images / 255.0
```

여기까지 데이터 준비를 완료했다면, 이제는 신경망 모델을 구축할 차례입니다. CNN 모델을

----

3   옮긴이_코드에서 255.0만 표현된 이유는 최솟값을 0, 최댓값을 255로 둔 최소-최대 리스케일링의 계산 결과를 반영한 것입니다. 즉
     255(최댓값)-0(최솟값)이므로, 255로 간소화되어 표현되었습니다.

구축하기에 앞서 비교를 위해 기준선을 잡는 목적의 MLP 모델을 먼저 구축해보죠.

3.4.2 MLP로 문제 해결하기

이전 예제를 통해 MLP 모델이 여러 밀집(완전 연결) 계층으로 구성되어 있고, 각 계층의 내적이 입력 텐서와 커널 행렬 사이에 적용된다는 사실을 알고 있습니다. 첫 번째 계층은 이미지의 모든 피처를 사용해 내적을 계산하기 위해 케라스의 평탄화(Flatten) 계층을 사용해 28×28 크기의 각 이미지를 1×784 크기의 벡터로 변환할 수 있습니다. 따라서 평탄화 계층을 2개의 밀집 계층 앞에 둡니다. [그림 3-9]는 평탄화 계층의 역할을 시각적으로 보여줍니다.

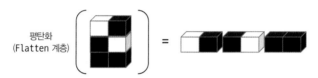

그림 3-9 2차원 이미지를 1차원 벡터로 변환하기(케라스의 Flatten 계층 사용)

MLP 모델을 구축하는 코드는 다음과 같습니다.

코드 3-13 MNIST 손 글씨 숫자를 분류하기 위한 MLP 모델 구축하기

```
from tensorflow import keras
from tensorflow.keras import layers

mlp_model = keras.Sequential([
    keras.layers.Flatten(input_shape=train_images.shape[1:]),
    keras.layers.Dense(128, activation='relu'),
    keras.layers.Dense(10),
    keras.layers.Softmax()
])
```

이미지의 형상을 input_shape 매개변수를 통해 입력받는 평탄화 계층에는 학습할 수 있는 가중치가 없습니다. 이렇게 구축한 MLP 모델과 이전 예제에서 구축한 MLP 모델을 비교하면, 다음과 같은 차이가 있다는 것을 알 수 있습니다.

- 이전 MLP 모델에서는 주택 가격을 예측하는 출력 계층의 유닛 수를 1로 설정한 반면, 다중범주 분류 문제를 다루는 이번 MLP 모델의 마지막 밀집 계층의 유닛 개수는 10으로 설정되었습니다. 그 이유는 분류해야 할 범주의 종류가 10개이기 때문입니다(0~9). 이렇게 마지막 밀집 계층이 내놓은 10개의 출력값을 로짓^{logit}이라고 합니다.

- 마지막 밀집 계층에는 활성화 함수를 적용하지 않았지만, 그 대신 10개의 로짓을 각 범주에 대한 확률로 변환하는 소프트맥스 계층을 추가했습니다. 그러면 가장 확률이 높은 하나가 바로, 입력된 이미지에 대해 예측된 레이블이 됩니다. 소프트맥스 활성화 함수의 공식은 $S(y_i) = \frac{e^{y_i}}{\sum_{j=1}^{c} e^{y_j}}$ 와 같습니다. 여기서 c는 범주(클래스)의 개수이며, i번 째 클래스(혹은 범주)의 로짓을 의미합니다. 소프트맥스 계층에는 학습 가능한 파라미터가 없으며, 입력과 출력의 형상은 같습니다. 한편 소프트맥스 계층은 마지막 밀집 계층의 활성화 함수로 취급되어, [코드 3-14]처럼 모델의 사양을 더 분명하게 명시할 수도 있습니다.

코드 3-14 마지막 밀집 계층에 소프트맥스 활성화 함수를 적용한 MLP 모델 구조

```python
mlp_model = keras.Sequential([
    keras.layers.Flatten(input_shape=train_images.shape[1:]),
    keras.layers.Dense(128, activation='relu'),
    keras.layers.Dense(10, activation='softmax')
])
```

이제 [코드 3-15]처럼 손실 함수, 옵티마이저, 일부 평가 지표를 지정하여 모델을 컴파일할 수 있습니다.

코드 3-15 MLP 모델 컴파일하기

```python
mlp_model.compile(optimizer='adam',
                  loss=tf.keras.losses.SparseCategoricalCrossentropy(),
                  metrics=['accuracy'])
```

평가 지표로는 분류 정확도를 사용했습니다. 그리고 SGD 옵티마이저의 변종인 adam 옵티마이저를 선택했습니다. adam과 rmsprop은 모두 일반적으로 사용되는 최적화 방법으로, 둘 다 시도해서 성능 결과에 따라 가장 적합한 것을 선택할 수 있습니다. 마지막으로 손실 함수로는 두 이산 확률 분포 간 차이를 측정하는 크로스엔트로피를 선택했습니다. 즉 입력 이미지에 대해 범주(0~9)별로 예측된 결괏값과 실제 레이블 값 사이의 차이를 측정합니다. 따라서 실제 레이블 범주에 대한 확률도 10개 존재해야 하는데, 이때 올바른 레이블에 해당하는 확률에 1, 나머지에는 0 값이 할당됩니다. 한편, [코드 3-15]에서 실제로 사용한 손실 함수는

SparseCategoricalCrossentropy입니다. 일반적인 크로스 엔트로피는 실제 레이블을 원-핫[one-hot][4]으로 표현하고 `tf.keras.losses.CategoricalCrossentropy`를 사용해야 하지만, `SparseCategoricalCrossentropy`의 경우에는 레이블을 0~9 값으로 표현해도 됩니다.

이제 신경망 모델을 학습시키고 성능을 확인해보죠. 다음 코드는 이미지 64장으로 각 배치 데이터를 구성하여, 신경망 모델을 5번의 에포크 동안 학습시킵니다(에포크의 횟수와 및 배치 크기는 튜닝될 수 있습니다).

```
>>> mlp_model.fit(train_images, train_labels,
...     epochs=5, batch_size=64, verbose=0)
>>> test_loss, test_acc = mlp_model.evaluate(
...     test_images, test_labels, verbose=0)
>>> test_acc
0.9757
```

테스트용 데이터셋에 대한 정확도로 97.57%를 얻었습니다. 즉 MLP 신경망 모델은 100장 중 약 98장을 올바르게 분류할 수 있습니다. 나쁘지 않은 결과입니다.

3.4.3 CNN으로 문제 해결하기

이번 절에서는 같은 문제를 CNN 모델로 풀어봅니다. CNN의 핵심 아이디어는 이미지의 일부 지역적 패턴(선, 호, 재질)을 추출하고, 그다음 계층으로 계속될수록 더욱 복잡한 패턴을 점진적으로 압축해 나가는 것입니다(선, 호 → 타이어, 하이라이트 → 자동차).

이 목표를 달성하려면, 밀집 계층과 더불어 두 종류의 계층이 더 필요합니다. 그중 하나는 **합성곱 계층**[convolutional layer]이며, 나머지는 **풀링 계층**[pooling layer]입니다. CNN 모델을 구축한 다음 합성곱 계층과 풀링 계층의 입력 및 출력 텐서의 형상을 살펴보겠습니다. 간단한 CNN 모델은 다음과 같이 만들 수 있습니다.

---

4 레이블이 1인 경우 [0, 1, 0, 0, 0, 0, 0, 0, 0, 0]처럼 표현됩니다.

```python
def build_cnn():
    model = keras.Sequential([
        keras.layers.Conv2D(32, (3, 3), activation='relu',
                            input_shape=(28, 28, 1)),
        keras.layers.MaxPooling2D((2, 2)),
        keras.layers.Conv2D(64, (3, 3), activation='relu'),
        keras.layers.MaxPooling2D((2, 2)),
        keras.layers.Conv2D(64, (3, 3), activation='relu'),
        keras.layers.Flatten(),
        keras.layers.Dense(64, activation='relu'),
        keras.layers.Dense(10, activation='softmax')
    ])      ◁── CNN 모델 구조 구축하기

    model.compile(optimizer='adam',
        loss=tf.keras.losses.SparseCategoricalCrossentropy(),
        metrics=['accuracy'])   ◁── 학습을 위해 모델 컴파일하기
    return model

cnn_model = build_cnn()
```

평탄화 계층 다음은 단순한 MLP 모델과 같은 구조를 띕니다(유닛 수는 다릅니다). 그리고 처음 5개의 계층은 합성곱과 풀링 계층이 서로 인터리빙된(번갈아 연결된) 방식으로 위치합니다. 모두 2차원 계층으로, 이미지의 공간적 피처를 추출하는 용도로 사용됩니다. 이 둘의 작동 방식을 살펴보기에 앞서, 먼저 각 계층의 입력과 출력의 형상을 출력해보죠.

```
>>> cnn_model.summary()
Model: "sequential_1"
```

Layer (type)	Output Shape	Param #
conv2d (Conv2D)	(None, 26, 26, 32)	320
max_pooling2d (MaxPooling2D)	(None, 13, 13, 32)	0
conv2d_1 (Conv2D)	(None, 11, 11, 64)	18496
max_pooling2d_1 (MaxPooling2	(None, 5, 5, 64)	0
conv2d_2 (Conv2D)	(None, 3, 3, 64)	36928

```
-----------------------------------------------------------------
flatten_1 (Flatten)          (None, 576)                 0

-----------------------------------------------------------------
dense_2 (Dense)              (None, 64)              36928

-----------------------------------------------------------------
dense_3 (Dense)              (None, 10)                650
=================================================================
Total params: 93,322
Trainable params: 93,322
Nontrainable params: 0

-----------------------------------------------------------------
```

배치 크기를 뜻하는 첫 번째 차원과는 상관없이, 합성곱 계층은 3차원 데이터(높이, 너비, 채널 수)를 입력받아 3차원 텐서를 출력합니다. 그리고 이렇게 출력된 텐서를 피처맵$^{\text{feature map}}$이라고 합니다. 출력의 두 차원은 공간 차원으로 이미지의 크기(MNIST 이미지의 경우 28×28)를 표현하며, 마지막 차원은 피처맵이 갖는 채널 개수를 의미합니다. 한편 원본 입력 이미지의 경우 채널 수는 색상 채널의 수를 의미합니다. 가령 RGB 이미지는 빨강, 파랑, 초록이라는 3개의 채널로 구성되며, MNIST 데이터셋의 흑백 이미지의 경우는 하나의 채널로만 구성되죠.

합성곱 계층의 작동 방식

합성곱 계층을 만들 때는 2개의 주요 매개변수를 지정해야 합니다. 그중 첫 번째는 필터(커널)의 개수로, 출력될 피처맵의 채널 수를 결정합니다. 두 번째 매개변수는 각 필터의 크기에 대한 것입니다. 필터는 입력된 피처맵에서 특정 패턴을 발견하도록 학습되는 텐서입니다. 입력 피처맵을 들여다보고, 입력의 어느 부분에서 피처가 발견되는지에 대한 행렬을 출력하죠. 그리고 서로 다른 필터가 찾은 출력 행렬이 취합되어, 합성곱 계층의 피처맵이 만들어지죠. 따라서 출력된 피처맵의 각 채널은 고유한 필터에 의해 생성된 것입니다. [코드 3-16]의 첫 번째 합성곱 계층을 예로 들면 채널 수로 32를, 각 필터의 크기로 $3 \times 3 \times 1$을 지정했습니다. 그리고 각 필터는 26×26 크기의 행렬을 생성합니다(그 이유는 잠시 후 다룹니다). 32개의 필터를 가지고 있기 때문에 26×26 크기의 행렬이 32개 생성되어, 이들을 하나의 피처맵으로 엮으면 최종적으로 (26, 26, 32) 형상의 피처맵을 얻게 됩니다. 합성곱 계층의 학습 가능한 가중치의 개수는 필터를 구성하는 요소 수와 채널 수(편향 벡터의 크기)를 더한 것과 같습니다. 가령 첫 번째 합성곱 계층에는 $3 \times 3 \times 32 + 32 = 320$개의 학습 가능한 파라미터가 존재합니다.

이번에는 3차원 필터가 3차원 피처맵을 또 다른 3차원 피처맵으로 변환하는 과정과, 출력될 피처맵의 형상을 계산하는 방법을 살펴보겠습니다. 예를 들어 4×4×1 크기의 입력 피처맵과 3×3 크기의 필터가 있다고 가정해보죠(그림 3-10). 필터는 입력 피처맵을 하나씩 접근합니다. **스트라이드**stride라고 하는 접근할 거리를 설정하는 것도 가능합니다. 다만, 여기서는 이 거리를 1이라고 가정하기 때문에, 3×3×1 크기의 필터는 4×4×1 크기의 입력 피처맵을 수직/수평으로 두 번씩 접근합니다. 필터가 접근할 때마다, 필터는 입력 피처맵의 일부를 필터의 크기만큼 덮어 합성곱 연산convolutional operation을 수행합니다(계층의 이름이 합성곱이라고 붙은 이유입니다).

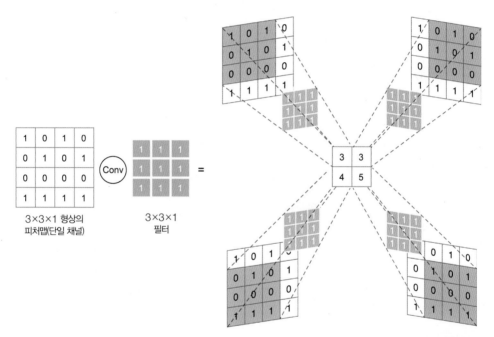

그림 3-10 2×2×1 형상의 피처맵을 출력하는 4×4×1 형상의 피처맵과 스트라이드 크기가 1인 3×3×1 필터 사이의 합성곱 연산

합성곱 연산이 수행될 때마다, 덮인 피처맵의 일부와 필터 사이에는 요소별 곱셈이 이루어집니다. 즉 곱셈의 결과로 필터의 크기와 동일한 3차원 텐서를 얻게 되죠. 그다음 해당 텐서의 모든 요소의 값을 더해서 단일 값을 만듭니다. 이 방식으로 입력 피처맵 전체를 접근하고 나면, 행렬을 얻을 수 있습니다(채널 축도 고려한다면 3차원 텐서). 이 행렬의 크기는 필터와 스트라이드

의 크기가 결정합니다. 일반적으로 출력될 피처맵의 크기는 스트라이드 할 수 있는 유효 접근 횟수와 동일합니다. 가령 [그림 3-11]에서는 2×2 크기의 피처맵을 출력으로 얻었습니다. 그 이유는 높이와 너비 차원에 따라 스트라이드할 수 있는 유효한 횟수가 2이기 때문이죠. 한편 MNIST의 예제에서는 3×3 크기의 필터가 적용되어, 각 차원별로 26번의 스트라이드가 수행됩니다. 즉 28×28 크기의 이미지가 26×26 크기의 피처맵으로 변환되죠.

만약 Conv2D 계층의 스트라이드 크기를 stride=(2,2)로 설정했다면, 차원에 대해 2개의 거리마다 필터가 적용됩니다. 예를 들어 필터 크기가 (3, 3)이고 입력 피처맵의 크기가 4×4라고 가정해보죠. 이때 수직/수평 방향으로 필터가 움직일 공간이 없어서, [그림 3-11]처럼 가장자리 쪽에 위치한 일부 픽셀은 완전히 무시됩니다. 스트라이드의 크기를 (1, 1)로 설정한다면, 필터는 각 차원에 대해 두 번씩 적용될 수 있습니다. 하지만 가장자리 쪽에 위치한 픽셀은 중앙에 위치한 픽셀보다 연산에 참여하는 횟수가 줄어들 수밖에 없겠죠. 이를 가장자리 효과border effect라고 합니다.

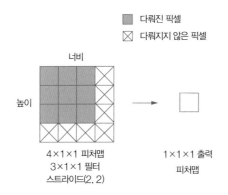

그림 3-11 패딩 없는 합성곱

필터가 입력 피처맵 전체를 모두 접근할 수 있도록 만들기 위해, 입력 피처맵의 가장자리를 확장하여 0을 채워 넣는 방법이 있습니다. 이 패딩padding 처리는 행과 열을 적절히 추가하여, 모든 픽셀이 균등하게 고려되도록 해줍니다(합성곱 및 풀링 계층 입장에서). 가령 [그림 3-12]는 각 가장자리에 크기가 1인 행과 열을 추가하여, 4×4 크기의 피처맵에 스트라이드가 (1, 1)이고 크기가 3×3인 필터가 적용되었을 때, 그 결과로 얻은 출력 피처맵의 크기도 동일한 4x4 크기가 되도록 해주는 것을 알 수 있습니다. 패딩 처리된 피처맵의 각 픽셀은 합성곱 연산이 수행되는 동안 같은 횟수만큼 고려됩니다.

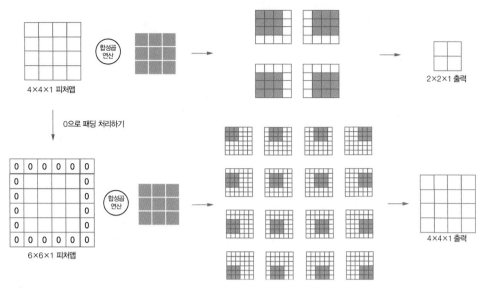

4×4×1 피처맵

합성곱
연산

2×2×1 출력

0으로 패딩 처리하기

6×6×1 피처맵

합성곱
연산

4×4×1 출력

그림 3-12 입력 피처맵에 0으로 패딩 처리했을 때와 하지 않았을 때 얻은 출력 차원 비교하기

풀링 계층의 작동 방식

풀링이 무엇인지 알아보겠습니다. [그림 3-13]은 풀링 계층의 작동 방식을 보여줍니다. 풀링 계층은 다음 두 목적을 위해, 공간 차원에 따라 피처맵의 크기를 축소하는 데 사용됩니다.

- 계산의 복잡도와 이후 계층의 학습 가능한 파라미터 수를 축소하기 위해 사용됩니다. 특히 입력의 크기와 같은 수의 가중치를 가진 밀집(완전 연결) 계층의 파라미터 수를 축소하는 데 많이 사용됩니다.
- 피처맵의 크기를 축소함과 동시에 피처맵의 값 범위, 위치/회전, 피처를 일그러뜨리지 않은 채 유지하는 데 사용됩니다. [그림 3-13]의 작은 이미지 부분은 풀링 계층을 통과한 다음에도 값 범위와 위치에 변화가 없습니다. 그리고 풀링 계층을 통과해서 재구성된 결과물의 픽셀 입자가 굵어지지만, 원본이 가진 의미를 해치지는 않습니다.

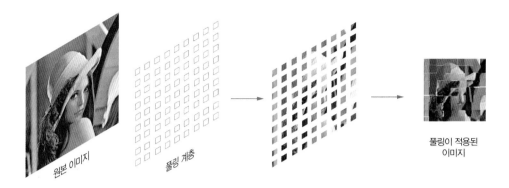

원본 이미지   풀링 계층   풀링이 적용된 이미지

그림 3-13 풀링은 이미지의 속성을 어느 정도 변함 없이 유지 가능함

풀링 계층은 합성곱 계층과 유사한 연산을 수행하지만, 학습 가능한 필터(커널)가 없다는 점이 다릅니다. 합성곱 연산이 앞서 처음 만들어본 CNN에 포함한 `MaxPooling2D`의 최댓값을 구하는 연산처럼, 하드코딩된 특정 연산으로 대체된 것이죠. 풀링 계층을 생성할 때는 `MaxPooling2D`처럼 사용하고자 하는 유형을 명시하고, 피처맵 중 풀링 연산이 수행될 영역을 결정하는 크기(커널 크기와 유사함)를 정의해야 합니다. 풀링 계층의 스트라이드는 풀링 크기와 동일해야만 합니다. 즉 각 차원의 풀링 크기는 해당 차원 크기의 인수여야만 합니다. 만약 동일하지 않다면 패딩 연산이 사전에 적용되어야 하는데, 이는 풀링 계층을 생성할 때 `padding='valid'` 매개변수를 지정하여 이루어질 수 있습니다.

풀링 계층을 적용하면 사용자가 지정한 풀링 크기와 동일한 크기의 조각들로 피처맵이 나누어집니다. 그리고 각 조각에 대해 풀링 연산이 적용되죠. 예를 들어서 `MaxPooling2D` 계층은 피처맵의 조각마다 최댓값을 선택합니다(그림 3-14).

실전에서는 풀링 계층과 합성곱 또는 밀집 계층을 서로 교차하여 배치하여, 피처맵의 크기를 점진적으로 축소하는 방법이 일반적으로 사용됩니다.

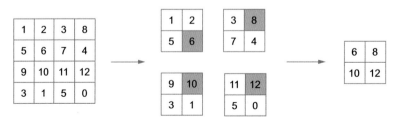

그림 3-14 (2, 2) 크기의 풀링으로 4x4 크기의 피처맵에 최대 풀링 적용하기

CNN 모델을 학습시키고 테스트하기

MNIST 데이터를 CNN으로 주입하기에 앞서, 다음처럼 원본 이미지에 채널 정보를 위한 추가 차원을 추가해야 합니다.

```
>>> train_images_4d = train_images[..., tf.newaxis]
>>> test_images_4d = test_images[..., tf.newaxis]
>>> train_images_4d.shape, test_images_4d.shape
((60000, 28, 28, 1), (10000, 28, 28, 1))
```

CNN 모델을 컴파일하고 학습시키는 과정은 MLP와 같습니다. 학습이 끝난 다음 성능을 확인 해보면 단순한 CNN 모델의 정확도가 약 99.02%이며 오차율을 약 40%정도 줄인 것을 알 수 있습니다.

```
>>> cnn_model.fit(train_images_4d, train_labels,
...               epochs=5, batch_size=64, verbose=1)
>>> test_loss, test_acc = cnn_model.evaluate(
...     test_images_4d, test_labels, verbose=0)
>>> test_acc
0.9902
```

또한 CNN이 MLP보다 많은 계층으로 구성되었지만, 실제 파라미터의 총 개수는 MLP보다 적 습니다. 그 이유는 풀링 계층이 피처맵의 크기를 축소했기 때문입니다.

CNN 모델도 마찬가지로 필터 크기, 스트라이드 크기, 풀링 크기, 합성곱과 풀링 계층을 배치 하는 조합의 가지 수, 학습률, 옵티마이저 유형 등을 바꿔가며 하이퍼파라미터를 튜닝할 수 있 습니다. 이 밖에도 고려할 하이퍼파라미터가 많이 존재합니다. 여러분이 직접 간단한 반복문을 작성해서, 각 하이퍼파라미터의 조합에 따른 모델의 성능을 교차 검증해볼 수도 있습니다. 다 만, 이 내용은 2부에서 AutoML 방법론을 통해 다뤄질 예정입니다.

3.5 순환 신경망을 활용한 IMDB 리뷰 분류

이 장에서 마지막으로 다룰 예제는 순환 신경망recurrent neural network (RNN)이라는 순서형 데이터를 위한 딥러닝 모델로 텍스트를 분류하는 문제를 다룹니다. 여기서 사용할 데이터셋은 IMDB라는 영화 리뷰 데이터셋이며, 목표는 리뷰가 긍정적 또는 부정적인 어조로 작성되었는지를 예측하는 것입니다.

3.5.1 데이터 준비

MNIST 데이터셋과 유사한 방식으로, IMDB 데이터셋 또한 다음처럼 케라스 API로 불러올 수 있습니다.

코드 3-17 IMDB 데이터 불러오기

```
from tensorflow.keras.datasets import imdb
max_words = 10000
(train_data, train_labels), (test_data, test_labels) = imdb.load_data(
    num_words=max_words)
```
데이터를 불러오고 가장 빈번히 사용된 num_words만큼의 단어만 취하기

앞 코드는 IMDB의 영화 리뷰 데이터를 train_data, test_data, train_labels, test_labels로 나누어 불러옵니다(여기서 레이블(label)은 영화 리뷰의 긍정 또는 부정을 나타냅니다). 이렇게 불러온 데이터셋은 단순 텍스트가 아니라, 이미 토큰화 과정을 통해 정숫값의 목록으로 변환된 것입니다. 토큰화는 각 리뷰(텍스트)를 단어 목록으로 분리한 다음 단어마다 매핑된 정수를 관리하는 딕셔너리를 통해 각 단어별로 정숫값을 부여하는 과정입니다. 정수가 딱히 특별한 의미를 지닌 것은 아니지만, 단어를 신경망 모델이 학습할 수 있도록 숫자로 표현합니다. 그리고 레이블은 영화 리뷰가 긍정 또는 부정인지를 불리언값으로 나타냅니다. 그러면 다음 코드를 통해 데이터를 살펴보죠.

```
>>> train_data.shape
(25000,)
>>> train_labels.shape
(25000,)
>>> train_data[0]
```

```
[1, 14, 22, 16, 43, 530, 973, 1622, 1385, 65, 458, 4468, 66, 3941, 4,
→ 173, 36, 256, 5, 25, 100, 43, 838, 112, 50, 670, 2, 9, 35, ...]
>>> len(train_data[0])
218
>>> len(train_data[1])
189
>>> train_labels[:2]
[1 0]
```

각 리뷰마다 길이가 다를 수 있기 때문에, 이들을 행렬로 표현하기 위해서는 패딩 처리를 통해 동일한 길이로 맞추는 작업이 필요합니다. 패딩 처리가 이루어지는 과정은 [그림 3-15]와 같습니다. 패딩 처리를 위해, 먼저 모든 영화 리뷰의 변환될 길이를 결정할 최대 길이(max_len)를 선택해야 합니다. 그리고 만약 영화 리뷰가 max_len보다 짧으면, 나머지 부분에는 0을 채웁니다. 반면, 영화 리뷰가 max_len보다 길다면 해당 길이를 넘어서는 부분은 자릅니다.

여기서 다룰 예제에서는 리뷰의 최대 길이를 100으로 설정합니다. 그리고 이 길이를 기준으로 패딩을 처리하는 방법은 [코드 3-18]과 같습니다.

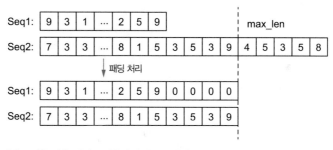

그림 3-15 시퀀스(텍스트)를 같은 길이로 맞추기 위해 패드 추가하기

코드 3-18 데이터를 동일한 크기로 맞추기 위해 자르거나 패딩 처리하기

```
from tensorflow.keras.preprocessing import sequence

max_len = 100
train_data = sequence.pad_sequences(train_data, maxlen=max_len)
test_data = sequence.pad_sequences(test_data, maxlen=max_len)
```

패딩 처리된 학습용 데이터는 행렬 형식으로 반환되어, 다음처럼 (25000, 100) 크기의 형상을 띕니다.

```
>>> train_data.shape
(25000, 100)
```

행렬을 채운 각 정숫값은 각 단어를 숫자로 표현한 것일 뿐입니다. 따라서 신경망이 학습해야 하는 특별한 의미는 없습니다. 신경망 모델에 유의미한 입력 데이터를 제공하기 위해서는 단어마다 학습 가능한 벡터(임베딩 벡터^{embedding vector})를 두는 단어 임베딩^{word embedding}이라는 기법을 사용해야 합니다. 이 기법은 단어별 임베딩 벡터를 무작위로 초기화하며, 이 벡터들이 신경망 모델의 입력으로 연결됩니다. 그러면 신경망 모델이 학습되는 과정에서 임베딩 벡터도 함께 갱신됩니다. 단어 임베딩은 사람이 쓰는 언어를 기하학적 공간에 대응시키는 유연한 방식을 제공하고, 충분한 학습용 데이터만 있다면 매우 강력한 기법으로 알려져 있습니다. 다만, 충분히 큰 데이터셋이 없는 경우에는 다른 데이터셋을 통해 학습된 것을 초기 임베딩 벡터로 재활용하여, 특정 작업에 알맞게 임베딩 벡터를 빠르고 효과적으로 학습시킬 수 있습니다.

임베딩 벡터는 학습 가능한 파라미터이기 때문에, 케라스에서는 **Embedding**이라는 계층으로 단어 임베딩 기법을 지원합니다. 그리고 RNN 모델의 앞 단에 끼워 넣을 수 있죠. 다음처럼 모델 전체는 케라스의 순차 모델로 구현하고, 임베딩 계층을 첫 번째 계층으로 추가합니다.

코드 3-19 모델에 임베딩 계층 추가하기

```
from tensorflow.keras.layers import Embedding
from tensorflow.keras import Sequential

max_words = 10000
embedding_dim = 32

model = Sequential()           ◁─┤ 순차 모델에 임베딩 계층 추가하기
model.add(Embedding(max_words, embedding_dim))   ◁── 케라스의 순차 모델 객체 생성하기
```

max_words 변수는 단어장의 크기(입력 데이터에 포함될 최대 단어 개수)를 정의하며, 임베딩 차원을 32로 지정한 embedding_dim 변수는 각 단어 임베딩 벡터의 크기를 의미합니다. 임베딩 계층이 출력하는 텐서의 형상은 (batch_size, max_len, embedding_dim)으로, 여기서

`max_len`은 앞서 사용한 패딩된 시퀀스의 길이를 뜻합니다. 각 리뷰 시퀀스는 이제 단어 임베딩 벡터들로 구성된 행렬이 되었습니다.

3.5.2 RNN 구축하기

임베딩 계층 다음으로 할 일은 텍스트 분류를 위한 RNN을 구축하는 것입니다. RNN은 벡터들로 구성된 시퀀스를 입력으로 받아들입니다. 한번에 하나의 임베딩 벡터를 상태 벡터와 함께 처리하여, 그다음 단계에서 사용할 상태를 생성합니다(그림 3-16). 상태 벡터는 RNN의 기억장치라고도 볼 수 있습니다. 즉 시퀀스의 이전 단어들에 대한 정보를 추출하고 기억하여, 같은 시퀀스에 포함된 단어들의 순서에 대한 상관관계를 표현합니다. 사실 [그림 3-16]의 각 RNN 셀은 일부 학습 가능한 가중치 행렬을 가진 동일한 셀입니다. 첫 번째 단계에서 RNN은 기억해야 할 이전 단어가 없습니다. 첫 번째 단어가 입력되면, RNN은 첫 번째 단어 임베딩 벡터와 초기 상태를 처리합니다(처음에는 보통 0으로 초기화되어 있습니다). 첫 번째 단계는 그다음 단계에 입력될 상태를 출력합니다. RNN은 첫 번째 단계에서 출력된 상태와 현재 단어를 입력 처리하여, 또 다시 그다음 단계에서 사용될 상태를 출력합니다. 그리고 마지막 단계에서 출력된 상태는 분류에 사용될 최종 출력이 됩니다.

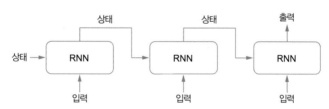

그림 3-16 기본 순환 신경망의 구조

이 과정은 다음의 파이썬 코드로 구현할 수 있습니다. 반환된 상태가 RNN의 최종 출력입니다.

코드 3-20 의사 코드로 표현한 RNN

```
state = [0] * 32    ←─┤ 반복 상태의 개수 설정하기
for i in range(100):
    state = rnn(embedding[i], state)  ├ 신규 상태를 반복적으로 생성하기
return state
```

때로는 [그림 3-17]처럼 단계별 출력을 취합할 필요가 있습니다. 즉 최종 상태 벡터뿐만 아니라, 모든 상태 벡터를 모두 얻을 수 있습니다. 그러면 이제 출력은 일련의 벡터가 되므로, 여러 RNN 계층을 쌓아 올리고, 한 계층의 출력을 또 다른 계층의 입력으로 사용하여 RNN을 보다 깊게 만들 수 있습니다. 이때 각 출력 벡터의 차원이 입력 벡터의 차원과 똑같을 필요는 없다는 사실도 알아두면 좋습니다.

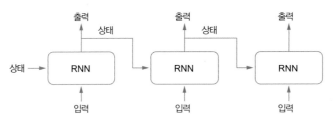

그림 3-17 여러 출력 벡터를 가진 순환 신경망

또한 여러 RNN을 연결하여, 다층 RNN 모델을 [그림 3-18]처럼 구성할 수도 있습니다. 이 경우 각 RNN 계층이 출력하는 상태는 그다음 계층의 출력으로 활용됩니다.

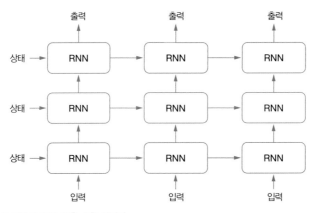

그림 3-18 여러 출력 계층을 가진 다층 순환 신경망

RNN은 케라스가 제공하는 SimpleRNN 클래스로 구현할 수 있습니다. [코드 3-21]은 4개의 RNN 계층을 쌓은 RNN을 구성합니다. 각 SimpleRNN은 단일 RNN 셀이 아니라, 여러 RNN 셀들의 연결고리를 생성합니다. 처음 3개의 RNN 계층(SimpleRNN)은 타임스탬프마다 출력되는 상태를 모두 수집하여(return_sequences=True), 각자 다음 RNN 계층의 입력으로 제

공합니다. 그리고 마지막 네 번째 RNN 계층의 출력은 분류를 위해 밀집 계층으로 공급됩니다.

코드 3-21 RNN 모델 만들기

```
from tensorflow.keras.layers import SimpleRNN
from tensorflow.keras.layers import Dense

model.add(SimpleRNN(units=embedding_dim,
                    return_sequences=True))
model.add(SimpleRNN(units=embedding_dim,
                    return_sequences=True))       RNN 계층 4개 쌓아 올리기
model.add(SimpleRNN(units=embedding_dim,
                    return_sequences=True))
model.add(SimpleRNN(units=embedding_dim))
model.add(Dense(1, activation='sigmoid'))    ←─ 밀집 계층을 추가하여 최종 분류 확률 생성하기
```

units 매개변수는 각 출력된 벡터(상태를 표현한 벡터)의 길이를 결정하는데 이는 입력 벡터의 길이와 같습니다. return_sequences 매개변수는 RNN 계층의 모든 타임스탬프마다 발생하는 출력 벡터의 수집 여부를 결정하는 데, 이를 False(기본값)로 설정하는 경우 마지막 타임스탬프에 대한 출력만 수집합니다. 맨 마지막 계층은 길이 32의 상태 벡터를 단일 값(단위)으로 매핑하는 밀집 계층이며, 그 출력에 시그모이드 활성화 함수를 적용하여, 영화 리뷰가 긍정일 확률을 0~1 사잇값으로 구합니다.

3.5.3 RNN을 학습시키고 검증하기

MNIST를 다뤘던 예제와 유사한 과정으로 RNN 모델도 컴파일 및 학습이 가능합니다. 다음 코드에서 손실 함수로 지정된 binary_crossentropy는 크로스 엔트로피 손실을 이진 분류라는 상황에 맞도록 만든 것입니다.

코드 3-22 분류 계층 추가하기

```
model.compile(optimizer='adam', metrics=['acc'], loss='binary_crossentropy')
model.fit(train_data,
          train_labels,
          epochs=2,
          batch_size=128)
```

앞 코드의 작동성을 확인하는 차원에서 배치 크기를 128로 두고, 2회의 에포크 동안만 학습을 진행합니다. 그러고나면 학습된 RNN 모델을 다음처럼 테스트용 데이터로 평가할 수 있습니다.

```
>>> model.evaluate(test_data, test_labels)
782/782 [==============================] - 28s 35ms/step -
- loss: 0.3684 - acc: 0.8402
[0.36835795640945435, 0.8402000069618225]
```

여기서는 RNN을 튜닝하는 단계는 건너뛰었지만, 그 내용은 나중에 살펴볼 AutoML 도구를 통해 다룹니다.

요약

- 딥러닝 모델은 입력 데이터의 피처를 계층적으로 표현하기 위해 여러 개의 계층이 쌓인 구조를 지닙니다. 계층의 순서대로 데이터를 전달하고, 출력의 손실(오류)을 결정하고, 역전파를 이용하는 최적화 기법을 통해서 각 계층의 파라미터를 갱신하는 반복적인 과정을 거쳐 각 계층의 학습이 이루어집니다.

- 텐서플로와 케라스를 사용하면 딥러닝 모델을 쉽게 구현할 수 있습니다. 이제 여러분은 테이블 형식의 정형 데이터 분류를 위한 MLP, 이미지 분류를 위한 CNN, 텍스트 분류를 위한 RNN이라는 세 가지 대표적인 딥러닝 모델을 구현할 수 있을 것입니다.

- 딥러닝 모델을 컴파일하고 학습시키려면 손실 함수, 최적화 기법/함수, 학습 진척을 파악할 메트릭, 학습 종료 기준(예. 학습 에포크 횟수)을 지정해야 합니다.

- 딥러닝 모델은 일반적으로 기존의 머신러닝 모델보다 데이터 전처리 및 피처의 가공 과정이 덜 필요합니다. 그러나 알고리즘 자체에 계층 수, 계층의 유형, 각 계층의 유형별 구조적 특성, 최적화 기법에 대한 것 등 조정이 필요한 하이퍼파라미터가 많이 존재합니다.

PART 02

실전 AutoML

1부에서는 머신러닝에 대한 기본적인 소개, 다양한 종류의 머신러닝 모델, 머신러닝 문제를 다루는 작업의 흐름을 알아봤습니다. 또한 사이킷런 도구를 활용하여, 가장 직관적으로 하이퍼파라미터를 튜닝하는 AutoML 방법 중 하나인 그리드 탐색을 사용해 머신러닝 파이프라인을 튜닝해봤습니다.

4장부터는 AutoML을 사용하여 머신러닝 문제를 해결하고, 머신러닝 솔루션을 개선하는 방법을 살펴봅니다. 다음 두 장에서는 딥러닝 모델의 중요성과 설계 및 튜닝의 복잡성을 고려해서 딥러닝 솔루션을 만드는 데 집중합니다. 고급 AutoML 도구인 AutoKeras 및 KerasTuner로 다양한 머신러닝 문제에 대한 딥러닝 솔루션을 만들 수 있게 될 것입니다. 그리고 6장에서는 AutoML의 탐색 공간을 사용자 정의하는 일반화된 솔루션을 소개하며, 비지도 학습 모델을 튜닝하고 알고리즘을 최적화하는 탐색 공간을 보다 유연하게 설계하는 방법을 알아봅니다.

PART 02

실전 AutoML

CHAPTER 4

자동화된 엔드투엔드 머신러닝 솔루션 생성

> **이 장의 내용**
>
> - AutoKeras 소개
> - 자동화된 분류 및 회귀
> - AutoML로 해결하는 다중 입출력 문제

4장에서는 딥러닝 알고리즘의 선택 및 튜닝 없이 엔드투엔드 딥러닝 솔루션을 만드는 방법에 대해 다룹니다. 3장에서 구현한 딥러닝 파이프라인보다 훨씬 간단하게 다섯 줄의 코드로 작성할 수 있습니다. 그다음 이미지, 텍스트, 정형 데이터에 대해 분류 및 회귀를 수행하는 방법을 배웁니다. 이전 장과 비교하면, 문제의 정의 자체는 유사하지만 이번에는 AutoML을 활용합니다. 그리고 이미지와 텍스트 같은 여러 유형의 입력을 동시에 수용하고, 회귀와 분류 예측을 모두 고려하는 등 다중 출력을 다루는 보다 복잡한 시나리오를 살펴봅니다.

4.1 AutoML 도구 준비: AutoKeras

실제 문제를 다루기에 앞서, AutoML을 위한 주요 도구인 AutoKeras를 살펴보죠. AutoKeras는 딥러닝 솔루션을 자동으로 생성하는 파이썬 라이브러리입니다. AutoKeras는 명령줄에서 `pip install autokeras`, 주피터 노트북에서 `!pip install autokeras` 명령어로 쉽게 설치할 수 있습니다. 패키지를 설치하는 더 자세한 내용은 '부록 A'를 참고하기 바랍니다.

AutoKeras는 텐서플로[1], 텐서플로에 포함된 케라스 API[2], KerasTuner[3] 라이브러리를 기반으로 구축됩니다. 이 네 가지 구성 요소로 딥러닝 소프트웨어가 가질 수 있는 범위를 모두 구현할 수 있습니다. 사용자 입장에서 볼 때 텐서플로는 세부 사항을 가장 많이 제어할 수 있지만, 동시에 가장 복잡한 라이브러리이기도 합니다(그림 4-1). 그리고 텐서플로와는 정 반대에 있는 AutoKeras는 가장 간단한 사용성을 제공합니다. [그림 4-1]의 우측에 있는 구성 요소는 좌측의 구성 요소에 기반해서 개발된 도구이며, 고급 자동화 기법을 캡슐화해서 제공하지만, 사용자가 마음대로 건드릴 수 있는 세부 사항이 적습니다.

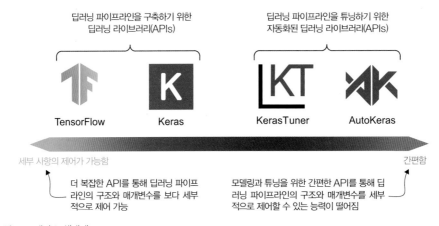

그림 4-1 케라스 생태계

> **NOTE**_ '더 많은 세부 사항을 제어할 수 있다'는 것은 API에 입력 가능한 매개변수가 더 많다는 것을 의미합니다. 즉 머신러닝 파이프라인 및 AutoML 알고리즘(보통 탐색 공간)을 보다 유연하게 제어할 수 있다는 것이죠. 머신러닝 전문가일수록, 텐서플로와 케라스 API와 같은 저수준의 라이브러리를 사용해, 요구 사항에 맞는 개인화된 솔루션을 만들어낼 수 있다는 말이기도 합니다. 딥러닝 모델을 계층별로 입맛에 맞게 정의할 수 있죠. 반면, 모델링과 튜닝에 적은 노력을 투자하고, API의 유연성을 크게 신경 쓰지 않는 머신러닝 비전문가는 KerasTuner와 AutoKeras 같은 고수준 라이브러리를 사용할 수 있습니다.

---

1 https://tensorflow.org

2 https://keras.io

3 https://keras.io/keras_tuner

7장에서 KerasTuner를 살펴보지만, 딥러닝 문제를 해결하는 데 있어 주로 AutoKeras를 사용하는 데 집중합니다. AutoKeras와 비교해볼 때 KerasTuner는 다양한 종류의 머신러닝 문제(딥러닝에 국한되지 않습니다)에 적용할 수 있으며 탐색 공간을 설계하고 검색 알고리즘을 선택하는 데 있어서는 꽤 유연한 편입니다. 다만, 그만큼 튜닝해야 할 머신러닝 파이프라인과 AutoML 알고리즘에 대한 지식이 더 많이 필요합니다. 한편, 텐서플로와 케라스가 제공하는 저수준의 기능과 일반적인 딥러닝 방법을 배우고 싶다면, 『케라스 창시자에게 배우는 딥러닝(개정 2판)』(길벗, 2022)을 읽어보기 바랍니다.

AutoKeras는 케라스 생태계의 모든 라이브러리 중 가장 고수준 라이브러리로 자리 잡고 있습니다. 즉 가장 높은 수준의 자동화를 지원합니다. [그림 4-2]에서 볼 수 있듯이, AutoKeras는 다음 세 가지 수준의 API(태스크 API, 입/출력 API, 함수형 API)를 제공하여, 실제 문제에 AutoML을 적용할 때 마주칠 수 있는 다양한 시나리오를 커버합니다.

- 태스크 API는 이미지 분류와 같은 특정 머신러닝 문제에 대한 엔드투엔드 딥러닝 솔루션을 생성합니다. AutoKeras가 제공하는 가장 간결한 API로, 데이터를 주입하는 단 한 번의 과정만으로 원하는 머신러닝 솔루션에 도달할 수 있게 해줍니다. 가장 최근에 릴리즈된 AutoKeras는 이미지, 텍스트, 정형 데이터에 대한 분류 및 회귀를 포함한 6가지의 문제를 해결하기 위한 태스크 API를 제공합니다.
- 실제로 마주칠 문제가 다중 입력과 출력을 갖는 일은 흔합니다. 예를 들어 영상 속의 행동을 감지하려면 소리와 시각적인 정보가 모두 필요할 수 있습니다. 또한 소비자의 구매 기록을 사용해 관심 품목 및 소득 수준을 예측하는 등 하나 이상의 내용을 예측할 수도 있겠죠. 이런 종류의 문제에는 AutoKeras의 입/출력 API를 사용할 수 있습니다. 이 내용은 4.4절에서 더 자세히 살펴봅니다.
- 함수형 API는 주로 탐색 공간을 조정하고 싶은 고급 사용자를 위한 것입니다. 3장에서 심층 신경망을 만드는 데 사용한 텐서플로의 케라스가 제공하는 함수형 API와 흡사하며, AutoKeras의 일부 구성 요소를 엮어서 딥러닝 파이프라인을 구축하는 방법을 제공합니다. 여기서 구성 요소란, CNN처럼 케라스의 여러 계층으로 구성된 딥러닝 모델을 의미합니다. 즉 계층별로 모델을 정의할 필요가 없다는 것이죠. 각 구성 요소별 하이퍼파라미터에 대한 탐색 공간은 이미 설계되어 있어서 우리는 오직 검색하고자 하는 하이퍼파라미터를 정하는 데만 집중할 수 있습니다.

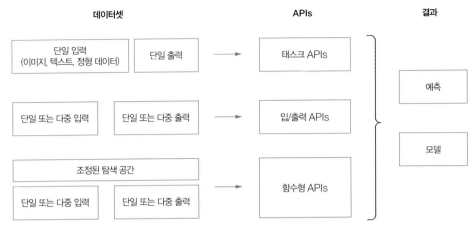

그림 4-2 다양한 수준의 API를 제공하는 AutoKeras

이 장은 태스크 API와 입/출력 API를 중점적으로 소개합니다. 이 두 API를 사용하면 탐색 공간을 조정하지 않은 채 엔드투엔드 솔루션을 생성할 수 있습니다. 함수형 API는 5장에서 다룹니다.

4.2 자동화된 이미지 분류

가장 이상적인 상황은 머신러닝 문제를 정의하고 알맞은 데이터를 갖추고 있다면, AutoML 알고리즘이 사람의 개입을 최소화하고도 만족할 만한 머신러닝 솔루션을 도출하는 것입니다. 이 절에서는 예제로 MNIST 데이터셋으로 이미지 분류 문제를 다음 두 단계로 풀어봅니다.

- AutoKeras의 태스크 API 중 직면한 문제에 적합한 것을 선택합니다.
- 선택된 API에 데이터를 주입합니다.

어떠한 딥러닝 모델을 직접 만들거나, AutoML 알고리즘을 손대지 않고도 이미지 분류 모델을 얻게 될 것입니다. 다른 문제와 데이터 유형의 더 다양한 예제는 다음 절에서 다룹니다.

4.2.1 다섯 줄의 코드로 문제 해결하기

앞 장에서 텐서플로와 케라스 API로 CNN 모델을 만들어 이미지 분류 문제를 해결했습니다. 다음 다섯 단계의 딥러닝 프로젝트의 작업 흐름을 따랐었죠.

1. 텐서플로로 학습용 및 테스트 데이터셋을 불러옵니다.
2. 정규화를 통해 이미지를 전처리합니다.
3. 신경망을 구축합니다.
4. 신경망을 컴파일하고 학습시킵니다.
5. 테스트 데이터로 파이프라인을 평가합니다.

이 과정을 구현하기 위해서는 딥러닝 알고리즘을 구성하는 각 요소를 선택해야 합니다. 그리고 파이프라인 전체에 대한 하이퍼파라미터를 정의하고, 계층을 쌓아 올려 신경망을 구축합니다. 이렇게 단계를 명확히 나누었음에도, 항상 원하는 결과를 쉽게 얻을 수 있는 것은 아닙니다. 모든 하이퍼파라미터를 처음부터 알맞게 설정할 수 있다는 보장이 없기 때문이죠. 별도의 검증용 데이터셋으로 하이퍼파라미터를 튜닝하는 것 또한 추가적인 노력과, 수많은 시행착오가 필요합니다. 하지만 AutoML을 사용하면 모든 것을 한 번에 해결할 수 있습니다. 그러면 AutoKeras로 MNIST 숫자를 분류하는 딥러닝 모델을 자동으로 생성해보겠습니다. 다음 코드에서 볼 수 있듯이 모든 문제를 단 다섯 줄의 코드로 해결할 수 있습니다.

코드 4-1 AutoKeras의 태스크 API로 다중 범주를 가진 이미지 분류하기

```
from tensorflow.keras.datasets import mnist
(x_train, y_train), (x_test, y_test) = mnist.load_data()        데이터 불러오기

import autokeras as ak                                           AutoKeras의 ImageClassifier 객체를 생성함
clf = ak.ImageClassifier(max_trials=2)
clf.fit(x_train, y_train, epochs=3, verbose=2)                   ImageClassifier 객체에 학습용
                                                                 데이터를 주입함
```

데이터셋을 불러온 다음에 해야 할 일은 AutoKeras의 API로 `ImageClassifier` 객체를 생성하고, 해당 객체에 준비된 데이터를 주입하는 것뿐입니다. 그러면 내부적으로 다음과 같은 세 단계의 과정이 반복적으로 일어납니다.

1. AutoML의 검색 알고리즘에 기반해서 탐색 공간으로부터 딥러닝 파이프라인을 선택합니다(케라스로 구현된 전처리 방법, CNN 모델, 학습 알고리즘으로 구성됩니다). AutoKeras는 태스크 API에 알맞은 검색 알고리즘과 탐색 공간을 각 작업에 통합합니다. 태스크 API를 사용할 때는 이 2개를 직접 지정할

필요가 없습니다. 여기서는 이미지 분류 문제를 다루기 때문에, AutoKeras의 `ImageClassifier` 객체가 이미지 다루는 전처리 방법과 CNN 모델로 구성된 여러 종류의 딥러닝 파이프라인을 탐색 공간과 함께 만듭니다.

2. 선택된 파이프라인을 학습시키고 분류 정확도를 확인하기 위한 평가를 수행합니다. 기본적으로 학습용 데이터의 20%를 검증용 데이터로 할당합니다. 검증용 데이터셋에 대한 손실 및 정확도는 선택된 모든 파이프라인의 성능을 비교하는 데 사용됩니다.

3. AutoML의 검색 알고리즘을 갱신합니다. 일부 AutoML 알고리즘은 앞서 탐색한 파이프라인의 성능을 통해, 다음 순번의 파이프라인을 보다 효율적으로 탐색하도록 학습됩니다. 이 단계는 사용하는 AutoML 알고리즘의 유형에 따라 생략될 수도 있습니다. 가령 그리드 탐색 알고리즘은 갱신될 필요가 없습니다.

이 반복적인 과정은 수동으로 튜닝하는 과정을 흉내 내지만, 사람이 개입할 요소를 제거하고 AutoML 알고리즘이 선택하도록 합니다. 튜닝의 반복 횟수는 사람에 의해 정해집니다. 즉 탐색 공간에서 AutoML 알고리즘이 탐색해야 할 파이프라인의 개수 같은 것을 지정할 수 있습니다. 이는 `ImageClassifier` 객체를 생성할 때 `max_trials` 매개변수를 통해 지정할 수 있습니다. 반복적인 튜닝 작업이 완료되면, 그중 발견된 가장 좋은 파이프라인으로 전체 학습용 데이터셋을 다시 학습하여 최종 결과에 도달합니다(그림 4-3).

`ImageClassifier` 객체의 `fit()` 메서드는 케라스 모델 객체의 `fit()` 메서드를 호출하는 것과 같습니다. 단일 케라스 모델을 학습시킬 때 사용된 모든 매개변수를 여기서도 그대로 사용하여, 선택된 각 파이프라인의 학습 과정을 제어할 수 있습니다(예: 에포크 횟수). 모든 시도에 대한 정보와 최상의 파이프라인으로 도출된 모델의 가중치는 디스크에 저장됩니다.

최종적으로 얻은 솔루션의 평가는 케라스 모델을 평가하는 것과 유사합니다. 즉 `evaluate()` 메서드를 호출해서 최상의 파이프라인을 검증할 수 있습니다. 해당 메서드는 먼저 파이프라인에 포함된 전처리 방법을 사용해 테스트 이미지를 전처리한 다음 전처리된 데이터를 모델로 주입합니다.

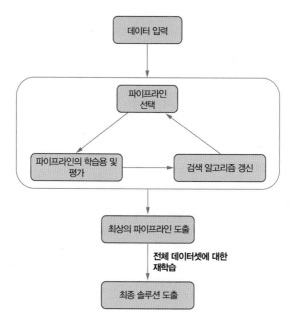

그림 4-3 AutoKeras의 태스크 API를 사용한 AutoML의 과정

다음 코드는 예제에서 얻은 최상의 파이프라인의 검증용 데이터셋에 대한 정확도가 98.74%라는 것을 보여줍니다. 단 2개의 파이프라인만 탐색한 것을 생각해보면 꽤 좋은 결과를 얻었다고 볼 수 있습니다.

```
>>> test_loss, test_acc = clf.evaluate(x_test, y_test, verbose=0)
>>> print('Test accuracy: ', test_acc)
Test accuracy: 0.9873999953269958
```

또한 다음처럼 predict() 메서드를 호출하여 테스트 이미지에 대한 레이블을 예측할 수도 있습니다.

```
>>> predicted_y = clf.predict(x_test)
>>> print(predicted_y)
[[7]
 [2]
 [1]
 ...
 [4]
```

```
     [5]
     [6]]
```

발견된 최상의 파이프라인을 케라스 모델로 저장할 수도 있습니다. 가령 다음처럼 export_
model() 메서드를 호출해 케라스 모델로 저장한 다음 그 구조를 출력할 수 있습니다.

```
>>> best_model = clf.export_model()
>>> best_model.summary()
Model: 'model'

_____
Layer (type)                     Output Shape              Param #
=================================================================
input_1 (InputLayer)             [(None, 28, 28, 1)]       0

normalization (Normalization     (None, 28, 28, 1)         3

conv2d (Conv2D)                  (None, 26, 26, 32)        320

conv2d_1 (Conv2D)                (None, 24, 24, 64)        18496

max_pooling2d (MaxPooling2D)     (None, 12, 12, 64)        0

dropout (Dropout)                (None, 12, 12, 64)        0

flatten (Flatten)                (None, 9216)              0

dropout_1 (Dropout)              (None, 9216)              0

dense (Dense)                    (None, 10)                92170

classification_head_1 (Softm     (None, 10)                0
=================================================================
Total params: 110,989
Trainable params: 110,986
Nontrainable params: 3
_____
```

보다시피 모델은 입력 계층 이후에 1개의 정규화 계층, 2개의 합성곱 계층, 1개의 풀링 계층으
로 구성된 것을 알 수 있습니다. 그다음 위치한 드롭아웃 계층은, 학습의 반복 과정(데이터 배
치별)에서 입력된 텐서의 일부 유닛을 무작위로 0으로 설정합니다. 이 계층은 오직 학습 과정

에서만 작동하여, 신경망 모델이 과적합되는 문제를 해결하는 데 도움을 줍니다.

드롭아웃 계층은 어떻게 과적합을 완화할 수 있을까요?

드롭아웃 계층은 신경망을 학습시킬 때 다음 세 가지 작용을 통해 과적합을 완화할 수 있습니다.

- 뉴런 간의 상관관계에 대한 복잡성을 줄여줍니다. 드롭아웃 계층은 학습 과정에서 일부 뉴런을 마스킹 처리하여, 순전파 및 역전파를 통해 일부 뉴런에 대한 파라미터만 갱신되도록 합니다.
- 부분 신경망들의 효과에 대한 평균을 냅니다. 드롭아웃은 전체 신경망 중 임의로 선택된 부분 신경망들의 예측의 평균을 구하는 앙상블 전략의 일종으로 볼 수 있습니다.
- 뉴런 사이의 복잡한 상관관계를 줄여줍니다. 드롭아웃 계층은 학습이 진행되는 동안 일부 뉴런을 마스킹 처리합니다. 오직 마스킹 처리되지 않은 뉴런에 대한 가중치만 순전파와 역전파 과정에서 갱신됩니다.

드롭아웃 계층을 더 자세히 알아보고 싶다면 『케라스 창시자에게 배우는 딥러닝(개정 2판)』을 읽어보기 바랍니다.

저장된 케라스 모델은 디스크에 저장되고, 이후 다시 불러와서 사용할 수 있습니다. 이렇게 저장된 모델은 입력 이미지를 전처리하는 계층(형상 변형 등)을 포함하지 않습니다. 따라서 다음처럼 입력될 이미지를 먼저 3차원 형상으로 변형하여, 모델이 이해할 수 있는 형태로 만들어야 합니다.

코드 4-2 최상의 모델을 저장하고 불러오기

```
import tensorflow as tf
from tensorflow.keras.models import load_model

best_model.save('model_autokeras')  ⊢─ model_autokeras 폴더에 모델 저장하기
loaded_model = load_model('model_autokeras')  ⊢─ 모델 불러오기
predicted_y = loaded_model.predict(
    tf.expand_dims(x_test, -1))  ⊢─ 불러온 모델로 예측하기
```

텐서플로의 케라스 API로 만든 일반적인 딥러닝 솔루션과 비교해보면, AutoKeras의 태스크 API로 실현한 AutoML은 데이터 준비, 알고리즘 설정, 지식 획득에 훨씬 적은 노력으로 머신러닝 문제를 해결할 수 있도록 해줍니다. 이어지는 내용은 추가적인 활용 사례를 통해 AutoML의 유연성을 살펴봅니다.

4.2.2 다양한 유형의 데이터 다루기

실전에서 다루는 데이터는 지금까지 본 정돈된 것과는 다른 형식일 가능성이 높습니다. 여기서 AutoML은 사람이 직접 짠 전처리 기능 없이, 자동으로 서로 다른 형식의 데이터를 처리할 수 있어야 합니다. 몇 가지 예를 살펴보겠습니다.

- 이미지에는 채널 차원(축)을 명시적으로 갖거나 갖지 않을 수 있습니다. AutoML의 API는 이 두 상황을 직접 다룰 수 있습니다. 반면 케라스 모델로 MNIST 이미지를 주입하려면 각 이미지에 대한 채널의 차원을 수동으로 추가해야 합니다(채널 차원이 명시되어 있지 않기 때문입니다).
- 이미지의 레이블은 문자열, 정수, 원-핫 인코딩된 형식(0과 1을 가진 벡터)이 될 수 있습니다.
- 이미지와 레이블의 자료 구조는 데이터셋을 불러오고 준비하는 데 쓰인 패키지에 따라 상이할 수 있습니다. 넘파이 배열(np.ndarray), 판다스의 데이터프레임(pd.DataFrame), 텐서플로 데이터셋(tf.data.Dataset) 등의 자료 구조를 띌 수 있습니다.

데이터 준비의 어려움을 해소하기 위해, AutoML 라이브러리는 서로 다른 형식의 데이터를 처리할 수 있는 유연성을 제공합니다. 예를 들어 ImageClassifier 객체는 앞서 설명한 모든 상황을 처리할 수 있습니다. 정말 그런지 확인하는 과정은 여러분의 연습 문제로 남겨두겠습니다.

4.2.3 튜닝 과정 설정하기

데이터 형식뿐만 아니라 검증용 데이터셋으로 사용하고 싶은 데이터의 양, 탐색한 파이프라인에 대해 알고 싶은 평가 지표, 파이프라인을 서로 비교하는 방법(정확도 또는 손실을 검증용 데이터셋의 측정) 등 탄생의 과정도 설정하고 싶을 수 있습니다.

[코드 4-3]을 예로 살펴보죠. 파이프라인의 학습을 위한 손실 함수는 범주형 크로스 엔트로피 손실로 정의되었습니다. 그리고 선택된 평가 지표는 정확도이며, 탐색의 목적은 검증용 데이터셋에 대한 정확도로 설정되었습니다. 즉 검증용 데이터셋에 대한 분류 정확도가 가장 높은 파이프라인을 최상이라고 판단한다는 뜻입니다. 마지막으로는 학습용 데이터의 15%를 검증용 데이터셋으로 분리합니다.

```
from tensorflow.keras.datasets import mnist
(x_train, y_train), (x_test, y_test) = mnist.load_data()

import autokeras as ak
clf = ak.ImageClassifier(max_trials=2,
                         loss='categorical_crossentropy',
                         metrics=['accuracy'],
                         objective='val_accuracy')

clf.fit(x_train, y_train,
        validation_split=0.15,
        epochs=3, verbose=2)
```

분류를 위해 범주형 크로스
엔트로피 손실을 사용함

평가 지표로 정확도를 사용함

튜닝 목적으로 검증용 데이터셋에 대한
정확도를 설정함

데이터의 15%를
검증용으로 분리함

때로는 사용자가 직접 정의한 평가 지표를 사용하고 싶은 경우가 있습니다. 예를 들어 여러분
만의 평가 지표를 계산하는 함수를 만들고, AutoML 파이프라인의 목표로 설정할 수 있습니
다. 우리는 텐서플로와 케라스로 만든 딥러닝 모델을 튜닝하므로 목표 평가 지표를 생성하는
것은 단순히 케라스의 평가 지표 함수를 만드는 것과 동일합니다. 즉 [코드 4-4]처럼 배치 단
위의 데이터에 대한 정답(분류 문제의 레이블)과 모델의 예측을 입력받아 계산된 평가 지표를
반환해야 하는 것이죠.

코드 4-4 사용자 정의 케라스 평가 지표 함수 만들기

```
def my_metric(y_true, y_pred):
    correct_labels = tf.cast(y_true == y_pred, tf.float32)
    return tf.reduce_mean(correct_labels, axis=-1)
```

모델의 예측과 실제 정답
(레이블)을 비교함

현재 처리되는 데이터 배치에 대한
예측 정확도를 계산함

> NOTE_ 하나 이상의 평가 지표를 **ImageClassifier**에 추가할 수도 있습니다. 하지만 최상의 모델을 선
> 택하는 데 사용될 평가 지표로는 하나만 설정할 수 있습니다. 이는 다른 태스크 API에도 적용됩니다.

AutoML 파이프라인의 평가 지표와 목표를 사용자 정의하려면, 먼저 선택된 각 파이프라인을
평가하는 과정 동안 계산될 평가 지표 중 하나를 함수로 전달해야 합니다. 그다음 파이프라인
의 성능을 비교하는 검색 알고리즘이 사용할 지향점(검색 목표)을 KerasTuner의 **Objective**

클래스 객체로 만들어야 합니다(코드 4-5). 이 클래스 객체를 생성하려면 2개의 매개변수가 필요합니다. 첫 번째는 검색 목표로 사용될 평가 지표의 이름을 지정합니다(예: val_my_met-ric). 우리는 검증용 데이터셋에 대한 파이프라인의 정확도를 목표로 삼기 때문에, 함수(평가 지표)의 이름에 val이라는 접두어를 붙였습니다. 두 번째 매개변수 direction은 평가 지표의 값이 더 클 때(direction='max'), 또는 작을 때(direction='min'), 언제 더 나은 결과를 얻은 것인지를 명시합니다. 여기서는 사용자 정의 정확도가 최대인 파이프라인을 찾는 것이 목표이기 때문에 direction 매개변수의 값을 'max'로 설정합니다.

코드 4-5 AutoML 과정에 사용자 정의 평가 지표를 지정하기

```
import keras_tuner

clf = ak.ImageClassifier(
    seed=42,
    max_trials=2,
    loss='categorical_crossentropy',
    objective=keras_tuner.Objective(          사용자 정의 평가 지표를 계산하는 함수를
    'val_my_metric', direction='max'),  ◁──   KerasTuner의 Objective 객체로 래핑한 다음
    metrics=[my_metric],   ◁──                AutoKeras의 태스크 API에 넣기
)                          사용자 정의 평가 지표를 포함시키기

clf.fit(x_train, y_train,
        validation_split=0.15,
        epochs=3)
```

태스크 API는 검색 알고리즘을 선택하고 탐색 공간을 설정하는 매개변수를 직접 노출하지 않습니다. 머신러닝의 전체 작업 흐름을 가능한 한 간단하게 만드는 것이 목표이기 때문입니다. 이어지는 절에서는 AutoKeras의 태스크 API를 사용한 몇 가지 예제를 살펴보고, 마지막에는 다중 입/출력을 필요로하는 작업까지 다루며 일반화된 AutoML 솔루션을 만드는 방법을 배웁니다.

4.3 4개의 지도 학습에 대한 엔드투엔드 AutoML 솔루션

이 절에서는 AutoKeras의 태스크 API를 사용해서, AutoML로 지도 학습 문제 4개를 해결하는 각각의 엔드투엔드 솔루션을 생성합니다. 풀고자 하는 문제는 다음과 같습니다.

- 20개의 뉴스그룹 데이터셋과 텍스트 분류 문제
- 타이타닉 데이터셋과 정형 데이터 분류 문제
- 캘리포니아 주택 데이터셋과 정형 데이터 회귀 문제
- 합성 데이터셋과 다중 레이블 이미지 분류 문제

이미 앞서 전통적인 머신러닝 기술로 처음 세 가지 문제는 해결했습니다. 이번에는 AutoKeras의 태스크 API와 친숙해지기 위해 이 문제들을 AutoML로 해결해봅니다.

당장 문제 해결에 돌입하기에 앞서, 일반적인 머신러닝과 AutoML의 차이를 요약하고 넘어갑니다. 일반적인 머신러닝은 특정 문제에 대해 단일 모델을 생성합니다. 따라서 모델의 세부 사항을 일일이 지정해야 하죠. AutoML은 모든 세부 사항에 고정된 값을 지정하지 않고, 일정 부분을 탐색하기 위해 남겨두고 여러 유형의 모델을 검색합니다. 이 차이로 인해 AutoML의 API는 기존과는 사뭇 다르며, 일부 세부 사항의 값이 자동으로 검색되도록 맡기므로 더 간결합니다.

맨 마지막에 다룰 문제는 각 이미지가 여러 레이블(예: 고양이와 개를 모두 포함한 이미지)을 가진 보다 정교한 이미지 분류 시나리오입니다. 일반적인 머신러닝 접근법으로는 해결 방법을 당장 떠올리기 힘들지도 모르지만, AutoML과 AutoKeras의 태스크 API를 활용하면 Image-Classifier의 인수 하나만 변경하고도 이 문제를 해결할 수 있습니다.

4.3.1 20개의 뉴스그룹 데이터셋에 대한 텍스트 분류

첫 번째 예제는 사이킷런 라이브러리로 불러올 수 있는 20개의 뉴스그룹 데이터셋으로 텍스트를 분류하는 문제를 다룹니다. 이 문제의 목표는 각 문서를 20개의 뉴스 범주 중 하나로 분류하는 것입니다. 텍스트 분류에 대한 기본적인 머신러닝 처리 과정에 익숙하지 않다면, '부록 B'를 확인하길 바랍니다. 텍스트 데이터의 전처리 및 두 가지 확률적 분류 모델에 관한 내용을 담고 있습니다. 한편 우리는 AutoKeras의 TextClassifier라는 태스크 API로 이 문제를 풀어봅니다.

먼저 사이킷런 라이브러리에 해당 데이터셋을 불러오기 위해 내장된 `fetch_20newsgroups` 모듈로 데이터를 다운로드합니다. 이미 편리하게 사용할 수 있도록 학습용 및 테스트 데이터셋으로 분리되어 제공됩니다. [코드 4-6]에서는 검색 과정을 빠르게 만들기 위해서 20개 범주의 뉴스 중 두 개의 범주에 해당하는 데이터만 불러옵니다.

코드 4-6 20개의 뉴스그룹 데이터셋 불러오기

```python
import numpy as np
from sklearn.datasets import fetch_20newsgroups

categories = ['rec.autos', 'rec.motorcycles']
news_train = fetch_20newsgroups(subset='train',
                                shuffle=True,
                                random_state=42,
                                categories=categories)     ◁──┐ 학습용 및 테스트 데이터셋을
news_test = fetch_20newsgroups(subset='test',                 │ 불러오기
                               shuffle=True,                  │
                               random_state=42,               │
                               categories=categories)     ◁──┘

doc_train, label_train = np.array(news_train.data), np.array(news_train.target)   ◁──┐
doc_test, label_test = np.array(news_test.data), np.array(news_test.target)       ◁──┤
                                                        데이터셋을 넘파이 배열로 만듦 ──┘
```

학습용 및 테스트 데이터셋을 살펴보겠습니다. 각 문서는 다음과 같은 형태를 띤 문자열로 구성됩니다.

```python
>>> print('The number of documents for training: {}.'.format(len(doc_train)))
>>> print('The number of documents for testing: {}.'.format(len(doc_test)))
>>> type(doc_train[0]), doc_train[0]

The number of documents for training: 1192.
The number of documents for testing: 794.

(numpy.str_,
 'From: gregl@zimmer.CSUFresno.EDU (Greg Lewis)\nSubject: Re:
➥ WARNING.....(please read)...\nKeywords: BRICK, TRUCK, DANGER\
➥ nNntp-Posting-Host: zimmer.csufresno.edu\nOrganization: CSU
➥ Fresno\nLines: 33\n\nIn article <1qh336INNfl5@CS.UTK.EDU>
➥ larose@austin.cs.utk.edu (Brian LaRose) writes:\nThis just a
```

- warning to EVERYBODY on the net. Watch out for\n>folks standing
- NEXT to the road or on overpasses. They can\n>cause
- SERIOUS HARM to you and your car. \n>\n>(just a cliff-notes version
- of my story follows)\n>\n>10pm last night, I was
- travelling on the interstate here in\n>knoxville, I was taking an
- offramp exit to another interstate\n>and my wife suddenly
- screamed and something LARGE hit the side\n>of my truck. We slowed
- down, but after looking back to see the\n>vandals standing
- there, we drove on to the police station.\n>\n>She did get a
- good look at the guy and saw him 'cock his arm' with\n>something
- the size of a cinderblock, BUT I never saw him.
- We are \n>VERY lucky the truck sits up high on the road; if it
- would have hit\n>her window, it would have killed her.
- \n>\n>The police are looking for the guy, but in all likelyhood he is
- gone. \nStuff deleted...\n\nI am sorry to report that in
- Southern California it was a sick sport\nfor a while to drop concrete
- blocks from the overpasses onto the\nfreeway. Several persons
- were killed when said blocks came through\ntheir
- windshields. Many overpass bridges are now fenced, and they\nhave
- made it illegal to loiter on such bridges (as if that
- would stop\nsuch people). Yet many bridges are NOT fenced.
- I always look up at a\nbridge while I still have time to take
- evasive action even though this\n*sport* has not reached us
- here in Fresno.\n_____
- _____\nGreg_Lewis@csufresno.edu\nPhotojournalism sequence,
- Department of Journalism\nCSU Fresno, Fresno, CA 93740\n')

데이터를 로드한 후 문서를 숫자 벡터로 변환하는 것과 같은 추가 사전 처리 없이 이러한 원본 문서를 API에 직접 입력할 수 있습니다. [코드 4-7]에서 검색하고 비교할 파이프라인의 수를 3개로 설정했습니다. 우리는 각각을 훈련시킬 에포크의 수를 지정하지 않습니다. **TextClassifier** API는 기본으로 최대 1,000 에포크 동안 각 파이프라인을 훈련하고 검증 손실이 10회의 연속된 에포크 동안 개선되지 않을 때마다 훈련을 중지하여 훈련 시간을 최소화하고 과적합을 방지합니다.

코드 4-7 AutoKeras의 태스크 API로 텍스트 분류하기

```
import autokeras as ak

clf = ak.TextClassifier(max_trials=3)        ◁─┤ AutoKeras의 TextClassifier 객체 생성
clf.fit(doc_train, label_train, verbose=2)   ◁─┤ 학습용 데이터를 TextClassifier 객체에 주입
```

다음 코드로부터, 세 번의 시도로 찾은 가장 좋은 파이프라인의 테스트 데이터셋에 대한 정확
도가 약 96.1%인 것을 알 수 있습니다.

```
>>> test_loss, test_acc = clf.evaluate(doc_test, label_test, verbose=0)
>>> print('Test accuracy: ', test_acc)
0.9609571695327759
```

문서의 레이블을 예측하고 싶다면, 문서 데이터를 predict() 메서드에 입력하면 됩니다. 그
리고 최상의 모델은 export_model() 메서드로 디스크에 저장할 수 있습니다. 이 내용은 이전
예제와 동일하므로 별도의 코드를 수록하지 않았습니다.

4.3.2 타이타닉 데이터셋에 대한 정형 데이터 분류

이번에 다룰 예제는 타이타닉 데이터셋으로 정형 데이터 분류 작업에 대한 머신러닝 솔루션을
자동으로 생성합니다. 이 데이터셋은 범주형 피처, 문자열 유형, 수치형 피처를 포함합니다. 그
리고 일부 피처에는 누락된 값도 존재하기 때문에, 신경망에 주입하기 전에 반드시 전처리가
필요합니다. 이 데이터셋에 대한 상세한 설명과 일반적인 전처리 방법은 '부록 B'를 확인하기
바랍니다. 다만 우리처럼 AutoML로 분류 문제를 푼다면, 이러한 수동적인 전처리 단계를 전
혀 걱정할 필요가 없습니다.

정형 데이터는 보통 형식에 맞춰 CSV 파일로 저장되는 경우가 많습니다. 그리고 AutoKeras
에서는 CSV 파일을 따로 넘파이 배열이나 판다스 데이터프레임으로 변환하지 않고 직접 주입
할 수도 있습니다.

우리는 실제 정형 데이터인 타이타닉 데이터셋을 사용합니다. 이 데이터셋의 피처들은 타이타
닉호를 탔던 승객들에 대한 프로필을 나타내며, 우리가 해야 할 일은 배가 침몰할 때 특정 승객
의 생존 여부를 예측하는 것입니다.

[코드 4-8]은 학습용 및 테스트 데이터셋에 대한 파일을 2개 다운로드 합니다. tf.keras.
utils 모듈의 get_file() 함수를 사용하면 특정 URL로부터 CSV 파일을 다운로드할 수 있
습니다. 이 함수를 호출할 때는 다운로드한 파일이 저장될 이름을 첫 번째 매개변수에, 다운로
드할 파일의 URL을 두 번째 매개변수에 입력해야 합니다. 그러면 이 함수는 파일이 저장된 로

컬 환경 내 경로를 반환합니다.

코드 4-8 타이타닉 데이터셋 다운로드하기

```
import tensorflow as tf

TRAIN_DATA_URL = 'https:/ /storage.googleapis.com/tfdatasets/titanic/train.csv'
TEST_DATA_URL = 'https:/ /storage.googleapis.com/tf-datasets/titanic/eval.csv'

train_file_path = tf.keras.utils.get_file('train.csv', TRAIN_DATA_URL)
test_file_path = tf.keras.utils.get_file('eval.csv', TEST_DATA_URL)
```

학습용 데이터를 담은 CSV 파일의 첫 다섯 줄은 [그림 4-4]와 같습니다. 첫 번째 줄은 승객의
생존 여부와 함께 피처의 이름 9개를 나열합니다. 그리고 나머지 네 줄은 승객 4명에 대한 정
보를 보여주죠. 여기서 누락된 값은 첫 번째 승객의 **deck** 피처처럼, 'unknown'이라고 표시됩
니다. 그리고 학습용 데이터셋은 총 627명의 승객에 대한 정보를 담고 있으며, 테스트 데이터
는 동일한 포맷으로 264명의 승객 정보를 담고 있습니다.

	A	B	C	D	E	F	G	H	I	J
1	survived	sex	age	n_siblings_s	parch	fare	class	deck	embark_tow	alone
2	0	male	22	1	0	7.25	Third	unknown	Southampto	n
3	1	female	38	1	0	71.2833	First	C	Cherbourg	n
4	1	female	26	0	0	7.925	Third	unknown	Southampto	y
5	1	female	35	1	0	53.1	First	C	Southampto	n

그림 4-4 타이타닉 학습용 CSV 파일의 처음 5개 기록

정형 데이터 분류 문제를 푸는데 AutoKeras의 `StructuredDataClassifier`라는 API를 사
용할 수 있습니다. `StructuredDataClassifier` 객체를 생성한 뒤, 학습용 CSV 파일의 경
로를 `fit()` 메서드에 지정하면, 자동으로 데이터를 불러오고 전처리까지 수행합니다. 한 가지
알아둬야 할 것은 `fit()` 메서드 호출 시 타깃 레이블이 담긴 열의 이름을 y라는 매개변수에 지
정해야 한다는 것입니다.

코드 4-9 AutoKeras의 태스크 API로 정형 데이터 분류하기

```
import autokeras as ak

clf = ak.StructuredDataClassifier(max_trials=10)
```

```
clf.fit(x=train_file_path,        ◁─┐ 학습용 CSV 파일의 경로를 지정
        y='survived',           ◁─┐ 타깃 레이블이 담긴 열의 이름을 지정
        verbose=2)
```

StructuredDataClassifier는 학습용 CSV파일의 헤더로부터 각 피처의 이름을 추출하고, 각 피처의 자료형(범주형, 수치형 등)을 자동으로 유추합니다. 또는 [코드 4-10]처럼 StructuredDataClassifier 객체를 생성할 때 이러한 정보를 명시할 수도 있습니다.

코드 4-10 AutoKeras의 API에 피처 정보 제공하기

```
clf = ak.StructuredDataClassifier(
    column_names=[    ◁─┤ 피처의 이름을 지정
        'sex',
        'age',
        'n_siblings_spouses',
        'parch',
        'fare',
        'class',
        'deck',
        'embark_town',
        'alone'],
    column_types={'sex': 'categorical',    ◁─┤ 두 피처의 데이터 유형을 지정
                  'fare': 'numerical'},
    max_trials=10,
)
clf.fit(x=train_file_path,
        y='survived',
        verbose=2)
```

발견된 최상의 파이프라인으로 예측을 수행하려면, 테스트 CSV 파일의 경로를 predict() 메서드에 입력합니다. 이때 학습용 파일에 있던 모든 피처 열은 테스트 파일에도 존재해야 합니다. 또한, 유사한 방식으로 테스트 CSV 파일의 경로를 입력하여 evaluate() 메서드를 호출하여 최상의 파이프라인을 평가할 수도 있습니다.

코드 4-11 테스트 데이터셋으로 정형 데이터 분류 모델 검증하기

```
>>> predicted_y = clf.predict(test_file_path)    ◁─┐ CSV 파일에서 테스트 데이터에 대한
>>> print(predicted_y[:5])                            예측 결과를 가져오기
```

```
[ [0]
  [0]
  [1]
  [0]
  [0] ]

>>> test_loss, test_acc = clf.evaluate(test_file_path,
...                                     'survived',
...                                     verbose=0)    ◁─┤ 분류 모델 평가하기

>>> print('Test accuracy: ', test_acc)
Test accuracy: 0.780303
```

이렇게 AutoKeras의 태스크 API의 도움으로 세 가지 유형의 데이터에 대한 분류 문제를 해결해봤습니다. 다음으로는 회귀 문제를 다뤄봅니다.

4.3.3 캘리포니아 주택 데이터셋에 대한 정형 데이터 회귀

이번에 다룰 예제는 AutoML로 정형 데이터 회귀 문제를 해결합니다. 정형 데이터 분류 문제와 비교해볼 때 유일한 차이는 AutoKeras의 다른 태스크 API를 선택한다는 것뿐입니다. [코드 4-12]는 먼저 사이킷런에서 캘리포니아 주택 데이터셋을 불러온 뒤 20%를 테스트용으로 분리합니다.

코드 4-12 캘리포니아 주택 데이터셋을 불러온 뒤 분리하기

```
from sklearn.datasets import fetch_california_housing
house_dataset = fetch_california_housing()         ◁─┤ 데이터셋 가져오기

import pandas as pd
data = pd.DataFrame(house_dataset.data, columns=house_dataset.feature_names) ◁─┐
target = pd.Series(house_dataset.target, name = 'MEDV')                        │ 피처를 판다스의
                                                                               데이터프레임 형식으로 포장
from sklearn.model_selection import train_test_split
train_data, test_data, train_targets, test_targets = \
    train_test_split(data, target,
                     test_size=0.2,
                     random_state=42)    ◁─┤ 데이터의 20%를 테스트용으로 분리
```

그다음 AutoKeras의 **StructuredDataRegressor**라는 API를 사용해서, [코드 4-13]처럼 회귀 작업을 수행합니다. 각 파이프라인의 학습 처리 속도를 빠르게 하려고 배치 크기를 1024로 크게 잡습니다. 10번의 시도로 발견된 최상의 파이프라인이 테스트 데이터셋에 대해 보인 MSE는 0.31입니다. 일반적인 머신러닝을 사용했던 3장의 결과 0.34와 비교해보면 AutoML의 결과가 훨씬 더 좋습니다.

> **NOTE_** 다음 코드 실행은 어느 정도 시간이 소요될 수 있습니다.

코드 4-13 AutoKeras의 태스크 API로 정형 데이터 회귀하기

```
>>> import autokeras as ak
>>> regressor = ak.StructuredDataRegressor(max_trials=10)    ◁
>>> regressor.fit(x=train_data, y=train_targets,                    학습용 데이터 학습시키기
...               batch_size=1024, verbose=2)    ◁
>>> test_loss, test_mse = regressor.evaluate(
...     test_data, test_targets, verbose=0)    ◁    최종 회귀 모델을 검증
>>> print('Test MSE: ', test_mse)
Test MSE: 0.31036660075187683
```

StructuredDataRegressor 외에 AutoKeras는 이미지와 텍스트 데이터 회귀 작업을 위한 **ImageRegressor**와 **TextRegressor**라는 API도 제공합니다. 이들은 모두 같은 방식으로 사용될 수 있습니다. 따라서 여기서 살펴본 예제 코드를 그대로 사용하되, 태스크 API의 종류만 바꿔주면 되는 것이죠.

4.3.4 다중 레이블 이미지 분류

마지막으로 살펴볼 예제는 다중 레이블 분류 문제입니다. 우리는 이미 MNIST 데이터셋의 손글씨 숫자를 분류하고 텍스트를 관련 뉴스 그룹으로 분류하는 등 다중 클래스 분류의 몇 가지 예를 살펴봤습니다. 다중 클래스 분류는 데이터가 여러 범주 중 하나에만 속하는 문제를 해결합니다. 즉 모든 클래스가 상호 배타적이라는 것을 의미하죠. 하지만 현실적으로 데이터가 하나의 범주에만 속하는 상황보다 여러 범주(레이블)에 속하는 상황이 더 일반적입니다. 예를

들어 특정 장면을 표현하는 이미지는 산과 강을 모두 포함할 수 있으며, 특정 뉴스 기사는 정치와 경제의 주제를 모두 다룰 수 있습니다. 즉 다중 레이블 분류에서는 불리언 변수 집합을 통해특정 데이터가 속할 다중 레이블을 표현할 수 있습니다. 그리고 다중 레이블 분류 문제의 목표는 데이터가 속할 수 있는 모든 레이블을 예측하는 것입니다.

단순히 다중 클래스 분류를 확장한 문제로 보이지 않을 수 있습니다. 하지만 AutoML, 특히 AutoKeras의 태스크 API를 사용하면 파이프라인을 직접 구현하는 수고를 덜 수 있습니다. 하나의 매개변수만 변경하고 문제를 한번에 해결할 수 있습니다. 이미지 분류용 API(ImageClassifier)를 사용하고, 사이킷런 라이브러리로 인위적으로 만든 다중 레이블 이미지 분류 데이터셋을 구성하여 그 방법을 알아보겠습니다. [코드 4-14]는 64개의 피처를 가진 100개의 데이터를 만들고, 각 데이터는 3개의 범주에 속할 수 있습니다. 평균 2개(n_labels=2)지만, 각 데이터는 최소 1개에서 최대 3개까지의 범주에 속할 수 있습니다.

코드 4-14 다중 레이블 이미지 분류용 합성 데이터셋 생성하기

```
from sklearn.datasets import make_multilabel_classification

X, Y = make_multilabel_classification(n_samples=100,
                                       n_features=64,
                                       n_classes=3,
                                       n_labels=2,
                                       allow_unlabeled=False,
       합성 데이터셋 생성 └──▷ random_state=1)
X = X.reshape((100, 8, 8))   ◁──┤ 피처의 형상을 100장의 8x8 크기의 합성 이미지로 표현

x_train, x_test, y_train, y_test = \
         X[:80], X[80:], Y[:80], Y[80:]   ◁──┤ 데이터의 20%를 테스트용으로 분리
```

다음은 ImageClassifier를 전과 같은 방식으로 사용합니다. 다만 이번에는 multi_label 매개변수의 값을 [코드 4-15]처럼 True로 설정합니다. 그리고 같은 메서드로 예측 결과와 테스트 데이터셋에 대한 정확도를 구할 수 있습니다.

코드 4-15 AutoKeras의 태스크 API로 다중 레이블 분류하기

```
>>> clf = ak.ImageClassifier(max_trials=10, multi_label=True)
>>> clf.fit(x_train, y_train, epochs=3, verbose=2)   ◁──┤ AutoML 알고리즘을 학습시키기
```

```
>>> test_loss, test_acc = clf.evaluate(x_test,
                                        y_test,
                     최종 모델 검증 └─→  verbose=0)
>>> predicted_y = clf.predict(x_test)   ◁─┤ 예측한 레이블에 접근
>>> print(f'The prediction shape is : {predicted_y.shape}')
>>> print(f'The predicted labels of the first five instances are:\n
    {predicted_y[:5, :]}')

The prediction shape is: (20, 3)
```

보다시피 각 데이터를 예측한 결과는 벡터로, 그 길이는 범주의 개수와 같습니다. 벡터의 각 요소값은 0 또는 1일 수 있습니다. 즉 0은 데이터가 해당 인덱스가 표현하는 범주에 속하지 않음을, 1은 그 범주에 속함을 의미합니다. 원-핫 인코딩 벡터와 유사하지만, 벡터에 1이 여러 개 존재할 수 있습니다. 따라서 원-핫 인코딩이 아니라, 다중-핫 인코딩multi-hot encoding입니다.

StructuredDataClassifier와 TextClassifier에도 multi_label 매개변수를 지정할 수 있습니다.

회귀 문제에서 타깃이 단일 값 대신 벡터인 경우, 어떤 매개변수도 명시적으로 변경할 필요가 없습니다. API가 자동으로 데이터로부터 단일 또는 다중 회귀의 문제 여부를 파악하기 때문입니다.

지금까지 AutoKeras의 태스크 API로 다양한 유형의 데이터에 대한 분류 및 회귀 문제를 해결하는 방법을 알아봤습니다. 머신러닝에 대한 지식이 빈약한 사용자에게 꽤 친숙하고, 엔드투엔드 딥러닝 솔루션을 손쉽게 도출할 수 있었습니다. 다만 다음과 같은 두 가지 한계도 있습니다.

- 매개변수만으로는 검색 알고리즘과 탐색 공간을 변경할 수 없습니다. 편리성을 위해 어느 정도의 유연성, 사용자 정의 가능성, 확장성은 희생해야 합니다.
- 데이터셋이 크거나 시도 횟수가 많다면 실행 시간이 매우 느릴 수 있습니다.

이러한 문제를 완화하고 더욱 복잡한 시나리오를 수용하려면, 사용하고자 하는 머신러닝 모델과 AutoML 알고리즘에 대한 지식이 더 풍부해야 합니다. 이어지는 두 장에서는 여러분만의 탐색 공간을 설계하는 방법을 배웁니다. 그리고 3부에서는 사용자 정의 검색 알고리즘을 만들고 AutoML 과정을 가속화하는 방법을 다룹니다. 이 내용들을 다루기에 앞서, 지금까지 작업한 예제보다 약간 더 복잡한 두 시나리오를 먼저 작업해보죠. 사용하고자 하는 모델에 대한 깊은 지식까지 필요하지는 않지만, 탐색 공간을 좀 더 입맛에 맞게 지정하는 방법을 알아봅니다.

다음 절의 목적은 상황에 맞는 AutoKeras의 다양한 API를 사용하는 대신, 다양한 유형의 데이터와 지도 학습 문제에 균일화된 API를 사용하는 일반화된 솔루션을 알아보는 것입니다.

4.4 다중 입/출력 문제 다루기

머신러닝 작업에는 다양한 곳에서 수집된 다양한 입력(서로 다른 데이터 형식)이 연관될 수 있습니다. 예를 들어 이미지에는 태그 및 이미지를 설명하는 텍스트 설명, 비디오에는 시각 및 소리 정보(메타데이터도 포함)가 함께 포함될 수 있습니다. 다중 입력은 서로를 보완하여 머신러닝 모델을 더 잘 학습시키는 데 유용할 수 있습니다. 이를 보통 **다중 입력 학습**multi input learning 또는 **멀티모달 학습**multimodal learning이라고 합니다. 마찬가지로 동시에 여러 문제(회귀 또는 분류)에 해당하는 출력 여러 개를 얻고 싶을수도 있습니다. 이는 보통 **다중 출력 학습**multi output learning 또는 **멀티태스크 학습**multitask learning이라고 합니다.

이 절은 AutoKeras의 입/출력 API로 다중 입력 또는 출력을 다루는 방법을 알아봅니다. 다양한 특정 유형의 데이터와 작업에 대해 특화된 태스크 API와는 달리, 입/출력 API는 꽤 일반화된 솔루션을 제공합니다. `AutoModel`이라는 단일 클래스만 API로 제공하지만, 입력과 출력의 유형을 지정하는 설정을 추가로 해줘야 합니다. 사실 모든 태스크 API의 클래스는 `AutoModel` 클래스를 상속합니다. 따라서 입/출력 API를 사용해서 지금까지 다룬 모든 문제를 해결할 수 있습니다. 이 절에서는 다중 클래스 분류, 다중 입력 학습, 다중 출력 학습이라는 세 종류 시나리오를 통해 입/출력 API의 사용 방법을 알아봅니다.

4.4.1 AutoKeras의 입/출력 API로 자동화된 이미지 분류

가장 먼저 입/출력 API를 사용해 간단한 MNIST 데이터셋의 이미지 분류 문제를 해결합니다. 그 과정에서 고급 사용법을 배우기에 앞서, 입/출력 API의 기본 설정을 알아봅니다.

텐서플로로 데이터를 불러오고, 문제 해결을 위해 `AutoModel` 객체를 구성합니다(코드 4-16). 입/출력 API(`AutoModel`)를 사용하는 것과 이미지 분류용 태스크 API를 사용하는 것 사이의 주요 차이점은 초기화에 있습니다. 태스크 API는 특정 문제(분류 또는 회귀)와 데이터의 유형(이미지, 텍스트, 정형 데이터)에 따라 특화된 API를 제공하기 때문에, 탐색 공간을 탐색할 시도의 유형 이외에는 따로 지정할 것이 없습니다. 하지만 입/출력 API는 모든 유형의 데이터 및 문제로 일반화될 수 있기 때문에, 데이터와 문제의 유형에 대한 적절한 손실 함수, 평가 지표, 탐색 공간, 검색 목표를 초기화할 때 입력해야 합니다. 이번에 살펴볼 예제의 입력은 이미지고, 대상 작업은 분류 문제입니다. 따라서 AutoModel을 초기화할 때 inputs 매개변수에 이미지 데이터를 위한 AutoKeras의 플레이스 홀더인 ak.ImageInput()를, outputs 매개변수에는 작업이 분류 문제임을 의미하는 ak.ClassificationHead()를 설정합니다. 또한 각 파이프라인의 학습에 대한 손실 함수와 평가 지표도 지정합니다. 만약 이 문제가 다중 레이블 분류 문제였다면, multi_label 매개변수도 True로 설정해야 한다는 것을 잊지 마세요.

> **NOTE_** 다음 코드 실행은 어느 정도 시간이 소요될 수 있습니다.

코드 4-16 AutoKeras의 입/출력 API로 MNIST 이미지 분류하기

```
from tensorflow.keras.datasets import mnist

(x_train, y_train), (x_test, y_test) = mnist.load_data()

io_model = ak.AutoModel(
    inputs = ak.ImageInput(),      ←┤ 입력 데이터 유형을 명시함
    outputs = ak.ClassificationHead(
        loss='categorical_crossentropy',
        metrics=['accuracy'],
        multi_label=False),        ←┤ 테스트 유형 및 학습에 대한 설정을 명시함
    objective='val_loss',          ←┤ 검색 목적을 선택함
    tuner='random',                ←┤ 검색 알고리즘을 선택함
    max_trials=3)

io_model.fit(x_train, y_train, epochs=10, verbose=2)      ←┤ 준비된 데이터로 모델을 학습시키기
```

서로 다른 파이프라인의 성능을 검색하는 데 사용될 검색 목적을 설정하면 검색 과정을 제어할 수 있습니다(여기서 다루는 예제에서는 검증용 데이터셋에 대한 손실입니다). 태스크 API를 사용할 때는 사용자 정의 평가 지표와 목적을 생성하여 파이프라인 간 성능을 비교하고, 그중 최상의 파이프라인을 선택할 수 있었습니다. 입/출력 API를 사용할 때는 초기화할 때 지정할 수 있는 tuner라는 매개변수를 추가로 설정해야 합니다. tuner 매개변수는 검색 알고리즘

과 탐색 공간 내 서로 다른 파이프라인을 정의하는 역할을 합니다. 가령 'random'은 탐색 공간 내 파이프라인을 무작위로 선택하죠. 즉 각 하이퍼파라미터의 값을 무작위로 선택해 각 시도에 대한 파이프라인을 구성합니다. 또한 tuner 매개변수는 각 파이프라인의 학습과 평가 과정도 제어하여, 검색 과정이 부드럽게 진행될 수 있도록 합니다. AutoKeras는 현재 AutoML 분야에서 가장 유명한 검색 알고리즘 중 몇 가지를 제공합니다. 이 내용은 7장에서 더 자세히 다룹니다.

[코드 4-17]처럼 태스크 API와 같은 방식으로 입/출력 API의 다른 메서드도 사용할 수 있습니다. 태스크 API에서 사용하는 방법을 알기만 하면, 입/출력 API에서도 그대로 사용할 수 있습니다.

코드 4-17 입/출력 API를 사용해 모델의 저장, 검증, 평가하기

```
best_model = io_model.export_model()   ←┤ AutoKeras가 발견한 최상의 모델을 저장함
predicted_y = io_model.predict(x_test)  ←┤ 모델의 성능을 평가함
test_loss, test_acc = io_model.evaluate(x_test,
                                        y_test,
         테스트 데이터에 대한 예측을 수행함 └─┘→  verbose=0)
```

이번 예제는 다중 클래스 이미지 분류에 입/출력 API를 사용하는 방법을 다뤘지만, 이를 다른 문제에 접목하는 방법도 쉽게 떠올릴 수 있습니다. 가령 정형 데이터나 텍스트 데이터의 경우에는 ak.ImageInput()을 ak.StructuredDataInput() 또는 ak.TextInput()으로 바꿀 수 있습니다. 그리고 회귀 문제의 경우에는 ak.ClassificationHead()를 ak.RegressionHead()로 변경할 수 있으며, 그에 맞는 손실 함수 및 평가 지표도 변경할 수 있습니다. 이어지는 내용에서 좀 더 복잡한 경우를 살펴봅니다.

4.4.2 자동화된 다중 입력 학습

일반적인 머신러닝에서 다중 입력을 처리하는 전형적인 파이프라인 구조는 [그림 4-5]와 같습니다. 파이프라인은 먼저 이미지의 정규화 및 합성곱 계층, 텍스트의 수치형 임베딩 등과 같이, 각 입력 데이터에 특화된 연산을 적용합니다. 그다음 처리된 모든 데이터를 병합하여 분류 및 회귀 출력을 생성합니다. 이 구조는 AutoML을 수행하기 위한 탐색 공간에 대한 모든 파이프

라인에도 채택될 수 있으며, AutoKeras의 입/출력 API를 활용하면 입력 및 출력 헤드를 지정할 수 있습니다.

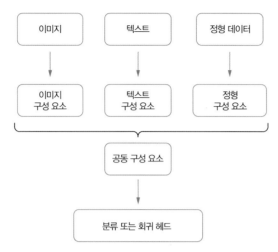

그림 4-5 다중 입력 학습 파이프라인 구조

[코드 4-18]은 이미지와 정형 데이터에 대한 다중 입력 분류용 데이터셋을 인위적으로 생성합니다. 이미지의 형상은 (32, 32, 3)으로, 3차원 텐서입니다. 각 3차원 이미지는 해당 이미지의 속성을 표현한 정형 데이터의 벡터 행과 연관되어 있습니다. 타깃 레이블에는 5개의 범주가 있으며, 전체 데이터의 20%를 검증용으로 분리합니다.

코드 4-18 다중 입력 분류용 합성 데이터셋 생성하기

```
import numpy as np
num_instances = 100
                                                     이미지 데이터를
                                                     생성함
image_data = np.random.rand(num_instances, 32, 32, 3).astype(np.float32)
image_train, image_test = image_data[:80], image_data[80:]

structured_data = np.random.rand(
    num_instances, 20). astype(np.float32)
structured_train = structured_data[:80]              정형 데이터를 생성함
structured_test = structured_data[80:]

classification_target = np.random.randint(
```

```
        5, size=num_instances)
target_train, target_test = classification_target[:80],        5개의 범주에 대한 레이블을 생성함
        classification_target[80:]
```

다중 입력은 입/출력 API 설정을 위해 꽤 직관적으로 수용할 수 있습니다. [코드 4-19]처럼 AutoModel 객체를 초기화할 때 inputs 매개변수에 여러 입력 유형을 나열하면 되는데, 동일한 유형을 여러 개 나열해도 되며 완전히 서로 다른 유형으로만 나열해도 상관없습니다. 다만 그 개수는 입력의 개수와 일치해야 합니다. 학습과 평가 단계에서 데이터는 여기 지정된 순서대로 입력되어야 합니다.

코드 4-19 AutoKeras의 입/출력 API로 다중 입력 분류하기

```
import autokeras as ak

multi_input_clf = ak.AutoModel(
    inputs=[ak.ImageInput(), ak.StructuredDataInput()],    ◁──┤ 다중 입력 정의
    outputs=ak.ClassificationHead(),
    max_trials=3,
)

multi_input_clf.fit(
    [image_train, structured_train],    ◁──┤ 다중 입력을 AutoModel로 주입함
    target_train,
    epochs=10,
)

                                                    발견된 최상의 파이프라인을
                                                    테스트 데이터셋으로 평가함
test_loss, test_acc = multi_input_clf.evaluate(    ◁──
    [image_test, structured_test],
    target_test,
)
```

학습 과정과 검색 알고리즘은 이전 예제와 같은 방식으로 설정되었습니다.

4.4.3 자동화된 다중 출력 학습

입/출력 API를 사용하면 다중 출력을 처리할 수도 있습니다. 이 상황은 사람의 나이 및 성별을 예측하는 등 주로 여러 문제를 함께 풀어야 할 때 발생합니다. 다중 출력 학습(멀티태스크 학

습)에 대한 일반적인 파이프라인 구조는 [그림 4-6]과 같습니다. 서로 다른 출력을 표현하기 위해 서로 다른 헤드를 사용했지만, 같은 유형의 헤드를 사용할 수도 있습니다. 가령 N개의 레이블에 대한 다중 레이블 분류를 N개의 이진 분류 문제로 취급한다면, 이는 N개의 `Classifi-cationHeads`를 가진 다중 출력 학습 문제로 다룰 수 있습니다. 한편, 동시에 데이터 입력도 여러 개가 될 수 있습니다.

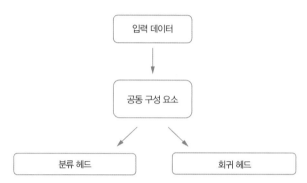

그림 4-6 다중 출력 학습을 위한 파이프라인 구조

[코드 4-20]은 다중 입력과 출력을 가진 합성 데이터셋을 생성하고, 다중 입력에 대한 멀티태스크 학습의 일반적인 예제를 보여줍니다. 입력에는 이미지와 정형 데이터가 포함되며, 출력은 분류 및 회귀에 대한 타깃을 가집니다. `AutoModel`을 초기화할 때, 데이터셋에 담긴 여러 유형에 대한 입력 헤드의 목록을 지정하고, 서로 다른 출력에 대한 헤드 목록을 지정합니다.

코드 4-20 AutoKeras의 입/출력 API로 다중 출력 학습하기

```python
import numpy as np
import autokeras as ak
import tensorflow as tf

num_instances = 100

image_data = np.random.rand(
    num_instances, 32, 32, 3). astype(np.float32)
image_train, image_test = image_data[:80], image_data[80:]
structured_data = np.random.rand(
    num_instances, 20). astype(np.float32)
structured_train, structured_test =
```

두 종류의 입력
생성하기

```
    structured_data[:80], structured_data[80:]

classification_target = np.random.randint(
    5, size=num_instances)
clf_target_train, clf_target_test =
    classification_target[:80], classification_target[80:]          두 종류의 타깃 생성하기
regression_target = np.random.rand(
    num_instances, 1). astype(np.float32)
reg_target_train, reg_target_test =
    regression_target[:80], regression_target[80:]

multi_output_learner = ak.AutoModel(
    inputs=[ak.ImageInput(), ak.StructuredDataInput()],
    outputs=[ak.ClassificationHead(), ak.RegressionHead()],        ◀——┤ 다중 출력 지정하기
    max_trials=3,
)

multi_output_learner.fit(
    [image_train, structured_train],
    [clf_target_train, reg_target_train],
    epochs=10,
    verbose=2
)
```

모델 구조를 출력하는 방법은 다음과 같습니다.

코드 4-21 최상의 모델 출력하기

```
best_model = multi_output_learner.export_model()
tf.keras.utils.plot_model(best_model, show_shapes=True, expand_nested=True)
```

[그림 4-7]을 위에서 아래로 보면, 모델이 두 종류의 입력을 연결하고 두 종류의 출력을 생성하는 구조를 띤다는 것을 알 수 있습니다. 이미지 입력은 CNN 분기로 처리되고, 정형 데이터 입력은 MLP 분기로 처리됩니다. 범주형 인코딩 계층을 사용해서, 정형 데이터내 범주형 피처를 MLP로 주입될 수 있도록 수치형 벡터로 변환합니다. 그리고 각 분기별 출력은 각각 길이가 800과 32인 벡터이며, 이 둘은 분류와 회귀 예측을 만들기 위해 연결됩니다.

세 가지 예제를 통해 알 수 있듯이, 편리성과 사용자 정의 가능성 간 트레이드오프가 존재했던 태스크 API와는 달리, 입/출력 API는 탐색 공간 내 파이프라인의 입력과 출력을 정의하는 유

연성을 제공합니다. 또한 검색 알고리즘도 선택할 수 있게 해주죠. 하지만, 아직까지 탐색 공간과 이를 사용자 정의화하는 방법에 대한 내용은 많이 알지 못합니다. 이 주제는 이어지는 두 장에서 다룹니다.

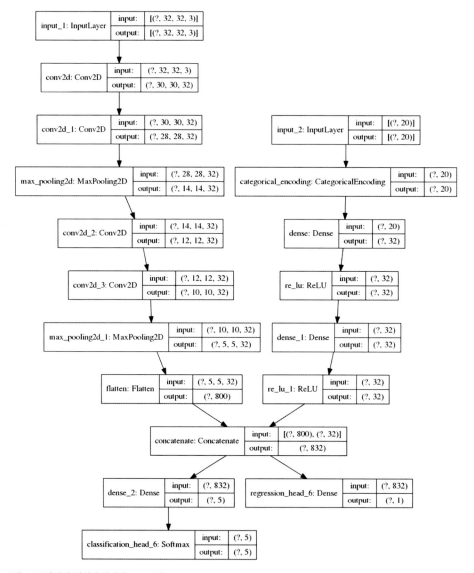

그림 4-7 발견된 최상의 멀티태스크 모델

지금까지 AutoML 기법으로 문제를 해결하기 위한 AutoKeras의 사용법을 배웠습니다. 하지만 AutoKeras에는 몇 가지 한계점이 있습니다. 먼저, 최종적으로 머신러닝 모델이 배포될 때 중요한 고려 사항 중 모델의 크기와 추론에 걸리는 속도에 기반한 자동 모델 선택이 어렵다는 점입니다. 둘째, AutoML의 한계이자 AutoKeras의 한계는 데이터셋 그 자체에 담긴 내용을 전혀 고려하지 못한다는 점입니다. 가령 타이타닉 데이터셋의 각 행의 의미를 전혀 이해할 수 없죠. 따라서 해당 문제를 깊게 이해하는 전문가보다 더 나은 모델을 설계하는 것은 불가능할지도 모릅니다. 간단히 말해서 AutoKeras는 모든 최신 솔루션을 능가하는 최상의 모델을 만드는 것 대신, 간결하고 비우기 쉬운 API로 좋은 성능의 모델을 만드는 데 집중하고 있습니다.

요약

- AutoML은 데이터셋을 즉시 주입해서 서로 다른 머신러닝 문제를 위한 엔드투엔드 솔루션을 생성할 수 있습니다. 파이썬에서 AutoML을 사용하는 방법은 AutoKeras가 제공하는 태스크 API를 활용하는 것입니다.

- AutoKeras로 AutoML을 서로 다른 문제에 적용하려면 데이터의 유형 및 해당 문제의 학습 패러다임(다중 클래스, 다중 레이블 분류 등)을 명확히 이해해야 합니다. 이는 태스크 API를 통해 설정할 수 있습니다.

- AutoKeras의 입/출력 API를 사용하면 여러 유형의 데이터로 구성된 다중 입력을 가진 문제를 해결할 수 있습니다. 또한 서로 다른 헤드를 정의하여, 멀티태스크 학습에 대한 여러 출력을 만들어 낼 수도 있습니다.

- 탐색 공간은 보통 작업(문제)마다 다릅니다. AutoKeras는 문제별 기본 탐색 공간을 제공하여, 탐색 공간을 설계하는 데 드는 노력을 줄여줍니다. 탐색 공간을 사용자 정의하려면, 다음 장에서 배울 함수형 API를 사용해야 합니다.

CHAPTER 5

AutoML 파이프라인 생성을 통한 탐색 공간 조정

4장에서는 탐색 공간을 조정하지 않고(디폴트), AutoKeras로 다양한 문제를 풀었습니다. 정리해보면, AutoML의 탐색 공간은 튜닝 알고리즘이 선택 가능한 하이퍼파라미터값들로, 구축 가능한 모델의 조합이 결정됩니다. 회귀 문제에는 MLP를 사용하는 것처럼, 어떤 문제를 해결하는 데 있어 특정 유형의 머신러닝 알고리즘 또는 데이터 전처리 기법을 사용해야 할지도 모릅니다. 머신러닝의 특정 구성 요소를 설계하고 튜닝하기 위해서는 탐색 공간을 목적에 맞게 잘 조정해야만 하며, 하이퍼파라미터가 여러 개라면 관련성 있는 값들만 튜닝합니다.

이 장은 요구 사항에 따라 탐색 공간을 사용자가 직접 조정하고, 다양한 작업 유형에 따른 딥러닝 솔루션을 자동으로 도출하는 방법을 다룹니다. 탐색 공간을 제한하면 검색 시간을 단축하여, 적은 시도로도 더 나은 결과를 얻을 수 있습니다. 구체적으로는 AutoML 파이프라인을 순차적 또는 그래프 구조로 만드는 두 방식으로 탐색 공간을 조정하는 방법에 대해 배웁니다. AutoKeras의 함수형 API로 AutoML 파이프라인을 구현하고, 다양한 작업을 위한 모델을 자동으로 선택하고 하이퍼파라미터를 자동으로 튜닝하기 위해 AutoKeras가 제공하는 내장 블록의 사용 방법을 배웁니다. 또한 내장된 블록이 문제를 해결하는 데 충분치 않을 경우를 대비해 여러분만의 블록으로 조정하는 방법도 소개합니다.

5.1 순차적 AutoML 파이프라인으로 작업하기

머신러닝 파이프라인은 데이터 전처리 기법, 머신러닝 작업을 수행하는 머신러닝 알고리즘 등 일련의 머신러닝 구성 요소로 이루어집니다. 순차적 AutoML 파이프라인은 머신러닝 파이프라인의 탐색 공간을 순차적으로 나타냅니다. 일련의 블록으로 구성되는데, 각 블록은 하나 이상의 머신러닝 구성 요소와 연관된 하이퍼파라미터에 대한 탐색 공간으로 이루어져 있습니다. 각 블록의 구성 요소를 선택하고, 연관된 하이퍼파라미터를 고정한 다음, AutoML 파이프라인은 정해진 데이터셋에 대해 학습하고 평가될 하나의 머신러닝 파이프라인을 생성합니다. [그림 5-1]은 순차적 AutoML 파이프라인이 특정 탐색 공간에서 선택된 딥러닝 파이프라인을 생성하는 과정을 보여줍니다.

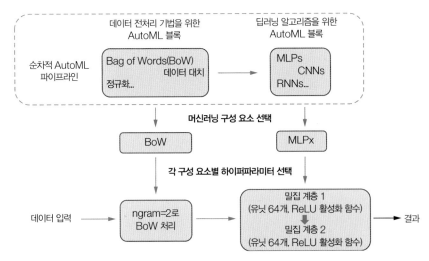

그림 5-1 순차적 AutoML 파이프라인으로 딥러닝 파이프라인 생성하기

각 반복 작업에서 검색 알고리즘은 모델의 유형과 전처리 기법을 먼저 선택한 다음 적절한 하이퍼파라미터를 선택하므로, 두 단계에 걸친 탐색 공간으로 볼 수도 있습니다. 파이프라인에서 고려 중인 모델과 전처리 기법이 하나만 있다면, 적절한 하이퍼파라미터를 선택하는 단계의 탐색 공간 탐색만 수행하면 됩니다. 따라서 실전에서 주로 목표로 하는 AutoML 문제는 다음처럼 두 종류로 나눌 수 있습니다.

- 자동화된 하이퍼파라미터 튜닝(일반 정의): 모델의 유형 및 전처리 기법은 하나로 고정합니다. 파이프라인을 이루는 머신러닝 구성 요소별 하이퍼파라미터만 튜닝합니다. 이때 AutoML 파이프라인의 각 AutoML 블록은 하나의 머신러닝 모델 또는 전처리 기법으로만 구성되며, 탐색 공간은 고정된 구성 요소별 하이퍼파라미터만 갖게 됩니다. 가령 회귀 문제를 해결하기 위해 MLP를 적용하고 계층의 개수와 계층별 유닛의 개수와 같은 하이퍼파라미터를 튜닝한다고 가정해보죠. 그러면 MLP로만 구성된 AutoML 블록을 생성하여 탐색 공간을 제한할 수 있습니다. 이때 탐색 공간은 MLP 모델에 종속된 계층의 개수 및 계층별 유닛의 개수와 같은 하이퍼파라미터로만 이루어집니다.

- 자동화된 파이프라인 검색: 어떤 상황에서는 어떤 유형의 모델, 어떤 기법의 데이터 전처리를 사용해야 할지 사전에 알 수 없습니다. 즉 적합한 유형의 모델과 전처리 기법과 더불어, 모델과 전처리 기법에 대한 하이퍼파라미터도 검색해야 합니다. 이때 하나 이상의 AutoML 블록은 여러 구성 요소를 포함합니다. 가령 CNN과 MLP 모델을 모두 검색하여, 둘 중 더 적합한 것을 파악하고, 각 모델에 가장 적합한 하이퍼파라미터를 찾고 싶을 때도 있습니다. 그러려면, 각 유형의 모델에 대한 블록들을 탐색 공간에 포함하면 됩니다. 또한 전처리 기법도 모델과 함께 튜닝될 수 있습니다(또는 고정할 수도 있습니다).

또 다른 유형의 AutoML 문제는 자동화된 피처 엔지니어링으로, 얕은 모델을 제공해야 할 때 특히 유용합니다. 2장에서 살펴본 피어슨 상관 계수와 같이 피처를 선택하는 특정 기준에 따라, 머신러닝 모델이 학습하는 차별화되고 유의미한 피처를 자동으로 발견하는 것이 목표입니다. 보통 자동화된 피처 엔지니어링은 수동적 피처 엔지니어링 방식을 모방하여, 반복적으로 피처를 생성하고 선택하는 과정을 따릅니다. 다만 태생적으로 딥러닝 알고리즘은 피처 엔지니어링의 작업 없이도 데이터의 압축된 데이터 표현을 추출하고 학습하는 능력이 있습니다. 따라서 먼저 딥러닝 알고리즘을 튜닝하고 데이터를 준비하는 방법에 집중하기 위해 자동화된 피처 엔지니어링과 얕은 모델에 대한 내용은 6장에서 다루겠습니다.

이어지는 절에서는 AutoKeras의 함수형 API로 순차적 AutoML 파이프라인을 생성하며, 딥러닝에서 하이퍼파라미터를 튜닝하고 파이프라인을 검색하는 자동화된 방법을 살펴봅니다. 순차적 AutoML 파이프라인을 보다 일반화된 그래프 구조의 파이프라인으로 확장하는 내용은 그다음에 소개합니다. 그리고 5.5절에서는 AutoKeras에 내장된 AutoML 블록을 사용하는 내용과 더불어 여러분만의 블록을 만드는 방법을 다룹니다.

NOTE_ 실제 AutoML의 작업을 분류하는 일은 이 책에서 설명한 것보다 훨씬 더 복잡할 수 있고, 분류 방식도 다를 수 있습니다. 가장 널리 사용되는 방법은 자동화된 데이터 전처리, 자동화된 피처 엔지니어링, 자동화된 모델 선택, 자동화된 하이퍼파라미터 튜닝으로 분류하는 것입니다.

이 책에서는 자동화된 하이퍼파라미터 튜닝을 보다 일반화하여 정의합니다. 즉 머신러닝 모델의 유형과 데이터 전처리 기법을 특별한 하이퍼파라미터로 취급합니다. 이렇게 하면, 자동화된 데이터 전처리, 자동화된 모델의 선택 및 하이퍼파라미터 튜닝이 앞 절에서 설명한, 자동화된 하이퍼파라미터 튜닝이라는 하나의 범주로 통합될 수 있습니다. 물론 앞서 소개한 것처럼 자동화된 파이프라인 튜닝으로 전체 머신러닝의 작업 흐름을 튜닝할 수도 있습니다. 또는 신경망 구조 설계의 복잡성을 고려하여, 딥러닝 알고리즘의 선택과 튜닝을 분리된 분야로 취급하는 경우도 있습니다.

5.2 자동화된 하이퍼파라미터 튜닝을 위한 순차적 AutoML 파이프라인 만들기

이 절에서는 자동화된 하이퍼파라미터 튜닝을 위한 AutoML 파이프라인을 생성하는 방법을 소개합니다. AutoKeras의 함수형 API로 AutoML 파이프라인을 생성하는 것은 3장에서 다룬 케라스의 함수형 API로 신경망을 구축하는 것과 매우 유사합니다. 한 가지 차이점이 있다면, 케라스의 계층이 AutoKeras의 AutoML 블록으로 대체된다는 것입니다. 각 블록에는 하나 이상의 딥러닝 모델(또는 전처리 기법)과 이에 해당하는 하이퍼파라미터에 대한 기본적인 탐색 공간이 함께 담겨 있습니다. 물론 각 하이퍼파라미터의 탐색 공간을 바꿀 수도 있습니다. 신경망을 구축하기 위해서는 입력부터 출력까지 케라스의 계층을 차례대로 쌓아 올려야 했습니다. AutoKeras에서도 이와 유사하게, [그림 5-2]처럼 블록을 선택한 다음 하나씩 연결해야 합니다.

그림 5-2 AutoKeras의 함수형 API로 생성한 순차적 AutoML 파이프라인

파이프라인은 이미지 또는 텍스트 등의 데이터 유형을 나타내는 입력 표시자로 시작해서, 분류 또는 회귀 등의 풀고자 하는 문제에 적합한 출력 헤드로 끝납니다. 그리고 이 둘 사이에는 딥러닝 모델과 전처리 기법과 각각에 알맞은 탐색 공간을 가진 AutoML 블록들이 존재합니다. 다음은 파이프라인의 구성 요소(블록)에 대한 설명입니다.

- 입력 노드는 파이프라인의 입력 텐서에 대한 표시자로, ImageInput, TextInput, StructuredDataInput(4장 참조)과 같은 것을 사용할 수 있습니다. 입력을 정의하기 위한 AutoKeras의 Input이라는 일반화된 클래스로 여러분만의 입력 텐서를 정의할 수도 있습니다. 입력 노드는 넘파이 배열, 판다스의 데이터프레임, 텐서플로의 Dataset 등 다양한 유형의 데이터를 수용합니다. 또한 이미지를 다룰 때, 채널에 대한 차원이 없더라도 이미지의 차원을 확장하는 등 특정 전처리 작업을 자동으로 수행하기도 합니다. 한편, 입력 노드는 설정 및 조정이 가능한 하이퍼파라미터가 없습니다.

- 전처리기 블록은 이미지의 정규화, 텍스트의 임베딩과 같은 입력된 텐서가 모델에 주입되기 이전에 처리되어야 할 추가 전처리 작업을 정의합니다. 작업에 따라 튜닝되어야 할 하이퍼파라미터도 다룹니다. 가령 텍스트 임베딩을 수행하는 경우, 텍스트 문서를 벡터 형식으로 변형하는 데 쓰일 단어장의 최대 크기 등을 조정할 수 있습니다. 이 블록에는 학습 과정에서, 역전파를 통해 갱신되어야 할 가중치가 없습니다.

- 신경망 블록은 AutoKeras에서 가장 중요한 AutoML 블록입니다. 각 블록은 동일한 구조를 띤 신경망 모델의 집합을 나타냅니다. 예를 들어 이 절에서 보게 될 ConvBlock은 합성곱 신경망convolutional neural network(CNN) 집합으로 구성됩니다. 그리고 각 CNN은 합성곱 계층과 풀링 계층으로 이루어집니다. 계층의 유형과 개수는 하이퍼파라미터로 취급됩니다. 여러분의 요구 사항과 문제에 따라, 하나 이상의 신경망 블록을 선택하고 연관된 하이퍼파라미터의 탐색 공간을 지정하여 파이프라인을 생성할 수 있습니다. 전처리기 블록과는 달리, 신경망 블록은 역전파 과정에서 갱신될 수 있는 가중치가 있습니다.

- 출력 헤드는 최종 출력을 생성하는 데 사용될 특정 작업에 특화된 구성 요소입니다. 가령 4장에서 입/출력 API를 다룰 때 본 ClassificationHead와 RegressionHead 같은 것이 있습니다. 각 인스턴스의 표현을 벡터로 재구성하고 밀집 계층을 적용하여 목표 출력의 크기에 맞게 변환합니다. 예를 들어 헤드가 ClassificationHead이고 다중 클래스 분류 문제를 다루는 경우, 밀집 계층의 각 인스턴스 출력은 레이블 10개에 해당하는 길이 10의 벡터가 됩니다. 또한 각 헤드에는 탐색 공간에서 선택된 각 딥러닝 파이프라인을 컴파일하기 위한 손실 함수 및 메트릭이 지정되어야 합니다.

이 절의 나머지 내용은 순차적 AutoML 파이프라인을 사용하는 두 종류의 하이퍼파라미터 튜닝에 대한 예제를 살펴봅니다. 그 과정에서 AutoML 파이프라인을 생성하는 데 사용될 수 있는 AutoKeras의 몇 가지 내장 AutoML 블록도 함께 살펴봅니다.

5.2.1 정형 데이터 회귀 문제를 위한 MLP 튜닝하기

첫 번째로 실행할 작업은 MLP 신경망 구조를 튜닝하여, 정형 데이터의 회귀 문제를 해결하는 것입니다. 3장에서는 케라스로 MLP를 구축해서 캘리포니아 주택 가격을 예측하는 문제를 풀었습니다. 학습 과정에서 학습용 및 검증용 데이터셋에 대한 MSE 곡선을 그리고 관찰하여, 학습할 에포크의 횟수를 조정하기도 했죠. 이번에는 AutoML을 사용해 MLP 신경망 구조에 대한 하이퍼파라미터(계층 개수 및 계층별 유닛의 개수)를 조정합니다. 가장 직관적인 방법은 계층 및 계층별 유닛의 개수에 따라 구축된 여러 MLP 신경망을 학습시키고, 검증용 데이터셋에 대해 각각의 MSE를 계산하여 최상의 모델을 선택하는 것입니다. 이 과정은 여러 MLP를 수동으로 구축하는 방법 대신, 순차적 AutoML 파이프라인을 생성하여 해결할 수 있습니다.

AutoML 파이프라인은 다음과 같은 AutoKeras 내장 AutoML 블록을 사용하여 생성할 수 있습니다.

- Normalization은 피처의 평균을 뺀 뒤 표준 편차로 나누어, 피처별 정규화를 수행하는 전처리기 블록입니다. 3장에서 캘리포니아 주택 가격 데이터의 피처를 정규화하는 데 사용한 연산과 동일합니다. 이 블록은 데이터가 MLP에 사용될 수 있도록 전처리하며, 튜닝되어야 할 하이퍼파라미터를 갖지 않습니다.

- DenseBlock은 MLP 구조로 모델에 대한 탐색 공간을 형성하는 신경망 블록입니다. 특정 활성화 함수와 밀집 계층만 쌓아 올리는 단순한 MLP와는 달리, DenseBlock의 각 '계층'은 밀집 계층, 과적합 문제를 완화하기 위한 드롭아웃 계층, 입력 텐서의 데이터 배치의 평균을 0과 표준 편차를 1로 정규화하는 배치 정규화 계층의 조합으로 구성됩니다. 배치 정규화 계층은 활성화 함수를 갖지 않은 밀집 계층과 ReLU 활성화 계층 사이에 추가됩니다. 배치 정규화 계층의 사용 여부는 튜닝되어야 할 하나의 하이퍼파라미터입니다. 한편, 드롭아웃 계층은 마지막에 추가됩니다(그림 5-3). 밀집 계층의 개수, 각 밀집 계층별 유닛의 개수, 드롭아웃 확률(0~1) 또한 튜닝되어야 할 하이퍼파라미터입니다. 만약 별도로 지정하지 않는다면, 밀집 계층의 수는 1~3, 밀집 계층별 유닛의 개수는 [16, 32, 64, 128, 256, 512, 1024]로 기본 지정됩니다.

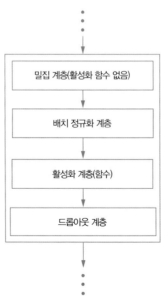

그림 5-3 DenseBlock을 구성하는 셀

[코드 5-1]에서 볼 수 있듯이, 정형 데이터에 대한 회귀 파이프라인을 2개의 블록을 쌓아 구성합니다(그림 5-2). 이 파이프라인을 사용해서 캘리포니아 주택 가격을 예측하는 좋은 MLP 구조를 찾아야 합니다. 출력 헤드는 입력에 선형 변형을 적용하여 최종 예측을 생성하는 **RegressionHead**로 정의되었습니다. 기본적으로 드롭아웃 계층은 출력 헤드의 최종 선형 변형 이전에 위치합니다. 이 예제에서처럼 드롭아웃의 확률을 0으로 설정하면 드롭아웃의 효과를 제거할 수 있습니다. 또한 use_batchnorm 매개변수를 False로 설정하면 배치 정규화 계층을 제거할 수도 있습니다. DenseBlock의 두 하이퍼파라미터(계층 개수 및 계층별 유닛 개수) 이 외에도, 최적화 알고리즘에 대한 두 하이퍼파라미터(알고리즘 유형 및 학습률)도 탐색 공간에 포함되어 있습니다. MLP 구조와 함께 조정하여, 서로 다른 파이프라인에 대한 더욱 정확한 성능에 도달할 수 있습니다. 그래서 결국 더욱 최상의 모델을 선택할 수 있죠. 시도 횟수는 10번으로, 코드 가장 마지막 줄에서 설정했습니다. 이는 탐색 공간에서 총 10개의 서로 다른 파이프라인을 선택하고, 그중 최상의 하나를 도출하겠다는 의미입니다.

코드 5-1 정형 데이터 회귀 문제를 위한 MLP 구조를 띤 AutoML 파이프라인 생성하기

```
input_node = ak.StructuredDataInput()        ◁─┤ 정형 데이터를 위한 입력 표시자를 생성함
output_node = ak.Normalization()(input_node)  ◁─┤ 입력 노드 위에 정규화 전처리기 블록을 쌓아 올림
output_node = ak.DenseBlock(use_batchnorm=False,          MLP 구조를 튜닝하기 위한
                    dropout=0.0)(output_node)  ◁─┤ AutoML 블록 추가
output_node = ak.RegressionHead(dropout=0.0)(output_node)  ◁─  파이프라인 끝에 회귀용
auto_model = ak.AutoModel(inputs=input_node,                출력 헤드 추가
                    outputs=output_node,
                    max_trials=10)  ◁─  검색의 시도 횟수를 정의하고
                                        AutoML 파이프라인 형성
```

이제 사이킷런으로 데이터를 불러오고, 주입하여 검색 과정을 수행합니다(코드 5-2). 배치 크기와 학습의 최대 에포크 횟수는 각각 1024와 150으로 설정되었습니다. 일반적으로 배치 크기가 크고 에포크 횟수가 적을수록, 신경망을 학습시키는 시간은 줄어듭니다. 이는 AutoML 에서 검색 속도를 빠르게 만드는 가장 간단한 방법입니다. 탐색된 각 파이프라인이 150번의 에포크 안에 수렴한다는 보장은 없지만, 성능을 확인하고 서로를 구분할 수 있을 정도로는 충분할 것입니다. 학습의 속도를 더 빠르게 만드는 방법은 8장에서 소개합니다.

코드 5-2 정형 데이터 회귀를 위한 MLP 튜닝

```
import pandas as pd
from sklearn.datasets import fetch_california_housing
from sklearn.model_selection import train_test_split

house_dataset = fetch_california_housing()

data = pd.DataFrame(house_dataset.data,
                        columns=house_dataset.feature_names)
target = pd.Series(house_dataset.target, name='MEDV')

train_data, test_data, train_targets, test_targets =
 train_test_split(data, target, test_size=0.2, random_state=42)
auto_model.fit(train_data, train_targets,
               batch_size=1024, epochs=150)
```

데이터셋을 불러와서 판다스 데이터프레임으로 만든 다음 그중 20%를 테스트용으로 분리

데이터로 AutoML 파이프라인을 학습시킴

[코드 5-3]은 최상의 MLP의 테스트 데이터셋에 대한 최종 MSE가 0.28이라는 것을 보여줍니다. 3장에서 설계한 모델보다 성능(MSE = 0.31)이 더 좋습니다. 다음처럼 results_summary() 메서드를 사용하면 해당 MLP에 대한 하이퍼파라미터 조합을 출력할 수 있습니다. 즉 32개와 512개의 유닛으로 구성된 두 계층으로 구성된 MLP라는 것을 알 수 있죠. 또한 검색 과정 동안 측정된 검증용 데이터셋에 대한 MSE는 0.29입니다.

코드 5-3 최상의 딥러닝 파이프라인 평가하기

```
>>> test_loss, test_acc = auto_model.evaluate(test_data,
...                                            test_targets,
...                                            verbose=0)
>>> print('Test accuracy: ', test_acc)
Test accuracy: 0.2801434397697449
>>> auto_model.tuner.results_summary(num_trials=1)
Results summary
Results in ./auto_model
Showing 1 best trials
Objective(name='val_loss', direction='min')
Trial summary
Hyperparameters:
dense_block_1/num_layers: 2
dense_block_1/units_0: 32
dense_block_1/dropout: 0.0
dense_block_1/units_1: 512
```

최상의 MLP를 평가함

검색 동안 최상의 시도를 요약함

```
regression_head_1/dropout: 0.0
optimizer: adam
learning_rate: 0.001
Score: 0.2891707420349121
```

```
>>> best_model = auto_model.export_model()   ⊲—┤ 최상의 MLP 모델 저장
>>> tf.keras.utils.plot_model(best_model,
...                           show_shapes=True,
...                           expand_nested=True)   ⊲—┤ 최상의 MLP 모델 시각화
```

디스크로 저장한 최상의 모델은 케라스 모델이므로 다음처럼 쉽게 해당 모델을 저장하고 불러올 수 있습니다.

```
from tensorflow import keras

best_model.save('saved_model')
best_model = keras.models.load_model('saved_model')
```

최상의 MLP를 저장하고 그 구조를 시각화합니다(그림 5-4). 각 계층은 순차적 AutoML 파이프라인에서 상응하는 구성 요소와 연결됩니다. ReLU 활성화 함수를 가진 두 밀집 계층은 **DenseBlock**에 담긴 탐색 공간에서 선택된 것입니다.

DenseBlock의 기본 탐색 공간(계층 수: [1, 2, 3], 계층별 유닛 개수: ([16, 32, 64, 128, 256, 512, 1024]))을 사용하기 때문에, 총 $7 + 7^2 + 7^3 = 399$개의 서로 다른 MLP 구조가 만들어질 수 있습니다. 우리가 시도한 횟수(파이프라인 개수)가 10번인 것을 감안하면, 이 탐색 공간은 꽤 크다고 볼 수 있습니다. 즉 시도하지 못한 가능성이 많다는 것을 의미하기도 하죠. 최적화 알고리즘(기본 3개)과 학습률(기본 6개)까지도 하이퍼파라미터로 고려한다면, 탐색 공간은 이보다 훨씬 더 커집니다. 단 10개의 파이프라인만 테스트해봤기 때문에, 모든 가능성 중에 가장 좋은 것을 선택했을 확률은 매우 낮습니다. 한편 탐색 공간에 따른 검색 조합의 개수는 수동으로 일부 하이퍼파라미터를 수정하고, 범위를 조정하여 제한할 수 있습니다.

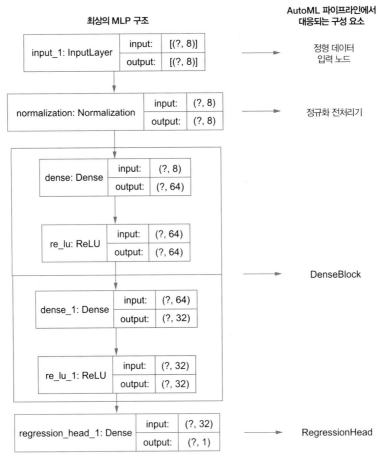

그림 5-4 발견된 최상의 MLP 구조와 이에 대응하는 AutoML 파이프라인의 구성 요소

예를 들어 MLP를 튜닝한 과거 경험을 활용해서, 계층 수와 계층별 유닛의 개수를 제한할 수 있습니다. 다음은 이를 토대로 내릴 수 있는 몇 가지 가정을 보여줍니다.

- 여기서 다루는 예제의 데이터셋은 크기가 작아서 더 적은 계층으로 구성된 MLP로도 데이터를 충분히 학습하고 과적합을 피할 가능성이 높습니다.
- 삼각형 또는 다이아몬드 구조의 MLP가 사각형 구조보다 성능이 더 나은 경우가 많습니다. 가령 3계층 MLP를 예로 들어보죠. 그러면 삼각형 구조의 MLP는 [32, 64, 128] 또는 [128, 64, 32] 유닛을, 다이아몬드와 사각형 구조의 MLP는 각각 [32, 64, 32] 및 [32, 32, 32] 유닛으로 구성될 수 있습니다. 이 세 가지 유형의 구조는 [그림 5-5]와 같습니다.

다이아몬드 MLP 구조

사각형 MLP 구조

삼각형 MLP 구조

그림 5-5 MLP 세 가지 구조

계층 수는 2개로 고정하고, 계층별 유닛의 개수는 각각 [128, 256, 512, 1024]와 [16, 32, 64]에서 선택하도록 제한할 수 있습니다. 그러면 탐색 공간을 위아래가 뒤집힌 삼각형 MLP 구조를 띄도록 만들 수 있습니다. [코드 5-4]처럼 두 DenseBlock을 연결하고, 특정 범위에서 각 계층별 유닛의 개수를 선택하도록 정의할 수 있습니다. KerasTuner는 연속적, 불연속적인 하이퍼파라미터에 대한 탐색 공간을 모두 생성하는 hyperparameters(줄여서 hp) 모듈을 제공합니다. 예를 들어 유닛의 개수는 불연속적인 숫자 중 하나를 선택하는 것이기 때문에, 선택 가능한 값의 목록을 지정하는 데 hyperparameters.Choice 클래스가 사용되었습니다. AutoML 블록을 직접 설계하는 6장에서 더 많은 활용 사례를 다룹니다.

코드 5-4 MLP 튜닝을 위한 탐색 공간을 조정하기

```
>>> from keras_tuner.engine import hyperparameters as hp
>>> input_node = ak.StructuredDataInput()
>>> output_node = ak.Normalization()(input_node)
>>> output_node = ak.DenseBlock(
...     num_layers=1, num_units=hp.Choice('num_units', [512, 1024]),    ◁
...     use_batchnorm=False,
...     dropout=0.0)(output_node)                          밀집 계층 내 유닛 개수 하이퍼파라
                                                           미터에 대한 탐색 공간을 조정함
>>> output_node = ak.DenseBlock(
...     num_layers=1, num_units=hp.Choice('num_units', [16, 32, 64]),   ◁
...     use_batchnorm=False,
...     dropout=0.0)(output_node)
>>> output_node = ak.RegressionHead()(output_node)
>>> auto_model = ak.AutoModel(inputs=input_node, outputs=output_node,
...                           max_trials=10, overwrite=True, seed=42)
>>> auto_model.fit(train_data, train_targets, batch_size=1024, epochs=150)
>>> test_loss, test_acc = auto_model.evaluate(
...     test_data, test_targets, verbose=0)
>>> print('Test accuracy: ', test_acc)
Test accuracy: 0.27120929995643616
```

이렇게 정의한 탐색 공간은 12개의 서로 다른 MLP 구조만 생성할 수 있습니다. 그리고 최상의 MLP 구조를 검색하고 평가하는 데 이와 유사한 방법이 사용됩니다. 10번의 시도로 발견한 최상의 MLP 구조는 테스트 데이터셋에 대한 MSE를 0.27까지 달성했습니다. 앞서 더 넓은 탐색 공간에서 발견한 MLP보다 더 나은 성능입니다.

NOTE_ 탐색 공간을 구성하는 일이 AutoML을 성공적으로 이끄는 경우가 많습니다. 잘 설정된 탐색 공간은 적은 시간을 투자하고도 유망한 파이프라인을 발견하는 데 도움을 주기 때문입니다. 또한 탐색 공간을 잘 설계하는 것이 검색 알고리즘을 잘 설계하는 것보다 훨씬 더 중요할 수 있습니다. 검색 과정을 빠르게 수행할 수 있도록 제약을 거는 것이 알고리즘을 고안하는 작업보다 비용이 훨씬 더 저렴하기 때문이죠. 하지만 사용하는 검색 알고리즘과 더불어 모델에 대한 지식과 이해가 선행되어야 해서, AutoML의 궁극적인 목표(인간 개입의 최소화)와는 약간 거리가 있습니다. 사전 지식이 없다면, 먼저 탐색 공간을 크게 잡고 시행착오를 통해 크기를 줄여나가는 것도 좋은 방법입니다. 실제로 이 아이디어를 빌려서 탐색 공간을 점진적으로 줄여나가는 AutoML 알고리즘도 존재하며, 이 내용은 7장에서 살펴봅니다.

정형 데이터 회귀 문제를 해결하기 위해 MLP 구조를 튜닝하는 방법을 배웠습니다. 이번에는 이미지 분류 작업을 위해 CNN을 튜닝하는 또 다른 예제를 살펴보겠습니다.

5.2.2 이미지 분류를 위한 CNN 튜닝하기

이번에는 MNIST 데이터셋의 이미지를 분류하는 문제를 순차적 AutoML 파이프라인으로 CNN을 튜닝하여 해결합니다. 3장에서는 CNN을 생성하고 MLP보다 더 나은 성능에 도달하는 것을 확인했습니다. 하지만 CNN의 합성곱 계층의 필터 개수와 같은 하이퍼파라미터를 설정하고, 그에 따른 성능에 미치는 영향을 탐구하지는 않았습니다. 그러면 이제 AutoML 파이프라인을 구축해서 CNN 구조를 개선하고, 더 나은 분류 정확도에 도달해보도록 하죠!

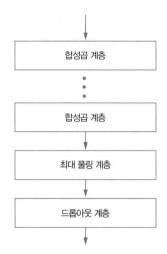

그림 5-6 ConvBlock을 구성하는 각 합성곱 블록의 구조

AutoKeras의 **ConvBlock**은 CNN의 세 가지 주요 하이퍼파라미터를 튜닝합니다. 바로 필터의 개수, 합성곱 계층의 개수, 합성곱 계층의 커널 크기입니다. **ConvBlock**은 여러 합성곱 블록(셀)을 순차적으로 쌓아 올린 것이며, 각 합성곱 블록은 또 여러 합성곱 계층, 단일 최대 풀링 계층, 단일 드롭아웃 계층을 순서대로 쌓아 올린 것입니다(그림 5-6).

모든 합성곱 블록은 동일한 개수의 합성곱 계층을 갖지만, 각 계층은 서로 다른 개수의 필터를 가질 수 있습니다. 따라서 **ConvBlock**의 탐색 공간은 다음 7개의 하이퍼파라미터로 구성됩니다.

- 합성곱 블록의 개수
- 각 블록의 합성곱 계층의 개수: 모든 합성곱 블록은 같은 수의 계층을 갖습니다.
- 합성곱 계층의 유형: 각 합성곱 계층은 3장에서 본 일반적인 2차원 합성곱 계층, 또는 더 적은 가중치로 일반적인 합성곱 계층과 유사한 성능을 내는 분리 합성곱^{separable convolutional} 계층 중 하나가 될 수 있습니다. 분리 합성곱 계층에 대한 자세한 설명은 잠시 후 살펴볼 XceptionBlock에서 확인하기 바랍니다
- 합성곱 계층의 필터 개수: 각 블록의 계층마다 다르게 설정할 수 있습니다.
- 합성곱 계층의 커널 크기: 최대 풀링 계층의 커널 크기는 커널 크기에서 1을 뺀 것으로 설정됩니다. 튜닝 과정에서 ConvBlock에 대한 커널의 크기가 선택되면, 해당 ConvBlock으로 만들어진 모든 셀의 모든 합성곱 및 풀링 계층에 적용됩니다.
- 각 셀마다 최대 풀링 계층의 적용 여부: 튜닝 과정에서 사용함이 선택되면, 해당 ConvBlock으로 만들어진 모든 셀에 적용됩니다.
- 각 셀마다 드롭아웃 계층의 적용 여부: 튜닝 과정에서 사용함이 선택되면, 해당 ConvBlock으로 만들어진 모든 셀에 적용됩니다.

예제를 최대한 간단하게 만들기 위해, [코드 5-5]처럼 블록의 개수를 2로 고정하여 탐색 공간을 제한합니다. 그리고 드롭아웃 계층과 분리 합성곱 계층은 사용하지 않습니다. 따라서 튜닝할 하이퍼파라미터는 합성곱 계층의 개수, 커널 크기, 블록 내 각 계층의 필터 수입니다. 기본적으로 이 하이퍼파라미터는 각각 [1, 2], [3, 5, 7], [16, 32, 64, 128, 256, 512] 목록에서 선택하여 조합됩니다. 옵티마이저와 학습률은 고려하지 않기 때문에, 탐색 공간을 통해 생성 가능한 CNN 구조는 총 $3 \times (6+6 \times 6) \times (6+6 \times 6) = 5,292$개가 됩니다.

> **NOTE_** 이 예제 코드는 실행이 완료되기까지 시간이 오래 걸릴 수 있습니다.

코드 5-5 AutoKeras의 함수형 API로 MNIST 분류하기

```
>>> import autokeras as ak
>>> from tensorflow.keras.datasets import mnist

>>> (x_train, y_train), (x_test, y_test) = mnist.load_data()    ◁── 데이터 불러오기

>>> input_node = ak.ImageInput()    ◁── 입력 노드를 생성함
>>> output_node = ak.Normalization()(input_node)    ◁── 정규화 전처리기 블록을 추가함
>>> output_node = ak.ConvBlock(
...     num_blocks=2,
...     max_pooling=True,
...     separable=False,
...     dropout=0.0)(output_node)    ◁── CNN에 대한 탐색 공간을 생성하여 ConvBlock을 쌓아 올림
>>> output_node = ak.ClassificationHead(dropout=0.0)(output_node) ◁
                                                        분류 헤드를 추가해
                                                        파이프라인을 완성함
>>> auto_model = ak.AutoModel(
...     inputs=input_node,
...     outputs=output_node,
...     max_trials=10,
...     overwrite=True,
...     seed=42)    ◁── 파이프라인을 AutoModel로 래핑함
                                          학습용 데이터 파이프라인을 학습시켜
                                          검색 과정을 실행함
>>> auto_model.fit(x_train, y_train, epochs=3)    ◁
>>> test_loss, test_acc = auto_model.evaluate(x_test, y_test, verbose=0) ◁
>>> print('Test accuracy: ', test_acc)            테스트 데이터셋에 대한
Test accuracy:  0.9937999844551086                최상의 CNN을 평가함
```

```
>>> best_model = auto_model.export_model()        최상의 CNN을 저장하고
>>> best_model.summary()                          그 구조를 출력함
Model: 'functional_1'

_____
Layer (type)                 Output Shape              Param #
=================================================================
input_1 (InputLayer)         [(None, 28, 28)]          0
_____
cast_to_float32 (CastToFloat (None, 28, 28)            0
_____
expand_last_dim (ExpandLastD (None, 28, 28, 1)         0
_____
normalization (Normalization (None, 28, 28, 1)         3
_____
conv2d (Conv2D)              (None, 24, 24, 128)       3328
_____
conv2d_1 (Conv2D)            (None, 20, 20, 16)        51216
_____
max_pooling2d (MaxPooling2D) (None, 5, 5, 16)          0
_____
conv2d_2 (Conv2D)            (None, 5, 5, 16)          6416
_____
conv2d_3 (Conv2D)            (None, 5, 5, 512)         205312
_____
max_pooling2d_1 (MaxPooling2 (None, 2, 2, 512)         0
_____
flatten (Flatten)            (None, 2048)              0
_____
dense (Dense)                (None, 10)                20490
_____
classification_head_1 (Softm (None, 10)                0
=================================================================
Total params: 286,765
Trainable params: 286,762
Nontrainable params: 3
_____
```

최상의 CNN은 테스트 데이터셋에 대해 99.38%의 정확도를 달성했습니다. 3장에서 수동으로 설계한 CNN 대비 오차율을 30%나 줄인 결과죠. 하지만 더 많은 필터가 사용되었기 때문에 신경망 모델의 크기는 더 큽니다. 더 작은 구조를 발견하기 위해서는 탐색 공간의 계층과 필터의 개수를 제한해야 합니다. 실제로 99.38%와 유사한 성능을 가졌지만, 더 작은 CNN 구조를 찾을

수 있습니다. 하지만 이 내용은 여러분을 위한 연습 문제로 남겨두겠습니다.

5.3 하이퍼블록으로 자동화된 파이프라인 검색

이 절은 AutoML을 적용할 때 일반적으로 마주치는 또 다른 시나리오로, 딥러닝 파이프라인에 사용될 가장 좋은 유형의 구성 요소(모델 또는 전처리기)를 선택하는 내용을 다룹니다. 앞 절에서 소개한 특정 유형의 모델이 가진 하이퍼파라미터만 튜닝하는 것보다 더욱 복잡한 시나리오죠. 서로 다른 모델과 전처리기는 각자 서로 다른 연산과 그들만의 하이퍼파라미터를 갖고, 전처리기, 모델 그리고 이 둘에 엮인 하이퍼파라미터의 조합을 통합적으로 선택해야 하기 때문입니다. 가령 이미지 분류 문제를 예로 들면, ResNet과 Xception 등 앞서 사용한 기본적인 CNN보다 훨씬 진보한 모델들을 보여줍니다. 설령 여러분이 이미 이 모델들을 들어본 적이 있더라도, 작동 방식과 사용되어야 할 가장 적합한 작업이 무엇인지, 또는 튜닝하는 방법은 잘 모를 수 있겠죠. 또한 정규화의 사용 여부 등 사용해야 할 적절한 전처리기 기법을 선택해야 합니다. 이 절에서는 모델과 전처리기 기법을 자동으로 선택하는 방법을 이미지 분류 예제를 통해 살펴봅니다.

5.3.1 이미지 분류를 위한 자동화된 모델 선택하기

3장의 합성곱 계층과 풀링 계층을 반복적으로 쌓아 올렸던 CNN 모델은 가장 간단한 CNN 구조로, 이를 종종 바닐라^{vanilla} CNN라고 불립니다. 그리고 지금까지 CNN의 실행 성능과 정확도를 향상시키기 위한 노력으로, CNN을 발전시킨 다양한 변종 모델들이 제안되었습니다. 그중 가장 영향력 있는 두 모델을 꼽으라면, ResNet(잔차 신경망)[1]과 Xception[2] 구조가 될 것입니다. 모든 상황에서 항상 최상으로 작동하는 궁극적인 모델은 존재하지 않기 때문에, 특정 문제에 맞는 모델, 하이퍼파라미터, 데이터셋을 선택하는 것이 매우 중요합니다. 우리는 먼저 이 두 모델의 구조와 이들의 하이퍼파라미터를 튜닝하는 방법을 각자 알아본 다음, AutoML

---

1 See Kaiming He et al., "Deep Residual Learning for Image Recognition," https://arxiv.org/pdf/1512.03385.pdf
2 See "Xception: Deep Learning with Depthwise Separable Convolutions" by François Chollet, https://arxiv.org/pdf/1610.02357.pdf

파이프라인으로 이 둘을 모두 고려해 모델을 선택하고 하이퍼파라미터를 튜닝하는 방법을 살펴봅니다.

ResNet

ResNet은 작은 신경망 블록(셀)을 여러 개 쌓아 올려 만든 신경망입니다. 블록의 구조는 AutoKeras의 **ConvBlock**을 구성하는 합성곱 블록과 비슷하지만, 입력 텐서를 출력 텐서에 요소별로 더하는 스킵 커넥션^{skip connection}이라는 특수한 연결 방식을 가진다는 점이 다릅니다(그림 5-7). 따라서 스킵 커넥션이 유효하려면 셀의 입력과 출력의 크기가 같아야 합니다. 그리고 입력과 출력 텐서를 더한 결과는 그다음 이어지는 셀의 입력 텐서가 됩니다. 이 구조는 기울기가 소실되는 문제^{gradient vanishing}를 완화하여 신경망을 더 깊게 구축할 수 있게 해줍니다. 기울기가 소실되는 문제는 연쇄 법칙^{chain rule}으로 합성된 계층들의 기울기를 뒷 단부터 차례대로 역전파하여 계산하다 보면, 갱신해야 할 가중치가 점점 작아져서 0에 가까워지는 현상 때문에 발생합니다. 그러면 '소실된' 기울기는 앞 단에 있는 계층들의 가중치를 갱신할 수 없게 되어, 결국 신경망을 깊게 만들 수 없는 요인이 됩니다. 이 내용을 더 자세히 알고 싶다면 『케라스 창시자에게 배우는 딥러닝(개정 2판)』을 읽어보기 바랍니다.

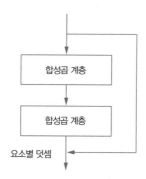

그림 5-7 ResNet의 부분 구조

서로 다른 셀의 구조, 셀의 개수를 조합하면 다양한 ResNet을 만들 수 있습니다. ResNet을 제안한 논문에서는 ResNet-18, ResNet-50같이 신경망의 깊이를 늘이거나 줄인 버전도 소개합니다(숫자는 누적된 총 계층 수를 의미합니다). ResNet을 구현하고 구조를 튜닝하려면, [코드 5-6]처럼 AutoKeras에 내장된 **ResNetBlock**을 사용해 순차적 AutoML 파이프라인을 구축해야 합니다. **ResNetBlock**은 미리 정의된 내장 블록으로, 여기에는 케라스 API[3]가 제공하는 일반적인 ResNet 구조에 대한 탐색 공간을 가집니다.

코드 5-6 이미지 분류를 위해 ResNet을 가진 AutoML 파이프라인 생성하기

```
input_node = ak.ImageInput()
output_node = ak.Normalization()(input_node)
output_node = ak.ResNetBlock()(output_node)
output_node = ak.ClassificationHead()(output_node)
```

Xception

Xception은 분리 합성곱 계층을 사용하여 네트워크 성능을 향상시키는 CNN 아키텍처입니다. **ConvBlock**에 대한 이전 논의에서 간략하게 언급했듯이 분리 가능한 합성곱 계층은 일반 합성곱 계층보다 적은 가중치를 포함하지만 많은 작업에서 비슷한 성능을 달성할 수 있습니다. 분리 가능한 두 계층의 가중치를 사용하여 일반 합성곱 계층의 필터(가중치)를 생성한 다음 생성된 필터를 표준 합성곱 계층과 동일한 방식으로 사용합니다. 다음 목록은 이것이 어떻게 작동하는지 보여줍니다. 3×3 크기의 2차원 제곱 가중치 행렬과 길이 16의 벡터를 사용하여 텐서 곱을 통해 3×3×16 크기의 일반 3차원 합성곱 필터를 생성합니다.

코드 5-7 분리 합성곱 계층으로 가중치 생성하기

```
import numpy as np
kernel_size = 3
num_filters = 16

sep_conv_weight_1 = np.random.rand(kernel_size,          ┤ 변수 초기화
                                   kernel_size)  ◁

sep_conv_weight_2 = np.random.rand(num_filters)  ◁        ┤ 분리 합성곱 계층의
                                                           가중치 벡터

sep_conv_filters = np.zeros(shape=(kernel_size,
                                   kernel_size,
                                   num_filters))  ◁       ┤ 합성곱 계층의 가중치를
for i in range(kernel_size):                               배열로 초기화
```

----

3 https://keras.io/api/applications/resnet/

```
    for j in range(kernel_size):
        for k in range(num_filters):
            sep_conv_filters[i][j][k] = sep_conv_weight_1[i][j] * sep_conv_weight_2[k]
 ➥ * sep_conv_weight_2[k]    ◁────┤ 텐서 내적으로 합성곱 가중치를 계산함
```

[그림 5-8]처럼, Xception은 두 가지 유형의 신경망 셀을 사용합니다. ResNet의 셀과 유사하지만, 분리 합성곱 계층을 사용한다는 점이 다릅니다. 그리고 첫 번째 유형의 셀은 크기가 1인 커널로 입력을 처리하는 합성곱 계층을 사용하고, 그 결과를 분리 합성곱 계층의 결과에 더합니다.

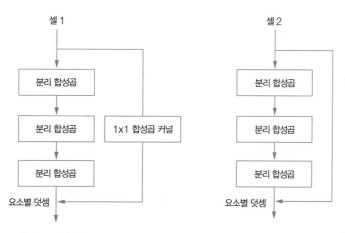

그림 5-8 Xception 셀의 두 가지 유형

처음 제안된 Xception 구조는 [그림 5-9]와 같습니다. 일반적인 합성곱 계층으로 시작해서, 중간에는 서로 다른 유형의 셀을 배치하고, 마지막에는 몇 개의 분리 합성곱 계층이 붙습니다. 쌓아 올릴 셀의 개수, 계층별 필터의 개수 및 커널 크기를 조정하여 다양한 Xception 구조를 생성합니다.

그림 5-9 Xception 구조

[코드 5-8]은 AutoKeras의 **XceptionBlock**으로 좋은 Xception 구조를 검색하는 AutoML 파이프라인을 구축하는 방법을 보여줍니다. 프랑소와 숄레가 설명하는 원래 구조[4]를 포함해, 텐서플로와 케라스의 API가 제공하는 여러 변종 구조[5]를 다룹니다.

숄레[6]가 설명하는 원래 Xception 아키텍처와 TensorFlow Keras API[7]에 포함된 다양한 변형을 다룹니다.

코드 5-8 이미지 분류를 위해 Xception을 가진 AutoML 파이프라인 생성하기

```
input_node = ak.ImageInput()
output_node = ak.Normalization()(input_node)
output_node = ak.XceptionBlock()(output_node)
output_node = ak.ClassificationHead()(output_node)
```

ResNet 및 Xception 외에도, 바닐라 CNN을 개선한 다양한 변종 모델이 존재합니다. 여러분에게 맞는 모델을 직접 찾아보길 바랍니다. 그리고 AutoML 파이프라인에 즉시 적용하면, 모델의 작동과 튜닝 방식을 배우는 데 드는 노력을 최소화할 수 있습니다.

이미지 분류를 위한 합동 모델 선택 및 하이퍼파라미터 튜닝

많은 사람이 '어떤 머신러닝 모델이 가장 적합한가요?'라는 질문을 던지곤 합니다. 하지만 '공짜 점심은 없다no free lunch'[8]라는 말이 있죠. 모든 상황에서 잘 작동하는 유일한 모델은 존재하지 않는다는 의미입니다. 우리는 바닐라 CNN처럼 특정 유형의 모델을 튜닝하는 AutoML 파이프라인을 설계하는 방법을 앞에서 배웠기 때문에 이미 알고 있습니다. 따라서 이 질문에 대한 가장 간단한 해답은 서로 다른 모델을 하나씩 튜닝하며, 각 모델에 대한 최적의 하이퍼파라미터 조합을 찾고, 이중 최상의 성능을 내는 것 하나를 선택하는 것입니다. 충분히 가능한 일이죠. 하지만 AutoML 파이프라인을 여러 개 생성해야 하므로 우아하게 문제를 푸는 방식이라고 볼 수는 없습니다. 가능하면 단일 AutoML 파이프라인만 생성해서 한 번에 문제를 해결

---

4 https://arxiv.org/abs/1610.02357

5 https://keras.io/api/applications/xception/

6 https://arxiv.org/abs/1610.02357

7 https://keras.io/api/applications/xception

8 Described by David Wolpert in "The Lack of A Priori Distinctions between Learning Algorithms," http://mng.bz/xvde

할 수 있다면 좋겠죠. 그러려면 모든 유형의 모델뿐만 아니라, 각 모델에 연관된 하이퍼파라미터를 고려한 단일 AutoML 파이프라인이 필요합니다. 검색 알고리즘이 각 시도마다 모델을 선택하고, 그 모델에 대한 하이퍼파라미터를 선택하여 파이프라인을 생성하는 식입니다. 이는 AutoKeras의 일종의 '하이퍼블록hyperblock'이란 것을 사용하여, `ConvBlock`, `ResNetBlock`, `XceptionBlock`처럼 여러 하위 수준의 AutoML 블록을 그룹화하여 해결할 수 있습니다(그림 5-10). `block_type`이라는 하이퍼파라미터로 사용할 블록의 유형을 지정할 수도 있습니다 (지정하지 않으면 자동으로 튜닝됩니다). 또한 정규화와 이미지 증강에 대한 전처리기 블록도 포함합니다(이 내용은 다음 절에서 다룹니다).

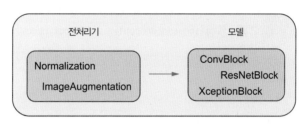

그림 5-10 AutoKeras의 `ImageBlock`

포함된 모든 유형의 블록을 모두 고려하기 때문에, 탐색 공간은 상당히 많은 모델을 포함합니다. 보통 좋은 모델을 발견하려면 수많은 검색을 시도해야 하는 경우가 많습니다. 또한 ResNet-152와 같은 모델은 바닐라 CNN보다 덩치가 훨씬 큽니다. 이런 모델을 선택 과정에서 공정하게 비교하려면, 좋은 수준의 정확도까지 도달해야 하는데, 모델의 크기 때문에 학습에 소요되는 시간이 오래 걸리기 마련입니다. 이러한 요인들이 검색 과정을 더 오래 걸리게 만들죠. 또한 모델의 크기가 클수록 검색 과정에서 메모리를 더 많이 사용해서 전체 데이터셋의 양 또는 데이터 배치의 크기를 줄여야 할지도 모릅니다. 이런 요인이 AutoML의 연구와 실제 적용에서 마주치는 큰 장벽입니다. 여기서는 이 문제를 더 이상 깊게 살펴보지는 않습니다. 따라서 모델의 선택 과정에 대한 감을 잡기 위해, 학습의 에포크 및 검색 시도 횟수를 작게 설정합니다. 그리고 검색 과정을 빠르게 하고, 메모리 사용률을 줄이는 방법은 8장에서 자세히 설명합니다.

[코드 5-9]는 MNIST 데이터셋의 이미지 분류에 사용될 적합한 모델(바닐라 CNN, ResNet, Xception)을 선택하는 AutoML 파이프라인을 구현합니다. 여기서 검색의 시도 횟수는 10번으로 제한하며, 각 모델은 크기가 32인 데이터 배치(AutoKeras의 기본 크기)로 세 번의 에포

크 동안 학습됩니다. 배치 크기가 너무 큰 경우 AutoKeras는 메모리 부족 현상을 방지하기 위해 자동으로 크기를 줄입니다.

코드 5-9 ImageBlock으로 이미지 분류 모델 선택하기

```
>>> import timeit
>>> import autokeras as ak

>>> input_node = ak.ImageInput()
>>> output_node = ak.ImageBlock(
...        normalize=True,        │ ImageBlock에 포함된
...        augment=False,         │ 두 전처리 블록의 작동 방식을 정함
...        )(input_node)
>>> output_node = ak.ClassificationHead(dropout=0.0)(output_node)
>>> auto_model = ak.AutoModel(
...        inputs=input_node,
...        outputs=output_node,
...        max_trials=10,
...        overwrite=True,
...        seed=42)

>>> start_time = timeit.default_timer()
>>> auto_model.fit(x_train, y_train, epochs=3,        ┐ 검색을 수행하고 검색에
...                batch_size=32)                     │ 걸린 시간을 기록함
>>> stop_time = timeit.default_timer()                ┘
>>> print(f'Total time: {round(stop_time - start_time, 2)} seconds.')
Total time: 4008.61 seconds.

>>> auto_model.tuner.results_summary(num_trials=1)  ◁─┐ 발견된 최상의 파이프라인을
Results summary                                        │ 요약하여 출력함
Results in ./auto_model
Showing 1 best trials
Objective(name='val_loss', direction='min')
Trial summary
Hyperparameters:
image_block_1/block_type: xception
classification_head_1/spatial_reduction_1/reduction_type: global_avg
optimizer: adam
learning_rate: 0.001
image_block_1/xception_block_1/pretrained: False
image_block_1/xception_block_1/imagenet_size: False
Score: 0.06062331795692444
```

```
>>> test_loss, test_acc = auto_model.evaluate(x_test,
...      y_test,
...      verbose=0)    ⟵┤ 최상의 모델 평가
>>> print('Accuracy: {accuracy}%'.format(accuracy=round(test_acc*100,2)))
Accuracy: 98.57%
```

단일 GPU(NVIDIA 2080 Titan)를 사용했을 때 10번의 시도를 모두 완료하는 데 약 1시간 정도 소요된 것을 알 수 있습니다. 매우 긴 시간이죠. 최상의 모델로는 Xception 모델이 선택되었습니다. 하지만 그 성능은 같은 시도 횟수와 동일한 학습 설정을 사용한 **ConvBlock**으로 찾은 바닐라 CNN보다 떨어집니다. 탐색 공간을 더 확대하면 더 다양한 모델을 선택할 수는 있지만, 좋은 구조를 찾기 위해서 더 많은 시도와 그만큼의 더 많은 계산 자원이 투입되어야 합니다. 시간도 훨씬 더 오래 걸리겠죠. 튜닝에 드는 노력을 줄여주지만, AutoML의 편리함과 투입되는 비용 사이의 절충점을 반드시 염두에 두어야만 합니다.

5.3.2 자동화된 이미지 전처리 기법 선택하기

모델을 선택하는 것 외에도, 모델의 성능을 개선하려면 데이터를 더 잘 준비하기 위한 적절한 전처리 기법을 선택해야 합니다. 가령 데이터셋이 작은 경우가 있습니다. 꽤 흔히 겪는 문제죠. 학습용 데이터가 불충분하면, 특히 모델의 크기가 클 때 과적합의 위험이 커집니다. 즉 모델의 일반화가 잘 이루어지지 않게 됩니다. 이 문제는 다음 두 가지 방식으로 완화할 수 있습니다.

- 모델 또는 학습 알고리즘 측면에서 볼 때는 정규화라는 기법을 적용할 수 있습니다. 드롭아웃 계층을 사용하거나, 계층 또는 유닛의 개수를 줄여 모델의 크기를 제한하거나, 학습 에포크의 횟수를 줄이는 등 이미 앞에서 그 예를 살펴봤습니다.

- 데이터 측면에서 볼 때는 더 많은 데이터를 수집하거나, 데이터 증강 기법을 통해 기존 데이터를 수정하여 새로운 데이터를 생성할 수 있습니다. 데이터 증강은 모델이 학습할 수 있는 데이터의 양을 대폭 늘려서, 모델의 성능을 향상시키는 기회를 제공합니다. 가령 이미지 데이터셋의 경우 각 이미지를 신경망에 주입하기 전에 가로로 뒤집거나 일정 각도만큼 회전하도록 조치할 수 있습니다. 이런 식으로 이미지를 조정하기 위한 작업을 많이 적용할 수 있겠죠. 즉 이미지마다 서로 다른 조정 작업을 무작위로 적용해서 더 다양한 학습용 데이터를 구축할 수 있습니다. 또한 학습 에포크마다 같은 이미지에 서로 다른 조정 작업을 적용하면, [그림 5-11]처럼 같은 이미지를 에포크마다 다른 형식으로 학습할 수 있습니다. [그림 5-11]의 첫 번째 이미지가 원본이고, 나머지 9개가 모두 데이터 증강 기법으로 생성된 것이죠. 보다시피 이미지에 담긴 내용(고양이)은 같지만 크기, 위치 등 다양한 각도로 바라볼 수 있습니다.

그림 5-11 이미지 증강

모델의 구조 선택에는 여러 정규화 기법이 연관되어 있기 때문에, 앞 절에서 살펴본 AutoML 방법은 이미 과적합이라는 문제가 완화된 모델을 발견할 수 있습니다. 사실 AutoML 파이프라인을 적절한 데이터 증강 기법을 선택하고 튜닝하도록 확장하는 것도 간단합니다. 즉 AutoML 블록을 사용해 다양한 데이터 증강 기법을 선택하고 평가하면 되는 것이죠. 그리고 이미 **ImageBlock**은 정규화 및 데이터 증강 기법의 사용 여부 등 여러 데이터 전처리 기법을 선택할 수 있도록 설계되었습니다.

이미지 분류 예제를 통해 ResNet 모델을 위한 전처리 기법을 자동으로 선택하는 방법을 알아보겠습니다. 데이터 증강과 정규화 기법의 사용 여부를 결정합니다. [코드 5-10]의 데이터셋은 CIFAR-10 데이터셋 일부로, 32×32×3 크기의 RGB 이미지 60,000장으로 구성됩니다. 학습용 데이터셋의 50,000장 이미지는 'bird(새)', 'cat(고양이)', 'dog(개)' 등 10개의 범주로 나뉩니다. 하나의 범주당 5,000장의 이미지가 존재하는 것이죠. 하지만 우리는 작업을 간소화하기 위해서 'airplane(비행기)'와 'automobile(자동차)'이라는 두 범주에 해당하는 이미지만 사용합니다. [그림 5-12]는 이 두 범주로부터 샘플링된 이미지 중 처음 9장을 보여줍니다.

코드 5-10 CIFAR 데이터셋의 부분집합을 불러오고 시각화하기

```
>>> from tensorflow.keras.datasets import cifar10                CIFAR-10 데이터셋
>>> (x_train, y_train), (x_test, y_test) = cifar10.load_data()   불러오기
>>> airplane_automobile_indices_train = \
... (y_train[:, 0]==0) | (y_train[:, 0]==1)
>>> airplane_automobile_indices_test = \
... (y_test[:, 0]==0) | (y_test[:, 0]==1)                        'airplane'과 'automobile' 범주에
>>> x_train = x_train[airplane_automobile_indices_train]         해당하는 이미지를 선택하기
>>> y_train = y_train[airplane_automobile_indices_train]
>>> x_test = x_test[airplane_automobile_indices_test]
>>> y_test = y_test[airplane_automobile_indices_test]
>>> print('Training image shape:', x_train.shape)
>>> print('Training label shape:', y_train.shape)
>>> print('First five training labels:', y_train[:5])
Training image shape: (10000, 32, 32, 3)
Training label shape: (10000, 1)
First five training labels: [[1]
[1]
[0]
[0]
[1]]
>>> from matplotlib import pyplot as plt
>>> for i in range(9):
... plt.subplot(330 + 1 + i)
... plt.imshow(x_train[i])        처음 9개 이미지 출력
>>> plt.show()
```

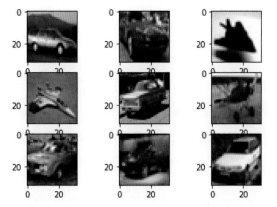

그림 5-12 CIFAR-10 데이터셋의 'airplane'과 'automobile' 범주에 대한 처음 9장 이미지

먼저 ResNet 모델을 위한 데이터 증강 기법을 선택하는 AutoML 파이프라인을 생성해보죠. 파이프라인의 구조는 앞 절에서 단일 ResNet 모델을 튜닝할 때 만든 순차적 AutoML 파이프라인과 같습니다. 유일한 차이는 [코드 5-11]처럼 정규화 전처리기와 신경망 블록 사이에 ImageAugmentation라는 AutoML 블록을 추가한 것뿐입니다. AutoKeras의 ImageAugmentation 블록은 역전파를 통해 갱신될 파라미터를 갖지 않지만, 파이프라인을 구성하는 다른 하이퍼파라미터와 함께 선택할 수 있는 여러 이미지 변환 작업을 제공합니다. 탐색 공간을 좁히기 위해 ResNet의 유형을 고정합니다. 여기서 'v2'는 3개의 ResNet 구조를 포함하는 두 번째 버전의 탐색 공간을 의미합니다.[9] 데이터 증강 기법은 최적화 기법 및 학습률 등, 다른 하이퍼파라미터들과 함께 선택됩니다.

> **NOTE_** 이 예제 코드는 실행이 완료되기까지 시간이 오래 걸릴 수 있습니다.

코드 5-11 ResNet 모델에 대한 이미지 전처리 기법 선택하기

```
input_node = ak.ImageInput()
output_node = ak.Normalization()(input_node)
output_node = ak.ImageAugmentation()(output_node)
output_node = ak.ResNetBlock(version='v2')(output_node)
output_node = ak.ClassificationHead(dropout=0.0)(output_node)
auto_model = ak.AutoModel(
    inputs=input_node,
    outputs=output_node,
    overwrite=True,
    max_trials=10)
    auto_model.fit(x_train, y_train, epochs=10)
```

앞 절에서 언급한대로, 케라스의 이미지 하이퍼블록(ImageBlock)에는 전처리 기법도 포함되어 있습니다. 따라서 ImageBlock을 데이터 증강 기법을 선택하는 데 사용할 수 있습니다. 뿐만 아니라, 다음 코드에서처럼 normalize 매개변수를 지정하면 정규화 사용 여부를 정할 수도 있습니다. 즉 normalize 매개변수를 True로 설정하면 정규화 기법을 사용하게 되고, False

---

9 더 자세한 내용은 「Identity Mappings in Deep Residual Networks」 논문을 참고하길 바랍니다(https://arxiv.org/abs/1603.05027).

로 설정하면 사용하지 않게 됩니다.

> **NOTE_** 이 예제 코드는 실행이 완료되기까지 시간이 오래 걸릴 수 있습니다.

코드 5-12 ResNet 모델에 대한 증강 및 정규화 기법 선택하기

```
input_node = ak.ImageInput()
output_node = ak.ImageBlock(          정규화 및 데이터 증강 기법의 사용 여부를
    normalize=True,                   사용하지 않음으로 지정하면 AutoML이
    augment=True,                     자동으로 검색함
    block_type='resnet',    ◀────  오직 ResNet 구조만 검색함
)(input_node)
output_node = ak.ClassificationHead(dropout=0.0)(output_node)
auto_model = ak.AutoModel(
    inputs=input_node,
    outputs=output_node,
    overwrite=True,
    max_trials=10)
auto_model.fit(x_train, y_train, epochs=10)
```

검색과 모델 평가 과정은 지금까지 다룬 모든 예제와 동일하므로, 여기서는 설명을 생략합니다.

AutoML 파이프라인으로 단일 유형의 모델에 대한 하이퍼파라미터를 튜닝하고, 여러 모델을 선택하기 위해 ImageBlock을 사용하는 방법을 배웠습니다. 이미지 분류 작업을 예로 들었지만, 텍스트 및 정형 데이터로도 일반화할 수 있습니다. 가령 텍스트 및 정형 데이터의 분류나 회귀 작업에서 ImageBlock과 같은 역할을 하는 블록은 TextBlock과 StructuredData-Block입니다. 또한 입력 노드를 ImageInput 대신 TextInput 또는 StructuredDataInput로 바꿀 수 있습니다. 즉 TextBlock과 StructuredDataBlock 모두에 해당되는 유형의 데이터를 다룰 수 있는 몇 가지 대표 모델과 전처리기를 포함합니다. 이 둘을 포함해 AutoML 블록의 자세한 내용은 AutoKeras의 공식 문서[10]를 참고하길 바랍니다. 여러분의 작업에 맞는 신경망 유형에 대한 블록을 선택한 다음, 기본 또는 조정된 하이퍼파라미터의 탐색 공간으로 원

---

10 https://autokeras.com/tutorial/overview

하는 AutoML 파이프라인을 생성할 수 있습니다. 이어지는 절에서 블록을 순차적으로 쌓아 올리는 방법을 넘어, AutoML 파이프라인을 그래프 구조로 설계하는 보다 복잡한 사용법을 살펴봅니다.

5.4 그래프 구조의 AutoML 파이프라인 설계하기

순차적인 딥러닝 모델(계층을 차례대로 쌓아 올림)로는 요구 사항을 만족할 수 없는 경우가 많이 있습니다. 예를 들어 다중 입/출력의 분류 문제를 다룰 때는 서로 다른 입력을 처리하는 계층과 전처리 구성 요소, 서로 다른 출력을 생성하는 헤드가 필요합니다. 이미지를 ResNet 모델에 주입하기 전 정규화 기법으로 전처리하고, 범주형 피처를 가진 정형 데이터를 MLP에 주입하기 전 숫잣값으로 인코딩한 다음, 각 모델의 출력을 병합한 예측 결과를 만들어낼 수 있겠죠. 또는 ResNet과 Xception이 힘을 합쳐 이미지를 분류하는 것처럼, 여러 딥러닝 모델이 가진 능력을 결합하여 특정 작업을 달성할 수도 있을 테죠. 서로 다른 모델은 데이터에 내재된 서로 다른 피처를 학습하기 때문에, 이들을 결합하면 예측 결과의 질을 향상시킬 수 있습니다. 이런 시나리오의 모델을 튜닝하려면 단순한 순차적 파이프라인을 넘어, 각 블록이 여러 블록의 입력을 수용할 수 있는 그래프 구조의 파이프라인이 필요합니다(그림 5-13). 그림 속 파이프라인은 방향을 가진 비순환 그래프^{directed acyclic graph}(DAG)로, 앞서 살펴본 AutoML 블록들이 이 그래프의 각 노드가 될 수 있습니다. 그리고 노드의 순서는 특정 블록에 대한 입/출력 연결을 표현하여, 데이터의 흐름을 나타냅니다.

이 절은 그래프 구조의 파이프라인을 만들어 여러 입/출력을 가진 모델을 튜닝하는 방법을 살펴봅니다. 튜닝할 모델은 [그림 5-13]의 좌측처럼 교차 구조를 띱니다. 먼저 이미지와 정형 데이터를 4장에서 사용한 것과 유사한 형태로 인공적으로 생성합니다. 즉 분류와 회귀 각각에 대한 타깃 2개를 가집니다. 데이터셋은 [코드 5-13]으로 생성했습니다. 총 1,000개의 합성 데이터를 생성하고, 그중 800개를 학습용 및 검증용, 나머지 200개를 테스트용으로 분리합니다. 각 데이터는 $32 \times 32 \times 3$ 크기의 이미지와 3개의 범주형 피처, 그리고 분류(5개 중 하나)와 회귀에 대한 타깃을 가집니다.

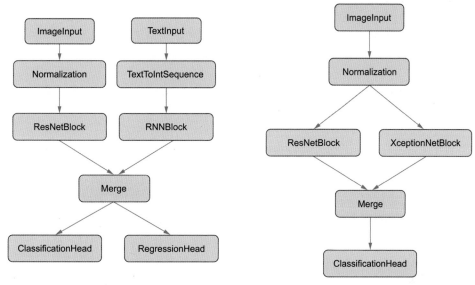

그림 5-13 그래프 구조의 AutoML 파이프라인

코드 5-13 여러 입/출력을 가진 합성 데이터셋 생성하기

```
>>> import numpy as np

>>> num_instances = 1000
                                                              이미지 데이터 생성
>>> image_data = np.random.rand(num_instances, 32, 32, 3).astype(np.float32)  ◁
>>> image_train, image_test = image_data[:800],
⮑ image_data[800:]  ◁

>>> structured_data = np.random.choice(
... ['a', 'b', 'c', 'd', 'e'], size=(num_instances, 3))  ◁
                                                              3개의 범주형 피처로
>>> structured_train, structured_test =                       정형 데이터를 생성함
⮑ structured_data[:800], structured_data[800:]  ◁

>>> classification_target = np.random.randint(
... 5, size=num_instances)
                                                              5개의 범주에 대한
>>> clf_target_train, clf_target_test =                        분류 레이블을 생성함
⮑ classification_target[:800], classification_target[800:]  ◁

>>> regression_target = np.random.rand(
... num_instances, 1).astype(np.float32)  ◁
>>> reg_target_train, reg_target_test =                        회귀 타깃(레이블)을 생성함
⮑ regression_target[:800], regression_target[800:]  ◁
```

```
>>> structured_train[:5]            처음 5개의 기록에 대한
array([['b', 'b', 'e'],             범주형 피처를 출력함
       ['e', 'e', 'b'],
       ['c', 'c', 'c'],
       ['c', 'b', 'd'],
       ['c', 'c', 'a']], dtype='<U1')
```

파이프라인은 그래프 내 배치된 노드의 토폴로지^{topology} 순서를 따라 생성되어야 합니다. 즉 파이프라인 가장 앞에 있는 AutoML 블록을 생성하고, 해당 블록의 출력은 그다음 블록에 입력되는 식으로 데이터의 흐름을 따릅니다. AutoML 파이프라인의 블록을 하나씩 순서대로 설정하기 위해, 데이터가 입력에서 출력으로 이동하는 방법을 떠올려볼 수 있겠죠. [그림 5-13] 좌측의 AutoML 파이프라인을 생성하는 코드는 [코드 5-14]와 같습니다. 각 유형별 데이터를 처리하기 위해서 AutoML 블록을 쌓은 뒤, 중간에 Merge(병합) 블록을 통해 각 분기별 출력을 결합합니다. 구체적으로는 Merge 블록은 두 입력의 형상이 같을 때 이 둘을 요소별로 더하고, 형상이 다르면 입력 텐서를 벡터로 변환한 뒤 둘을 이어 붙입니다. 병합 방식을 지정하지 않았다면 이 또한 검색 과정에서 튜닝됩니다.

코드 5-14 그래프 구조의 AutoML 파이프라인으로 모델 튜닝하기

```
import autokeras as ak

input_node1 = ak.ImageInput()
branch1 = ak.Normalization()(input_node1)          이미지 분기에 대한
branch1 = ak.ConvBlock()(branch1)                  두 블록을 쌓음

input_node2 = ak.StructuredDataInput()
branch2 = ak.CategoricalToNumerical()(input_node2)   정형 데이터 분기에 대한
branch2 = ak.DenseBlock()(branch2)                   두 블록을 쌓음

merge_node = ak.Merge()([branch1, branch2])
output_node1 = ak.ClassificationHead()(merge_node)   두 블록을 병합(결합)함
output_node2 = ak.RegressionHead()(merge_node)

auto_model = ak.AutoModel(
    inputs=[input_node1, input_node2],
    outputs=[output_node1, output_node2],
    max_trials=3,
    overwrite=True,
```

```
        seed=42)  ◁──┐  다중 입/출력을 가진 그래프 구조의
                     │  AutoML 파이프라인을 생성함
auto_model.fit(
    [image_train, structured_train],
    [clf_target_train, reg_target_train],
    epochs=3,
)  ◁──┤  데이터를 AutoML 파이프라인으로 주입함

best_model = auto_model.export_model()  ◁──────────────┐
tf.keras.utils.plot_model(                              │  최상의 모델에 대한
    best_model,show_shapes=True, expand_nested=True)  ◁─┘  그래프를 그림
```

앞 코드로 세 번의 시도를 통해 찾은 최상의 구조는 [그림 5-14]와 같습니다. AutoML 파이프
라인의 구성 요소의 이해를 돕기 위해 [그림 5-14] 안에 설명을 덧붙였습니다. 하이퍼파라미
터는 AutoML 블록의 탐색 공간을 형성하기 위해 선택됩니다. 가령 정형 데이터를 처리에는 2
개의 밀집 계층이 사용되며, 이미지를 인코딩에는 2개의 합성곱 계층과 1개의 최대 풀링 계층
으로 구성된 2개의 합성곱 셀이 사용됩니다.

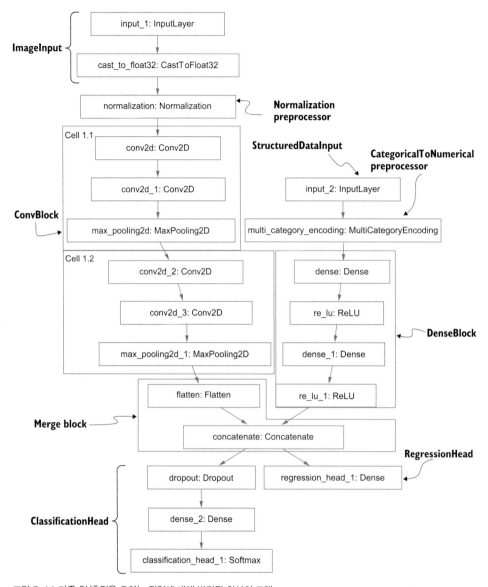

그림 5-14 다중 입/출력을 요하는 작업에 대해 발견된 최상의 모델

더 복잡한 구조를 튜닝하기 위해 더 복잡한 그래프 구조의 파이프라인을 생성하고, 서로 다른 모델 중 하나를 선택하기 위해 하이퍼블록을 사용할 수도 있습니다.

이러한 파이프라인을 생성하는 데 AutoKeras의 내장 블록을 사용하면 편리하지만, 모든 종류의 모델과 하이퍼파라미터를 지원하는 것은 아닙니다. 그렇다면 원하는 신경망 또는 전처리 기법을 선택하고 튜닝하는 여러분만의 AutoML 블록을 만들 수 있을까요? 마지막 절에서는 여러분만의 AutoML 블록을 만들고, 이를 활용해 AutoML 파이프라인을 구축하는 내용을 다룹니다.

5.5 사용자 정의 AutoML 블록 설계하기

AutoKeras의 내장 블록만으로는 원하는 하이퍼파라미터의 튜닝과 모델의 선택 요구 사항을 만족하지 못할 수 있습니다. 블록에 정의된 탐색 공간의 범위를 훨씬 뛰어넘는 수백, 수천 개의 신경망이 존재할 수 있겠죠. 가령 이미지 분류 작업을 위해, 직접 고안하거나 논문에 소개된 CNN 모델을 튜닝하고 싶다고 가정해보죠. `ConvBlock`, `ResNetBlock` 등 AutoKeras에 내장된 블록의 탐색 공간에는 포함되어 있지 않죠. 따라서 신규 CNN 모델 구조에 대한 다른 하이퍼파라미터를 탐색 공간으로 지원하는 새로운 AutoML 블록이 필요합니다. 새로운 AutoML 블록을 만들면 새로운 신경망의 하이퍼파라미터를 튜닝하고, 이를 내장 블록이 제공하는 모델과 비교할 수 있을 겁니다.

이 절은 모델의 선택과 하이퍼파라미터 튜닝을 하는 여러분만의 AutoML 블록을 생성하는 방법을 다룹니다. 먼저 할 일은 내장 MLP 블록(`DenseBlock`)을 사용하지 않고 MLP를 튜닝하는 사용자 정의 블록을 만드는 것입니다. 그다음 모델을 선택할 수 있도록 하이퍼블록을 조정합니다. 이 절의 목적은 고급 신경망을 설계하는 방법을 알려주는 것이 아닙니다. 그 대신 이미 텐서플로와 케라스로 신경망을 만들 수 있는 분들께 서로 다른 유형의 신경망을 선택하고 관련 하이퍼파라미터를 튜닝하는 데 사용될 수 있는 탐색 공간(AutoML 블록)을 만드는 방법을 배우는 것입니다.

5.5.1 사용자 정의 MLP 블록으로 MLP 튜닝하기

5.2절에서는 AutoKeras의 내장 블록(`DenseBlock`)을 사용해 회귀 작업을 잘 수행할 수 있는 MLP 구조를 선택했습니다. 이번에는 같은 목표를 달성하는 MLP 블록을 직접 구현해봅니다. 딥러닝 모델의 탐색 공간을 정의하는 AutoML 블록을 생성하는 기본 작업에 익숙해지고, 보다

복잡한 구조의 모델을 튜닝하기 위한 AutoML 블록을 생성할 수 있도록 배운 내용을 일반화해 보죠.

계층의 유닛 개수를 튜닝하는 사용자 정의 블록

3장에서는 텐서플로와 케라스로 MLP 모델을 직접 만들었습니다. 입력의 형상을 지정하기 위 한 입력 노드부터, 여러 밀집 계층을 차례대로 쌓아 올렸습니다. 그리고 이렇게 쌓아 올려진 계 층은 tensorflow.keras.Model 클래스를 통해 학습용 및 테스트가 가능한 MLP 모델로 그 룹화되었습니다. [코드 5-15]는 32개의 유닛을 가진 2개의 은닉 계층과 마지막 밀집 계층으로 구성된 3계층 MLP를 생성합니다. 모델을 컴파일 하는 부분은 생략되었으며, 모델의 구조를 생 성하는 부분만 담았습니다. build_mlp() 함수를 호출하면 정의한 구조의 모델이 만들어지죠.

코드 5-15 Keras로 구현된 MLP

```
from tensorflow import keras
from tensorflow.keras import layers                    32개의 유닛과 ReLU 활성화
                                                        함수를 가진 두 밀집 계층을 쌓음

def build_mlp():
    input_node = keras.Input(shape=(20,))       ◁──  신경망의 입력 형상을 정의함
    output_node = layers.Dense(units=32, activation='relu')(input_node)
    output_node = layers.Dense(units=32, activation='relu')(output_node)
    output_node = layers.Dense(units=1, activation='sigmoid')(output_node)  ◁
    model = keras.Model(input_node, output_node)               시그모이드 활성화 함수를
    return model                         계층을 그룹화하여       가진 하나의 밀집
                                         케라스 모델로 만듦      계층(분류용)을 추가함

mlp_model = build_mlp()
```

여기서 두 은닉 계층의 유닛 개수를 튜닝한다고 가정해보죠. 유닛의 개수는 정수형 하이퍼파 라미터이고, 이를 위한 탐색 공간을 유한하도록 만들기 위해 그 범위를 512보다 작은 32의 배 수로 가정합니다. 그러면 탐색 공간은 [32, 64, …, 512]처럼 형성되죠. 이 탐색 공간을 정의 하는 AutoML 블록을 생성하기 위해서는 세 가지 작업이 수반됩니다. 먼저 [코드 5-16]처 럼, AutoKeras의 Block 클래스(ak.Block)를 상속하는 클래스를 만들어야 합니다. 이름은 MLP 튜닝에 사용할 것이므로 MlpBlock으로 지었습니다. 기본 Block 클래스를 상속(확장)하 면 탐색 공간을 정의하고, 검색 과정에서 MLP 모델을 생성하는 데 필요한 build() 함수를 재 정의할 수 있습니다. 이렇게 만들어진 사용자 정의 블록은 다른 AutoKeras블록과 연결될 수

있고, 그렇게 AutoML 파이프라인을 구성할 수 있습니다.

코드 5-16 두 은닉 계층을 가진 MLP의 유닛 개수 튜닝하기

```
import autokeras as ak     ◁──┤ 사용자 정의 AutoML 블록을 위한 AutoKeras 패키지 불러오기

class MlpBlock(ak.Block):  ◁──┤ AutoKeras의 기본 Block 클래스를
                                상속하는 클래스를 구현함
    def build(self, ...):  ◁──┤ 구현되어야 할 함수
        raise NotImplementedError
```

그다음으로는 `build()` 함수를 구현합니다. 이 함수가 AutoML 블록의 핵심입니다. 구체적으로는 튜닝하고자 하는 하이퍼파라미터의 탐색 공간을 정의하고, 검색 알고리즘이 검색 과정에서 각 시도마다 MLP를 구축하는 두 가지 역할을 합니다. 이 함수를 구현하는 것은 MLP 모델을 구축하는 함수를 작성하는 것(코드 5-15)과 매우 유사하지만, 다음과 같은 차이가 있습니다.

- 우리가 만들 AutoML 블록은 AutoML 파이프라인을 형성하기 위해 다른 블록과 연결되므로, 하나 이상의 다른 블록의 출력을 입력으로 수용하고 다른 블록에 입력될 수 있는 출력을 만들어내야 합니다.
- AutoML 블록은 연관된 하이퍼파라미터의 탐색 공간을 정의하는 데 사용되므로, 튜닝하고자 하는 각 하이퍼파라미터의 탐색 공간을 정의해야 합니다. 이 하이퍼파라미터는 [코드 5-15]의 `units=32`처럼 미리 고정된 값이면 안 됩니다. 그 대신 탐색 공간에서 샘플링된 값이 각 시도마다 동적으로 할당될 수 있어야 합니다.

첫 번째 변화를 반영하기 위해, [코드 5-17]은 케라스의 입력 노드(`keras.Input()`)를 제거하고 이전 AutoML 블록의 여러 출력 노드(텐서)를 즉시 수용할 수 있도록 `build()` 함수를 구성합니다. 입력이 여러 텐서가 될 수 있으므로, 이들을 하나의 텐서로 결합하는 평탄화 연산(`tf.nest.flatten()`)을 사용합니다. 그래야 밀집 계층으로 주입될 수 있습니다. 그다음 튜닝되어야 할 2개의 은닉 계층만을 남기고, 마지막 은닉 계층의 출력을 반환합니다. 분류를 담당하는 계층은 제거하지 않았는데, 그 이유는 분류용 헤드를 담당하는 블록이 따로 존재하기 때문입니다.

코드 5-17 동일한 개수의 유닛으로 구성된 두 은닉 계층을 튜닝하기

```
import autokeras as ak
import tensorflow as tf
```

```
from tensorflow.keras import layers

class MlpBlock(ak.Block):          ◁── Block 클래스를 상속한 클래스를 구현함

    def build(self, hp, inputs):    ◁── build( ) 함수 재정의

        input_node = tf.nest.flatten(inputs)[0]   ◁── 하나 이상의 노드 목록인
                                                       inputs로부터 입력 노드 가져오기

        units = hp.Int(name='units', min_value=32,
                       max_value=512, step=32)   ◁── 정수형 하이퍼파라미터로
                                                      표현되는 유닛의 개수를 선언함
        output_node = layers.Dense(
            units=units, activation='relu')(input_node)    ◁──┐ 두 계층에 동일한 유닛 개수를
        output_node = layers.Dense(                            │ 사용함
            units=units, activation='relu')(output_node)   ◁──┘

        return output_node    ◁── build( ) 함수가 반환하는 것은 출력 노드여야 함
```

유닛에 대한 하이퍼파라미터의 탐색 공간을 정의하고 값을 동적으로 할당하기 위해서, KerasTuner가 제공하는 keras_tuner.engine.hyperparameters 모듈을 사용해야 합니다. 이 모듈은 다양한 유형의 하이퍼파라미터(정수, 부동소수점, 불리언)에 대한 탐색 공간을 생성하는 다양한 클래스와 연관된 하이퍼파라미터의 탐색 공간 정보를 저장하는 HyperParameters(줄여서 hp)라는 컨테이너 클래스를 제공합니다. 그리고 hp 컨테이너는 서로 다른 탐색 공간을 생성하는 클래스에 대응하는 메서드를 제공하는 데, 가령 hp.Choice() 메서드는 5장에서 사용한 keras_tuner.engine.hyperparameters.Choice 클래스에 해당합니다. 우리는 hp.Int() 메서드를 사용해 유닛 개수에 대한 정수형 하이퍼파라미터의 탐색 공간을 정의합니다(코드 5-17, 네 번째 줄의 주석 참조). hp.Choice() 메서드를 사용하는 것과 유사하지만, 값 목록([32, 64, …, 512])을 보다 편리하게 생성할 수 있습니다. 탐색 공간을 이루는 모든 값을 일일이 나열하지 않고, 시작과 끝, 단계별로 증가할 값을 통해 그 목록을 자동으로 생성하죠. 한편 name 매개변수는 전체 탐색 공간 내 특정 하이퍼파라미터를 참조하기 위한 식별자입니다.

[코드 5-18]에서는 두 은닉 계층의 유닛 개수가 같다고 가정합니다. 하지만 은닉 계층별 유닛 개수를 [코드 5-18]처럼 따로따로 튜닝하는 것도 가능합니다. 서로 다른 이름을 가진 하이퍼파라미터 탐색 공간을 생성하고, 이를 각 계층마다 할당하는 식으로 해결할 수 있습니다.

```
import autokeras as ak
import tensorflow as tf
from tensorflow.keras import layers

class MlpBlock(ak.Block):

  def build(self, hp, inputs):
    input_node = tf.nest.flatten(inputs)[0]
    units_1 = hp.Int(name='units_1', min_value=32,
                     max_value=512, step=32)          ←── 각 계층의 유닛 개수를 위한 탐색 공간을
    units_2 = hp.Int(name='units_2', min_value=32,        분리하여 따로따로 생성함
                     max_value=512, step=32)          ←──
    output_node = layers.Dense(units=units_1,
        activation='relu')(input_node)               ←── 해당 계층의 유닛에
    output_node = layers.Dense(units=units_2,            각 하이퍼파라미터 탐색 공간을 할당함
        activation='relu')(output_node)              ←──
    return output_node
```

한 가지 명심해야 할 점은 hp 컨테이너를 build() 함수에서 생성하지 않았다는 것입니다. 그 대신 build() 함수의 매개변수로 정의했죠. 이 컨테이너는 모든 AutoML 블록에 전역적으로 사용되어, 다음 두 가지 역할을 합니다.

- **탐색 공간 컨테이너**: hp 컨테이너는 각 AutoML 블록이 생성한 모든 하이퍼파라미터의 탐색 공간에 대한 정보를 저장합니다. 따라서 AutoML 파이프라인이 생성되면, 파이프라인 전체에 대한 모든 탐색 공간 정보를 알고 있습니다.

- **현재 하이퍼파라미터값 컨테이너**: 검색 과정의 각 시도에서 hp 컨테이너는 검색 알고리즘이 부여하는 하이퍼파라미터값을 이름(식별자)을 통해 각 블록에 해당하는 하이퍼파라미터에 할당하고 추적합니다. 가령 방금 본 예제에서는 검색 알고리즘이 선택한 유닛 개수에 대한 값을 통해 MlpBlock의 두 은닉 계층을 구축합니다.

build() 함수에서 각 하이퍼파라미터의 탐색 공간을 할당하는 것처럼 보이지만(예: units=hp.Int(...)), 검색 과정에서 build() 함수는 항상 고정된 값으로 계층을 생성합니다. 기본값이 부여되거나 검색 알고리즘이 선택한 값이 할당되는 것이죠. 즉 hp.Int() 메서드는 항상 고정값을 반환하고, 반환된 값은 hp 컨테이너에 의해 추적됩니다. 하이퍼파라미터의 이름이 달라야 하는 이유를 알 수 있습니다. 컨테이너가 탐색 공간을 저장할 때 각 하이퍼파라미터를 구분 짓고, 각 시도에서 모델을 구축할 때 올바른 값을 할당하기 위해서입니다.

서로 다른 유형의 하이퍼파라미터 튜닝을 위한 사용자 정의 블록

이전 예제에서는 정수형 하이퍼파라미터를 튜닝했지만, 사실 MLP에는 그 밖에도 다양한 유형의 하이퍼파라미터가 존재합니다. 예를 들어 드롭아웃 계층의 사용 여부(과적합 방지를 위한 것으로 4장에서 다뤘습니다)는 불리언(참/거짓) 하이퍼파라미터로 처리할 수 있습니다. 그리고 드롭아웃 계층의 확률은 부동소수점형 값으로 제어됩니다. 서로 다른 유형의 하이퍼파라미터를 튜닝하는 핵심은 올바른 탐색 공간을 생성하는 메서드를 선택하는 것입니다. [표 5-1]은 몇 가지 예시를 보여줍니다. 직관적으로 하이퍼파라미터의 유형에 알맞은 이름의 메서드가 있는 것을 알 수 있습니다.

표 5-1 MLP 모델을 구성하는 서로 다른 유형의 하이퍼파라미터

하이퍼파라미터	데이터 유형	탐색 공간 예시	탐색 공간 생성 방법
계층별 유닛 개수	정수	[10, 30, 100, 200] / [10, 20, 30, 40]	hp.Choice, hp.Int
계층 개수	정수	[1, 2, 3, 4]	hp.Choice, hp.Int
드롭아웃 계층 사용 여부	불리언	[True, False]	hp.Boolean
드롭아웃 확률	부동소수점	0.1~0.2 사이 부동소수점	hp.Float

단일 하이퍼파라미터를 튜닝하는 것은 간단합니다. 하지만 계층 수와 각 계층별로 서로 다른 유닛 수를 모두 고려한다면 어떨까요? 그러면 계층 수에 따라 튜닝되어야 할 유닛을 정의하는 하이퍼파라미터의 개수가 늘어나거나 줄어들기 때문에, 두 하이퍼파라미터는 서로 의존성을 가집니다. [코드 5-19]처럼 hp.Choice() 메서드로 계층 수에 대한 탐색 공간을 만들 수 있습니다. hp.Choice()가 반환한 값에 따라 MlpBlock이 가져야 할 계층 수가 결정되고, 그 계층 수만큼 루프를 돌며 유닛 수에 대한 하이퍼파라미터가 생성됩니다. 그리고 각 하이퍼파라미터마다 검색 알고리즘이 구별할 수 있도록 고유 식별자를 부여한다는 것도 중요한 사실입니다.

코드 5-19 계층의 개수와 계층별 유닛의 개수를 선택하기

```
import autokeras as ak
import tensorflow as tf
from tensorflow.keras import layers

class MlpBlock(ak.Block):
    def build(self, hp, inputs):
        output_node = tf.nest.flatten(inputs)[0]
```

```
        for i in range(hp.Choice('num_layers', [1, 2, 3])):    ◁─── 계층의 개수를
            output_node = layers.Dense(units=hp.Int(                하이퍼파라미터로 정의
                'units_' + str(i),    ◁─── 각 계층에 대한 하나의 새로운 하이퍼파라미터를
                min_value=32,              동적으로 생성. 단, 하이퍼파라미터의
                max_value=512,             이름이 동일하게 유지해야 함
                step=32),
                activation='relu')(output_node)
    return output_node
```

[코드 5-20]처럼 더 많은 하이퍼파라미터를 추가해 **MlpBlock**에 살을 붙일 수 있습니다. 예를 들어 드롭아웃 계층의 사용 여부는 실제로도 분석해볼 만한 가치가 있습니다. 참과 거짓 사이에 하나를 선택하는 문제라서 해당 하이퍼파라미터 튜닝에는 **hp.Boolean()**을 사용할 수 있습니다. 또한 학습 때 무시될 뉴런의 비율을 결정하는 드롭아웃 확률도 튜닝할 수 있습니다. 이번에는 부동소수점 값이기 때문에, **hp.Float()**을 사용할 수 있습니다.

코드 5-20 다양한 유형의 하이퍼파라미터 튜닝하기

```
import autokeras as ak
import tensorflow as tf
from tensorflow.keras import layers

class MlpBlock(ak.Block):
    def build(self, hp, inputs):
        output_node = tf.nest.flatten(inputs)[0]
        for i in range(hp.Choice('num_layers', [1, 2, 3])):
            output_node = layers.Dense(units=hp.Int('units_' + str(i),
                min_value=32,
                max_value=512,
                step=32),
                activation='relu')(output_node)
                                           ┌─ 드롭아웃 계층의 사용 여부를 결정하기
    if hp.Boolean('dropout'):       ◁──┘  위해 hp.Boolean을 사용함
        output_node = layers.Dropout(rate=hp.Float('dropout_rate',
            min_value=0,
            max_value=1))    ◁─── 드롭아웃 확률을 결정하기 위해
    return output_node              hp.Float을 사용함
```

hp.Float()을 사용할 때 알아둬야 할 점은 **hp.Int()**처럼 단계값을 지정하지 않는다는 것입니다. 검색 알고리즘은 연속된 범위 속에서 부동소수점 값을 선택합니다.

사용자 정의 블록으로 AutoML 파이프라인 생성하기

이제 여러분만의 탐색 공간을 정의한 신경망 블록을 만드는 방법을 알게 되었습니다. 이다음에 할 일은 사용자 정의 블록을 다른 블록과 연결하여, 완전한 AutoML 파이프라인을 생성하는 것입니다.

블록을 연결하기 전에 구현상 버그가 있는지 한번 더 점검하기 위해, [코드 5-21]처럼 간단한 테스트 코드를 작성해보는 것이 좋습니다. 입력은 단일 케라스의 입력 노드거나, 여러 입력 노드 목록이 될 수 있습니다. hp 컨테이너는 테스트 목적으로 생성된 것입니다. 그리고 build() 함수 내 원하는 위치에 print() 또는 assert() 함수를 넣어 build() 함수의 작동 방식을 중간중간 검증해도 좋습니다.

코드 5-21 신경망 블록 검증하기

```python
import keras_tuner as kt
hp = kt.HyperParameters()
inputs = tf.keras.Input(shape=(20,))
MlpBlock().build(hp, inputs)
```

블록의 build() 함수가 오류 없이 잘 실행된다면 4장에서 본 내장 블록과 동일한 방식으로 사용할 수 있습니다. 그러면 인공적으로 만든 합성 데이터셋에 대하여, 정형 데이터의 회귀 문제를 푸는 MLP를 튜닝하는 목적으로 해당 블록을 사용해보죠. [코드 5-22]는 먼저 20개의 피처를 가진 정형 데이터셋 100개를 학습용으로, 또 다른 100개를 테스트용으로 무작위 생성합니다. 그다음 MlpBlock을 입력 노드와 회귀 헤드를 가진 출력 노드에 연결하여 완전한 AutoML 파이프라인을 생성합니다. 그리고 마지막에는 학습용 데이터셋에 대해 검색 과정을 실행합니다.

코드 5-22 사용자 정의 블록으로 모델을 구축하고 학습시키기

```python
>>> import numpy as np
>>> x_train = np.random.rand(100, 20)        회귀를 위한
>>> y_train = np.random.rand(100, 1)         합성 정형 데이터 생성
>>> x_test = np.random.rand(100, 20)
>>> input_node = ak.StructuredDataInput()
>>> output_node = MlpBlock()(input_node)      ◁─┤ 입력 노드에 사용자 정의 블록을 지정함
>>> output_node = ak.RegressionHead()(output_node)  ◁─ 회귀 헤드에 사용자 정의 블록의
                                                        출력 노드를 지정함
```

```
>>> auto_model = ak.AutoModel(input_node, output_node,
... max_trials=3, overwrite=True)
>>> auto_model.fit(x_train, y_train, epochs=1)
```

또한 [코드 5-23]처럼 생성된 AutoML 파이프라인의 탐색 공간을 출력할 수도 있습니다. 보다시피 7개의 하이퍼파라미터로 구성된 것을 알 수 있습니다. 그중 4개는 우리가 앞서 설계한 **MlpBlock**에 포함되는 것으로, 계층 수, 계층별 유닛 수, 드롭아웃 계층 사용 여부, 드롭아웃 확률이 여기에 해당합니다. 나머지 3개는 회귀 헤드의 드롭아웃 확률, 최적화 알고리즘, 최적화 알고리즘의 학습률에 대한 것입니다.

코드 5-23 탐색 공간을 요약 출력하기

```
>>> auto_model.tuner.search_space_summary()
Search space summary
Default search space size: 7
mlp_block_1/num_layers (Choice)
{'default': 1, 'conditions': [], 'values': [1, 2, 3], 'ordered': True}
mlp_block_1/units_0 (Int)
{'default': None, 'conditions': [], 'min_value': 32,
↪ 'max_value': 512, 'step': 32, 'sampling': None}
mlp_block_1/dropout (Boolean)
{'default': False, 'conditions': []}
regression_head_1/dropout (Choice)
{'default': 0, 'conditions': [], 'values': [0.0, 0.25, 0.5],
↪ 'ordered': True}
optimizer (Choice)
{'default': 'adam', 'conditions': [], 'values': ['adam', 'sgd',
↪ 'adam_weight_decay'], 'ordered': False}
learning_rate (Choice)
{'default': 0.001, 'conditions': [], 'values': [0.1, 0.01, 0.001,
↪ 0.0001, 2e-05, 1e-05], 'ordered': True}
mlp_block_1/dropout_rate (Float)
{'default': 0.0, 'conditions': [], 'min_value': 0.0, 'max_value': 1.0,
↪ 'step': None, 'sampling': None}
```

MLP 블록을 설계한 과정은 케라스 계층으로 구축될 수 있는 모든 종류의 신경망 구조를 튜닝하는 AutoML 블록으로 일반화될 수 있습니다. 단지 다음 두 조건을 충족하기만 한다면 여러 분만의 사용자 정의 블록을 생성할 수 있습니다.

- AutoML 파이프라인 구축 시 여러분이 원하는 AutoKeras의 내장 블록이 없습니다.
- 케라스 계층을 쌓아서 신경망 구조를 만드는 방법을 알고 있습니다.

5.5.2 모델 선택을 위한 하이퍼블록 설계하기

단일 모델의 하이퍼파라미터를 튜닝하는 것 외에, 모델 선택을 위한 AutoML 블록을 구현하는 것도 가능합니다. 이번에는 4장에서 다양한 모델 중 하나를 선택하기 위해 사용된 것과 같은, 여러분만의 하이퍼블록을 구현하는 방법을 배웁니다. 서로 다른 모델은 각자만의 다른 하이퍼파라미터를 가질 수 있기 때문에, 이는 사실상 모델 선택과 하이퍼파라미터를 튜닝하는 두 작업이 결합된 것으로, 각 모델과 그에 연관된 하이퍼파라미터 사이의 관계를 나타내는 계층적 탐색 공간이 필요합니다. 이 내용을 이해하기 위해, 먼저 튜닝할 파라미터가 없는 모델을 선택하는 간단한 예시를 살펴봅니다. 그다음 모델 선택과 하이퍼파라미터 튜닝을 결합해서 다루는 방법을 알아봅니다.

서로 다른 덴스넷 모델 중 선택하기

덴스넷은 널리 사용되는 CNN의 한 유형입니다. 내부적으로 여러 덴스넷 셀을 쌓아서 만들어진 신경망이죠. 덴스넷의 기본 셀은 [그림 5-15]와 같습니다. 셀 내의 각 합성곱 계층의 입력은 동일 셀 내의 이전 합성곱 계층들의 모든 출력과, 셀로 입력된 텐서들을 이어 붙인 것입니다. 즉 텐서들이 마지막 차원에 같다 붙은 것이죠. 예를 들어 (32, 32, 3) 형상의 텐서와 (32, 32, 16) 형상의 텐서를 이어 붙이면 (32, 32, 19) 형상의 텐서를 얻을 수 있습니다.

추가 풀링 계층을 적용하여 결과 텐서의 처음 두 차원의 크기를 줄일 수 있습니다. 서로 다른 수의 셀 또는 서로 다른 셀 구조를 쌓으면(예: 각 셀에 서로 다른 수의 합성곱 계층 또는 합성곱 계층에 서로 다른 수의 필터가 있는 경우) 다른 버전의 덴스넷이 이 생성될 수 있습니다. 덴스넷에 대한 자세한 내용은 『Deep Learning Design Patterns』(Manning, 2021)를 참고하길 바랍니다.

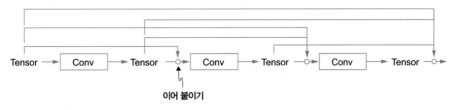

그림 5-15 덴스넷의 기본 셀 구조

덴스넷은 이미지 관련 응용 프로그램에서 꽤 인기 있는 모델로, 다양한 딥러닝 모델을 제공하는 `tensorflow.keras.applications` 모듈에서 대표적인 구조가 구현되어 있습니다. 여기에는 세 가지 버전의 덴스넷(DenseNet121, DenseNet169, DenseNet201)의 인스턴스를 쉽게 만들 수 있는 함수도 포함합니다. 이 함수는 여러 덴스넷 셀(각 셀에는 2개의 합성곱 계층이 있음)을 쌓아 덴스넷의 인스턴스를 생성하는데, 함수의 이름은 각각의 함수로 생성된 인스턴스가 최종적으로 121, 169, 201개의 계층으로 쌓인다는 것을 명시합니다. 우리는 계층별로 이 모델을 직접 구현하는 것 대신, 제공되는 함수를 호출할 것입니다. 가령 [코드 5-24]처럼 `tf.keras.applications.DenseNet121` 함수를 호출하여 DenseNet121을 생성하고, 이 모델은 케라스 모델 유형을 따릅니다. 넘파이 배열을 직접 입력해서 출력된 형상을 확인하거나, `model.summary()` 메서드를 호출하여 모델의 세부 정보를 파악할 수 있습니다. 예를 들어, [코드 5-24]는 32×32×3 형상의 합성 이미지 100개를 모델로 입력했고, 그 결과로 (100, 1, 1, 1024) 형상의 텐서를 출력합니다. 한편, 신경망에 분류 헤드를 포함하지 않고 합성곱 계층으로만 구성하고 싶다면 매개변수에 `include_top=False`를 제공하면 됩니다. 기본적으로 신경망 계층의 가중치는 더 큰 데이터셋으로 사전에 학습된 가중치로 초기화되기 때문에, 튜닝 대상인 현재 데이터셋에 대한 학습의 속도 및 정확도가 빠르게 향상될 수 있습니다.

코드 5-24 keras.applications 모듈의 함수로 덴스넷 모델 구축하기

```python
import tensorflow as tf
import numpy as np
                                    덴스넷 모델을 생성하는 함수              분류 헤드 없이 신경망의 합성곱 부분만
model = tf.keras.applications.DenseNet121(                              사용할지의 여부를 결정하는 매개변수
    include_top=False,
    weights=None)              사전 학습된 가중치의 사용 여부를 결정하는 매개변수
print(model(np.random.rand(100, 32, 32, 3)).shape)          생성된 DenseNet121 모델에
                                                            인위적인 데이터를 주입하고,
                                                            그 결과로 얻은 형상을 출력함
```

keras.applications 모듈은 다양한 버전의 덴스넷을 제공하는데 그중 어떤 것이 여러분의 문제를 해결하는 데 가장 적합한지 궁금할 것입니다. 이때는 hp.Choice()를 사용한 사용자 정의 AutoML 블록을 구현하여 최상의 모델을 선택하도록 설계하면 됩니다. [코드 5-25]의 DenseNetBlock은 세 종류의 덴스넷 모델 중 하나가 선택되도록 구현한 것입니다. keras.applications 모듈이 제공하는 모델은 직렬화가 불가능하기 때문에, hp.Choice() 함수에 직접적으로 입력되어서는 안 됩니다. 그 대신 항상 문자열, 불리언, 숫자와 같은 파이썬의 기본 데이터 유형을 담은 리스트를 Choice()에 입력해야 하죠. 따라서 [코드 5-25]에서는 세 종류의 덴스넷을 문자열로 표현한 다음, if 문을 통해 현재 선택된 모델을 판단하고 생성하도록 구현합니다. 생성된 모델에 텐서를 입력하면, 다른 AutoML 블록 또는 분류/회귀 헤드로 입력될 수 있는 출력 텐서를 얻을 수 있습니다.

코드 5-25 덴스넷 블록 구현하기

```
import autokeras as ak
import tensorflow as tf

class DenseNet(ak.Block):
    def build(self, hp, inputs):
        version = hp.Choice(                                        함수가 직렬화될 수 없어서
            'version', ['DenseNet121', 'DenseNet169', 'DenseNet201'])   모델 선택에 대한 하이퍼파라미터
        if version == 'DenseNet121':                                값은 문자열로 표현함
            dense_net_func = tf.keras.applications.DenseNet121
        elif version == 'DenseNet169':
            dense_net_func = tf.keras.applications.DenseNet169
        elif version == 'DenseNet201':
            dense_net_func = tf.keras.applications.DenseNet201
        return dense_net_func(include_top=False,
            weights=None)(inputs)    ←  모델을 가져오고 입력 텐서로 호출함
```

keras.applications 모듈에 포함된 모델들은 그 구조가 고정되어 있어서, 직접적으로 하이퍼파라미터를 조정할 수 없습니다(예: DenseNet121의 셀 구조 조정). 그러나 가장 뛰어난 모델을 선택하는 것 말고도, 셀 구조도 조정하고 싶을지도 모릅니다. 이 경우에는 각 덴스넷 모델을 계층별로 새로 정의하고, MlpBlock에서 했던 것처럼 계층별 관련 하이퍼파라미터의 탐색 공간을 지정해야 합니다. 그러면 한 가지 유형의 덴스넷 모델이라도, 여러 AutoML 블록을 가질 수 있습니다. 이를 위해서는 다양한 AutoML 블록을 선택할 수 있는 하이퍼 블록을 생성

하여, 선택된 블록의 하이퍼파라미터를 조정할 수 있습니다. 다음 절에서는 기존 AutoML 블록을 활용해 모델의 유형을 선택하고, 각 모델 구조에 따른 하이퍼파라미터 튜닝을 위한 하이퍼블록을 다룹니다.

덴스넷과 ResNet 사이에서 선택하기

다양한 덴스넷 구조를 검색하기 위한 DenseNetBlock을 만듭니다. 또한 AutoKeras의 일부 내장 블록은 이미지 분류 작업에 쓰일 수 있다는 사실도 알고 있습니다. 가령 5.3절에서 살펴본 ResNet을 튜닝하는 ResNetBlock이 있었죠. 그러면 덴스넷과 ResNet 구조 중 최상의 모델을 선택하고 싶다고 가정해보죠. [코드 5-26]처럼 일반적인 AutoML 블록을 생성한 방법과 유사하게, 하이퍼블록을 활용하면 이미 존재하는 두 유형의 모델에 대한 블록을 선택할 수 있습니다. 각 블록의 이름을 문자열로 hp.Choice() 함수에 나열하여 모델 선택에 대한 탐색 공간을 정의할 수 있습니다. 하지만 하이퍼블록 또한 AutoML 블록의 한 종류기 때문에, 선택한 AutoML 블록을 즉시 반환하지 않고 다른 AutoML 블록에서 사용될 수 있도록 케라스 계층이 처리한 출력 텐서를 반환합니다. AutoML 블록의 build() 함수가 출력 텐서를 반환해야 하는 이유죠. 즉 탐색 공간을 구축할 때, [코드 5-26]의 하이퍼블록(SelectionBlock)은 다른 블록을 서브루틴으로 생성하는 메서드를 호출해야 합니다. 그리고 이는 hp 컨테이너가 검색 과정 중 각 블록에 정의된 모든 탐색 공간을 수집하는 데 도움이 됩니다.

코드 5-26 모델 선택 블록 생성하기

```
class SelectionBlock(ak.Block):
    def build(self, hp, inputs):
        if hp.Choice('model_type',
                     ['densenet', 'resnet']) == 'densenet':    ◁── 모델 선택을 위한 model_type
            outputs = DenseNetBlock().build(hp, inputs)            하이퍼파라미터 정의
        else:
            outputs = ak.ResNetBlock().build(hp, inputs)
        return outputs
```

model_type 하이퍼파라미터를 **조건부 하이퍼파라미터**conditional hyperparameter라고 합니다. 즉 서브루틴 속 선택될 하이퍼파라미터는 선택된 모델에 따라 달라집니다. 가령 DenseNetBlock의 하이퍼파라미터는 SelectionBlock의 model_type 하이퍼파라미터의 값이 'densenet'인 경우에만 선택됩니다.

조건부 하이퍼파라미터의 문제는 튜닝 알고리즘에 문제를 일으킬 수 있다는 점입니다. 튜닝 알고리즘에 조건부 하이퍼파라미터를 명시적으로 알려주지 않으면, 검색 과정에 중복이 발생하거나 잘못된 것을 검색하여 검색 성능에 영향을 미칠 수 있습니다. 예를 들어 **model_type**으로 'resnet'이 선택되었을 때 덴스넷에 대한 최적값을 검색하게 될지도 모릅니다. 서로 다른 하이퍼파라미터간의 소속을 명확히 선언하려면 **hp.conditional_scope()** 메서드로 튜닝 알고리즘에 종속성을 알려야 합니다.

조건부 범위에 정의된 모든 하이퍼파라미터는 해당 조건이 충족될 때만 활성됩니다. 가령 [코드 5-27]의 **hp.conditional_scope('model_type', ['densenet'])**은 model_type 하이퍼파라미터의 값이 'densenet'일 때만 하이퍼파라미터를 활성시킨다는 조건을 설정합니다.

코드 5-27 conditional_scope으로 모델 선택용 블록 생성하기

```
class SelectionBlock(ak.Block):                          model_type 하이퍼파라미터값이
    def build(self, hp, inputs):                          'densenet'일 때만 범위 활성화
        if hp.Choice('model_type', ['densenet', 'resnet']) == 'densenet':
            with hp.conditional_scope('model_type', ['densenet']):
                outputs = DenseNetBlock().build(hp, inputs)
                                                          덴스넷의 build( ) 함수에
        else:                                                  정의된 모든
            with hp.conditional_scope('model_type', ['resnet']):   하이퍼파라미터는
                outputs = ak.ResNetBlock().build(hp, inputs)    해당 범위에 종속됨
        return outputs
```

이제 하이퍼블록을 생성했으므로, 모델 선택과 하이퍼파라미터 튜닝을 모두 고려한 완전한 AutoML 파이프라인을 구축할 수 있습니다. [코드 5-28]은 **ImageInput** 노드를 **Selection Block**에 전달하고 **SelectionBlock**을 **ClassificationHead**에 연결하여, CIFAR-10 데이터셋의 이미지 분류 작업에 대한 탐색 공간 중 최상의 모델을 선택합니다. 한편 **search_space_summary()** 함수를 호출하면 전체 탐색 공간에 대한 요약 정보를 출력할 수도 있습니다.

코드 5-28 모델을 구축하고 검색 수행하기

```
input_node = ak.ImageInput()
output_node = SelectionBlock()(input_node)
output_node = ak.ClassificationHead()(output_node)
auto_model = ak.AutoModel(input_node, output_node,
                          max_trials=5, overwrite=True)
```

```
from tensorflow.keras.datasets import cifar10

(x_train, y_train), (x_test, y_test) = cifar10.load_data()
auto_model.fit(x_train[:100], y_train[:100], epochs=1)   ◁─  작동을 보여주기 위해
                                                             에포크 횟수를 1로 설정해
                                                             실행 속도를 빠르게 함

auto_model.tuner.search_space_summary()   ◁──┤ 생성된 AutoML 파이프라인의 탐색 공간을 출력함
```

이렇게 분류 및 회귀 작업에 대한 딥러닝 모델을 튜닝하는 사용자 정의 AutoML 블록 및 하이퍼블록을 생성하는 방법을 배웠습니다. 다음 장에서는 일련의 블록을 연결하지 않고 탐색 공간을 정의하는 방법을 살펴봅니다. 이를 통해 비지도 학습 모델의 튜닝, 최적화 알고리즘 또는 손실 함수의 튜닝, 딥러닝 모델과 얕은 모델을 함께 고려하는 등 AutoML로 풀 수 있는 작업의 범위를 더욱 넓히고, 각 상황에 대한 탐색 공간을 설계하는 유연한 방법을 배우게 될 것입니다.

요약

- AutoML 파이프라인은 머신러닝 파이프라인에 대한 탐색 공간이라고 볼 수 있습니다. 파이프라인은 AutoKeras의 함수형 API로 입력 노드, 전처리기 블록, 신경망 블록, 출력 헤드를 쌓아 올려 생성할 수 있습니다.

- AutoKeras에는 여러 가지 전처리와 신경망 블록이 내장되어 있습니다. 각 전처리기 블록은 특정 전처리 기법과 연관된 하이퍼파라미터에 대한 탐색 공간을 표현합니다. 각 신경망 블록은 MLP나 CNN 등 특정 유형의 모델, 계층과 유닛 수같이 연관된 하이퍼파라미터의 기본 탐색 공간을 표현합니다. 이 블록들을 사용해 AutoML 파이프라인을 생성하고, 연관된 하이퍼파라미터를 튜닝할 수 있습니다.

- 하이퍼블록은 AutoML 블록의 한 유형으로 서로 다른 유형의 모델과 전처리 기법을 선택할 수 있도록 해줍니다. AutoKeras에는 이미지, 텍스트, 정형 데이터에 대한 세 종류의 하이퍼블록을 제공하여 모델과 하이퍼파라미터 튜닝을 함께 고려한 AutoML 파이프라인을 생성할 수 있게 해줍니다.

- AutoML 파이프라인은 순차적 구조에서, 다중 입/출력을 가진 모델 또는 여러 전처리/모델을 앙상블링하는 파이프라인을 튜닝하기 위한 그래프 구조로 일반화될 수 있습니다. 데이터

의 흐름을 따라, 한번에 하나씩 알맞은 AutoML 블록을 순서대로 설정하며, AutoKeras의 함수형 API로 파이프라인을 생성할 수 있습니다.

- 여러분만의 모델에 대한 탐색 공간을 가진 사용자 정의 AutoML 블록을 생성하고, 이를 AutoKeras의 여러 내장 블록과 연결할 수 있습니다. 또한 모델 선택에서 AutoML 블록의 조건부 탐색 공간을 설정하는 것도 가능합니다.

CHAPTER 6

완전한 사용자 정의 탐색 공간을 가진 AutoML

이 장의 내용

- AutoML 블록을 연결하지 않고 전체 AutoML의 탐색 공간을 사용자 정의하기
- 비지도 학습을 위해 오토인코더 모델을 튜닝하기
- 전처리 파이프라인으로 얕은 모델을 튜닝하기
- 튜너를 사용자 정의하여 AutoML 과정을 제어하기
- 얕은 모델과 딥러닝 모델을 선택하고 선택된 모델을 튜닝하기
- 케라스와 사이킷런 모델의 범위를 넘어선 하이퍼파라미터를 튜닝하기

이 장은 AutoML 블록을 연결하지 않고 계층별로 전체 AutoML 파이프라인의 탐색 공간을 사용자 정의하는 방법을 소개합니다. 이를 통해 비지도 학습 모델 및 최적화 알고리즘을 튜닝하기 위한 탐색 공간을 보다 유연하게 설계할 수 있습니다. 또한 피처 엔지니어링 단계를 포함한 전처리 파이프라인으로 얕은 모델을 튜닝하는 방법도 다루며, 딥러닝 모델과 얕은 모델을 선택함과 동시에 하이퍼파라미터를 튜닝하기 위한 모델 학습용 및 평가 과정을 제어하는 방법을 배웁니다. 이 내용은 서로 다른 머신러닝 라이브러리로 구현된, 서로 다른 학습용 및 평가 과정으로 모델을 튜닝하는 데 유용합니다.

6.1 계층별로 탐색 공간 사용자 정의하기

5장에서는 탐색 공간을 AutoML 블록으로 지정하여, 모델을 선택하고 하이퍼파라미터를 튜 닝하는 방법에 대해 배웠습니다. 이제는 내장 블록과 더불어, 요구 사항에 꼭 맞는 여러분만의 AutoML 블록을 생성하는 방법에 대해 알게 될 것입니다. 하지만 다음처럼 AutoML 블록을 연결하는 것으로는 해결하기 힘들거나, 그 방법이 꼭 좋은 것만은 아닌 시나리오가 있습니다.

- 분류 및 회귀 이외의 작업에 대한 모델 튜닝: 이 둘은 머신러닝에서 가장 널리 연구된 문제지만, 꼭 이 두 영역의 문제만 마주친다는 보장은 없습니다. 심지어 학습할 응답이 미리 주어지는 지도 학습 문제가 아닐 수도 있습니다.
- 최적화 알고리즘(예: 학습률 또는 배치 크기 튜닝)과 손실 함수의 탐색 공간을 사용자가 직접 정의해야 하는 상황

이 두 시나리오 외에도, 파이프라인의 모든 블록에 사용자가 정의한 것을 사용해야 하는 경우, AutoML 파이프라인을 생성하기 위해 AutoML 블록을 연결하는 작업이 불필요하다는 것을 알 수 있습니다. 두 단계의 작업(AutoKeras의 서로 다른 AutoML 블록으로 래핑하고 연결) 을 하는 대신, 텐서플로와 케라스로 신경망을 구현하듯이 단일 `build()` 함수에 파이프라인을 모두 구현하면 어떨까요?

이 절은 AutoML 블록을 연결하지 않고 계층별로 탐색 공간을 완전히 사용자 정의하는 방법을 다룹니다. 더 많은 코드를 작성해야 할지도 모르지만, 지도 학습 외에 작업을 튜닝하기 위한 탐 색 공간을 사용자 정의하는 데 있어 추가적인 유연성을 제공합니다. 적합한 내장 AutoML 블록이 없는 경우에 이 방법은 여러 사용자 정의 블록을 생성하고 연결해 탐색 공간을 정의하는 부담을 줄일 수 있습니다. 이를 위해 KerasTuner를 사용합니다. KerasTuner는 텐서플로, 케라스, 그 밖의 모델을 선택하고 튜닝하기 위해 제안된 AutoML 라이브러리입니다. 앞 두 장에서는 탐색 공간을 부분적으로 사용자 정의하기 위해서 KerasTuner의 **hyperparameters** 모듈을 사용했고, 이번에는 밑바닥에서 탐색 공간을 구축하는 데 사용합니다. 먼저 시작은 사용자 정의 탐색 공간을 가진 최적화 알고리즘 및 데이터 전처리 기법을 튜닝하는 회귀용 MLP 모델을 튜닝합니다. 그다음 비지도 학습을 위한 오토인코더^{autoencoder} 모델을 KerasTuner로 튜닝하는 방법을 살펴봅니다.

6.1.1 KerasTuner로 회귀용 MLP 모델 튜닝하기

먼저 회귀용 MLP 모델을 튜닝하는 문제를 다뤄보죠. 우선은 은닉 계층의 유닛 수를 튜닝하고, 점진적으로 탐색 공간에 더 많은 하이퍼파라미터를 추가합니다. KerasTuner로 MLP 모델을 튜닝하는 탐색 공간을 구현하는 방법은 케라스로 MLP 모델을 구축하는 것과 거의 같습니다.

MLP 모델을 생성하고, 유닛 수 등 원하는 하이퍼파라미터에 대한 탐색 공간을 정의하는 build() 메서드를 구현해야 하죠. 사용자 정의 AutoML 블록을 만들었을 때 hp 컨테이너로 탐색 공간을 정의한 방식이 여기서도 그대로 사용됩니다. 다만 목적이 AutoML 블록을 생성하고 다른 블록과 연결하여 탐색 공간을 형성하는 것은 아니기 때문에, 단일 build() 메서드 내에 딥러닝 파이프라인의 모든 구성 요소를 만들어야 합니다. 즉 신경망 구조 외 입력 노드를 만들고, 출력용 회귀 계층을 설정하고 최적화 알고리즘을 선택하여 학습을 위해 모델을 컴파일해야 합니다. [코드 6-1]은 KerasTuner로 유닛 수를 튜닝하는 build() 함수의 구현 방식을 보여줍니다. 하이퍼파라미터의 탐색 공간을 hp 컨테이너로 정의한 것을 제외하면, 3장에서 구축한 회귀용 케라스 모델과 그 내용이 같은 것을 알 수 있습니다.

코드 6-1 KerasTuner로 MLP 모델의 유닛 수를 튜닝하는 탐색 공간 구현하기

```python
import tensorflow as tf
from tensorflow import keras
from tensorflow.keras import layers

def build_model(hp):        ◁── 입력이 hp 컨테이너 인스턴스인 build() 메서드를 생성함
    input_node = keras.Input(shape=(20,))
    units = hp.Int('units', min_value=32,              ┐ 두 은닉 계층의 유닛 수에 대한
                     max_value=512, step=32)  ◁──     ┘ 탐색 공간을 정의함
    output_node = layers.Dense(units=units, activation='relu')(input_node)
    output_node = layers.Dense(units=units, activation='relu')(output_node)
    output_node = layers.Dense(units=1, activation='sigmoid')(output_node)
    model = keras.Model(input_node, output_node)

    optimizer = tf.keras.optimizers.Adam(learning_rate=1e-3)
    model.compile(              ┌── Adam 최적화 알고리즘, MSE 손실 함수,
        optimizer=optimizer,    │   MAE 평가 지표로 모델을 컴파일함
        loss='mse',
        metrics=['mae'])
    return model        ◁── 반환된 모델은 케라스 모델
```

탐색 공간을 정의한 다음에도 검색 과정을 수행하는 검색 기법이 필요합니다. 5장에서 블록

들을 AutoModel 객체로 감싸며, 튜닝에 사용될 검색 기법을 선택하는 tuner 매개변수를 설정했던 것을 상기해보세요(기본값은 'greedy'입니다). 여기에는 AutoModel 객체가 없어서 KerasTuner에서 튜너(tuner)를 직접 선택해야 합니다. 튜너는 검색 기법을 지정할 뿐만 아니라, 순차적 검색 과정이 원활히 진행될 수 있도록 각 검색의 시도에서 선택된 모델의 학습용 및 평가를 스케줄링하는 데 도움을 줍니다. 이 내용은 이 장의 뒷부분에서 자세히 다룹니다. 튜너의 이름은 사용하고자 하는 검색 기법과 일치합니다. 가령 [코드 6-2]는 임의 검색 기법random search method을 사용하기 위해 RandomSearch 튜너를 선택합니다.

초기화 단계에서 탐색 공간을 제공하고(build() 함수), 검색 과정 단계에서 원하는 모델의 개수를 설정합니다(max_trial=5). objective 매개변수는 모델을 비교하고, 검색을 최적화하는 데 사용될 지표(또는 손실 함수)를 지정하는 데 쓰입니다(임의 검색 기법에서는 최적화할 항목이 없습니다). 이 예제 코드에서는 각 시도마다 임의 튜너가 임의로 선택된 유닛 값으로 모델을 구축하고, 모델을 학습시키고 평가합니다. 그리고 마지막에는 설정된 검증용 데이터셋에 대한 평균 절대 오차mean absolute error(MAE)를 최소화하는 목표(objective)에 따라 최상의 모델을 반환합니다. 만약 검증용 데이터셋을 지정하지 않으면 학습용 데이터셋 중 일부를 임의로 분리합니다. 그리고 executions_per_trial 매개변수는 검증 과정의 임의성을 줄이기 위해 각 모델이 학습용 및 평가되어야 할 횟수를 지정하는 데 쓰입니다.

코드 6-2 튜너 초기화

```
from keras_tuner import RandomSearch

tuner = RandomSearch(    ⟵┤ 임의 검색 튜너를 초기화하기
    build_model,    ⟵┤ build_model 함수 지정
    objective='val_mae',    ⟵┤ 모델을 선택하는 동안 최적화해야 할 목표를 설정하기
    max_trials=5,    ⟵┤ 시도할 서로 다른 하이퍼파라미터값의 총 개수
    executions_per_trial=3,    ⟵┤ 단일 하이퍼파라미터값 조합에 대한 실행 횟수
    directory='my_dir',    ⟵┤ 결과를 저장할 디렉터리를 지정하기
    project_name='helloworld')    ⟵┤ 프로젝트 이름
```

검색 과정을 시작하기에 앞서, summarize_search_space() 메서드로 탐색 공간의 요약 정보를 출력하여 기대한 탐색 공간이 튜너에 입력되었음을 확인합니다.

코드 6-3 탐색 공간 요약 정보 출력

```
>>> tuner.search_space_summary()    ◁—┤ 탐색 공간에 대한 요약 정보를 출력하기

Search space summary
Default search space size: 1
units (Int)
{'default': None, 'conditions': [], 'min_value': 32, 'max_value':
↳ 512, 'step': 32, 'sampling': None}
```

보다시피 생성된 탐색 공간에는 하나의 하이퍼파라미터(유닛)가 존재합니다. 이 하이퍼파라미터는 정수형으로, 32부터 512까지의 범위를 가지며, 한 번에 32만큼씩 증가합니다.

이제 임의로 만들어진 회귀용 데이터셋을 만든 다음, 튜너의 **search()** 메서드를 호출해 검색 과정을 시작해보죠. 검색 결과는 [코드 6-4]와 같습니다. 케라스 모델의 **fit()** 메서드와 동일하게 구성된 **search()** 함수의 매개변수는 각 모델의 학습과 평가를 제어합니다. 가령 다음 코드는 선택된 각 MLP 모델을 에포크 1회 동안만 학습한다는 의미로 epoch=1입니다.

코드 6-4 검색 실행하기

```
>>> import numpy as np
>>> x_train = np.random.rand(100, 20)     각 데이터마다 20개의 피처를
>>> y_train = np.random.rand(100, 1)      가진 회귀용 합성 데이터셋을
>>> x_val = np.random.rand(20, 20)        임의로 생성하기
>>> y_val = np.random.rand(20, 1)

>> tuner.search(x_train, y_train, epochs=1,
...      validation_data=(x_val, y_val))    ◁—┤ 검색을 실행하면
                                                어느 정도 시간이 소요됨
Trial 5 Complete [00h 00m 02s]
val_mae: 0.2220905969540278

Best val_mae So Far: 0.2120091120402018
Total elapsed time: 00h 00m 11s
INFO:tensorflow:Oracle triggered exit
```

상위 5개의 모델과 그에 대한 평가 결과는 [코드 6-5]처럼 **results_summary()** 함수로 출력할 수 있습니다. 우리가 찾은 최상의 모델은 각 밀집 계층마다 218개의 유닛을 갖으며, 검색 과정 동안 측정된 검증용 데이터셋에 대한 MAE는 0.212입니다.

코드 6-5 5개의 최상 모델과 각각에 대한 MAE를 출력

```
>> tuner.results_summary(5)

Results summary
Results in my_dir/helloworld
Showing 10 best trials
Objective(name='val_mae', direction='min')
Trial summary
Hyperparameters:
units: 288
Score: 0.2120091120402018
Trial summary
Hyperparameters:
units: 128
Score: 0.2220905969540278
Trial summary
Hyperparameters:
units: 320
Score: 0.22237977385520935
Trial summary
Hyperparameters:
units: 256
Score: 0.22893168032169342
Trial summary
Hyperparameters:
units: 192
Score: 0.23000877102216086
```

검색이 끝난 후, 나중에 사용할 목적으로 최상의 모델을 저장하고 싶을 수 있습니다. [코드 6-6]처럼 쉽게 저장할 수 있죠. 저장된 모델은 케라스 모델이며 **summary()** 메서드를 통해 그 구조를 출력할 수도 있습니다.

코드 6-6 모델을 요약하고 저장하기

```
from tensorflow import keras
best_models = tuner.get_best_models(num_models=2)   ◁─┤ 함수가 모델 2개를 반환해야 함을 명시
best_model = best_models[0]   ◁─┤ 반환된 리스트 중 최상의 모델을 가져옴
best_model.save('path_to_best_model')   ◁─┤ 모델을 디스크에 저장
best_model = keras.models.load_model(
    'path_to_best_model')   ◁─┤ 디스크에서 모델을 불러옴
```

```
    print(best_model.predict(x_val))    ◁─┤ 모델로 예측
    best_model.summary()    ◁─┤ 모델 구조의 요약을 출력함
```

최적화 함수를 함께 튜닝하기

build() 함수로 파이프라인 전체를 사용자 정의하는 것의 한 가지 이점은 최적화 함수를 튜닝할 수 있다는 것입니다. 신경망이 학습될 수 있도록 직접 컴파일해야 하기 때문에, 사용할 최적화 함수와 연관된 하이퍼파라미터(예: 학습률)를 완전히 입맛대로 제어할 수 있습니다. 예를 들어 hp.Choice() 메서드를 활용하면 딥러닝에서 널리 사용되는 두 옵티마이저인 Adam과 Adadelta 중 하나로 선택할 수 있습니다. 선택된 최적화 함수의 학습률도 1e−5에서 0.1의 범위에서 샘플링될 수 있죠. 보통 학습률은 0.1 또는 0.01처럼 로그 스케일로 선택되는 편이기 때문에, 다음 코드처럼 sampling 매개변수에 'log'를 두면 각 범위에서 동일한 확률로 학습률을 샘플링할 수 있습니다.

코드 6-7 유닛 수와 최적화 기법을 함께 튜닝하기

```
def build_model(hp):
    input_node = keras.Input(shape=(20,))
    units = hp.Int('units', min_value=32, max_value=512, step=32)
    output_node = layers.Dense(units=units, activation='relu')(input_node)
    output_node = layers.Dense(units=units, activation='relu')(output_node)
    output_node = layers.Dense(units=1, activation='sigmoid')(output_node)
    model = keras.Model(input_node, output_node)
    optimizer_name = hp.Choice('optimizer', ['adam', 'adadelta'])
    learning_rate = hp.Float('learning_rate', min_value=1e-5, max_value=0.1,
                        sampling='log')    ◁─┤ 로그 스케일로 균등한 임의 샘플링하기
    if optimizer_name == 'adam':
        optimizer = tf.keras.optimizers.Adam(learning_rate=learning_rate)
    else:
        optimizer = tf.keras.optimizers.Adadelta(learning_rate=learning_rate)
    model.compile(
        optimizer=optimizer,    ◁─┤ 옵티마이저에 대한 탐색 공간을 정의
        loss='mse',    ◁─┤ 몇 가지 손실 함수로 모델을 컴파일하기
        metrics=['mae'])    ◁─┤ 사용하는 평가 지표는 MAE
    return model    ◁─┤ 케라스 모델을 반환하는 함수

tuner = RandomSearch(
    build_model,
```

```
        objective='val_mae',
        max_trials=5,
        executions_per_trial=3,
        directory='my_dir',
        project_name='helloworld')
```

검색 과정은 이전 예제와 같으므로 반복해서 설명하지 않습니다. 당연한 이야기겠지만, 이와 동일한 방식으로 손실 함수도 튜닝할 수 있습니다. 따라서 이 내용도 여러분의 숙제로 남겨두 겠습니다.

모델의 학습 과정 튜닝하기

모델의 구축 과정 외, 학습 과정에서 튜닝하고 싶은 하이퍼파라미터가 있을 수 있습니다. 예를 들어 데이터의 배치 크기, 데이터의 셔플링(뒤섞기) 여부를 튜닝하고 싶을 수 있습니다. 이는 케라스 모델의 model.fit() 메서드의 매개변수로 지정할 수 있지만 이전 예제에서는 학습이 아니라, 모델을 구축하고 컴파일하는 것에 대한 탐색 공간만 정의했습니다. 모델의 학습 과정 튜닝에는 객체 지향적인 방식으로 탐색 공간을 제공하는 HyperModel 클래스를 사용할 수 있 습니다. HyperModel 클래스의 build(hp) 메서드를 재정의할 수 있는데, 이는 앞에서 살펴본 build_model() 함수와 동일한 역할을 합니다. 또한 모델 학습을 튜닝하려면 HyperModel 클 래스의 fit() 메서드를 재정의해야 합니다. fit() 메서드에서는 매개변수를 통해 구축한 모 델, hp, **kwargs의 Tuner.search()로 전달된 모든 매개변수에 접근할 수 있습니다. 그러면 해당 메서드는 학습 과정에 대한 기록(history)을 반환해야 합니다. [코드 6-8]은 앞서 정의 한 하이퍼파라미터를 제외한 데이터셋 셔플링 여부와 배치 크기를 추가로 튜닝하기 위한 탐색 공간을 정의하는 예를 보여줍니다.

코드 6-8 모델 학습 과정 튜닝하기

```
import keras_tuner as kt

class Regressor(kt.HyperModel):

    def build(self, hp):
        input_node = keras.Input(shape=(20,))
        units = hp.Int('units', min_value=32, max_value=512, step=32)
        output_node = layers.Dense(units=units, activation='relu')(input_node)
```

```
        output_node = layers.Dense(units=units, activation='relu')(output_node)
        output_node = layers.Dense(units=1, activation='sigmoid')(output_node)
        model = keras.Model(input_node, output_node)
        optimizer_name = hp.Choice('optimizer', ['adam', 'adadelta'])
        learning_rate = hp.Float('learning_rate', min_value=1e-5, max_value=0.1,
                                  sampling='log')
        if optimizer_name == 'adam':
            optimizer = tf.keras.optimizers.Adam(learning_rate=learning_rate)
        else:
            optimizer = tf.keras.optimizers.Adadelta(learning_rate=learning_rate)
        model.compile(
            optimizer=optimizer,
            loss='mse',
            metrics=['mae'])
        return model

    def fit(self, hp, model, **kwargs):     ◁──┤ 모델 학습을 튜닝함
        return model.fit(    ◁──┤ model.fit()이 반환하는 값을 반환함
            batch_size=hp.Int('batch_size'),    ◁──┤ 배치 크기를 튜닝함
            shuffle=hp.Boolean('shuffle'),    ◁──┤ 데이터셋 셔플링 여부를 튜닝함
            **kwargs)

tuner = RandomSearch(
    build_model,
    objective='val_mae',
    max_trials=5,
    executions_per_trial=3,
    directory='my_dir',
    project_name='helloworld')
```

한 가지 알아둘 점은 **fit()** 메서드 호출시 입력되는 에포크 횟수를 튜닝하지 않았다는 것입니다. 그 이유는 목적(여기서는 **'val_mae'**) 값에 근거해 최상의 모델이 발견된 에포크가 결정되며, 해당 모델을 저장할 수 있기 때문입니다. 지금까지 우리는 모델 구축, 컴파일, 학습 과정 속 하이퍼파라미터를 정의하고 튜닝하는 방법을 배웠습니다.

데이터 전처리 기법 튜닝하기

때로는 워크플로 차원에서, 데이터가 신경망에 입력되기 전 정규화를 하는 등의 일부 전처리 단계를 포함시키고 싶을 수 있습니다. 이 절에서는 모델에 전처리 단계를 얼마나 쉽게 추가할 수 있는지에 대해 살펴본 다음 각 전처리 단계에 연관된 하이퍼파라미터를 튜닝하는 방법을 배

워볼 것입니다. 3장에서 배운 것과 같이 정규화 함수를 만드는 것이 아니라 이번에는 케라스가 제공하는 전처리 계층을 사용합니다. 가령 [코드 6-9]는 밀집 계층 이전에 정규화 계층을 쌓아 올리는 방법을 보여줍니다. 여기서 알아둘 내용은 전체 데이터셋에 대해 계층 적응 함수(layer.adapt())를 호출하는 특수 처리가 적용되었다는 것입니다. 신경망은 배치 단위의 데이터로 학습용 및 평가되었지만, 전처리 기법은 보통 평균이나 분산처럼 전체 데이터셋을 관통하는 통계 정보가 필요합니다. 적응 함수를 호출하면 이러한 통계 정보를 수집합니다.

코드 6-9 케라스의 전처리용 정규화 계층의 사용

```
from tensorflow.keras.layers.experimental.preprocessing import Normalization

layer = Normalization(input_shape=(20,))     ←┐ 정규화 계층을 초기화함
layer.adapt(x_train)     ←┐ 데이터의 평균 및 분산을 얻기 위해
                           │ 정규화 계층을 적응시킴
model = tf.keras.Sequential([layer, tf.keras.layers.Dense(1)])
model.compile(optimizer='adam', loss='mse')
model.fit(x_train, y_train)
```

전처리 계층은 여러 가지 방식으로 사용됩니다. 이전 예제에서는 전처리 계층을 순서형 모델 속에 넣었습니다. 하지만 꼭 그럴 필요 없이, 따로 끄집어내서 넘파이 배열을 전처리하는 데 직접 사용할 수 있습니다. 가령 다음 코드처럼 해당 계층을 직접 호출해서 전처리된 데이터를 얻을 수 있죠.

```
normalized_x_train = layer(x_train)
```

하지만 데이터가 항상 넘파이 배열이라는 보장은 없습니다. 더 일반화된 형식을 따르는 tf.data.Dataset일 수도 있습니다. 적은 양의 넘파이 배열부터 로컬 또는 원격 저장소로부터 스트림 형태로 얻을 수 있는 대규모 데이터셋까지, 다양한 방식으로 tf.data.Dataset을 만들 수 있습니다. [코드 6-10]은 넘파이 배열을 tf.data.Dataset으로 변환한 다음 앞서 생성한 정규화 계층을 Dataset.map()에 입력하여 적용하는 방법을 보여줍니다.

코드 6-10 tf.data.Dataset 정규화

```
dataset_x_train = tf.data.Dataset.from_tensor_slices(x_train).batch(32)
normalized_dataset = dataset_x_train.map(layer)
```

이렇게 데이터 전처리를 위한 전처리 계층의 사용법을 배웠습니다. 이번에는 정규화 단계의 사용 여부를 튜닝하기 위해 불리언형 하이퍼파라미터를 사용할 수도 있는지 확인해보겠습니다.

데이터셋에 접근해야만 데이터 전처리를 할 수 있으므로, [코드 6-11]처럼 Tuner.search()로 전달되는 dataset 매개변수를 통해서 데이터셋에 접근할 수 있는 HyperModel.fit()에서 이 단계를 튜닝합니다. 한편 dataset 매개변수는 **kwargs에 통쳐서 포함되는 대신, 이번에는 메서드 정의부에 x와 y를 명시적으로 지정합니다.

코드 6-11 탐색 공간에 전처리 계층 사용하기

```
from keras_tuner import HyperModel

class Regressor(HyperModel):

    def build(self, hp):
        model = tf.keras.Sequential()
        model.add(tf.keras.layers.Dense(1))
        model.compile(optimizer='adam', loss='mse')
        return model

    def fit(self, hp, model, x, y, **kwargs):
        if hp.Boolean('normalize'):      ◁─┤ 정규화 계층의 사용 여부를 지정함
            layer = Normalization(input_shape=(20,))
            layer.adapt(x)
            x = layer(x)   ◁─┤ 정규화된 데이터로 x를 대체함
        return model.fit(x=x, y=y, **kwargs)
```

탐색 공간을 구현한 다음에는 좋은 모델을 검색하는 build_model() 함수에서 했던 것과 마찬가지 방식으로, 해당 탐색 공간을 튜너로 입력할 수 있습니다.

코드 6-12 전처리 계층으로 공간을 검색하기

```
tuner = RandomSearch(Regressor(),                          클래스 인스턴스를
                     objective='val_loss', max_trials=2)◁─┤ 튜너로 입력하기
tuner.search(x_train, y_train, validation_data=(x_val, y_val))
```

이 예제를 작업하면서 '왜 탐색 공간을 계층별로 설계해야 할까?'라는 궁금증이 떠올랐을지도 모릅니다. 탐색 공간을 계층별로 설계하면 그 유연성으로 탐색 공간을 블록별로 설계하는 방식

이 가진 모든 문제를 해결할 수 있습니다. 심지어 AutoML 블록과 함께 연결된 AutoML 파이프라인을 구축할 수도 있습니다. 그 이유는, AutoKeras의 내장 블록을 사용하는 것이 탐색 공간을 계층별로 설계하는 것보다 더 쉽게 생성할 수 있기 때문입니다(특히 계층별로 탐색 공간을 생성하는 데 익숙하지 않다면 더욱 그렇습니다). 구현의 어려움과 유연성 사이의 트레이드오프에 따라 어떤 탐색 공간 생성 방법이 여러분에게 가장 적합한지가 결정됩니다.

6.1.2 비지도 학습을 위한 오토인코더 모델 튜닝하기

지금까지 작업한 모든 예제에서는 지도 학습 문제만을 다뤘습니다. 하지만 이미 존재하지 않는 응답을 예측하는 머신러닝 애플리케이션도 존재합니다. 지도 학습과 달리 비지도 학습이라는 머신러닝 패러다임은 사람의 지도나 개입 없이도 데이터에 내재된, 그러나 아직까지 발견되지 못한 숨겨진 피처를 찾는 것을 목표로 합니다. 전형적인 비지도 학습으로는 차원 축소^{dimensionality reduction}가 있습니다. 차원 축소의 목표는 데이터의 압축된 표현(예: 비교적 적은 요소로 구성된 벡터)을 학습하고, 노이즈가 많이 낀(중요하지 않은) 정보를 제거하는 것입니다.

오토인코더^{autoencoder}는 차원 축소에 사용되는 전형적인 신경망의 한 가지 유형입니다. 보통 이미지 데이터에 적용되어 각 이미지의 저차원 벡터 표현을 학습합니다. 오토인코더의 구조는 [그림 6-1]과 같습니다.

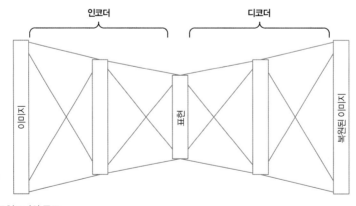

그림 6-1 오토인코더의 구조

보다시피 오토인코더의 입/출력은 모두 이미지입니다. 그리고 신경망은 인코더와 디코더라는 두 부분으로 구성됩니다. 인코더는 이미지를 저차원 벡터 표현으로 압축하는 데 쓰이며, 디코더는 인코딩된(저차원) 벡터를 통해 이미지를 복원하는 시도를 합니다. 인코더와 디코더의 구조는 보통 비대칭적으로 구성됩니다. 둘 다 MLP나 CNN과 같은 전형적인 신경망을 사용합니다. 예를 들어 각 입력 데이터가 크기 64인 벡터라면, 간단한 인코더는 밀집 계층별 32개의 유닛을 가진 단일 MLP가 될 수 있습니다. 그리고 디코더는 64개의 유닛을 가진 단일 밀집 계층으로 구성된 MLP일 수 있습니다.

학습 과정을 가이드하기 위한 이미 존재하는 응답이 없어서 응답에도 원본 이미지를 사용합니다. 학습 과정에서 원본 이미지와 복원된 이미지 사이의 차이가 손실 지표로 사용되어, 신경망의 가중치를 갱신하는 길잡이가 됩니다. 한편 이 차이는 평균 제곱 오차$^{\text{mean squared error}}$(MSE)와 같은 회귀용 손실 함수에 의해 측정될 수 있습니다.

회귀 작업의 MSE는 실제 값과 예측된 값 사이의 차이를 측정합니다. 이를 이미지 복원 작업에 대입해보면 예측된 값은 복원된 이미지이며, 실제 값은 원본 이미지가 됩니다. 만약 신경망이 이미지를 성공적으로 복원했다면 이는 곧 이미지에 대한 모든 중요한 정보가 벡터 표현에 저장되었음을 의미합니다.

학습된 벡터 표현은 여러 가지 방식으로 활용될 수 있습니다. 가령 이미지의 분포를 2D 또는 3D 공간에서 시각화하거나, 원본 이미지의 노이즈를 제거하기 위한 목적으로 이미지를 복원할 수도 있습니다.

케라스로 오토인코더 구현하기

오토인코드의 작동 방식을 확인하는 예제를 살펴봅니다. 그다음, 튜닝하기 위한 탐색 공간을 생성하는 방법을 살펴봅니다. 여기서 해볼 작업은 이미지를 저차원 벡터로 압축한 다음, 다시 복원하는 오토인코더를 학습시키는 것입니다.

사용할 데이터는 패션 MNIST라는 딥러닝의 벤치마크용 데이터셋으로, 학습용으로 60,000, 테스트용으로 10,000이 배정되어 있습니다. 모든 이미지는 28×28 크기의 흑백 이미지이며, 다양한 종류의 의류를 표현합니다. 이 데이터셋은 [코드 6-13]처럼 케라스의 데이터셋 API로 불러오고, 신경망이 쉽게 최적화될 수 있도록 픽셀값을 0과 1 사이로 정규화할 수 있습니다.

```
from tensorflow.keras.datasets import fashion_mnist

(x_train, _), (x_test, _) = fashion_mnist.load_data()

x_train = x_train.astype('float32') / 255.    이미지 픽셀값의 범위를
x_test = x_test.astype('float32') / 255.      [0, 1]로 정규화함
```

인코더와 디코더 모두 합성곱 신경망(CNN 또는 MLP)이기 때문에, 각각을 구현하는 방법은 이미 알고 있을 겁니다. 단지 학습용 및 예측을 위해 두 신경망을 연결하고, 컴파일하는 방법만 모를 뿐이죠. 이와 같은 복합 모델을 구현하는 일반적인 방법은 `tf.keras.Model` 클래스를 상속하는 것입니다. `Model` 클래스를 사용할 때는 `__init__()` 메서드에 오토인코더를 구성하는 모든 계층을 정의해야 합니다. 그래야 객체를 만들 때 모든 계층이 초기화되죠. 그다음 `call()` 함수에 순전파를 구현합니다. `call()` 함수는 입력 이미지의 한 배치를 입력받아, 복원된 이미지를 출력합니다. 하지만 때로는 압축된 벡터 표현만 얻고 싶을 수 있기 때문에, `encode()`와 같은 메서드를 따로 두는 것도 좋은 생각입니다. 또한 `tf.keras.Sequential` 또는 `tf.keras.Model` 객체로 계층들을 그룹화하는 대신, `Model` 클래스를 상속해서 오토인코더를 구현하는 이유이기도 하죠.

[코드 6-14]는 예제에서 사용될 오토인코더를 구현한 것입니다. 인코더와 디코더 신경망 모두 사용자 정의 가능한 하이퍼파라미터에 의해 지정된 유닛 개수(`latent_dim`)를 가진 단일 계층의 MLP 모델입니다. `latent_dim` 하이퍼파라미터는 인코딩된 표현 벡터의 길이도 나타냅니다. 순전파가 이루어지는 동안 각 이미지는 784 크기의 벡터로 평탄화된 다음 `latent_dim` 크기의 벡터로 인코딩됩니다. 디코더 신경망은 표현 벡터를 784 크기의 벡터로 디코딩하고, 다시 28×28 크기의 이미지로 복원합니다.

코드 6-14 케라스의 Model 클래스를 상속해서 구현된 오토인코더

```
import tensorflow as tf
from tensorflow.keras.models import Model
from tensorflow.keras import layers, losses

class AutoencoderModel(Model):    ◁─┤ Model 클래스 재정의
    def __init__(self, latent_dim):    ◁─┤ 초기화 메서드는 모든 계층의 객체를 생성해야 함
```

```
                super().__init__()
                self.latent_dim = latent_dim
                self.encoder_layer = layers.Dense(latent_dim,
                인코딩 계층은 표현 벡터를 출력해야 함 ├─▷  activation='relu')
                self.decoder_layer = layers.Dense(784, activation='sigmoid')

        def encode(self, encoder_input):
                encoder_output = layers.Flatten()(encoder_input)    ◁─┐ 28×28 크기의 이미지는
                encoder_output = self.encoder_layer(encoder_output) ◁─┤ 784 크기의 벡터로 평탄화됨
                return encoder_output         이미지를 완전 연결 계층으로 인코딩함

        def decode(self, decoder_input):
                decoder_output = decoder_input
                decoder_output = self.decoder_layer(decoder_output) ◁─┐ 표현 벡터를 완전 연결
                decoder_output = layers.Reshape                        계층으로 디코딩함
    ➙ ((28, 28))(decoder_output)  ◁─┤ 이미지를 다시 28×28 크기로 되돌림
                return decoder_output

        def call(self, x):                       │ call 메서드는 입력을 인코딩한 다음,
                return self.decode(self.encode(x)) ◁─┘ 그 결과를 디코딩하는 신경망을 정의함
```

다음으로 이미지를 크기 64의 벡터로 인코딩하기 위한 오토인코더 모델을 생성합니다. 모델의 컴파일 및 학습 과정은 MLP로 회귀 작업을 했던 때와 동일합니다. 한 가지 다른 점이 있다면 그것은 바로 피처와 응답에 모두 같은 이미지를 사용했다는 것입니다.

코드 6-15 패션 MNIST 데이터셋에 대해 오토인코더 모델 학습시키기

```
tf.random.set_seed(5)  ◁─┤ 텐서플로의 랜덤 시드를 고정함
np.random.seed(5)  ◁─┤ 넘파이의 랜덤 시드를 고정함

autoencoder = AutoencoderModel(64)  ◁─┤ 오토인코더 생성
autoencoder.compile(optimizer='adam', loss='mse') ◁─┐
autoencoder.fit(x_train, x_train,                     이미지를 피처로 입력받아,
                epochs=10,                            다시 해당 이미지를 복원하는
                shuffle=True,                         오토인코더를 컴파일하고
                validation_data=(x_test, x_test)) ◁─┘ 학습시킴

autoencoder.evaluate(x_test, x_test)  ◁─┤ 테스트 이미지에 대해 오토인코더를 평가함
```

오토인코더가 학습된 다음에는, 우리가 구현한 encode() 함수를 호출하여 이미지를 벡터로

인코딩할 수 있습니다. 그리고 [코드 6-15]에서 테스트 이미지가 인코딩된 벡터의 크기는 64입니다.

코드 6-16 오토인코더로 이미지를 인코딩하기

```
>>> autoencoder.encode(x_test[:1])
<tf.Tensor: shape=(1, 64), dtype=float32, numpy=
array([[3.931118  , 1.0182608 , 6.5596466 , 2.8951719 , 1.5840771 ,
        2.3559608 , 2.0955124 , 4.485343  , 1.34939   , 3.600976  ,
        3.5480025 , 1.0803885 , 3.5926101 , 2.34089   , 0.        ,
        1.3521026 , 1.5423647 , 3.7132359 , 2.2019305 , 1.3938735 ,
        0.9601332 , 2.3903034 , 1.4392244 , 2.155833  , 4.196291  ,
        3.8109841 , 3.2413573 , 1.1022317 , 2.7478027 , 0.        ,
        6.3407483 , 2.5890563 , 1.905628  , 0.61499554, 1.7429417 ,
        0.59232974, 2.5122235 , 1.4705787 , 1.5797877 , 2.3179786 ,
        0.19336838, 1.6040547 , 1.8269951 , 2.1929228 , 3.5982947 ,
        2.1040354 , 3.4453387 , 3.405629  , 3.6934092 , 2.5358922 ,
        2.8133378 , 4.46262   , 2.0303524 , 3.7909238 , 2.4032137 ,
        2.2115898 , 2.5821419 , 1.4490023 , 2.3869803 , 0.        ,
        3.246771  , 1.1970178 , 0.5150778 , 0.7152041 ]], dtype=float32)>
```

또한 다음 코드를 통해서 원본 및 복원 이미지를 시각화할 수도 있음

코드 6-17 복원된 이미지 시각화하기

```
import matplotlib.pyplot as plt

def show_images(model, images):
    encoded_imgs = model.encode(images).numpy()      # 인코딩 및 디코딩된 이미지 가져오기.
    decoded_imgs = model.decode(encoded_imgs).numpy()  # call() 메서드 호출로 인코딩과
                                                        # 디코딩을 한 번에 수행할 수 있음

    n = 10
    plt.figure(figsize=(20, 4))     # 출력 이미지의 개수와
    for i in range(n):              # 크기를 제어함
        ax = plt.subplot(2, n, i + 1)    # 첫 번째 열의
        plt.imshow(images[i])            # 처음 10개 원본 이미지를 출력함
        plt.title('original')
        plt.gray()
        ax.get_xaxis().set_visible(False)
        ax.get_yaxis().set_visible(False)
```

```
        ax = plt.subplot(2, n, i + 1 + n)
        plt.imshow(decoded_imgs[i])          두 번째 열의
        plt.title('reconstructed')            처음 10개 복원 이미지를 출력함
        plt.gray()
        ax.get_xaxis().set_visible(False)
        ax.get_yaxis().set_visible(False)
    plt.show()

show_images(autoencoder, x_test)
```

[그림 6-2]에서 볼 수 있듯이 복원된 이미지가 원본 이미지에 매우 근접한 것을 알 수 있습니다. 하지만 일부 세부 사항이 빠졌거나 일부 세부 사항이 누락되거나, 약간 흐릿해지는 문제도 존재하는 것으로 보입니다(예: 셔츠의 문양이 흐릿해 보입니다). 이 말은 64차원의 표현이 원본 이미지를 복원하는 데 필요한 거의 모든 정보를 보존했다는 것을 의미합니다. 즉 이 오토인코더를 사용하면 큰 이미지를 압축하여 메모리를 절약할 수 있습니다.

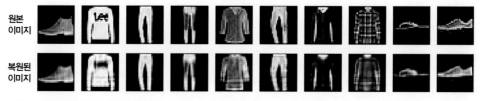

그림 6-2 오토인코더가 복원한 이미지

이어서 KerasTuner로 오토인코더를 파인튜닝하기 위한 탐색 공간을 만들어보죠.

6.2 오토인코더 모델 튜닝하기

여러분은 이미 모델 구축 함수를 만들어 계층별로 MLP 모델의 탐색 공간을 정의할 줄 알고 있습니다. 오토인코더 모델은 클래스내에서 생성되고 계층들은 클래스의 __init__() 함수에서 초기화되기 때문에, 이 초기화 단계에서 각 계층별 탐색 공간을 직접 설정할 수 있습니다. 탐색 공간을 만들기 위해서 __init__() 함수에 hp 컨테이너의 인스턴스를 전달합니다. 그러면 hp 인스턴스의 메서드가 탐색 공간 정의에 사용될 수 있습니다. 가령 다음 코드처럼 인코더(또는

디코더) 내 계층 수를 선택하는 공간을 정의하는 데는 hp.Int()를, 각 계층별 유닛 수를 튜닝하는 데는 hp.Choice()를 사용할 수 있죠. 오토인코더를 생성하기 전까지는 계층 수가 결정되지 않아서 순전파를 구현할 때는 인코더 및 디코더 신경망의 모든 계층을 하나씩 접근해야 합니다.

코드 6-18 오토인코더 모델의 탐색 공간을 정의하기 위한 클래스 구축

```
import keras_tuner
from tensorflow import keras
from keras_tuner import RandomSearch

class AutoencoderBlock(keras.Model):
    def __init__(self, latent_dim, hp):          ◁── 초기화 메서드의 매개변수에 hp를 추가
        super().__init__()
        self.latent_dim = latent_dim
        self.encoder_layers = []          ◁─┤ 인코딩 계층 목록을 저장할 리스트를 정의함
        for i in range(hp.Int('encoder_layers',          ◁─┐ 인코딩 계층 수를 결정하는 데
                        min_value=0,                        │ hp를 사용함
                        max_value=2,
                        step=1,
                        default=0)):
            self.encoder_layers.append(
                layers.Dense(units=hp.Choice(          각 인코딩 계층의 유닛 수를 선택하는 데
                    'encoder_layers_{i}'.format(i=i),  ◁─┤ hp를 사용함
                    [64, 128, 256]),
                    activation='relu'))
        self.encoder_layers.append(layers.Dense(latent_dim, activation='relu'))
        self.decoder_layers = []          ◁─┤ 디코딩 계층 목록을 저장할 리스트를 정의함
        for i in range(hp.Int('decoder_layers',          ◁─┤ 디코딩 계층 수를 결정하는 데 hp를 사용함
                        min_value=0,
                        max_value=2,
                        step=1,
                        default=0)):
            self.decoder_layers.append(
                layers.Dense(units=hp.Choice(          각 디코딩 계층의 유닛 수를 선택하는 데
                    'decoder_layers_{i}'.format(i=i),  ◁─┤ hp를 사용함
                    [64, 128, 256]),
                    activation='relu'))
        self.decoder_layers.append(layers.Dense(784, activation='sigmoid'))

    def encode(self, encoder_input):
```

```
        encoder_output = layers.Flatten()(encoder_input)
        for layer in self.encoder_layers:    ◁── 데이터를 인코딩 계층에 순전파한 결과를 얻음
            encoder_output = layer(encoder_output)
        return encoder_output

    def decode(self, decoder_input):
        decoder_output = decoder_input
        for layer in self.decoder_layers:    ◁── 데이터를 디코딩 계층에 순전파한 결과를 얻음
            decoder_output = layer(decoder_output)
        decoder_output = layers.Reshape((28, 28))(decoder_output)
        return decoder_output

def call(self, x):
    return self.decode(self.encode(x))
```

케라스 모델을 구현하는 모범 사례에 따르면 모든 계층은 __init__() 함수에서 초기화되고 call() 함수에서 사용되어야 합니다. hp 컨테이너를 사용하면 모델을 구축하는 데 필요한 모든 하이퍼파라미터의 값을 얻고, 모델을 구축하는 데 할당된 하이퍼파라미터를 기록할 수 있습니다.

다음 단계는 KerasTuner의 일반적인 사용법을 따릅니다. [코드 6-19]는 정의한 오토인코더 모델을 반환하기 위한 build_model() 함수를 만들고, 이를 초기화된 튜너로 제공하여 검색 과정을 진행합니다. 오토인코더의 초기화에 추가 입력(hp 컨테이너 인스턴스)이 필요하다는 것도 알아두기 바랍니다. 또한 원한다면 MLP 예제에서처럼, 동일한 hp 컨테이너와 함께 최적화 함수를 튜닝할 수도 있습니다.

코두 6-19 오토인코더에 대한 검색 실행하기

```
def build_model(hp):
    latent_dim = 20
    autoencoder = AutoencoderBlock(latent_dim, hp)    ◁── hp 객체를 전달하여 모델을 초기화함
    autoencoder.compile(optimizer='adam', loss='mse')    ◁── 모델을 컴파일함
    return autoencoder    ◁── 모델을 반환함

tuner = RandomSearch(
    build_model,
    objective='val_loss',
    max_trials=10,
    overwrite=True,    ◁── 이전 결과를 제거하기 이전에 작업 디렉터리를 깨끗이 비움
```

```
       directory='my_dir',    ◁─┤ 작업 디렉터리
       project_name='helloworld')

  tuner.search(x_train, x_train,
               epochs=10,                                    validation_data는 모델 평가에
               validation_data=(x_test, x_test)) ◁─         필요한 데이터
```

튜너는 10번의 시도를 수행하는 데, 각 시도마다 오토인코더를 10번의 에포크 동안 학습시킵니다. 그리고 그중 최상의 모델을 선택하고, 해당 모델을 통해 복원한 10장의 이미지를 시각화할 수 있습니다.

코드 6-20 결과 평가하기

```
  autoencoder = tuner.get_best_models(num_models=1)[0]
  tuner.results_summary(1)
  autoencoder.evaluate(x_test, x_test)

  show_images(autoencoder, x_test)
```

오토인코더의 하이퍼파라미터를 튜닝하여, [그림 6-3] 중 아홉 번째 사진의 플립 플롭[1]처럼 상당히 깔끔하게 복원된 이미지를 생성할 수 있습니다.

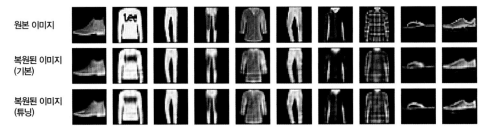

그림 6-3 튜닝된 오토인코더로 복원된 이미지

---

1 옮긴이_플립 플롭은 조리 형태의 샌들입니다.

6.3 서로 다른 검색 기법으로 얕은 모델 튜닝하기

2장에서는 그리드 탐색으로 전통적인(또는 얕은) 머신러닝 모델의 튜닝 방법을 배웠습니다. 그리고 부록 B에서도 몇 가지 예제로, 머신러닝 파이프라인의 여러 구성 요소를 튜닝하는 방법을 자세히 설명하는데, 이때 모두 사이킷런의 내장 튜너(GridSearchCV)를 활용합니다. 지금까지 딥러닝 모델을 선택하고 튜닝하는 KerasTuner의 강력함을 맛보았기 때문에, 과연 KerasTuner로도 얕은 모델의 튜닝이 가능한지가 궁금할지도 모릅니다. GridSearchCV를 사용한 튜닝과 비교해서 KerasTuner로 똑같은 튜닝을 할 때는 다음과 같은 이점이 있습니다.

- 각 모델을 개별적으로 튜닝하고 수동으로 비교할 필요 없이, 더 쉽게 모델을 선택할 수 있습니다. 하이퍼파라미터 클래스에 정의된 조건부 범위 덕분에, 딥러닝 모델과 마찬가지 방식으로 서로 다른 얕은 모델을 선택하는 것 또한 가능합니다. 다음에 다룰 예제에서 이를 살펴봅니다.
- 선택을 위한 더 다양한 검색 기법을 제공합니다. KerasTuner에는 몇 가지 고급 검색 기법이 있습니다. 선택한 기법의 종류에 따라 결과도 달라지죠. 이 내용 또한 다음 예제에서 알아봅니다.

사실 딥러닝 모델과 얕은 모델 중에서 선택하는 것도 가능합니다. 그러나 얕은 모델보다는 딥러닝 모델을 만들고 학습시키는 방법이 훨씬 더 다양하기 때문에,[2] 검색 과정 동안에 딥러닝 모델의 학습용 및 평가는 다른 식으로 다뤄야 합니다. 다음 절에서는 더 넓은 탐색 공간을 수용하기 위해, 여러분만의 학습용 및 평가 전략을 가진 튜너의 생성 방법을 알아봅니다. 당장 지금은 서로 다른 얕은 모델 중 선택하는 방법을 보여주는 예제를 먼저 들여다보죠.

6.3.1 얕은 모델의 선택과 튜닝

이 절은 사이킷런 라이브러리가 제공하는 숫자 데이터셋을 사용한 이미지 분류 문제를 다룹니다. 이 데이터셋에는 8×8 크기의 흑백 손 글씨 숫자(0~9) 이미지가 1,797장 포함되어 있습니다. 데이터셋은 사이킷런 라이브러리에 내장된 load_digits() 함수로 불러올 수 있으며, 다음처럼 train_test_split() 함수를 사용해 20%를 테스트 데이터셋으로 분할할 수 있습니다.

---

2 모델 구조의 다양성을 고려하면 같은 모델이지만 라이브러리마다 구현 방식이 다를 수도 있습니다

```
from sklearn.datasets import load_digits
from sklearn.model_selection import train_test_split

digits = load_digits()   ◄──┤ 숫자 데이터셋을 불러오기

                                                    이미지와 각 이미지에 대한
                                                    타깃 숫자를 나누어 저장하기
images, labels = digits.images, digits.target   ◄──┘

X = images.reshape((n_samples, -1))   ◄──┤ 이미지를 벡터 형상으로 만들기

                                                       데이터의 20%를 최종 테스트용으로
X_train, X_test, y_train, y_test = train_test_split(   쓰기 위해 분할하기
    X, labels, test_size=0.2, shuffle=False)   ◄──┘
```

부록 B는 그리드 탐색 기법으로 이미지를 분류하는 SVM 모델을 만들고 하이퍼파라미터를 튜닝하는 방법을 소개합니다. 그 밖에도 결정 트리decision tree와 같이 다른 분류용 얕은 모델을 시도해보고 싶을지도 모릅니다. 이는 6.1.2절에서 다룬 딥러닝 모델을 선택한 예제와 유사한 방식으로 해결할 수 있습니다. 즉 KerasTuner로 모델 유형에 대한 조건부 하이퍼파라미터를 설정하여, 서로 다른 유형의 얕은 모델을 선택할 수 있죠. [코드 6-22]에서는 SVM과 랜덤 포레스트random forest 모델을 선택하기 위한 탐색 공간을 생성합니다.[3] 모델의 선택은 'model_type'이라는 하이퍼파라미터로 수행됩니다. 가령 검색 과정의 시도마다 'model_type'에 svm같이 특정 값을 선택하여, 선택된 모델의 조건부 범위로 탐색 공간을 좁히고 그에 따른 모델을 생성하는 것이죠. 한편 모델 선택은 각 모델에 대한 하이퍼파라미터 튜닝과 함께 수행될 수도 있습니다.

코드 6-22 얕은 모델 선택을 위한 탐색 공간 생성하기

```
from sklearn.svm import SVC
from sklearn.ensemble import RandomForestClassifier
from keras_tuner.engine import hyperparameters as hp

def build_model(hp):
    model_type = hp.Choice('model_type',
                           ['svm', 'random_forest'])   ◄──┤ 분류 모델의 유형을 선택함
    if model_type == 'svm':
                                                                SVM 분류 모델이 선택된 경우
        with hp.conditional_scope('model_type', 'svm'):◄──┤    이를 튜닝하기
```

----

3 랜덤 포레스트 모델에 익숙치 않다면 부록 B를 참조하세요

```
        model = SVC(
            C=hp.Float('C', 1e-3, 10, sampling='linear', default=1),
            kernel=hp.Choice('kernel_type',
                             ['linear', 'rbf'],
                             default='linear'),
            random_state=42)
    elif model_type == 'random_forest':
        with hp.conditional_scope('model_type',
                                  'random_forest'):    ←——  랜덤 포레스트 모델이 선택된 경우
                                                             이를 튜닝하기
            model = RandomForestClassifier(
                n_estimators=hp.Int('n_estimators', 10, 200, step=10),
                max_depth=hp.Int('max_depth', 3, 10))
    else:
        raise ValueError('Unrecognized model_type')
    return model
```

앞 절에서 살펴본 것과 마찬가지로, 모델 선택과 하이퍼파라미터 튜닝에 임의 검색을 사용했습니다. 다만 한 가지 중요한 차이가 있는데, 그것은 RandomSearch 클래스 대신 사이킷런 모델에 적합하도록 설계된 SklearnTuner라는 튜너 클래스를 사용했다는 것입니다. 그 이유는 KerasTuner의 튜너가 검색 과정 동안 생성된 모델들의 학습과 평가를 제어하기 때문입니다. 사이킷런이 제공하는 모델은 텐서플로와 케라스로 구현된 딥러닝 모델과는 다른 방식으로 학습용 및 테스트되어서 이러한 차이를 수용하기 위해서는 다른 튜너를 사용할 수 있죠. 이를 모두 처리할 수 있는 일반화된 튜너를 만드는 방법은 다음 절에서 다룹니다.

모델이 학습용 및 평가되는 방식에는 차이가 있지만, 하이퍼파라미터를 선택하는 기법은 모두에게 동일하게 적용됩니다. KerasTuner에서는 하이퍼파라미터를 선택하는 기법을 오라클oracle이라고 합니다. 각 시도마다 사용할 하이퍼파라미터를 결정하고, 필요 시 이전에 선택된 하이퍼파라미터로 얻은 평가 결과를 함께 고려하기도 하죠(그림 6-4). 튜너는 하이퍼파라미터와 평가 결과만 건드리므로, 서로 다른 모델(딥러닝 또는 얕은 모델)에 대한 평가 과정상 차이는 영향을 미치지 않습니다.

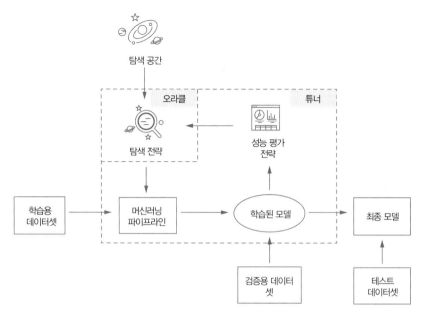

그림 6-4 KerasTuner의 튜너와 오라클의 구조

사이킷런 라이브러리로 생성된 모델을 튜닝하는 임의 검색 기법을 사용하려면, 오라클(검색
기법)로 RamdomSearch를 설정한 SklearnTuner 튜너를 만들 수 있습니다(코드 6-23). 오
라클은 검색 과정 동안에 수행될 시도 횟수를 설정하기 위한 max_trials, 서로 다른 모델을
비교하기 위한 검색 기법의 목적(지표)을 kt.Objective로 설정하는 objective와 같은 매개
변수와 함께 생성됩니다. [코드 6-23]에서는 각 모델의 검증용 데이터셋에 대한 정확도를 의
미하는 score를 목적(지표)으로 설정했죠. 그리고 max는 score 값이 클수록 더 나은 모델이
라는 것을 의미합니다. 목적(지표)이 MSE였다면 작을수록 더 좋다는 것을 의미하는 'min'을
사용합니다. 한편 평가 전략으로는 사이킷런의 KFold을 사용해 3단 교차 검증 평가가 설정됩
니다.

코드 6-23 임의 검색을 사용해 사이킷런 모델을 선택하고 튜닝하기

```
from sklearn.model_selection import KFold
import sklearn.pipeline

random_tuner = kt.tuners.SklearnTuner(     ◁──┤ 사이킷런 모델 튜닝을 위한 튜너를 생성함
    oracle=kt.oracles.RandomSearchOracle(  ◁──┐ 임의 검색 기법에 대한 객체를 구체적인
        objective=kt.Objective('score', 'max'),   매개변수와 함께 생성함
```

```
        max_trials=30,
        seed=42),
                                      ┌── 탐색 공간을 튜너로 전달함
    hypermodel=build_model,      ◁──┘
                                              ┌── 3단 교차 검증을 사용해서 각 모델을 평가함
    cv=KFold(3, shuffle=True, random_state=42),   ◁──┘
    overwrite=True,    ◁──┤ 이전 프로젝트가 존재한다면 덮어씀
    project_name='random_tuner')   ◁──┤ 이 튜닝 프로젝트의 이름을 'random_tuner'으로 정함


random_tuner.search(X_train, y_train)   ◁──┤ 학습용 데이터를 튜너로 주입하여 검색 과정을 수행함
```

발견된 최상의 모델을 가져와서 테스트 데이터셋에 대해 평가해봅시다.

코드 6-24 임의 검색을 사용한 결과 확인하기

```
>>> random_tuner.results_summary(1)   ◁──┤ 임의 검색 결과를 출력함
Results summary
Results in ./random_tuner
Showing 1 best trials
Objective(name='score', direction='max')
Trial summary
Hyperparameters:
model_type: svm
C: 2.242630562998417
kernel_type: rbf
Score: 0.9693806541405707

>>> from sklearn.metrics import accuracy_score   ┤ 최상의 모델을 가져옴
>>> best_model = random_tuner.get_best_models(1)[0]   ◁──┘
>>> best_model.fit(X_train, y_train)   ◁──┤ 전체 학습용 데이터셋으로 최상의 모델을 재학습시킴
>>> y_pred_test = best_model.predict(X_test)
>>> test_acc = accuracy_score(y_test, y_pred_test)                  ┤ 발견된 최상의
>>> print(f'Prediction accuracy on test set: {test_acc * 100:.2f}. %')  │ 모델을 평가함
Prediction accuracy on test set: 95.83 %
```

30번의 시도 끝에 발견된 최상의 모델은 정규화 매개변수 C의 값이 2.24인 RBF 커널을 사용하는 SVM 모델입니다. 이 모델을 다시 전체 데이터셋으로 학습시키면, 최종적으로 테스트 데이터셋에 대해 95.83% 수준의 정확도를 얻을 수 있습니다.

6.3.2 얕은 모델 파이프라인 튜닝하기

파이프라인이 여러 구성 요소로 이루어졌을 때, 각 구성 요소를 선택하거나 함께 튜닝하고 싶은 경우가 있습니다. 예를 들어 이미지의 차원을 축소하기 위한 PCA와 전처리된 이미지를 분류하는 SVM 분류 모델, 두 구성 요소를 가진 파이프라인을 생성한다고 가정해보죠. 한 가지 방법으로 사이킷런의 순차적 파이프라인(부록 B 참조)으로 각 구성 요소를 쌓아 올려 파이프라인을 만들 수 있습니다. 그다음 모델 선택과 파이프라인의 다른 구성 요소에 대한 튜닝을 동시에 수행할 수 있습니다(코드 6-25).

코드 6-25 사이킷런 파이프라인을 선택 및 튜닝하기

```
from keras_tuner.engine import hyperparameters as hp
from sklearn.decomposition import PCA
from sklearn.svm import SVC
from sklearn.ensemble import RandomForestClassifier
from sklearn.pipeline import Pipeline

def build_pipeline(hp):
    n_components=hp.Choice('n_components', [2, 5, 10], default=5)    PCA에 대한 하이퍼파라미터를 선택함
    pca = PCA(n_components=n_components)

    model_type = hp.Choice('model_type',
                           ['svm', 'random_forest'])    ◁── 모델 유형을 선택함

    if model_type == 'svm':
        with hp.conditional_scope('model_type', 'svm'):
            model = SVC(
                C=hp.Float('C', 1e-3, 10, sampling='linear', default=1),
                kernel=hp.Choice('kernel_type',
                                 ['linear', 'rbf'],
                                 default='linear'),
                random_state=42)
    elif model_type == 'random_forest':
        with hp.conditional_scope('model_type', 'random_forest'):
            model = RandomForestClassifier(
                n_estimators=hp.Int('n_estimators', 10, 200, step=10),
                max_depth=hp.Int('max_depth', 3, 10))
    else:
        raise ValueError('Unrecognized model_type')

    pipeline = Pipeline([    ◁──  선택된 하이퍼파라미터로 사이킷런 파이프라인을 생성함
```

```
        ('pca', pca),
        ('clf', model)
    ])

    return pipeline

tuner = kt.tuners.SklearnTuner(
        oracle=kt.oracles.RandomSearchOracle(
            objective=kt.Objective('score', 'max'),
            max_trials=30),
        hypermodel=build_pipeline,
        overwrite=True)

tuner.search(X_train, y_train)
```

임의 검색 기법으로 검색함

[코드 6-24]와 마찬가지 방식으로 최상의 파이프라인을 평가하므로 이 내용을 여기서 다시 반복해서 다루지 않습니다.

6.3.3 서로 다른 검색 기법 시도하기

6.3절의 도입부에서 이야기한대로, KerasTuner를 사용하는 한 가지 주요 장점은 얕은 모델을 튜닝하기 위한 서로 다른 검색 기법을 쉽게 전환(또는 구현)할 수 있다는 것입니다. 단순히 원하는 오라클로 바꾸기만 하면 되죠. 가령 임의 검색 기법을 베이지안 최적화 기법처럼 더 고급 기법으로 바꾸고 싶을 수 있습니다(코드 6-26). 아직 베이지안 최적화 기법을 잘 모르더라도 걱정하지 마세요. 해당 내용은 7장에서 자세히 다룹니다.

코드 6-26 베이지안 최적화 기법으로 사이킷런 모델 튜닝하기

```
bo_tuner = kt.tuners.SklearnTuner(
    oracle=kt.oracles.BayesianOptimizationOracle(
        objective=kt.Objective('score', 'max'),
        max_trials=30,
        seed=42),
    hypermodel=build_model,
    cv=KFold(3, shuffle=True, random_state=42),
    overwrite=True,
    project_name='bo_tuner')

bo_tuner.search(X_train, y_train)
```

BayesianOptimization을
오라클로 설정함

베이지안 최적화 기법으로 검색함

서로 다른 검색 기법은 보통 서로 다른 탐색 공간을 학습합니다. 예를 들어 베이지안 최적화 기법은 연속적인 값으로 정의되는 하이퍼파라미터를 검색하는 데 더 적합하다고 알려져 있습니다. 물론 실전에서는 서로 다른 검색 기법을 시도해보는 것이 현명할 수 있겠죠.

6.3.4 자동화된 피처 엔지니어링

이번에는 자동화된 피처 엔지니어링을 수행하는 방법을 다룹니다. 이 내용을 시작하기 전에 먼저 피처 엔지니어링이 무엇인지 살펴봅시다. 머신러닝에서 매우 중요한 단계이며, 특히 정형 데이터를 다룰 때 효과가 큰 피처 엔지니어링은 모델의 성능을 끌어올리는 데 유용합니다.

예를 들어 여러 피처를 표현하는 열들과 예측 타깃이 될 하나의 열로 구성된 정형 데이터셋이 있다고 가정해보죠. 이 피처들을 머신러닝 모델에 즉시 입력하기 전, 피처 생성 및 피처 선택을 수행하는 피처 엔지니어링을 적용해볼 수 있습니다. 피처 생성은 기존 피처 열들에 기반하여 더 많은 신규 열을 생성하는 것이고, 피처 선택은 일부 유용하지 않은 열을 제거하는 것을 의미합니다.

피처 엔지니어링이 작동하는 방식을 명확히 보여주기 위해, 4장에서 사용했던 타이타닉 데이터셋을 다시 활용해보죠. 이 데이터셋의 피처는 타이타닉호의 승객에 대한 프로필 정보이고, 예측 타깃은 타이타닉 참사로부터 생존 여부입니다. 다음 코드를 통해 데이터셋을 다운로드합니다.

코드 6-27 타이타닉 데이터셋 다운로드하기

```
import tensorflow as tf

TRAIN_DATA_URL = 'https://storage.googleapis.com/tfdatasets/titanic/train.csv'
TEST_DATA_URL = 'https://storage.googleapis.com/tf-datasets/titanic/eval.csv'

train_file_path = tf.keras.utils.get_file('train.csv', TRAIN_DATA_URL)
test_file_path = tf.keras.utils.get_file('eval.csv', TEST_DATA_URL)
```

CSV 파일을 다운로드한 다음 read_csv() 함수를 사용해 판다스의 데이터프레임으로 불러올 수 있습니다. 그다음 pop() 메서드를 사용해 타깃 열은 따로 뺍니다.

코드 6-28 판다스로 다운로드한 CSV 파일 불러오기

```python
import pandas as pd

x_train = pd.read_csv(train_file_path)    ←─┤ CSV 파일을 판다스의 데이터프레임으로 불러오기
y_train = x_train.pop('survived')    ←─┤ 타깃 열을 가져와 y_train 변수에 담음
y_train = pd.DataFrame(y_train)    ←─┐ 시리즈(Series) 자료형으로 표현되는
                                     └ 열을 데이터프레임으로 변환함
x_test = pd.read_csv(test_file_path)
y_test = x_test.pop('survived')

x_train.head()    ←─┤ 데이터의 처음 몇 개를 출력함
```

[그림 6-5]는 학습용 데이터셋의 출력 결과 일부를 보여줍니다.

	sex	age	n_siblings_spouses	parch	fare	class	deck	embark_town	alone
0	male	22.0	1	0	7.2500	Third	unknown	Southampton	n
1	female	38.0	1	0	71.2833	First	C	Cherbourg	n
2	female	26.0	0	0	7.9250	Third	unknown	Southampton	y
3	female	35.0	1	0	53.1000	First	C	Southampton	n
4	male	28.0	0	0	8.4583	Third	unknown	Queenstown	y

그림 6-5 타이타닉 데이터셋의 처음 몇 개의 기록

보다시피 일부 피처는 범주형이고, 또 다른 일부는 수치형입니다. 각각을 서로 다른 그룹으로 두고, 서로 다른 인코딩 기법을 적용할 필요가 있습니다.

age(나이)와 fare(승선비)는 수치형 데이터로 설정합니다. 그리고 이 두 피처의 누락된 값 또는 NaN은 중앙값으로 대체합니다. 그다음 값의 범위를 0~1 사이로 정규화합니다.

승객의 siblings(형제) 및 spouses(배우자)의 수와 class(등급)은 범주형 피처로 설정합니다. 이들은 범주의 종류가 많지 않아서 원-핫 인코딩 기법으로 인코딩합니다. 보통 원-핫 인코딩은 범주의 종류가 많은 경우에는 사용되지 않습니다. 그 이유는 인코딩 후 너무나도 많은 열이 생성되기 때문이죠.

승객의 sex(성별), deck(갑판에 있었는지)와 같은 그 밖의 피처들 또한 범주형 피처이지만, 이들에게는 서로 다른 문자열 값에 서로 다른 정숫값을 부여하는 순서형 인코딩 방식을 적용합

니다.

이 두 가지 유형의 범주형 피처에 대해서는, 인코딩을 적용하기 전에 누락된 값을 상숫값으로 대체할 필요가 있습니다. 여기서는 단순히 'None'이라는 값을 부여합니다.

[코드 6-29]는 `sklearn.pipeline.Pipeline`을 사용해서 각 유형별 열 각각에 맞는 변형(인코딩)을 적용하는 파이프라인을 구축하는 방법을 보여줍니다.

코드 6-29 열의 정리 및 인코딩을 위한 파이프라인 구축하기

```
from sklearn.preprocessing import OrdinalEncoder, OneHotEncoder, StandardScaler
from sklearn.impute import SimpleImputer
from sklearn.pipeline import Pipeline

numerical_columns = ['age', 'fare']
one_hot_columns = ['n_siblings_spouses', 'class']        ◁─┤ 서로 다른 유형의 열 이름 목록
int_columns = [
    'sex', 'parch', 'deck', 'embark_town', 'alone']

numerical_transformer = Pipeline(steps=[    ◁─┤ 수치형 열을 위한 파이프라인
    ('imputer', SimpleImputer(strategy='median')),    ◁─┤ 누락된 값을 중간값으로 대체
    ('normalizer', StandardScaler())    ◁─┤ 값의 범위를 0~1로 조정
])

one_hot_transformer = Pipeline(steps=[    ◁─┤ 원-핫 인코딩된 열을 위한 파이프라인
    ('imputer', SimpleImputer(
        strategy='constant', fill_value='None')),    ◁─┤ 누락된 값을 'None'으로 대체
    ('one_hot_encoder', OneHotEncoder(
        handle_unknown='ignore'))    ◁─┤ 원핫 인코딩된 열입니다. handle_unknown='ignore'를
])                                         사용하면, 추론 시 모두 0으로 인코딩된 알려지지 않은 값이
                                           등장하더라도 에러가 발생하지 않음

int_transformer = Pipeline(steps=[    ◁─┤ 순서형으로 인코딩된 열을 위한 파이프라인
    ('imputer', SimpleImputer(
        strategy='constant', fill_value='None')),    ◁─┤ 누락된 값을 'None'으로 대체
    ('label_encoder', OrdinalEncoder(
        handle_unknown='use_encoded_value', unknown_value=-1))    ◁─┤
])              값을 정수로 인코딩합니다. 알려지지 않은 값에는 -1을 사용함
```

지금까지 데이터 정리를 마쳤습니다. 이 파이프라인이 적용된 이후에는 모든 열이 부동소수점 또는 정수로 표현되는 수치형으로 변환됩니다. 다음 단계로는 피처 생성을 살펴보겠습니다.

첫 번째 피처 생성 기법은 서로 다른 범주형 열을 조합하는 것입니다. 간단히는 선택된 두 범주형 열의 문자열을 서로 이어 붙이는 것으로 생각해볼 수 있죠. 이렇게 이어 붙인 문자열은 생성된 새로운 열의 값이 됩니다. 이 기법은 선택된 머신러닝 모델이 두 열 사이의 상관관계를 발견하는 데 도움을 줄 수 있습니다.

예를 들어 [코드 6-30] 테이블의 첫 번째 열은 A와 B라는 두 값만 가집니다. 반면 두 번째 열은 0과 1이라는 값만 갖죠. 이때 앞서 설명한 기법으로 생성된 신규 열은 A0, A1, B0, B1이라는 서로 다른 네 가지 값을 가지게 되며, 여기에 순서형 인코딩을 적용하면 각각 0, 1, 2, 3 정숫값에 매핑될 수 있습니다.

코드 6-30 기존 열을 조합해 신규 열 생성하기

```
A 1 A1 1
A 0 A0 0
A 1 A1 1
B 0 B0 2
B 1 B1 3
B 1 B1 3
```

이 기법은 [코드 6-31]처럼 파이프라인 일부로서 SklearnTransformer을 활용하여 구현될 수 있습니다. fit() 함수는 학습용 데이터셋으로부터 피처 생성을 위한 정보를 학습합니다. 즉 fit() 함수는 신규 열을 생성하고, OrdinalEncoder를 사용해 학습을 수행하도록 작성되어 있습니다. transform() 함수는 데이터를 변형하고, 변형된 데이터를 반환하는 기능을 합니다. 즉 transform() 함수는 신규 열을 생성하고, OrdinalEncoder를 사용해 데이터를 인코딩하는 기능을 합니다.

코드 6-31 범주형 피처를 조합해 신규 피처 생성하기

```
from sklearn.base import BaseEstimator, TransformerMixin

class CategoricalCombination(        ┌ SklearnTransformer를 구현하는 데
    BaseEstimator, TransformerMixin): ◁┘ 필요한 두 클래스를 상속함
    def __init__(self, name_a, name_b):  ◁─┤ 초기화에는 두 열의 이름이 필요함
        self.name_a = name_a
        self.name_b = name_b
        self.encoder = OrdinalEncoder(
```

```
                        handle_unknown='use_encoded_value', unknown_value=-1)  ◁─┐
                                  새로 생성된 피처를 인코딩하기 위해 OrdinalEncoder를 준비함  │
    def fit(self, x, y=None, **kwargs):
        temp_column = x[self.name_a].astype(str) +
            x[self.name_b].astype(str)  ◁─┤ 열들을 이어 붙여 신규 열을 구축함
        self.encoder.fit(temp_column.to_frame())  ◁─┤ 신규 열로 인코더를 적합시킴
        return self


    def transform(self, x, **kwargs):
        temp_column = x[self.name_a].astype(str) +
            x[self.name_b].astype(str)  ◁─┤ 열들을 이어 붙여 신규 열을 구축함
        temp_column = self.encoder.transform(
            temp_column.to_frame())  ◁─┤ 인코더로 신규 열을 인코딩함
        return temp_column
```

이제 CategoricalCombination 클래스를 사용하면 기존 두 열의 범주형 데이터를 조합한 신규 열을 쉽게 생성할 수 있습니다. 그 사용법은 [코드 6-32]와 같습니다.

코드 6-32 CategoricalCombination로 신규 열 생성하기

```
>>> temp_data = pd.DataFrame({
...     '1': ['A', 'A', 'A', 'B', 'B', 'B'],
...     '2': [1, 0, 1, 0, 1, 1]
... })
>>> print(temp_data.head(6))  ◁─┤ 원본 열 목록을 출력함
   1  2
0  A  1
1  A  0
2  A  1
3  B  0
4  B  1
5  B  1

>>> transformer = CategoricalCombination('1', '2')  ◁─┤ 변형자를 초기화함
>>> print(transformer.fit_transform(temp_data))  ◁─┤ 새롭게 생성된 열을 출력함
[[1.]
 [0.]
 [1.]
 [2.]
 [3.]
 [3.]]
```

출력을 보면 알 수 있듯이, 사용한 데이터와 생성된 열의 값이 이전 예제와 동일한 것을 알 수 있습니다.

두 번째로 살펴볼 피처 생성 기법은 수치형 피처와 범주형 피처를 사용해서 새로운 수치형 피처를 생성하는 것입니다. [코드 6–33] 테이블을 예로 들면, 먼저 행 기준으로 서로 다른 그룹으로 나눕니다. (A 1, A 1), (B 1, B 0), (C 1, C -1) 이렇게 세 그룹으로 나뉘어지겠죠. 같은 그룹에 속하는 행은 첫 번째 열에 대해 동일한 값을 가집니다. 그리고 두 번째로, 서로 다른 그룹의 수치형 값에 대한 평균을 계산합니다. A, B, C 각각의 그룹에 대해 1, 0.5, 0이라는 값을 얻게 되겠죠. 마지막으로 범주형 열과 동일한 신규 열을 생성한 뒤, 범주형 값을 대응되는 평균값으로 대체합니다. 마치 범주형 값 인코딩에 평균값을 사용하는 것과 같습니다. 즉 A는 0.5, B는 0.5, C는 0으로 대체됩니다. 이는 수치형 피처를 사용해 범주형 피처를 인코딩하는 기법으로도 볼 수 있습니다.

코드 6-33 수치형 및 범주형 열로 신규 열을 생성하기

```
A 1  1
A 1  1
B 1  0.5
B 0  0.5
C 1  0
C -1 0
```

이 기법을 구현하기 위해서 [코드 6–34]처럼 또 다른 SklearnTransformer를 구현합니다. 두 열의 이름이 초기화 메서드에 입력되고, 각각 범주형 및 수치형 열을 의미합니다. fit() 함수에서는 서로 다른 범주형 값에 따라 분리된 서로 다른 그룹의 평균을 계산합니다. 그리고 transform() 함수는 범주형 값을 수치형 열로 대체한 다음 반환합니다.

코드 6-34 수치형 및 범주형 피처로 신규 피처 생성하기

```
class MeanEncoder(BaseEstimator, TransformerMixin):    ◁──  필요한 Transformer류의
    def __init__(                                            클래스를 상속함
        self, categorical_name, numerical_name):  ◁──  초기화에는 두 열의 이름이 필요함
        self.categorical_name = categorical_name
        self.numerical_name = numerical_name
        self.means = None
```

```
def fit(self, x, y=None, **kwargs):
    self.mean = x.groupby(self.categorical_name)[self.numerical_name].mean()  ◁─────┐
    return self                                                                     │
                                         fit() 함수는 범주형 열의 값들을 행 단위로 그룹화하고,
                                                  각 그룹별 수치형 값의 평균을 계산함

def transform(self, x, **kwargs):
    return x[self.categorical_name].map(
        self.mean).to_frame()  ◁──┤ 범주형 값을 평균값으로 대체함
```

이제 MeanEncoder를 사용해서 다음처럼 원하는 대로 잘 작동하는지를 빠르게 실험해볼 수 있습니다. 사용한 데이터와 생성된 열의 값이 [코드 6–33]과 동일한 것을 알 수 있습니다.

코드 6-35 수치형 및 범주형 피처로 신규 피처 생성하기

```
>>> temp_data = pd.DataFrame({   ◁──┤ 일부 데이터를 준비함
...     'a': ['A', 'A', 'B', 'B', 'C', 'C'],
...     'b': [1, 1, 1, 0, 1, -1]
... })
>>> print(temp_data.head(6))
   a   b
0  A   1
1  A   1
2  B   1
3  B   0
4  C   1
5  C  -1

>>> encoder = MeanEncoder('a', 'b')   ◁──┤ MeanEncoder를 초기화함
>>> print(encoder.fit_transform(temp_data).head(6))   ◁──┤ 데이터를 변형함
     a
0  1.0
1  1.0
2  0.5
3  0.5
4  0.0
5  0.0
```

출력 결과에 나와 있듯이 새로 생성된 열은 기대한대로 이전 예제와 같다는 것을 알 수 있습니다.

피처 엔지니어링에 필요한 모든 모듈이 갖춰졌습니다. 이제 피처 인코딩 파이프라인과 피처 생성을 위한 변형자(transformer)를 포함한 단일 파이프라인을 구축할 차례입니다. 여기

서 사용하는 SklearnColumnTransformer는 입력 데이터가 머신러닝 모델에 주입되기 전 피처를 변형하는 역할을 담당합니다(코드 6-36). ColumnTransformer는 세 개의 쌍(단계명, Transformer 또는 Pipeline의 인스턴스, 변형자가 사용할 열 이름을 담은 열)으로 표현된 변형자 목록을 매개변수로 입력받습니다.

코드 6-36 피처 인코더와 생성자를 함께 파이프라인에 배치하기

```
from sklearn.compose import ColumnTransformer

column_transformer = ColumnTransformer(transformers=[
    ('numerical', numerical_transformer, numerical_columns),    서로 다른 유형의 열에 대한
    ('one_hot', one_hot_transformer, one_hot_columns),          전처리 단계
    ('int', int_transformer, int_columns),
    ('categorical_combination', CategoricalCombination(         두 범주형 열을 조합하여
        'sex', 'class'), ['sex', 'class']),                     신규 열을 생성함
    ('mean', MeanEncoder(
        'embark_town', 'age'), ['embark_town', 'age'])          열을 인코딩하기 위한 평균값을
])                                                              계산하기 위해서 age 열을 사용함
```

지금까지 피처 생성 부분을 다뤘습니다. 다음으로 할 일은 피처 선택입니다. 보통 피처 선택은 각 피처를 평가하기 위해 일부 평가 지표를 사용하고, 하고자 하는 작업에 가장 유용한 것을 선택하고 나머지 열은 제거하는 단계로 이루어집니다. 피처 선택에 사용되는 일반적인 평가 지표에는 정보이론information theory의 중요한 개념인 상호 정보량mutual information이 있습니다. 각 피처를 변수로 바라볼 수 있고, 그 변수(피처/열)의 값들은 해당 피처의 값들로 볼 수 있습니다. 타깃 열이 특정 열에 높은 의존성을 가진다면, 이 두 열 간의 상호 정보량은 높게 나타날 것입니다. 즉 선택해야 할 좋은 열이죠. 반면에 두 열 간의 의존성이 낮다면 상호 정보량은 0에 가까울 것입니다.

피처 선택은 주어진 평가 지표에 따라 상위 k개의 피처를 선택하는 sklearn.feature_select.SelectKBest를 사용해서 구현할 수 있습니다. 예를 들어 상호 정보량이 가장 높은 8개의 피처를 선택하고 싶다면 SelectKBest(mutual_info_classif, k=8)을 사용할 수 있습니다. 이 또한 파이프라인을 구성하는 여러 단계 중 하나가 될 수 있습니다.

피처 생성 및 피처 선택 단계를 포함한 모든 피처 전처리의 준비가 끝났기 때문에, 이제는 sklearn.svm.SVC로 서포트 벡터 머신을 최종 분류 모델로 사용하는 [코드 6-37]처럼 완전한

엔드투엔드 파이프라인을 구축할 수 있습니다.

코드 6-37 전체 파이프라인 구축하기

```
from sklearn.svm import SVC
from sklearn.feature_selection import SelectKBest
from sklearn.feature_selection import mutual_info_classif

pipeline = Pipeline(steps=[     ⟵┤ 최종 엔드투엔드 파이프라인을 초기화함
    ('preprocessing', column_transformer),   ⟵┤ 전처리 및 피처 생성 변형자
    ('feature_selection', SelectKBest(mutual_info_classif, k=8)),  ⟵
    ('model', SVC()),   ⟵┤ 서포트 벡터 머신 분류 모델              피처 선택 단계로, 타깃 열에
])                                                                대해 가장 높은 상호 정보량을
                                                                 가진 상위 8개 피처를 선택함

pipeline.fit(x_train, y_train)   ⟵┤ 학습용 데이터로 모델을 학습시킴
```

파이프라인이 학습용 데이터로 학습되었다면, 다음 코드처럼 테스트용 데이터로 평가할 수 있습니다.

코드 6-38 테스트 데이터로 파이프라인 평가하기

```
from sklearn.metrics import accuracy_score

y_pred = pipeline.predict(x_test)   ⟵┤ 테스트 데이터로 타깃을 예측함
print('Accuracy: ', accuracy_score(y_test, y_pred))   ⟵┤ 평균 점수를 출력함
```

이렇게 해서 얻은 정확도 점수는 0.74입니다.

피처 엔지니어링의 한 가지 예를 살펴봤습니다. 이 과정의 여러 부분은 서로 다른 방식으로 수행될 수 있습니다. 가령 조합하고자 하는 범주형 열 목록, 인코딩하고 싶은 수치형 및 범주형 열 목록, 피처 선택 시 버리지 않고 유지하고 싶은 열의 개수 등을 다양하게 설정할 수 있겠죠. 이와 같은 결정 사항을 하이퍼파라미터로 정의한다면 이들을 튜닝하는 것이 바로 자동화된 피처 엔지니어링 과정이 될 것입니다.

하이퍼파라미터를 [코드 6-39]처럼 정의할 수 있습니다. 먼저 두 범주형 열에 대해 가능한 모든 조합을 생성하고, 수치형 열과 범주형 열에 대해서도 가능한 모든 조합을 생성합니다.

코드 6-39 기존 열들로 가능한 조합을 생성하기

```python
import numpy as np

mean_column_pairs = []
for int_col in int_columns:
    for num_col in numerical_columns:
        mean_column_pairs.append((int_col, num_col))
cat_column_pairs = []
for index1 in range(len(int_columns)):
    for index2 in range(index1 + 1, len(int_columns)):
        cat_column_pairs.append((int_columns[index1], int_columns[index2]))
mean_column_pairs = np.array(mean_column_pairs)
cat_column_pairs = np.array(cat_column_pairs)
```

주석:
- 모든 가능한 수치형 및 범주형 열들의 쌍을 담기 위한 리스트
- 순서형으로 인코딩된 범주형 열을 반복적으로 접근함
- 수치형 열을 반복적으로 접근함
- 범주형 및 수치형 열들의 쌍을 리스트에 추가함
- 모든 가능한 범주형 열들의 쌍을 담기위한 리스트
- 순서형으로 인코딩된 나머지 범주형 열을 반복적으로 접근함
- 순서형으로 인코딩된 모든 범주형 열을 반복적으로 접근함
- 범주형 열 쌍을 리스트에 추가함

그다음 각 쌍에 대해 불리언 하이퍼파라미터를 사용해 신규 피처의 생성 여부를 표현합니다. 이 하이퍼파라미터는 [코드 6-40]처럼 정의할 수 있습니다.

코드 6-40 각 쌍에 불리언 하이퍼파라미터 사용하기

```python
transformers = []

for index, (col1, col2) in enumerate(cat_column_pairs):
    if not hp.Boolean('combine_{i}'.format(i=index)):
        continue
    col1 = str(col1)
    col2 = str(col2)
    transformers.append((
        col1 + col2,
        CategoricalCombination(col1, col2),
        [col1, col2]))
```

주석:
- 모든 쌍을 인덱스와 함께 반복적으로 접근함
- 각 쌍에 대해 불리언 하이퍼파라미터를 사용해서 신규 피처의 생성 여부를 제어함
- ColumnTransformer가 사용할 변형자의 리스트에 세 개의 값을 가진 쌍을 추가함

이제 모든 것을 한데 모아 전체 탐색 공간을 구축할 준비가 되었습니다(코드 6-41). 앞에서 살펴본 피처 엔지니어링의 예제처럼, 세 가지 유형의 피처를 전처리하고 인코딩하는 파이프라 인 3개를 구축합니다. 두 번째로 [코드 6-40] 처럼, 신규 피처 생성을 위해 각 범주형 피처쌍 에 대한 불리언 하이퍼파라미터를 정의합니다. 그리고 수치형과 범주형 피처를 묶은 쌍에 대해 서도 같은 작업을 합니다. 마지막에는 제거하지 않고 유지할 열 수를 표현하는 하이퍼파라미터

를 정의합니다. 그다음 이 세 단계로 하나의 전체 파이프라인을 구성한 뒤 반환합니다.

코드 6-41 자동화된 피처 엔지니어링을 위한 탐색 공간

```python
import keras_tuner as kt

def build_model(hp):
    numerical_transformer = Pipeline(steps=[       # 수치형 피처를 위한 전처리 파이프라인
        ('imputer', SimpleImputer(strategy='median')),
        ('normalizer', StandardScaler())
    ])
                                                   # 원-핫 인코딩되어야 할 범주형 피처를 위한
                                                   # 전처리 파이프라인
    one_hot_transformer = Pipeline(steps=[
        ('imputer', SimpleImputer(strategy='constant', fill_value='None')),
        ('one_hot_encoder', OneHotEncoder(handle_unknown='ignore'))
    ])
                                                   # 순서형으로 인코딩되어야 할 범주형 피처를
                                                   # 위한 전처리 파이프라인
    int_transformer = Pipeline(steps=[
        ('imputer', SimpleImputer(strategy='constant', fill_value='None')),
        ('label_encoder', OrdinalEncoder(
            handle_unknown='use_encoded_value', unknown_value=-1))
    ])
                                                   # 나중에 ColumnTransformer가 사용할
                                                   # 리스트에 전처리 파이프라인을 담음
    transformers = [
        ('numerical', numerical_transformer, numerical_columns),
        ('one_hot', one_hot_transformer, one_hot_columns),
        ('int', int_transformer, int_columns),
    ]
    for index, (col1, col2) in enumerate(
        cat_column_pairs):
        if not hp.Boolean('combine_{i}'.format(i=index)):
            continue
        col1 = str(col1)                           # 범주형 피처 쌍을 하나씩 접근하며
        col2 = str(col2)                           # 신규 피처의 생성을 위한 불리언
        transformers.append((                      # 하이퍼파라미터를 정의함
            col1 + col2,
            CategoricalCombination(col1, col2),
            [col1, col2]))

    for index, (col1, col2) in enumerate(
        mean_column_pairs):
        if not hp.Boolean('mean_{i}'.format(i=index)):
            continue
```

```
        col1 = str(col1)
        col2 = str(col2)
        transformers.append((
            col1 + col2,
            MeanEncoder(col1, col2),
            [col1, col2]))
    print(transformers)
    pipeline = Pipeline(steps=[
        ('preprocessing', ColumnTransformer(
            transformers=transformers)),
        ('impute', SimpleImputer(strategy='median')),
        ('model_selection', SelectKBest(
            mutual_info_classif,
            k=hp.Int('best_k',
                5,
                13 + len(transformers) - 3))),
        ('model', SVC()),
    ])
    return pipeline
```

범주형 및 수치형 피처 쌍을 하나씩 접근하며 신규 피처의 생성을 위한 불리언 하이퍼파라미터를 정의함

전체 파이프라인을 초기화함

파이프라인의 첫 번째 단계인 데이터 전처리 및 신규 피처를 생성하는 ColumnTransformer를 초기화함

피처 생성 중 발생했을지도 모를 값의 누락을 피하기 위해 다시 한번 대체함

상위 k개의 피처 선택을 위한 피처 선택자를 초기화함

피처 선택에 대한 지표로 상호 정보량을 사용함

k 값에 대한 하이퍼파라미터를 정의함

적어도 5개의 피처를 선택함

최대한 모든 피처를 선택함
(전처리 및 새로 생성된 피처에 대한 인코딩 후 13개의 피처가 있음. 이 수는 3개의 전처리 파이프라인을 제외한, 사용된 변형자의 개수와 동일)

탐색 공간이 모델을 올바르게 구축할 수 있다는 것을 확인하기 위해 [코드 6-42]처럼 간단한 코드를 실행합니다.

코드 6-42 탐색 공간에 대한 간단한 단위 테스트

```
build_model(kt.HyperParameters()).fit(x_train, y_train)
```

마지막으로 다음처럼 최상의 모델을 검색하는 검색 과정을 시작할 수 있습니다.

코드 6-43 최상의 자동화된 피처 엔지니어링 모델을 검색하기

```
from sklearn import metrics
import sklearn

tuner = kt.SklearnTuner(
    kt.oracles.RandomSearchOracle(    검색에 임의 검색 알고리즘을 사용함
        objective=kt.Objective('score', 'max'),
        max_trials=10,
    ),
    build_model,
```

```
    scoring=metrics.make_scorer(metrics.accuracy_score),    ⟵┤ 정확도를 평가 지표로 사용함
    overwrite=True,
)
tuner.search(x_train, y_train)
```

자동화된 피처 엔지니어링으로 0.81이라는 더 나은 정확도 점수를 얻었습니다.

6.4 튜너의 사용자 정의를 통해 AutoML 과정 제어하기

이 절에서는 튜너 객체를 깊게 다루어, AutoML 과정을 제어하기 위해 튜너 객체를 사용자 정의하는 방법 및 서로 다른 라이브러리로 구현된 모델을 튜닝하는 방법을 배웁니다. AutoML 과정을 제어한다는 것은 다음 네 단계로 구성된 AutoML 루프를 제어한다는 것을 의미합니다. 1. 검색 기법(오라클)이 선택한 하이퍼파라미터에 기반한 각 시도에 대한 머신러닝 파이프라인을 생성합니다. 2. 파이프라인을 학습시키고 그 성능을 평가합니다. 3. 평가 결과를 기록합니다. 4. 필요 시 평가 결과를 오라클에게 제공합니다. 이 네 단계의 AutoML 루프는 [그림 6-6]에서 상세히 묘사되어 있습니다. 서로 다른 모델을 튜닝하는 내용을 다뤘던 앞 절에서 이미 두 가지 유형의 튜너를 살펴봤습니다. 즉 임의 검색 기법으로 (특히 텐서플로/케라스로 구현된) 딥러닝 모델을 튜닝하기 위한 **RandomSearch**와 사이킷런 라이브러리로 구현된 얕은 모델을 튜닝하기 위한 **SklearnTuner**가 바로 그것이었죠. 선택된 모델에 따라 서로 다른 검색 기법이 적용되었습니다.

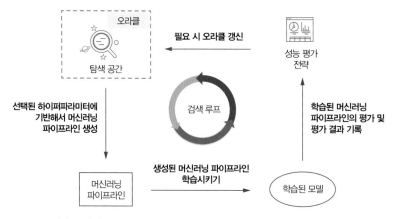

그림 6-6 AutoML 과정 속 검색 루프

서로 다른 튜너를 선택하는 주된 이유는 딥러닝과 얕은 모델을 학습시키고 평가하는 방식이 다르기 때문입니다. 시도하고 싶은 모든 머신러닝 모델을 제공하는 단일 패키지를 찾기란 어렵기 때문에, 여러 모델을 비교하여 최적의 솔루션을 찾아야 하는 AutoML에서는 꽤 현실적인 문제입니다. KerasTuner가 hp 컨테이너와 함께 build() 함수를 정의해서 탐색 공간을 사용자 정의할 수 있는 일반화된 방식을 제공합니다. 하지만 모델의 학습/평가/저장/불러오기는 또 다른 문제입니다. 그리고 이 문제는 여러분만의 튜너를 정의하면 해결할 수 있습니다.

지금부터 이 절의 남은 부분에서는 사이킷런과 텐서플로/케라스용 모델을 다루는 튜너를 정의하여 튜너를 설계하는 기본적인 방법에 익숙해지는 시간을 가져보겠습니다. 이 두 예제를 통해 딥러닝 모델과 얕은 모델 선택 및 튜닝을 함께 고려한 튜너를 설계하는 방법을 배웁니다. 또한 사이킷런 또는 케라스 모델뿐만 아니라, LightGBM 라이브러리에 구현된 그레이디언트 부스팅 결정 트리gradient boosted decision tree(GBDT)를 튜닝하는 추가 예제도 함께 살펴봅니다.

6.4.1 사이킷런 모델 튜닝을 위한 튜너 생성하기

먼저 사이킷런 라이브러리에 구현된 얕은 모델을 튜닝하는 튜너를 설계하는 방법부터 배워봅시다. 이번에는 6.2.1절에서 사용한 숫자 분류 문제를 다룰 것이고, 탐색 공간을 생성하고 모델을 선택하고 튜닝하는 데에는 동일한 코드를 그대로 활용합니다. 다만 사이킷런의 내장 튜너(kt.tuners.SklearnTuner)를 사용하는 대신 우리만의 튜너를 사용자 정의한다는 점이 다릅니다. 우리가 만들 튜너의 이름은 ShallowTuner로, KerasTuner의 튜너 클래스(Tuner)를 상속하여 구현됩니다.

Tuner 클래스를 상속하면 탐색 공간, 모델 구축, 모델 학습, 모델 저장, 평가 과정을 완전히 입맛대로 제어하는 것이 가능합니다. 실제 예제를 바로 다루기에 앞서, 그 작동법에 대한 감을 익힐 수 있는 가장 기본적인 예제를 살펴보겠습니다. [코드 6-44]는 y=x*x*+1를 최소화하는 x 값을 찾는데, 여기서 x를 하이퍼파라미터로 두었습니다. RnadomeSearch처럼 Tuner를 상속한 모든 하위 클래스는 KerasTuner를 모든 것에 대한 블랙박스 최적화 도구로 사용할 수 있습니다. 하이퍼파라미터를 정의한 다음 목적 함수 값을 반환하도록 Tuner 클래스의 run_trial() 메서드를 재정의합니다. 반환된 값은 기본적으로 최소화되며, run_trial() 메서드는 한 번의 실험만을 수행한 다음 평가 결과를 반환합니다.

```
import keras_tuner as kt

class MyTuner(kt.RandomSearch):   ◁─┤ RandomSearch 클래스 상속
    def run_trial(self, trial, *args, **kwargs):
        hp = trial.hyperparameters   ◁─┤ 각 시도별 HyperParameters 객체를 가져오기
        x = hp.Float('x', -1.0, 1.0)
        return x * x + 1

tuner = MyTuner(max_trials=20)
tuner.search()
tuner.results_summary()
```

위 예제에서는 하이퍼 모델을 사용하지 않았습니다. 목적 함수를 지정하지도 않았죠. 이 둘은
모두 Tuner 클래스의 run_trial() 메서드에 의해 사용됩니다. 이 둘을 사용하지 않는다면 지
정할 필요는 없습니다. run_trial() 메서드는 다양한 형식의 값을 반환할 수 있습니다. 하지
만 다음 예제에서 보게될 딕셔너리를 반환하는 것이 일반적입니다.

다만 ShallowTuner를 구현하려면 검색 과정에서 도출된 모델을 저장하고, 검색이 끝난 뒤 최
상의 모델을 불러오기 위해 더 많은 메서드를 재정의해야 합니다. 사용자 정의 튜너를 만들 때
는 다음 5개의 메서드를 구현하는 것이 가장 일반적입니다.

- 초기화 메서드(__init__()): 검색 기법(oracle)과 각 시도별 탐색 공간 및 모델을 구축하기 위한 정
  의된 모델 구축 함수 또는 클래스(하이퍼 모델)를 제공받아 초기화합니다. 오라클과 하이퍼 모델은 각각
  self.oracle 및 self.hypermodel로 튜너의 속성으로 저장됩니다.
- 검색 메서드(search()): 이 메서드가 호출되면 반복적인 AutoML의 전체 검색 과정을 시작합니다. 먼
  저 반복되는 검색마다 현재 수행되는 시도의 시작과 완료 상태를 추적하고 검색 기법이 선택한 하이퍼파
  라미터에 대한 모든 메타 정보를 저장하는 trial이라는 객체를 초기화합니다. 그다음 검색 과정을 진행
  하기 위해 코어 메서드를 호출합니다.
- 코어 메서드(run_trial()): [그림 6-6]에 묘사된 단일 검색 루프를 구현합니다.
- 저장 메서드(save_model()): 생성된 모델을 저장합니다.
- 불러오기 메서드(load_model()): 검색 과정이 끝난 뒤, 필요에 따라 재학습을 위해 모델을 불러옵니다.

ShallowTuner의 코드는 [코드 6-45]와 같습니다. 초기화 및 검색 메서드는 별도의 특화된 일
을 수행하지 않아서 단순히 부모 클래스(Tuner)의 해당 메서드를 호출만 하므로 [코드 6-45]
에는 포함하지 않았습니다.

```python
import os
import pickle
import tensorflow as tf
import keras_tuner as kt

class ShallowTuner(kt.Tuner):
    def __init__(self, oracle, hypermodel, **kwargs):    ◁─┤ 튜너 초기화
        super(ShallowTuner, self).__init__(
            oracle=oracle, hypermodel=hypermodel, **kwargs)

    def search(self, X, y, validation_data):
        return super(ShallowTuner, self).search(
            X, y, validation_data)

    def run_trial(self, trial, X, y, validation_data):
        model = self.hypermodel.build(trial.hyperparameters)
        model.fit(X, y)                                         현재 시도에서 모델을
        X_val, y_val = validation_data                         구축하고 학습시키고 평가함
        eval_score = model.score(X_val, y_val)
        self.save_model(trial.trial_id, model)    ◁─┤ 모델을 디스크에 저장
        return {'score': eval_score}    ◁─┤ 평가 결과를 반환

    def save_model(self, trial_id, model):    ◁─┤ 피클 패키지로 작성된 모델 저장 함수
        fname = os.path.join(self.get_trial_dir(trial_id), 'model.pickle')
        with tf.io.gfile.GFile(fname, 'wb') as f:
            pickle.dump(model, f)

    def load_model(self, trial): ◁─┤ 피클 패키지로 작성된
        fname = os.path.join(      모델 불러오기 함수
            self.get_trial_dir(trial.trial_id), 'model.pickle')
        with tf.io.gfile.GFile(fname, 'rb') as f:
            return pickle.load(f)
```

AutoML의 과정은 반복적이기 때문에, 사용자 정의 튜너의 코어 메서드(run_trial())는 검색 함수(기반 Tuner 클래스의 구현체)에서 반복적으로 호출됩니다. 해당 메서드에는 그 속에서 생성된 모델을 학습시키고 평가하기 위한 데이터가 입력되어야 합니다(학습용 피처는 X, 학습에 대한 응답/타깃 레이블은 y, 테스트용 데이터는 validation_data라는 매개변수에 담깁니다). trial 객체는 현재 시도에 대해 오라클이 반환한 모든 하이퍼파라미터, 임의로 생성된

시도 아이디(`trial.trial_id`)와 같은 결과를 요약하는 메타데이터를 갖고 있습니다.

`run_trial()` 메서드를 자세히 들여다보면, 가장 먼저 오라클이 선택한 하이퍼파라미터에 기반해 모델을 구축하는 것을 알 수 있습니다(`trial.hyperparameters`는 현재 시도에 대한 모델을 생성하는 데 쓰일 하이퍼파라미터 컨테이너입니다). 그다음 모델이 학습되고 평가됩니다. `model.score()` 메서드는 사이킷런 모델에 대한 기본 평가 기준criterion을 따릅니다. 하지만 교차 검증 등 여러분만의 평가 기법을 구현하고 적용하는 것도 가능합니다. 이 경우 교차 검증은 자동으로 학습용 데이터의 부분들을 검증용 데이터로 분할하기 때문에, 검증용 데이터셋을 수용하는 매개변수를 제거할 수 있습니다. 마지막으로 `run_trial()` 메서드는 오라클을 갱신하기 위한 평가 결과(평가 지표를 키로 하는 딕셔너리)를 반환합니다.

모델은 `save_model()` 메서드를 호출해서 디스크로 저장됩니다. 이 과정은 [그림 6-6]에 묘사된 검색 루프를 정확히 따릅니다. 검색 과정에서 발견된 모델을 저장하고 불러오려면, `save_model()` 및 `load_model()` 메서드를 구현해야 합니다. `run_trial()` 메서드에서 호출되는 `save_model()` 메서드는 시도 아이디 및 사이킷런 모델을 매개변수로 입력받아 피클pickle 패키지로 모델을 저장합니다. 그리고 `load_model()` 메서드는 검색 과정이 종료된 다음에 사용됩니다. 디스크에 저장된 모델 중 최상의 모델을 불러오는 기능을 하죠. 이 메서드는 시도 아이디, 하이퍼파라미터, 모델의 정확도와 같이 최상의 모델을 도출한 시도에 대한 모든 메타 정보를 포함한 `trial` 객체를 입력받아 호출되며, 그 결과로 해당 시도에 부합하는 학습된 모델을 반환합니다.

데이터 불러오기와 탐색 공간 생성은 6.2.1절과 동일한 과정을 따릅니다. 다만 검증용 데이터를 요구하도록 튜너를 만들었기 때문에, 학습용 데이터로부터 검증용 데이터를 분할하는 작업이 추가로 필요합니다. 사이킷런의 내장 튜너를 사용했을 때는 이 작업이 필요 없었습니다. 내부적으로 각 선택된 모델을 평가하는 `run_trial()` 메서드 내에 교차 검증이 구현되어 있기 때문이죠. 다시 돌아와서, AutoML을 수행하는 [코드 6-46]은 SVM 모델과 랜덤 포레스트 모델을 선택하고, 각각의 하이퍼파라미터를 동시에 튜닝하는 방법을 보여줍니다.

코드 6-46 숫자 분류를 위한 사이키런 모델 튜닝하기

```
from sklearn.datasets import load_digits
from sklearn.model_selection import train_test_split
```

```
digits = load_digits()

images, labels = digits.images, digits.target          숫자 데이터셋 불러오기

X = images.reshape((n_samples, -1))

X_train, X_test, y_train, y_test = train_test_split(
    X, labels, test_size=0.2, shuffle=False)                데이터셋을 학습, 검증,
X_train, X_val, y_train, y_val = train_test_split(          평가용으로 분할함
    X_train, y_train, test_size=0.2, shuffle=False)

from sklearn.svm import SVC
from sklearn.ensemble import RandomForestClassifier
from keras_tuner.engine import hyperparameters as hp

def build_model(hp):    ◁── 모델의 선택 및 하이퍼파라미터 튜닝을 위한 탐색 공간을 생성함
    model_type = hp.Choice('model_type', ['svm', 'random_forest'])
    if model_type == 'svm':
        with hp.conditional_scope('model_type', 'svm'):
            model = SVC(
                C=hp.Float('C', 1e-3, 10, sampling='linear', default=1),
                kernel=hp.Choice('kernel_type',
                                 ['linear', 'rbf'],
                                 default='linear'),
                random_state=42)
    elif model_type == 'random_forest':
        with hp.conditional_scope('model_type', 'random_forest'):
            model = RandomForestClassifier(
                n_estimators=hp.Int('n_estimators', 10, 200, step=10),
                max_depth=hp.Int('max_depth', 3, 10))
    else:
        raise ValueError('Unrecognized model_type')
    return model

my_sklearn_tuner = ShallowTuner(◁── 사용자 정의 튜너를 초기화함
    oracle=kt.oracles.RandomSearchOracle(
        objective=kt.Objective('score', 'max'),
        max_trials=10,
        seed=42),
    hypermodel=build_model,
    overwrite=True,
    project_name='my_sklearn_tuner')

my_sklearn_tuner.search(                               학습용 및 검증용 데이터셋을
    X_train, y_train, validation_data=(X_val, y_val)) ◁── 주입하여 검색 과정을 수행함
```

6.2.2절에서 했던 것과 마찬가지로 사이킷런 파이프라인을 튜닝하는 데도 사용자 정의 튜너를 사용할 수 있습니다. 이 내용은 여러분을 위한 숙제로 남겨두겠습니다.

6.4.2 케라스 모델 튜닝을 위한 튜너 생성하기

두 번째로 살펴볼 예제는 텐서플로/케라스로 구현된 딥러닝 모델을 튜닝하는 사용자 정의 튜너를 만드는 것입니다. 케라스 모델 튜닝에는 임의 검색 기법으로 하드 코딩된 RandomSearch라는 내장 튜너를 사용했습니다(임의 검색 기법이 오라클이며 변할 수 없음). 그리고 이번에는 서로 다른 검색 기법을 선택할 수 있는 사용자 정의 튜너를 만듭니다. 이전 예제와 동일한 절차를 밟으면서, 기반 튜너 클래스를 상속하는 DeepTuner 클래스를 만듭니다. 앞서 언급한대로 초기화 및 검색 메서드가 기본 튜너 대비 특별한 일을 하지 않는다면, 이들을 재정의하여 구현할 필요는 없습니다. 따라서 DeepTuner 클래스에도 run_trail(), save_model(), load_model() 메서드만 구현합니다.

이전 예제와의 가장 큰 차이점은 run_trial() 메서드가 모델을 평가하는 방법과 케라스 모델을 저장하고 불러오는 방법입니다(코드 6-47). run_trial() 메서드 속을 들여다보면, 이전 예제와 마찬가지로 하이퍼 모델의 build() 메서드를 통해 케라스 모델을 구축하는 것을 알 수 있습니다. 그다음 생성된 케라스 모델의 fit() 메서드를 호출해서 학습시킵니다. 특히 딥러닝 모델을 학습시키는 데는 최적화 알고리즘의 제어를 돕는 배치 크기 및 에포크 횟수 등 추가적인 하이퍼파라미터가 필요할 수 있습니다. 이러한 하이퍼파라미터는 **fit_kwargs 매개변수를 통해 전달될 수 있습니다(나중에 보게 될 튜너의 search() 메서드를 호출할 때). 또는 다른 하이퍼파라미터와 함께, 하이퍼파라미터 컨테이너를 사용해 탐색 공간을 설정하면 좀 더 자동화를 이뤄낼 수 있습니다([코드 6-47]의 batch_size에 대한 코드 참조). 모델의 학습이 종료된 다음에는 검증용 데이터로 해당 모델을 평가하고, 평가 결과로 오라클을 갱신할 수 있습니다. 특히 평가 지표가 여러 개일 때 오라클을 갱신할 때 유용합니다. 가령 이번에 볼 예제에서, 기본적으로 케라스의 평가 메서드인 evaluate()는 평가 손실값과 분류 정확도를 반환합니다(숫자 분류를 위한 탐색 공간을 이미 만들었다는 가정). 이 문제를 해결하는 가장 간단한 방법은 평가 지표(메트릭)의 이름을 키로 가진 딕셔너리에 모든 평가 지표를 저장하고 이를 오라클에게 제공하는 것입니다. 튜너 초기화 시 모델 비교 및 오라클 갱신에 사용할 평가 지표를 지정할 수 있습니다. 한편 텐서플로/케라스는 모델의 저장 및 불러오는 메서드를 제공하기 때문에, 이 기능을 그대로 save_model() 및 load_model() 메서드에 적용할 수 있습니다.

코드 6-47 케라스 모델을 튜닝하기 위한 사용자 정의 튜너

```
class DeepTuner(kt.Tuner):

    def run_trial(self, trial, X, y, validation_data, **fit_kwargs):
        model = self.hypermodel.build(trial.hyperparameters)

        model.fit(X, y, batch_size=trial.hyperparameters.Choice(
            'batch_size', [16, 32]), **fit_kwargs)      ◁─┐ 튜닝 가능한 배치 크기로 모델을
                                                           │ 학습시킴
        X_val, y_val = validation_data
        eval_scores = model.evaluate(X_val, y_val)
        self.save_model(trial.trial_id, model)
        return {name: value for name, value in zip(
            model.metrics_names,
            eval_scores)}   ◁─┤ 평가 결과를 반환

    def save_model(self, trial_id, model, step=0):
        fname = os.path.join(self.get_trial_dir(trial_id), 'model')
        model.save(fname)

    def load_model(self, trial):
        fname = os.path.join(self.get_trial_dir(
            trial.trial_id), 'model')
        model = tf.keras.models.load_model(fname)
        return model
```

그다음 사용자 정의 튜너를 사용하여 숫자 분류용 MLP를 튜닝합니다. [코드 6-48]처럼, build_model() 함수로 MLP의 탐색 공간을 생성하고, 생성된 탐색 공간을 사용해 Deep-Tuner 객체를 초기화합니다. 그리고 오라클을 직접 선택합니다. RandomSearch 튜너로는 할 수 없던 일이죠. 모델들을 비교하는 오라클의 목적 함수는 분류 정확도이며, 오라클을 갱신하는 run_trial() 메서드에 의해 사용됩니다. 검색 메서드(search)를 호출하면 검색 과정을 실행할 수 있습니다. 검색 메서드에 전달된 에포크 횟수(epochs)는 **fit_kwargs 매개변수를 통해 run_trial() 메서드로 전달되어, 각 선택된 MLP의 학습 에포크를 제어합니다.

```python
import keras_tuner as kt

def build_model(hp):    ◀─┤ MLP 모델 튜닝을 위한 탐색 공간을 생성함
    model = tf.keras.Sequential()
    model.add(tf.keras.Input(shape=(64,)))
    for i in range(hp.Int('num_layers', min_value=1, max_value=4)):
        model.add(tf.keras.layers.Dense(hp.Int(
            'units_{i}'.format(i=i), min_value=32, max_value=128, step=32),
                activation='relu'))
    model.add(tf.keras.layers.Dense(10, activation='softmax'))
    model.compile(loss='sparse_categorical_crossentropy',
        metrics=['accuracy'])
    return model

my_keras_tuner = DeepTuner(
    oracle=kt.oracles.RandomSearchOracle(
        objective=kt.Objective('accuracy', 'max'),    ◀─┤ 분류 정확도를 모델간 비교를 위한
        max_trials=10,                                       목적 함수로 사용하고, 오라클을 갱신함
        seed=42),
    hypermodel=build_model,
    overwrite=True,
    project_name='my_keras_tuner')

my_keras_tuner.search(
    X_train, y_train, validation_data=(X_val, y_val), epochs=10)    ◀─┤ 검색 과정 실행하기
```

튜너를 설계한 두 예제로부터 머신러닝 라이브러리에 상관 없이 모델의 학습, 평가, 저장, 불러오기 기능이 구현되어 있기만 하다면, 모델을 제어, 선택, 튜닝하는 튜너를 만들 수 있다는 사실을 파악할 수 있습니다. 튜너를 사용자 정의하면 AutoML 과정을 완전히 입맛대로 제어할 수 있으며, 배치 크기를 튜닝하고 서로 다른 라이브러리의 모델을 튜닝하는 등 탐색 공간을 훨씬 더 광범위하게 지정할 수 있습니다. 이어지는 두 예제에서는 서로 다른 라이브러리의 모델을 튜닝하기 위해 탐색 공간을 확장할 수 있도록 설계된 튜너의 이점을 살펴봅니다.

6.4.3 딥러닝과 얕은 모델의 선택과 튜닝 함께하기

최근 딥러닝 모델이 여러 작업에서 훌륭한 결과와 가능성을 보여주고 있지만, 이들이 보편적으

로 최적화된 솔루션은 아닙니다. 다양한 상황에서 딥러닝 모델이 얕은 모델보다 더 뛰어나다는 사실을 미리 아는 것은 불가능합니다. 특히 데이터셋의 크기가 작을 때 더욱 그렇습니다. 언젠가는 이 상황에 직면하게 될지도 모르죠. 다음 예제는 얕은 모델과 딥러닝 모델을 선택하고 튜닝하는 방법을 다룹니다. 이전 두 예제에서 사용된 탐색 공간을 조합해 단일화된 탐색 공간을 만듭니다. 그리고 탐색 공간에는 SVM, 랜덤 포레스트, MLP라는 세 가지 유형의 모델 구조와 각각에 알맞은 하이퍼파라미터 공간을 포함합니다. 탐색 공간의 체계를 더 분명하게 하기 위해 [코드 6-49]처럼 각 모델의 유형에 맞는 하이퍼파라미터가 선택될 수 있도록 조건부 범위를 설정했습니다.

코드 6-49 딥러닝 및 얕은 모델 모두에 대한 탐색 공간 생성하기

```
from sklearn.svm import SVC
from sklearn.ensemble import RandomForestClassifier

def build_model(hp):
    model_type = hp.Choice('model_type', ['svm', 'random_forest', 'mlp'],
        default='mlp')    ◁── 각 유형의 모델에 대한 조건부 하이퍼파라미터 범위를 설정함
    if model_type == 'svm':
        with hp.conditional_scope('model_type', 'svm'):   ◁── 얕은 모델 또는 MLP를 선택함
            model = SVC(
                C=hp.Float('C', 1e-3, 10, sampling='linear', default=1),
                kernel=hp.Choice('kernel_type', ['linear', 'rbf'],
                    default='linear'),
                    random_state=42)
    elif model_type == 'random_forest':
        with hp.conditional_scope('model_type', 'random_forest'):
            model = RandomForestClassifier(
                n_estimators=hp.Int('n_estimators', 10, 200, step=10),
                max_depth=hp.Int('max_depth', 3, 10))
    elif model_type == 'mlp':
        with hp.conditional_scope('model_type', 'mlp'):
            model = tf.keras.Sequential()
            model.add(tf.keras.Input(shape=(64,)))
            for i in range(hp.Int('num_layers', min_value=1, max_value=4)):
                model.add(tf.keras.layers.Dense(hp.Int(
                    f'units_{i}', min_value=32, max_value=128,
                        step=32), activation='relu'))
            model.add(tf.keras.layers.Dense(10, activation='softmax'))
            model.compile(
                loss='sparse_categorical_crossentropy', metrics=['accuracy'])
```

각 유형의 모델에 대한 조건부 하이퍼파라미터 범위를 설정함

```
    else:
        raise ValueError('Unrecognized model_type')
    return model
```

이제 튜너를 만들 차례입니다. 이전 두 예제, 그다음 수순으로 떠올려볼 만한 아이디어는 두 튜너를 하나로 병합하는 것입니다. 딥러닝 및 얕은 모델은 같은 방식으로 생성할 수 있기 때문에 (각 시도마다 하이퍼파라미터로 build() 메서드를 호출), 모델 판별자discriminator를 설정하여 각 시도마다 생성된 모델의 유형을 판단할 수 있습니다. 딥러닝(케라스) 모델이 생성될 때마다 해당 모델은 DeepTuner에 저장됩니다. 반면 얕은(사이킷런) 모델이 생성될 때는 Shallow-Tuner에 구현된 단계를 따릅니다. ShallowTuner는 [코드 6-50]처럼 구현될 수 있습니다.

보다시피 run_trial(), save_model(), load_model() 메서드는 모두 모델이 케라스 모델인지 아닌지를 판단할 수 있습니다. 오라클이 서로 다른 모델에 대해서도 같은 평가 유형을 수용할 수 있게 하려고 딥러닝 모델만 분류 정확도를 유지합니다. 한 가지 까다로운 점은 서로 다른 모델을 저장하고 불러오는 방식이 다르다는 것입니다. 학습 과정에서 모델의 유형에 맞는 메서드를 호출해 모델을 직접 저장할 수 있습니다. 하지만 모델을 불러올 때는 사전에 모델을 가지고 있는 것이 아니기 때문에, 해당 모델에 대한 불러오기 메서드를 선택할 수 없습니다. 이 문제는 초기화 함수에 trial_id_to_type 속성을 정의하여, 각 시도별 선택된 모델 유형을 기록하여 해결될 수 있습니다. 시도 ID와 모델 유형(케라스 또는 사이킷런)을 매핑하는 딕셔너리이기 때문에, 시도 ID에 따라 모델을 불러오는 데 쓰일 적절한 메서드를 선택할 수 있습니다.

코드 6-50 딥러닝 및 얕은 모델을 모두 튜닝하기 위한 튜너를 사용자 정의하기

```
import pickle
import os
import tensorflow as tf
import keras_tuner as kt

class ShallowDeepTuner(kt.Tuner):
    def __init__(self, *args, **kwargs):
        super().__init__(*args, **kwargs)
        self.trial_id_to_type = {}    ◁─┤ 각 시도에서 선택된 모델의 유형을 기록하는 속성을 추가함

    def run_trial(
        self, trial, x, y, validation_data, epochs=None, **fit_kwargs):
            model = self.hypermodel.build(trial.hyperparameters)
```

```
            x_val, y_val = validation_data
        if isinstance(model, tf.keras.Model):    ◁── 모델 학습에서 모델의 유형을 확인
            model.fit(
                x, y, validation_data=validation_data,
                batch_size=trial.hyperparameters.Choice(
                    'batch_size', [16, 32]),
                    epochs=epochs,
                    **fit_kwargs)
            accuracy = {name: value for name, value in zip(
                model.metrics_names,                              ┐ 케라스 모델에 대해서만
                model.evaluate(x_val, y_val))}['accuracy']  ◁──┘ 정확도를 얻음
    ┌─▷ self.trial_id_to_type[trial.trial_id] = 'keras'
    │    else:
모델의 유형을        model = self.hypermodel.build(trial.hyperparameters)
기록함           model.fit(x, y)
    │            accuracy = model.score(x_val, y_val)
    └─▷ self.trial_id_to_type[trial.trial_id] = 'sklearn'
        self.save_model(trial.trial_id, model)
        return {'accuracy': accuracy}

    def save_model(self, trial_id, model):
        fname = os.path.join(self.get_trial_dir(trial_id), 'model')
        if isinstance(model, tf.keras.Model):
            model.save(fname)
        else:
            with tf.io.gfile.GFile(fname, 'wb') as f:
                pickle.dump(model, f)

    def load_model(self, trial):
        fname = os.path.join(self.get_trial_dir(trial.trial_id), 'model')
        if self.trial_id_to_type[trial.trial_id] == 'keras':  ◁──┐ 모델 불러오기에서 모델의
            model = tf.keras.models.load_model(fname)              │ 유형을 확인
        else:                                                     ┘
            with tf.io.gfile.GFile(fname, 'rb') as f:
                model = pickle.load(f)
        return model
```

나머지 작업은 튜너를 생성하고, 이를 사용해 딥러닝 및 얕은 모델의 혼합 탐색 공간을 탐색하는 것입니다(코드 6-51). 임의 검색 기법을 선택하고, 튜너의 **run_trial()** 메서드에서 모델 간 비교를 위한 목적 함수로 정확도를 설정합니다. 그리고 30번의 시도 끝에 도출된 최상의 모델은 SVM 분류 모델입니다.

```
>>> random_tuner = ShallowDeepTuner(
...     oracle=kt.oracles.RandomSearchOracle(
...         objective=kt.Objective('accuracy', 'max'),    ←— 목적을 분류 정확도로 설정
...         max_trials=30,
...         seed=42),
...     hypermodel=build_model,
...     overwrite=True,
...     project_name='random_tuner')

>>> random_tuner.search(
...     x_train, y_train, validation_data=(x_val, y_val), epochs=10)

>>> best_model = random_tuner.get_best_models(1)[0]    ←— 최상의 모델을 얻음
>>> print(type(best_model))
<class 'sklearn.svm._classes.SVC'>
```

이어지는 마지막 예제에서는 텐서플로/케라스 및 사이킷런의 API로 구현되지 않은 모델을 튜닝하는 방법을 다룹니다. 지금까지 배운 AutoML 기법을 일반화하여, 사용 가능한 라이브러리와 모델의 범위를 훨씬 더 확장하는 데 도움이 될 것입니다.

6.4.4 케라스 및 사이킷런 밖의 모델의 하이퍼파라미터 튜닝하기

예를 들어 트리 기반의 학습 알고리즘을 위해, 그레이디언트 부스팅 프레임워크인 Light GBM[4] 라이브러리를 사용하고 싶다고 가정해보죠. 이 라이브러리에는 대표적인 트리 기반 학습 알고리즘으로 GBDT$^{Gradient\ Boosted\ Decision\ Tree}$, 랜덤 포레스트 등이 포함되어 있습니다(이 알고리즘에 대한 더 자세한 내용은 부록 B를 참고하기 바랍니다). 이러한 알고리즘을 튜닝하는 방법을 이해하기 위해서는 먼저 적용하는 방법을 알아야 합니다. 특히 알고리즘 객체를 생성하고, 이를 사용해 모델을 학습시킬 줄 알아야 하죠. 또한 학습된 모델의 평가, 저장, 불러오는 방법 또한 알아야 합니다. 그 방법들을 습득하기 위해, [코드 6-52]처럼 캘리포니아 주택 가격 데이터셋을 불러오고, GBDT 알고리즘을 장착한(**boosting_type** 매개변수를 통해 지정) 회귀 모델을 학습시킵니다. 알고리즘은 순차적으로 결정 트리들을 생성하고 추가하여

---

4 https://lightgbm.readthedocs.io/en/latest

최종 GBDT 모델에 도달합니다. 최대 31개의 리프^{leaf} 노드를 가진 트리, 최대 10개를 앙상블^{ensemble}한 GBDT 모델을 학습시킵니다. 여기서 학습률은 새로운 트리가 앙상블 모델에 추가하여 얻은 예측 결과를 보정하기 위한 가중치이며, 최상의 반복 수(GBDT의 best_iteration_ 속성)는 앙상블이 최상의 성능을 달성했을 때 구성된 트리의 개수를 의미합니다. 이 라이브러리의 자세한 사용법은 공식 웹사이트[5]를 참고하기 바랍니다. 학습된 모델을 평가하고, 저장하고, 모델이 올바르게 저장되었는지를 확인하기 위해 저장된 모델을 다시 불러옵니다.

코드 6-52 LightGBM 라이브러리의 회귀용 GBDT 모델을 적용하기

```
import pandas as pd
from sklearn.datasets import fetch_california_housing

house_dataset = fetch_california_housing()
data = pd.DataFrame(house_dataset.data, columns=house_dataset.feature_names)
target = pd.Series(house_dataset.target, name = 'MEDV')

from sklearn.model_selection import train_test_split
X_train, X_test, y_train, y_test = train_test_split(
    data, target, test_size=0.2, random_state=42)
X_train, X_val, y_train, y_val = train_test_split(
    X_train, y_train, test_size=0.2, shuffle=False)

!pip install lightgbm -q        LightGBM 패키지를 설치하고
import lightgbm as lgb          불러오기
from sklearn.metrics import mean_squared_error

gbdt_model = lgb.LGBMRegressor(
    boosting_type='gbdt',
    num_leaves=31,
    learning_rate=0.05,
    n_estimators=10
)

validation_data = (X_val, y_val)
gbdt_model.fit(X_train, y_train,      GBDT 모델을 생성하고
    eval_set=[validation_data],       학습시킴
    eval_metric='mse',
    early_stopping_rounds=5)
```

---

5 http://mng.bz/q2jJ

```
y_pred_gbdt = gbdt_model.predict(
    X_test, num_iteration=gbdt_model.best_iteration_)
test_mse_1 = mean_squared_error(y_test, y_pred_gbdt)          학습된 GBDT 모델을 평가
print('The GBDT prediction MSE on test set: {}'.format(test_mse_1))


fname = 'gbdt_model.txt'
gbdt_model.booster_.save_model(
    fname, num_iteration=gbdt_model.best_iteration_)
gbdt_model_2 = lgb.Booster(model_file=fname)                  모델을 저장하고 불러오고 재평가
gbdt_model_2.predict(X_test)
test_mse_2 = mean_squared_error(y_test, y_pred_gbdt)
print('The reloaded GBDT prediction MSE on test set: {}'.format(test_mse_2))
```

다음을 통해 GBDT 모델에 대한 MSE가 약 0.75인 것과, 모델 저장 및 불러오기 메서드를 통해 학습된 모델이 성공적으로 .txt 파일로 저장되었다는 것을 확인할 수 있습니다.

```
>>> The GBDT prediction MSE on test set: 0.7514642734431766
>>> The reloaded GBDT prediction MSE on test set: 0.7514642734431766
```

[코드 6-53]은 앞서 배운 AutoML 기법으로 LightGBM에 구현된 GBDT 알고리즘을 튜닝합니다. 튜닝할 대상은 트리 수, 트리별 리프 노드의 최대 수, GBDT 알고리즘의 학습률입니다. 단일 GBDT 회귀 모델을 생성하는 방법은 이미 알고 있기 때문에, 사이킷런과 케라스 모델을 튜닝했던 때와 같은 방식으로 hp 컨테이너를 활용해서 모델 구축 메서드에 고려 중인 하이퍼파라미터에 대한 탐색 공간을 지정하기만 하면 됩니다.

코드 6-53 LightGBM 모델들을 선택하고 튜닝하기 위한 탐색 공간 생성하기

```
def build_model(hp):
    model = lgb.LGBMRegressor(
        boosting_type='gbdt',
        num_leaves=hp.Choice('num_leaves', [15, 31, 63], default=31),    원하는
        learning_rate=hp.Float(                                          하이퍼파라미터의
            'learning_rate', 1e-3, 10, sampling='log', default=1),       탐색 공간에 대한
        n_estimators=hp.Int('n_estimators', 10, 200, step=10)            특징을 정함
    )

    return model
```

튜너를 사용자 정의했던 이전 예제를 참고하여, KerasTuner의 기반 튜너를 상속하는 **Light-GBMTuner**를 구현합니다. 따라서 검색 시도를 실행하고, 학습된 모델을 저장하고, 디스크로부터 모델을 불러오는 3개의 핵심 메서드를 구현해야 합니다. [코드 6-54]는 선택된 하이퍼파라미터로 모델을 구축하고, 오라클을 갱신하는 AutoML 단계를 제외하면 나머지는 회귀용 작업에 대해 LightGBM으로 단일 GBDT 알고리즘을 수행했던 코드와 동일합니다.

코드 6-54 LightGBM 모델들을 튜닝하기 위한 사용자 정의 튜너

```python
import os
import pickle
import tensorflow as tf
import keras_tuner as kt
import lightgbm as lgb
from sklearn.metrics import mean_squared_error

class LightGBMTuner(kt.Tuner):

    def run_trial(self, trial, X, y, validation_data):
        model = self.hypermodel.build(
            trial.hyperparameters)              ⟵┐
        model.fit(                                 │  GBDT 모델을 구축하고
            X_train, y_train,                      │  학습시킴
            eval_set=[validation_data],            │
            eval_metric='mse',                     │
            early_stopping_rounds=5)  ⟵────────────┘
        X_val, y_val = validation_data
        y_pred = model.predict(X_val, num_iteration=model.best_iteration_)   ⟵ 학습된 GBDT 모델을 평가
        eval_mse = mean_squared_error(y_val, y_pred)
        self.save_model(trial.trial_id, model)  ⟵─ 학습된 GBDT 모델을 디스크로 저장
        return {'mse': eval_mse}  ⟵─┤ 모델의 평가 지표인 MSE를 반환함

    def save_model(self, trial_id, model, step=0):
        fname = os.path.join(self.get_trial_dir(trial_id), 'model.txt')
        model.booster_.save_model(fname, num_iteration=model.best_iteration_)

    def load_model(self, trial):
        fname = os.path.join(self.get_trial_dir(trial.trial_id), 'model.txt')
        model = lgb.Booster(model_file=fname)
        return model
```

구현된 모델 구축 메서드와 사용자 정의 튜너를 사용해 LightGBM 라이브러리에 구현된 GBDT 알고리즘의 세 가지 하이퍼파라미터를 튜닝합니다. 10번의 시도에 대한 탐색 공간을 탐색하여, 발견된 최상의 모델의 테스트 데이터셋에 대한 MSE가 [코드 6-55]에서 보인 초기 모델보다 현격히 줄어들었음을 알 수 있습니다. 그리고 튜너의 result_summary() 메서드[6]를 호출하면 최상의 모델이 가진 하이퍼파라미터를 출력할 수 있습니다.

코드 6-55 하이퍼파라미터 튜닝을 실행하고 최상의 모델 평가하기

```
>>> my_lightgbm_tuner = LightGBMTuner(
...            oracle=kt.oracles.RandomSearchOracle(
...                objective=kt.Objective('mse', 'min'),
...                max_trials=10,
...                seed=42),
...            hypermodel=build_model,
...            overwrite=True,
...            project_name='my_lightgbm_tuner')
>>> my_lightgbm_tuner.search(X_train, y_train, validation_data=(X_val, y_val))

>>> from sklearn.metrics import mean_squared_error
>>> best_model = my_lightgbm_tuner.get_best_models(1)[0]
>>> y_pred_test = best_model.predict(X_test)
>>> test_mse = mean_squared_error(y_test, y_pred_test)
>>> print('The prediction MSE on test set: {}'.format(test_mse))
The prediction MSE on test set: 0.20391543433512713

>>> my_lightgbm_tuner.results_summary(1)     ◁── 최상의 시도에 대한 평가 정보와
Results summary                                  하이퍼파라미터를 출력함
Results in ./my_lightgbm_tuner
Showing 1 best trials
Objective(name='mse', direction='min')
Trial summary
Hyperparameters:
num_leaves: 31
learning_rate: 0.09504947970741313
n_estimators: 190
Score: 0.2202899505068673
```

----

6 옮긴이_기반 튜너 클래스를 통해 상속한 메서드입니다.

이제 서로 다른 라이브러리로 구현된 광범위한 모델에 대한 탐색 공간까지, 튜너를 확장하여 설계하는 방법을 배웠습니다. 이 장을 마무리하기 전에 몇 가지 중요한 내용을 점검해보죠.

> **NOTE_** KerasTuner를 사용하려면 모델을 생성하는 방법을 구현할 줄 알아야 합니다. 또한 케라스 또는 사이킷런 라이브러리에 구현되지 않은 모델을 튜닝하는 사용자 정의 튜너가 필요하다면 모델을 학습하고 평가하고 불러오는 방법 또한 알아야 합니다.
>
> build_model() 메서드에서 모델을 초기화하는 부분과 모델을 학습시키는 부분을 분리합니다. 케라스 및 사이킷런의 API가 이 분리를 지원하기 때문에 가능합니다. 하지만 모델의 초기화와 학습을 분리할 수 없는 라이브러리도 존재합니다. 즉 LightGBM의 기본 학습 API처럼[7] 단 한 줄의 코드로 하이퍼파라미터와 함께 모델을 생성하고 학습시켜야 하는 경우가 있는 것이죠. 이 경우를 수용하는 간단한 방법은 build_model() 메서드가 모델 대신 하이퍼파라미터를 반환하도록 만들고, 해당 하이퍼파라미터를 사용해 튜너의 run_trial() 메서드 내 모델을 생성함과 동시에 라이브러리의 API에 따라 학습도 진행하도록 만드는 것입니다.
>
> KerasTuner를 사용할 때는 튜너 내 각 선택된 모델의 성능 평가를 정의해야 합니다. Ray Tune[8] 또는 Hyperopt[9]과 같은 일부 AutoML 도구에서는 모델의 학습과 평가(목적) 함수를 튜너 밖에서 정의한 다음, 이를 검색 과정에 주입합니다. 일반적으로 API는 KerasTuner와 꽤 유사하며, 정확한 내용은 공식 사이트에서 확인할 수 있습니다.
>
> 서로 다른 라이브러리로 구현된 모델을 튜닝하기 위한 맞춤형 튜너를 설계해야 하는 경우가 많지만, 오라클의 입/출력은 항상 hp 컨테이너로부터 추출된 하이퍼파라미터를 수치형으로 표현한 것이기 때문에 서로 다른 튜너에서 보편적으로 사용될 수 있습니다. 이 내용은 다음 장에서 자세히 다룹니다.

---

7 http://mng.bz/7Wve
8 https://docs.ray.io/en/latest/tune/index.html
9 https://github.com/hyperopt/hyperopt

- 딥러닝 모델을 선택하고 튜닝하는 탐색 공간을 보다 유연하게 설계하기 위한 방법은 build() 함수에서 계층별로 전체 탐색 공간을 생성하는 것입니다. 이 방식으로 모델을 구축하는 것은 탐색 공간에 따른 관련 하이퍼파라미터를 바꿔야 한다는 것을 제외하면, 케라스 모델을 생성하는 방식과 꽤 유사합니다.

- 딥러닝 모델을 튜닝하는 탐색 공간을 생성했던 것과 같은 방식으로, 얕은 모델을 튜닝하는 탐색 공간도 만들 수 있습니다. 사이킷런의 파이프라인을 생성하면 여러 전처리 기법과 얕은 모델을 함께 선택하고 튜닝할 수 있습니다. 튜너는 검색 기법을 포함하며, 검색 과정 중 선택된 파이프라인의 학습용 및 평가를 관리합니다. 서로 다른 검색 기법은 KerasTuner의 오라클을 변경해서 선택될 수 있습니다.

- 서로 다른 학습용 및 평가 전략을 가진 모델 또는 서로 다른 라이브러리로 구현된 모델에 대해, 여러분만의 튜너를 사용자 정의하거나 적절한 학습용 및 평가 전략을 가진 튜너를 선택할 수 있습니다.

- 보통 튜너를 사용자 정의하려면 단일 AutoML 루프(모델 초기화, 학습, 평가, 저장 및 오라클 갱신)를 처리하기 위한 run_trial() 메서드, 모델을 저장하는 메서드, 모델을 불러오는 메서드 3개를 재정의해야 합니다.

PART 03

AutoML의 고급 주제

이 책의 마지막 3부는 AutoML의 설계 및 설정에 대한 일부 고급 기법을 다룹니다. 특히 7장은 더 나은 하이퍼파라미터를 발견하기 위해 하이퍼파라미터의 탐색 공간을 탐색하는 사용자 정의 검색 기법을 정의하는 방법을 다룹니다. 또한 8장은 제한된 계산 자원을 가진 환경 속에서 검색 과정을 가속화하기 위한 다양한 전략에 대해 알아보며, 9장은 이 책에서 배운 내용을 토대로 AutoML을 더욱 자세히 알아보고 최신 동향을 파악하기 위한 자료를 소개합니다.

PART 03

AutoML의 고급 주제

CHAPTER 7

AutoML 검색 기법의 사용자 정의

이 장의 내용

- 순차적 검색 기법 살펴보기
- 임의 검색 기법을 사용자 정의하기
- 모델 기반 검색 기법에 대한 하이퍼파라미터를 벡터화하기
- 베이지안 최적화 검색 기법을 이해하고 구현하기
- 진화적 검색 기법을 이해하고 구현하기

이 장에서는 더 나은 하이파라미터를 찾기 위한 하이퍼파라미터 탐색 공간을 반복적으로 탐색하는 순차적 검색 기법을 사용자 정의합니다. 각 시도마다 탐색 공간으로부터 파이프라인을 선택하기 위한 서로 다른 순차적 검색 기법을 구현해봅니다. 각 검색 기법은 크게 다음 두 종류로 분류됩니다.

- 기록에 무관한 순차적 검색 기법은 검색 과정 도중에 갱신될 수 없습니다. 예를 들어 2장에서 본 그리드 탐색은 하이퍼파라미터 후보 값의 모든 조합을 탐색했고, 6장에서는 탐색 공간에서 임의의 하이퍼파라미터 조합을 선택하는 임의 검색 기법을 사용했습니다. 두 방법 모두 기록에 무관한 대표적인 기법입니다. 소볼 시퀀스sobol sequence를 사용하는 콴시 임의 검색quansi-random search[1]과 같은 일부 고급 임의 검색 기법도 존재하지만, 이 책에서는 가장 일반적인 균등 임의 검색 기법만을 다룹니다.
- 베이지안 최적화와 같이 기록에 기반하는 순차적 검색 기법은 이전 결과를 참조하여 검색의 효과를 향상할 수 있습니다.

----

1 http://mng.bz/6Z7A

7.1 순차적 검색 기법

6장에서 우리는 AutoML의 검색 루프를 제어하기 위해 튜너를 사용자 정의하는 방법을 배웠습니다(그림 7-1). 머신러닝 파이프라인은 반복적으로 오라클(검색 기법)을 호출하여 생성됩니다. 머신러닝 파이프라인의 학습된 모델은 평가되고, 그 결과는 탐색 공간을 더 잘 탐색하기 위한 목적으로 오라클로 전달됩니다. 머신러닝 파이프라인을 순차적으로 생성하는 오라클의 특성 때문에, 오라클을 순차적 검색 기법이라고도 부릅니다. 이 검색은 크게 다음 두 단계로 구성됩니다.

- **하이퍼파라미터 샘플링**hyperparameter sampling: 머신러닝 파이프라인을 생성하기 위해 탐색 공간으로부터 하이퍼파라미터를 샘플링합니다.
- **오라클 갱신**oracle update(선택 사항): 존재하는 모델과 평가 결과 기록을 활용하여 검색 기법을 갱신합니다. 이 단계의 목표는 탐색 공간에서 발견된 더 나은 머신러닝 파이프라인을 식별하여 검색의 속도를 향상하는 데 있습니다. 이 단계는 검색 기법에 따라 구체적인 구현 방식이 다를 수 있으며, 오직 기록에 의존적인 검색 기법에서만 일어납니다. 예를 들어 그리드 탐색 및 임의 검색 기법은 기록을 염두에 두지 않기 때문에, 검색 과정 중 오라클이 갱신될 필요가 없습니다.

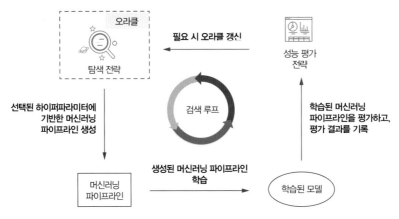

그림 7-1 순차적 검색 기법을 사용할 때의 단일 검색 루프

앞서 말한 대로 평가 기록을 활용하여 갱신된 오라클이 탐색 공간으로부터 더 나은 하이퍼파라미터를 샘플링한다면, 순차적 검색 기법을 기록 기반 기법과 기록에 무관한 기법, 두 부류로 나눌 수 있습니다. 또한 기록 기반 기법은 더 나아가 갱신 방법에 따라 두 부류로 나눌 수 있습니다.

- **발견적 기법**Heuristic method : 생물학적 행동 방식에서 영감을 받은 기법입니다. 대표적인 예시인 진화 기법은 세대에 걸친 동물들의 진화를 시뮬레이션하여 새로운 데이터를 생성합니다. 이 기법을 만드는 방법은 이 장의 마지막 절에서 다룹니다.
- **모델 기반 기법**model-based method : 결정 트리와 같은 특정 머신러닝 모델을 활용하여 탐색 공간에 담긴 하이퍼파라미터 중 좋은 것을 예측하는 기법입니다. 이전 하이퍼파라미터 조합으로부터 얻은 평가 기록은 머신러닝 모델을 학습시키기 위한 데이터로 사용됩니다. 대표적인 예시로는 앞 장에서 사용한 베이지안 최적화 기법이 있습니다. 이 기법을 구현하는 방법은 7.3절에서 다룹니다.

아마도 위 두 가지 기록 기반 검색 기법이 현재 가장 널리 쓰이는 순차적 검색 기법일 것입니다. 하지만 우리는 기록에 무관한 기법인 임의 검색으로 시작해보겠습니다. 6장에서 캘리포니아 주택 가격 예측 문제를 다룰 때 사용한 LightGBM 모델을 파인튜닝했던 예제를 확장해보겠습니다. 단, 오라클에 대한 코드에 집중합니다. 데이터를 불러오고 튜너 클래스를 구현한 코드는 전과 동일하여, 또다시 다루지는 않겠지만, 완전한 코드는 이 책이 제공하는 깃허브 저장소[2]에서 찾아볼 수 있습니다.

7.2 임의 검색 기법으로 시작하기

이 절은 KerasTuner로 탐색 공간을 탐색하고 더 나은 하이퍼파라미터를 찾기 위한 임의 검색 기법을 만드는 방법에 대해 다룹니다. 임의 검색은 AutoML에서 하이퍼파라미터를 튜닝하는 가장 간단하면서도, 가장 전통적인 기법입니다. 기본적인 임의 검색 기법은 탐색 공간의 하이퍼파라미터 조합을 임의로 탐색합니다. 이 접근법은 경험적으로 대부분의 경우에서 그리드 탐색 기법보다 더 강력합니다.

---

2 http://mng.bz/oaep

임의 검색이 그리드 탐색보다 더 나은 이유는 무엇일까요?

한 가지 예시를 통해 그 이유를 살펴보죠. 다만 더 상세한 내용을 알고 싶다면 「Random Search for Hyper-Parameter Optimization」[3]을 참고하길 바랍니다. 2차원 탐색 공간을 형성하는 연속적인 값의 두 하이퍼파라미터 x와 y가 있다고 가정해보죠. 그리고 모델의 성능을 이 두 하이퍼파라미터에 연관된 함수라고 가정합니다. 더 구체적으로, 두 함수의 결과를 더하는 함수로 $f(x,y) = h(x) + g(y)$처럼 표현할 수 있습니다.

서로 다른 하이퍼파라미터는 최종 모델의 성능에 서로 다른 영향을 미치기 때문에, 둘 중 어느 하나의 영향력이 더 클 수도 있습니다. 하이퍼파라미터 y가 x에 비해 미치는 영향이 미미하다고 가정해보죠. 즉 $f(x,y) \sim h(x)$처럼 표현할 수 있습니다. 공간의 두 경계(좌측 및 상단)를 따라, 해당 함수와 각 하이퍼파라미터에 대한 1차원 부분 공간을 형성하는 두 함수 곡선을 제공합니다. 각 함수 곡선의 높이는 최종 모델의 평가에 관여한 하이퍼파라미터의 중요도를 표현합니다. 9번의 시도를 통해 탐색 공간을 그리드 탐색 기법으로 탐색했다면, 해당 기법은 탐색 공간을 균등하게 나눈 뒤 그리드의 점을 샘플링합니다(아래 그림의 a). 이 경우 각 하이퍼파라미터의 중요도가 다르더라도, 그리드 탐색은 각 하이퍼파라미터의 부분 공간을 균등하게 다룹니다. 반면 임의 검색은 그림의 b처럼 더 중요한 하이퍼파라미터 x의 부분 공간을 더 철저하게 다룹니다.

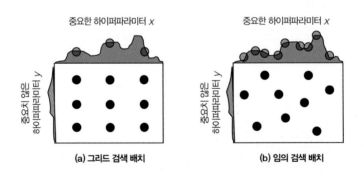

KerasTuner에서는 검색 기법을 튜너가 호출할 수 있는 `Oracle`이라는 객체로 구현합니다. 오라클을 구현하기에 앞서 오라클과 튜너가 가진 함수 사이의 관계를 이해해야 합니다.

검색 과정 중 호출되는 주요 메서드들은 [코드 7-1]과 같습니다. 튜너의 `search()` 메서드는 루프(검색 과정) 속에서 주요 메서드 2개를 호출합니다. 그중 첫 번째는 오라클이 가진

---

3 www.jmlr.org/papers/v13/bergstra12a.html

create_trial()로, 현재 시도에 대해 오라클이 선택한 하이퍼파라미터를 담은 시도(trial) 객체를 생성한 다음, 해당 시도에 대한 상태를 실행 중임을 의미하는 RUNNING으로 설정합니다. 하이퍼파라미터의 샘플링은 오라클의 주요 함수 populate_space()라는 비공개 함수에서 이루어지며, 이 함수는 우리가 구현해야 합니다. 검색 기법이 기록에 기반한 것이라면, 평가에 기반하여 샘플링이 이루어지기 전 평가 기록을 갱신해야 합니다. trial 객체가 생성된 이후, 해당 객체는 6장에서 배운대로 현재 시도에 대한 머신러닝 모델을 생성, 학습, 평가, 저장하는 튜너의 주요 메서드인 run_trial()로 하이퍼파라미터를 전달합니다.

코드 7-1 튜너와 오라클의 메서드 사이의 참조 로직

```
search (튜너)
    ¦-- create_trial (오라클)
        ¦-- populate_space (오라클)
    ¦-- run_trial (튜너)
        ¦-- 모델 생성, 학습, 평가
    ¦-- save_model (튜너)
        ¦-- 평가 결과 반환
```

KerasTuner는 이미 Oracle 기반 클래스로 일부 메서드를 캡슐화할 수 있게 해주기 때문에 (create_trial() 등), Oracle 기반 클래스를 상속하면 하이퍼파라미터를 샘플링하고 오라클을 갱신하는 populate_space()와 같은 핵심 메서드만 직접 구현해도 됩니다.

한 가지 알아둘 점은 Oracle 클래스가 오라클을 갱신하기 위해 Tuner.run_trial() 메서드가 반환한 값을 사용하는 update_trial() 메서드를 제공합니다. 하지만 검색 기법 갱신을 위해 이 함수를 반드시 사용할 필요는 없습니다. 검색 기법이 기록된 평가에 기반해서 갱신되어야 한다면, 하이퍼파라미터를 샘플링하기 전 populate_space() 함수를 통해 이를 구현하면 됩니다. 이 내용은 기록 기반 검색 기법을 구현하는 7.3절에서 다룹니다.

임의 검색 기법은 기록에 무관하기 때문에, populate_space() 메서드가 해야 할 일은 오직 균등하게 하이퍼파라미터를 임의로 샘플링하는 것뿐입니다. 이를 위해 기반 Tuner 클래스가 제공하는 _random_values라는 비공개 메서드를 활용합니다. populate_space() 메서드는 시도별 상태와 샘플링된 하이퍼파라미터값을 담은 딕셔너리를 반환해야 합니다. 탐색 공간이 비어있거나 모든 하이퍼파라미터가 고정되어 있다면, 시도를 종료하기 위해 그 상태를 STOPPED라고 설정해야 합니다.

임의 검색 기법용 오라클이 구현된 방식은 [코드 7-2]와 같습니다. 별 내용은 없지만 참조 차원에서 초기화 메서드를 포함했습니다. 초기화 메서드에서는 랜덤 시드와 같이 검색 알고리즘을 제어하기 위한 일부 하이퍼파라미터를 설정할 수 있습니다. 검색 기법의 하이퍼파라미터가 탐색 공간에 포함되지 않았다는 사실은 중요합니다. 즉 우리가 직접 해당 하이퍼파라미터를 튜닝할 필요가 있다는 것이죠. 이들은 종종 **하이퍼-하이퍼파라미터**hyper-hyperparameter라고도 불립니다. 그 이유는 하이퍼파라미터 튜닝 과정을 제어하는 데 사용되는 하이퍼파라미터이기 때문입니다. 이어지는 절에서는 몇 가지 예시를 살펴봅니다.

코드 7-2 임의 검색 오라클

```
class RandomSearchOracle(Oracle):

    def __init__(self, *args, **kwargs):    ◁─┤ 오라클의 초기화 메서드
        super().__init__(*args, **kwargs)

    def populate_space(self, trial_id):          탐색 공간으로부터 임의로
        values = self._random_values()   ◁─      샘플링된 하이퍼파라미터값
        if values is None:   ◁─┤ 샘플링된 하이퍼파라미터값의 유효성을 검사함
            return {'status': <4> trial_lib.TrialStatus.STOPPED,
                    'values': None}
        return {'status': trial_lib.TrialStatus.RUNNING,   ◁─  선택된 하이퍼파라미터값과
                'values': values}                              올바른 시도 상태 정보를 반환함
```

[코드 7-3]은 캘리포니아 주택 가격을 예측하는 작업을 해결하기 위해 LightGBM 라이브러리에 구현된 **그레이디언트 부스팅 결정 트리**gradient-boosted decision tree(GBDT) 모델에 임의 검색 기법용 오라클을 적용하는 방법을 보여줍니다. GBDT 모델은 여러 트리를 순차적으로 구축하는데, 각 트리는 이전 트리 앙상블의 분류 오류 또는 약한 예측weak prediction을 해결하기 위한 방향으로 뻗어나갑니다. 이 모델에 대해 잘 모른다면, 부록 B에서 더 자세한 내용을 확인하기 바랍니다. 데이터셋을 불러오고 튜너를 구현한 코드는 앞 장과 동일하기 때문에, 여기서 다시 다루지는 않겠습니다. 그 대신 GBDT 모델을 각 트리별 리프 노드 수, 트리의 개수(n_estimators), 학습률이라는 3개의 하이퍼파라미터로 튜닝해보죠. 100번의 시도를 통한 검색이 완료되고 나면, 그중 발견된 최상의 모델은 MSE 지표상 테스트용 데이터셋에 대해 약 0.2204를 달성한 것을 알 수 있습니다.

코드 7-3 사용자 정의 임의 검색 오라클을 사용해 GBDT 모델 튜닝하기[4]

```
def build_model(hp):
    model = lgb.LGBMRegressor(
        boosting_type='gbdt',
        num_leaves=hp.Int('num_leaves', 5, 50, step=1),
        learning_rate=hp.Float(
            'learning_rate', 1e-3, 1, sampling='log', default=0.01),
        n_estimators=hp.Int('n_estimators', 5, 50, step=1)
    )

    return model

>>> random_tuner = LightGBMTuner(
...     oracle=RandomSearchOracle(    ◁─┤ 튜너에 사용자 정의 임의 검색 오라클을 제공함
...         objective=kt.Objective('mse', 'min'),
...         max_trials=100,
...         seed=42),
...     hypermodel=build_model,
...     overwrite=True,
...     project_name='random_tuner')

>>> random_tuner.search(X_train, y_train, validation_data=(X_val, y_val))

>>> from sklearn.metrics import mean_squared_error
>>> best_model = random_tuner.get_best_models(1)[0]       발견된 최상의 모델을
>>> y_pred_test = best_model.predict(X_test)              가져와 평가함
>>> test_mse = mean_squared_error(y_test, y_pred_test)
>>> print(f'The prediction MSE on test set: {test_mse} ')

The prediction MSE on test set: 0.22039670222190072
```

검색 과정이 어떤 것인지 눈으로 확인하기 위해, 검색된 모든 모델의 평가된 성능을 추출한 다음 순서대로 그래프화합니다. 모델은 시도가 끝난 순서대로, 오라클의 **end_order**라는 리스트에 담겨 기록되어 있습니다. 즉 아래 예시의 **random_tuner.oracle.end_order**처럼 접근할수 있죠. 모든 것이 순서대로 정렬된 것을 알 수 있는데, 우리가 시도를 병렬 처리하지 않았기때문입니다. 이 그래프는 [코드 7-4]로 그릴 수 있습니다.

---

4 옮긴이_6.4.4절에서 LightGBM 모델들을 튜닝하기 위해 정의한 사용자 정의 튜너(LightGBMTuner)를 활용한 예제입니다.

```python
import matplotlib.pyplot as plt

def plot_curve(x, y, xlabel, ylabel, title):
    plt.plot(x, y)
    plt.xlabel(xlabel)
    plt.ylabel(ylabel)
    plt.title(title)
    plt.show()

mse = [random_tuner.oracle.get_trial(trial_id).score for trial_id
 in random_tuner.oracle.end_order]
ids = list(range(len(mse)))
plot_curve(ids, mse, 'Trials in finishing order',
    'Validation MSE', 'Searched results')
```

[그림 7-2]에서 볼 수 있듯이 임의 검색 과정에서 발견된 모델들의 평가 결과에는 꽤 많은 변동이 있습니다. 임의 검색이 평가 기록을 고려하지 않기 때문에, 이후에 발견된 모델이 앞서 발견된 모델의 결과를 전혀 활용하지 못하기 때문입니다.

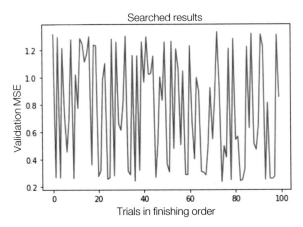

그림 7-2 임의 검색 과정 중 모델의 평가 결과

다음 절에서는 평가 기록을 활용하여 검색의 효율성을 증대시킬 수 있는 기록 기반의 순차적 검색 기법을 다룹니다.

7.3 베이지안 최적화 검색 기법 사용자 정의하기

이 절은 베이지안 최적화^{bayesian optimization}라는 모델에 기반한 순차적 검색 기법을 다룹니다. 이 기법은 솔루션에 대해 분석적 형태를 띠지 않는 블랙박스 함수를 최적화하도록 설계된 것입니다. 주로 모델의 평가된 성능에 따라 최적화될 함수를 다루는 AutoML의 맥락과도 같습니다. 블랙박스 함수는 평가에 드는 비용이 많이 들지 않은 편이라서 임의의 샘플링과 평가를 모두 찾아보는 방식을 통해 전역적인 최적의 솔루션을 찾을 수 있습니다. 모델의 학습과 평가에 드는 비용 때문에, 수많은 하이퍼파라미터 공간을 탐색하는 것은 쉽지 않습니다. 이 문제를 해소하기 위한 베이지안 최적화 기법의 핵심 아이디어는 다음 두 함수와 밀접하게 연결되어 있습니다.

- 모델의 평가 성능을 근사하기 위한 대리 함수^{surrogate function}라고 불리는 함수(또는 모델)를 학습시킵니다. 통계적으로 봤을 때 대리 함수는 특정 목적 함수를 근사하는 확률 모형^{probability model}입니다. 우리가 믿는 목적 함수의 형태에 기반하여 직접 사전 분포를 직접 추정합니다(잠시 후 가장 흔히 사용되는 가우시안 프로세스 사전 분포^{gaussian process prior}를 사용합니다). 대리 모델은 머신러닝 모델들의 평가 기록을 고려하여 학습되며, 지금까지 미확인된 모델의 성능을 매우 저렴한 비용으로 근사할 수 있습니다. 이 과정은 각 모델이 인스턴스인 회귀 문제를 푸는 것과 유사합니다. 즉 하이퍼파라미터가 각 인스턴스의 피처이고, 모델의 성능이 타깃인 셈이죠. 이론적으로 충분히 좋은 대리 모델이 있다면 머신러닝 모델을 학습 또는 평가하지 않아도 됩니다. 하지만 제한된 학습용 및 평가용 데이터만을 갖고 있어서 그렇게 되기란 사실상 불가능합니다.

- 대리 모델을 얻었다면 평가를 위한 모델을 생성하기 위해 새로운 하이퍼파라미터 조합을 샘플링할 수 있습니다. 샘플링을 수행하려면 대리 모델에 기반한 획득 함수^{acquisition function}라는 또 다른 함수를 설계해야 합니다. 이 함수는 하이퍼파라미터에 의해 결정된 머신러닝 모델들을 비교하는 기준을 정의하여 모델 중 가장 유망한 것을 선택합니다.

보다시피 두 함수는 순차적 AutoML 과정의 검색 루프의 두 단계에 대응됩니다. 갱신 단계에서는 평가 기록에 기반해 대리 모델을 학습시키며, 샘플링 단계에서는 평가될 다음 모델을 샘플링하는 획득 함수를 사용합니다. 두 단계를 반복하면 더욱 정확한 대리 모델을 학습시키는 데 도움을 줄 수 있는 기록 데이터를 추가로 얻을 수 있습니다. 이 절의 나머지 내용은 베이지안 최적화 검색 기법을 단계별로 하나씩 구현하며, 그 과정에서 다음과 같은 내용을 배울 수 있습니다.

- 대리 모델을 학습시키기 위한 하이퍼파라미터를 벡터화하는 방법
- 선택해야 하는 대리 모델의 종류
- 초기 대리 모델을 학습시키기 위한 과정을 초기화하는 방법
- 획득 함수를 설계하고 그 함수에 기반해 평가되어야 할 하이퍼파라미터를 샘플링하는 방법

7.3.1 하이퍼파라미터 벡터화

다른 모델 기반 검색 기법과 마찬가지로, 베이지안 최적화 검색 기법이 탐색된 샘플에 기반하여 모델을 학습시키기 때문에 어떻게 하이퍼파라미터를 모델이 수용할 수 있는 피처로 변환할 수 있을지에 대한 궁금증이 자연스레 일어나기 마련입니다. 이를 위한 가장 일반적인 방법은 시도별로 선택된 하이퍼파라미터를 수치형 벡터로 인코딩하여, 머신러닝 파이프라인의 피처로 표현하는 것입니다. 그리고 인코딩된 값은 머신러닝 파이프라인을 생성하기 위해 원본 하이퍼파라미터가 필요한 샘플링 단계 속에서 선택된 벡터를 디코딩하여 역변환이 일어납니다.

그러면 먼저 하이퍼파라미터를 벡터화하는 메서드를 구현해보죠. Oracle 클래스의 _vectorize_trials이라는 이름의 비공개 함수로 만듭니다. 핵심은 하이퍼파라미터를 하나씩 추출하여 벡터에 이어 붙이는 것입니다. 검색 과정 동안 모든 시도는 Oracle 클래스의 self.trials이라는 딕셔너리 속성에 저장됩니다. 이 딕셔너리의 키 값은 시도별로 부여되는 고유 ID가 되고, 각 키에는 해당 ID에 대응되는 시도 객체가 매핑됩니다. 그리고 하이퍼파라미터는 시도 객체 내 하이퍼파라미터 속성에 저장됩니다(trial.hyperparameters). 이것이 곧 하이퍼파라미터 컨테이너로 해당 시도에 대해 선택된 하이퍼파라미터 및 전체 탐색 공간의 구조를 함께 저장합니다. 각 시도의 선택된 하이퍼파라미터값은 trial.hyperparameters.values라는 딕셔너리를 통해 접근할 수 있습니다. 그러면 선택된 하이퍼파라미터를 벡터로 변환하는 작업은 단순히 해당 딕셔너리의 값을 벡터로 바꾸는 일이 됩니다. 모든 하이퍼파라미터값이 본래 수치형이라면(예: 학습률, 유닛 수, 계층 수), 우리는 이를 하나씩 그대로 이어 붙여 벡터를 만들 수 있습니다. 하지만 다음 몇 가지 사항은 조심하기 바랍니다.

- 고정값의 하이퍼파라미터 다루기: 이 종류의 하이퍼파라미터는 모델을 비교하는 데 영향을 미치지 않아서 검색 기법이 이들을 고려하지 않도록 명시적으로 제거할 수 있습니다.

- 비활성 조건부 하이퍼파라미터 다루기: 일부 조건부 하이퍼파라미터는 모든 시도에서 선택되지 않을 수도 있습니다. 예를 들어 MLP와 CNN 모델 중 하나를 선택하기 위한 model_type이라는 하이퍼파라미터가 있다고 가정해보죠. 필터 수처럼 CNN 모델을 정의하기 위한 하이퍼파라미터는 MLP가 선택된 시도에서는 선택 및 사용되지 않을 것입니다. 즉 변환된 벡터의 길이가 상황에 따라 달라져서 두 벡터의 동일 위치에 대한 요소들이 같은 하이퍼파라미터에 대응되지 않을 수 있습니다. 이 문제를 해결하는 기본 방법은 벡터 내 비활성(선택되지 않은) 하이퍼파라미터에 대해 기본값을 사용하는 것입니다. 하이퍼파라미터 컨테이너는 선택된 하이퍼파라미터를 추적할 수 있는 is_active()라는 메서드를 제공합니다. 하이퍼파라미터가 활성 상태인 경우 해당 하이퍼파라미터의 선택된 값을 이어 붙이거나, hyperparameters.default에 저장된 기본값을 추출한 다음 이어 붙일 수 있습니다.

- 다른 크기 범주를 가진 하이퍼파라미터 다루기: 서로 다른 하이퍼파라미터의 값 범위가 다른 경우는 흔합니다. 예를 들어 보통 학습률은 1보다 작으며 GBDT 모델의 트리 개수는 보통 100보다 크게 책정되죠. 하이퍼파라미터들의 값을 정규화하려면, 누적 확률^{cumulative probability}을 사용하여 0과 1 사이의 값으로 변환할 수 있습니다. [그림 7-3]은 이산 탐색 공간과 연속적인 탐색 공간을 누적 확률 분포로 변환하는 두 예시를 보여줍니다. 연속된 탐색 공간의 경우에는 값을 0과 1 사이에 존재하는 간격에 직접적으로 매핑합니다. 그리고 하이퍼파라미터가 로그 스케일을 따르는 경우 로그 변환을 적용합니다. 이산 탐색 공간의 경우 각 값이 균등하게 분포되어 있고, 탐색 공간 내 선택 가능한 값의 개수에 기반해 확률 단위가 균등하게 버킷화되어 있다고 가정합니다. 각 확률 버킷의 중앙값을 사용하여 각 선택된 값을 표현할 수 있습니다.

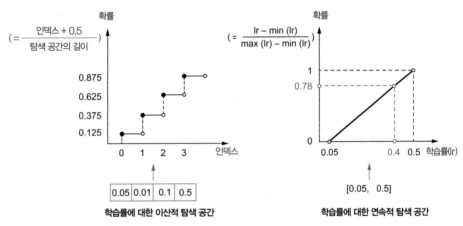

그림 7-3 누적 확률에 기반해 하이퍼파라미터값 정규화하기

- 모델 유형과 같은 범주형 하이퍼파라미터 다루기: 범주형 하이퍼파라미터를 수치형 피처로 변환하고 싶다면 목록 내 피처의 인덱스를 활용할 수 있습니다. 예를 들어 [MLP, CNN, RNN, GBDT]라는 4개의 선택 가능한 모델이 있다면 이 목록을 [0, 1, 2, 3]으로 변환할 수 있습니다. 그러면 각 모델은 0, 1, 2, 3으로 표현될 수 있겠죠. 그러면 벡터는 이산 탐색 공간을 누적 확률로 변환하기 위한 메커니즘에 기반해 0과 1 사이의 값으로 정규화됩니다.

[코드 7-5]는 벡터화 과정을 자세히 보여줍니다. 존재하는 모든 시도를 하나씩 접근하여, 모든 하이퍼파라미터를 피처 벡터 및 각 벡터에 연관된 모델에 대한 평가 점수로 변환합니다. 그리고 각 시도에 대해 고정값을 가진 하이퍼파라미터는 무시합니다. 하이퍼파라미터가 활성화된 것으로 확인된다면(현재 시도의 선택된 파이프라인에서 사용됨), 검색 기법이 선택한 해당 값을 직접 사용합니다. 그렇지 않다면 벡터의 길이를 같게 만들기 위해 기본값을 사용해 패딩 처리 합니다. 또한 벡터의 값들은 정규화 목적을 위해 누적 확률로 대체됩니다. 시도가 완료되

었다면, 해당 시도에 대한 평가 결과는 벡터 y에 추가됩니다. 일부 지표는 값이 작을수록 더 좋다는 것을 의미하며(예: MSE), 또 어떤 지표는 값이 클수록 더 좋다는 것을 의미하기 때문에 (예: 분류 정확도), 전자의 지표 유형에 −1을 곱하면 모든 지표를 일관된 방식으로 관리될 수 있습니다.

코드 7-5 하이퍼파라미터를 벡터로 인코딩하는 비공개 메서드

```python
from keras_tuner.engine import hyperparameters as hp_module

class BayesianOptimizationOracle(oracle_module.Oracle):
    def _vectorize_trials(self):
        x, y = [], []
        for trial in self.trials.values():          ◀── 모든 시도를 하나씩 반복적으로 접근함
            trial_hps = trial.hyperparameters
            vector = []
            nonfixed_hp_space = [hp for hp in self.hyperparameters.space
                if not isinstance(hp, hp_module.Fixed)]   ◀── 고정되지 않은 하이퍼파라미터를
            for hp in nonfixed_hp_space:                        기록함
                if trial_hps.is_active(hp):
                    trial_value = trial_hps.values[hp.name]
                else:
                    trial_value = hp.default      ◀── 큰 값이 항상 더 낫도록 평가 점수를 통합함
                prob = hp_module.value_to_cumulative_prob(trial_value, hp)
                vector.append(prob)

            if trial.status == 'COMPLETED':
                score = trial.score
                if self.objective.direction == 'min':
                    score = -1 * score   ◀── 모든 시도를 하나씩 반복적으로 접근함
            else:
                continue

            x.append(vector)
            y.append(score)

        x = np.array(x)
        y = np.array(y)
        return x, y
```

현재 시도 내 하이퍼파라미터의 선택 여부를 탐지함

나중에 소개될 획득 함수로 샘플링된 벡터 형식의 새로운 하이퍼파라미터 집합이 생기면 해당 벡터를 하이퍼파라미터 컨테이너로 주입해야 합니다. 역변환은 다음 단계를 따라 직관적으로 수행됩니다.

1. 벡터의 누적 확률을 각 하이퍼파라미터의 실제 값으로 변환합니다.
2. 각 하이퍼파라미터의 값을 하이퍼파라미터 컨테이너로 주입합니다.

탐색 공간의 모든 하이퍼파라미터를 반복적으로 접근하며 위 두 단계를 통해 벡터의 각 값을 차례대로 변환합니다. 각 고정 하이퍼파라미터의 경우 기본값(다음 코드의 `hp.value`)이 컨테이너에 담깁니다. 모든 값은 하이퍼파라미터 컨테이너에 딕셔너리(`hps.values`) 형식으로 저장되며, 다음 시도를 생성하는 데 사용될 수 있도록 반환됩니다. 역변환의 구현체는 [코드 7-6]과 같습니다. `populate_space()` 메서드를 사용해 획득 함수에 의해 선택된 벡터를 변환합니다.

코드 7-6 벡터로 인코딩된 하이퍼파라미터를 디코딩하는 비공개 메서드

```
class BayesianOptimizationOracle(oracle_module.Oracle):
    def _vector_to_values(self, vector):
        hps = hp_module.HyperParameters()   ←┤ 빈 하이퍼파라미터 컨테이너를 생성함
        vector_index = 0
        for hp in self.hyperparameters.space:
            hps.merge([hp])   ←┤ 해당 컨테이너에 하이퍼파라미터를 병합함
            if isinstance(hp, hp_module.Fixed):
                value = hp.value        ←┐ 하이퍼파라미터가 고정된 경우
            else:                          │ 기본값을 사용함
                prob = vector[vector_index]
                vector_index += 1
                value = hp_module.cumulative_prob_to_value(prob, hp)  ←
                                                    ┐ 누적 확률을 다시
                                                    │ 하이퍼파라미터값으로 변환함
            if hps.is_active(hp):
                hps.values[hp.name] = value   ←┐ 하이퍼파라미터의 원본 값을
        return hps.values                       │ 컨테이너에 넣음
```

하이퍼파라미터의 인코딩은 검색 기법에 채택된 대리 모델과 일치해야 합니다. 우리는 다음 단계에서 벡터를 입력받는 가우시안 프로세스를 대리 모델로 사용하여 벡터로 표현된 데이터를 수용합니다.

7.3.2 기록 모델 평가를 기반으로 대리 함수 갱신하기

AutoML의 맥락에서는 데이터가 주어지기 전, 대리 함수는 실제 하이퍼파라미터 평가 함수가 어떻게 보일지에 대한 주관적인 믿음을 나타내는 사전 확률입니다. 가령 일반적으로 선택하는 [그림 7-4(a)]의 가우시안 프로세스 사전 확률은 탐색 공간의 모든 모델의 평가 성능을 묘사하는 무한한 가우시안 확률 변수로 구성된 분포 함수라고 볼 수 있습니다. 가우시안 프로세스는 모든 가우시안 변수에 대한 평균 및 공분산 함수에 의해 완전히 지정됩니다. 중간의 곡선은 모든 가우시안 확률 변수의 평균값을 나타내는 평균 함수로, 이를 $\mu(x)$로 표시할 수 있습니다. 여기서 x는 AutoML의 벡터화된 하이퍼파라미터를 의미합니다.

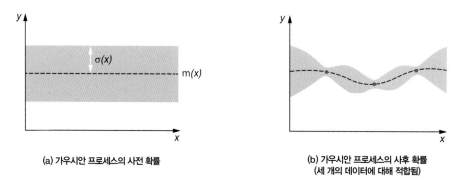

(a) 가우시안 프로세스의 사전 확률   **(b) 가우시안 프로세스의 사후 확률**

(세 개의 데이터에 대해 적합됨)

그림 7-4 가우시안 프로세스의 갱신

회색 영역은 가우시안 변수의 표준 편차(STD)를 나타내며, $\sigma(x)$로 표현될 수 있습니다. 이 경우 각 종 방향의 구간은 가우시안 분포를 나타냅니다. 평균값은 선택된 하이퍼파라미터 x로 구축된 머신러닝 파이프라인의 평가 성능을 근사합니다. 그리고 분산(또는 STD)은 근사치의 불확실성을 나타냅니다. 변수 간에 상관관계가 있기 때문에, 가우시안은 프로세스를 완벽하게 설명하려면 공분산 함수 $\kappa(x, x')$를 정의해서(종종 커널 함수라고도 합니다), 두 가우시안 변수 사이의 공분산을 모델링해야 합니다(특히 $\kappa(x, x) = (\sigma(x))^2$). 변수 간의 공분산은 보지 못한 하이퍼파라미터에 대한 분포를 예측하는 데 꽤 중요합니다. 예를 들어 모든 변수가 독립적이라면 두 머신러닝 파이프라인의 성능에 조건부 상관관계가 존재하지 않는다는 것을 의미합니다.

이 경우의 노이즈는 백색 잡음^{white noise}입니다(가우시안 프로세스의 백색 커널에 해당합니다). 머신러닝 파이프라인의 성능을 측정할 유일한 방법은 실제 데이터로 하나씩 평가하는 것이며, 각 모델의 노이즈는 여러 번의 평가를 통해 추정됩니다. 하지만 우리는 모델의 평가 횟수를 줄이고 싶기 때문에, 이는 우리가 원하는 방향이 아닙니다. 또한 유사한 하이퍼파라미터는 비슷한 성능의 머신러닝 파이프라인을 생성하는 경향이 있기 때문에, 이 방향은 실용적이지도 않습니다. 더 많은 데이터가 수집될수록 [그림 7-4(b)]처럼 예측된 평균 함수는 새로운 데이터점들을 통과하게 될 것이고, 불확실성(STD)은 줄어듭니다.

커널 함수의 선택은 목적 함수의 매끄러운 정도를 의미하는 평활성^{smoothness}에 대한 가정에 따라 달라집니다. 이는 탐색 공간에는 포함되지 않는 하이퍼파라미터이며 수동으로 선택 및 튜닝되어야 합니다. 보편적으로는 매턴 커널^{Matérn kernel}이 사용됩니다. 이 커널에는 함수의 평활성의 수준을 설정하는 파라미터 V가 있는데, 함수가 한 번, 두 번, 세 번 미분 가능하다는 가정에 따라 각각 0.5, 1.5, 2.5으로 설정되는 편입니다. 무한대에 도달하면 매턴 커널은 목적 함수가 무한히 미분 가능함을 반영하는 제곱 지수 커널^{squared exponential kernel}(앞 장의 SVM 모델에서 본 RBF 커널이라고도 합니다)이라는 커널에 점점 가까워집니다. 한편 지수-사인-제곱^{Exp-Sine-Squared} 커널처럼 주기 함수를 모델링하기 위한 커널도 일부 존재합니다. 다양한 커널에 대한 이해를 쌓고 싶다면 『Gaussian Processes for Machine Learning』(MIT Press, 2006)을 읽어보기 바랍니다.

베이지안 최적화를 위한 가우시안 프로세스 모델은 사이킷런 라이브러리의 `gaussian_process` 모듈을 사용하여 구현할 수 있습니다. 오라클을 초기화할 때 매턴 커널로 가우시안 프로세스 모델을 생성할 수 있습니다. 이때 `alpha` 매개변수는 모델의 평가 중 삽입될 임의의 노이즈 양을 지정하는 용도입니다. 이 값은 보통 작게 설정되며, 일반적으로 이 값은 작게 설정되는데, 필자의 경험에 비춰봤을 때도 작은 값이면 충분하며 환경 노이즈를 고려하는 데도 좋습니다. 가우시안 프로세스 모델의 초기 학습용 및 순차적인 갱신은 `populate_space()` 메서드로 구현합니다. 가우시안 프로세스 모델은 각 시도에서 검색된 신규 모델의 평가 결과를 얻을 때 갱신됩니다. 시작 시에는 평가를 위해 몇 개의 모델을 임의로 샘플링하고, 그다음 가우시안 프로세스 모델의 초기 학습을 수행합니다. 아래 코드에서는 임의로 선택될 모델의 수가 지정되지 않은 경우 2를 디폴트로 할당하여, 커널 함수가 실제로 적용될 수 있도록 합니다(탐색 공간의 하이퍼파라미터 수의 제곱근은 가우시안 프로세스 모델을 초기화하는 데 사용할 임의의 모델 수로 사용해도 좋습니다).

충분한 임의의 샘플이 확보되었다면 [코드 7-7]처럼 하이퍼파라미터 및 평가를 벡터화하고 fit() 메서드를 호출하여 가우시안 프로세스 모델을 학습시킵니다. 이후 순차적 검색 과정에서 신규 모델이 평가될 때마다 완료된 모든 시도에 기반하여 모델을 다시 학습시킵니다. 여기서는 가우시안 프로세스 모델의 갱신에 대한 내용만 담겨있고, 획득 함수에 기반한 샘플링 절차는 생략되었습니다. populate_space() 메서드의 전체 구현은 다음 단계에서 소개합니다.

코드 7-7 오라클의 가우시안 프로세스 모델을 생성하고 갱신하기

```python
from sklearn import exceptions
from sklearn import gaussian_process

class BayesianOptimizationOracle(oracle_module.Oracle):
    def __init__(self,
                 objective,
                 max_trials,
                 num_initial_points=None,
                 seed=None,
                 hyperparameters=None,
                 *args, **kwargs):
        super(BayesianOptimizationOracle, self).__init__(
            objective=objective,
            max_trials=max_trials,
            hyperparameters=hyperparameters,
            seed=seed,
            *args, **kwargs)
        self.num_initial_points = num_initial_points or 2    ◁─┐ 지정되지 않은 경우 초기
                                                               │ 데이터 수를 2로 사용함
        self.seed = seed or random.randint(1, 1e4)
        self.gpr = self._make_gpr()    ◁─┤ 가우시안 프로세스 모델을 초기화함

    def _make_gpr(self):
        return gaussian_process.GaussianProcessRegressor(
```

```
                kernel=gaussian_process.kernels.Matern(nu=2.5),
                alpha=1e-4,
                normalize_y=True,
                random_state=self.seed)

    def populate_space(self, trial_id):
        if self._num_completed_trials() < self.num_initial_points:
            return self._random_populate_space()  ←──┐ 가우시안 프로세스 모델 초기화를 위한
                                                      │ 임의 샘플링을 수행함
        x, y = self._vectorize_trials()  ←──┐ 모든 시도를 벡터화함
        try:
            self.gpr.fit(x, y)  ←──┤ 완료된 시도에 기반하여 가우시안 프로세스 모델을 적합시킴
        except exceptions.ConvergenceWarning:
            raise e
```

n개의 데이터를 학습하는 복잡도는 $O(n^3)$이므로, 시간이 상당히 많이 소요됩니다. 이것이 모델 기반 검색 기법에 대해 가우시안 프로세스가 가진 주요 단점으로 꼽힙니다. 트리 기반 모델(랜덤 포레스트 등), 신경망 등 다른 대리 모델을 도입하면 이 높은 복잡도가 가진 단점을 완화할 수 있습니다. AutoML에서의 베이지안 최적화를 위한 대리 모델에 대한 보다 자세한 내용은 『Automated Machine Learning』(Springer Nature, 2019)을 읽어보기 바랍니다.

7.3.3 획득 함수 설계하기

대리 모델을 갖췄다면 평가를 위한 다음 머신러닝 파이프라인을 샘플링하는 데 도움을 줄 획득 함수가 필요하며 순차적 검색 루프를 생성해야 합니다. 그러면 먼저 획득 함수의 기준 설계를 알아보고 해당 함수에 기반해 데이터를 어떻게 샘플링할 수 있을지를 다뤄보죠.

획득 함수의 기준 설계하기

좋은 획득 함수는 샘플링될 데이터가 얼마나 바람직한지를 측정할 수 있어야 합니다. 여기서 바람직하다는 것은 이용exploitation과 탐색exploration이라는 두 가지 측면 사이의 균형을 의미합니다. 그리고 이용이란 대리 모델이 좋다고 예측하는 데이터를 발견하는 것을 의미합니다. 이미 탐색한 영역은 고려 대상에 포함되지만, 아직까지 탐색이 이루어지지 않은 미지의 영역을 고려하는 능력은 부족한 것이죠. 가령 [그림 7-5]의 실제 목표 함수의 곡선이 $f(x)$이고 데이터가 5개 주어졌을 때 그중 데이터 3개를 지나가는 평균 함수로 가우시안 프로세스를 적합시킨다고

가정해보죠. 하이퍼파라미터 x_a 주변 영역은 x_b 주변 영역보다 더 많이 탐색되기 때문에 x_b 주변의 STD가 x_a 주변의 STD보다 훨씬 큽니다. 이용력을 최대한 활용하는 예측된 평균 함수만 고려한다면 x_a가 x_b보다 더 나을 것입니다. 하지만 목적 함수 입장에서 볼 때 x_a는 x_b보다 목표를 정조준하지 못합니다. 따라서 획득 함수는 이용(평균)과 탐색(분산) 사이의 균형을 잘 잡아야 합니다.

그러면 보편적으로 사용되는 3개의 획득 함수와 그 구현을 살펴보겠습니다.

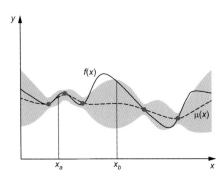

그림 7-5 가우시안 프로세스의 대리 모델 갱신하기

신뢰도 상한선

y 값이 클수록 좋다고 가정하면 **상한 신뢰 구간**upper confidence bound(UCB)은 평균과 STD 함수를 모두 더하는 방식으로 이용과 탐색 사이의 균형을 맞춥니다. 이를 수식으로 나타내면 $UCB(x)$ $= \mu(x) + \beta\sigma(x)$과 같으며, 여기서 β는 사용자가 지정한 두 함수 사이의 균형을 맞추기 위한 양positive의 파라미터입니다. [그림 7-6]의 곡선 $f(x)$는 β 값이 1인 UCB 획득 함수입니다. y 값이 작을수록 더 좋다면 $UCB(x) = \mu(x) - \beta\sigma(x)$를 대신 사용할 수 있습니다.

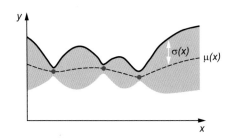

그림 7-6 상한 신뢰 구간

획득 함수를 구현하는 코드는 다음과 같습니다. self.gpr은 적합된 가우시안 프로세스 회귀 모델이며, x는 머신러닝 파이프라인의 벡터화된 하이퍼파라미터를 의미합니다.

코드 7-8 상한 신뢰 구간 계산하기

```
def upper_confidence_bound(x):
    x = x.reshape(1, -1)
    mu, sigma = self.gpr.predict(x, return_std=True)
    return mu + self.beta * sigma
```

개선 확률

개선 확률Probability of Improvement (PI)은 지금까지 발견된 가장 좋은 샘플보다 더 나은 샘플의 확률을 측정합니다. [그림 7-7]에서 가장 좋은 점을 x^*로, 해당 목적 값을 y^*라고 가정하면 점 x가 x^*보다 더 나은 성능에 도달할 확률은 $\mu(x)$과 $\sigma(x)$에 의해 정의되는 가우시안 분포의 회색 영역과 일치하며, 이는 정규 분포에 대한 누적 분포 함수로 계산될 수 있습니다.

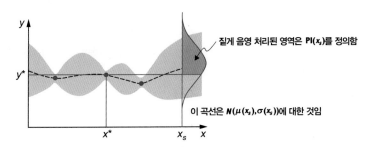

그림 7-7 개선 확률

PI는 [코드 7-9]와 같이 구현될 수 있습니다. 환경 노이즈가 존재하지 않는다고 가정하면 평가 목적을 그대로 사용할 수 있습니다. 또는 노이즈 값을 설정하고(사이킷런으로 회귀 모델을 생성할 때 alpha!=0(alpha를 0이 아닌 값으로 설정)), 노이즈 기반 가우시안 프로세스 회귀 모델이 예측한 값을 사용하여 가장 좋은 데이터를 선택할 수 있습니다. PI의 문제는 이미 평가했던 데이터에 가까운 것(특히 가장 좋은 데이터)을 찾으려는 경향이 있어서, 알지 못하는 영역에 대해 높은 이용과 낮은 탐색력을 보인다는 것입니다.

```
def _probability_of_improvement(x):
    x_history, _ = self._vectorize_trials()    ◁─┤ 모든 시도를 벡터화함
    y_pred = self.gpr.predict(
        x_history, return_std=False)    ◁─┤ 지금까지 발견된 가장 좋은 대리 점수를 계산함
    y_best = max(yhat)
    mu, sigma = self.gpr.predict(x, return_std=True)    ◁─┤ 대리 함수를 통해 평균 및 표준 편차를 계산함
    z = (mu - y_best) / (sigma+1E-9)    ◁─┤ 개선 확률을 계산함
    prob = norm.cdf(z)
    return prob
```

기대 개선

기대 개선$^{\text{Expected Improvement}}$(EI)은 개선의 크기를 사용하여 개선 확률의 계산에 가중치를 부여해 PI의 문제를 완화합니다(그림 7-8). 이는 지금까지 발견된 최적의 값을 개선할 수 있는 기댓값을 계산하는 것과 같습니다. 즉 수식으로는 $EI(x) = \mathbb{E}\max(\mu(x) - y^*, 0)$처럼 표현될 수 있겠죠.

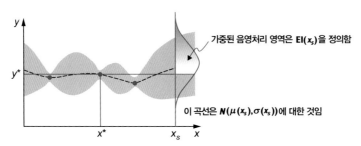

그림 7-8 데이터점에 대한 기대 개선

정규 분포의 확률 밀도 함수(norm.pdf)와 누적 분포 함수(norm.cdf)를 활용하여 EI를 계산하는 방정식을 코드로 표현하면 [코드 7-10]과 같습니다. 방정식을 유도하는 자세한 방법은 「Efficient Global Optimization of Expensive Black-Box Functions」[5]을 확인하기 바랍니다.

---

5 http://mng.bz/5Kl0

```
def _expected_improvement(x):
    x_history, _ = self._vectorize_trials()
    y_pred = self.gpr.predict(x_history, return_std=False)
    y_best = max(yhat)
    mu, sigma = self.gpr.predict(x, return_std=True)
    z = (mu - y_best) / (sigma+1E-9)
    ei = (mu - y_best) * norm.cdf(z) + sigma * norm.pdf(z)
    return ei
```

PI 및 EI의 탐색력을 향상시키기 위해 최적의 목적 값에 $y^* + \theta$처럼 양의 파라미터를 추가할 수도 있습니다. 파라미터값이 클수록 탐색의 양은 커집니다. 실전에서 UCB와 EI는 모든 AutoML 라이브러리에서 가장 많이 쓰이는 획득 함수의 유형이며, UCB가 탐색과 이용을 균형 있게 조절하는 데 있어서 비교적 더 간단합니다.

7.3.4 획득 함수로 신규 하이퍼파라미터 샘플링하기

앞에서 획득 함수를 만드는 방법을 배웠으므로, 이제는 획득 함수를 사용하여 다음 시도에서 평가될 하이퍼파라미터값을 샘플링해볼 차례입니다. 이 절의 목표는 획득 함수의 최댓값을 달성하는 하이퍼파라미터 벡터를 찾는 것입니다. 각 하이퍼파라미터가 정해진 탐색 공간에 의해 제한되기 때문에, 이 문제는 제한적인 최적화 문제로 볼 수 있습니다. 제한이 있는 상황에 대해 함수를 최소화하는 인기 있는 최적화 기법에는 **L-BFGS-B** 알고리즘이 있습니다.

> **NOTE_** BFGS는 초기 벡터로 시작하여 역 헤세 행렬 inverse Hessian matrix의 추정치에 기반해 벡터를 지역 최적점으로 반복해서 개선하는 최적화 알고리즘입니다. 초기화된 여러 벡터로 최적화를 여러 번 수행하여 더 나은 지역 최적화를 할 수도 있습니다. L-BFGS는 여기에 근사화를 더하여 최적화에 사용되는 메모리 양을 제한합니다. 그리고 L-BFGS-B는 탐색 공간의 경계 상자 제약 조건을 처리하도록 알고리즘을 더 확장합니다. 더 상세한 내용은 「On the Limited Memory Method for Large Scale Optimization」[6]을 읽어보기 바랍니다.

---

6 옮긴이_ https://link.springer.com/article/10.1007/bf01589116

사이파이(scipy) 파이썬 도구의 **optimize** 모듈로 이 기법을 구현할 수 있습니다(코드 7-11). 먼저 하이퍼파라미터의 경계를 수집하기 위한 **get_hp_bounds()** 라는 함수를 구현합니다. 누적 확률로 하이퍼파라미터를 정규화했기 때문에, 각 하이퍼파라미터의 경계는 0과 1 사이가 됩니다. 그리고 **x_seeds** 에 따라 균등하게 생성된 50개의 서로 다른 초기 벡터로 획득 함수를 50회 최적화합니다. 최적화는 연속적인 벡터 공간에서 이루어지며, 최적 벡터는 오라클 기반 클래스에 정의된 **self._vector_to_values** 메서드를 통해 원래의 하이퍼파라미터 값으로 변환될 수 있습니다.

코드 7-11 UCB 획득 함수에 기반한 샘플링

```python
from scipy import optimize as scipy_optimize

class BayesianOptimizationOracle(oracle_module.Oracle):
    def __init__(self,
                 objective,
                 max_trials,
                 beta=2.6,
                 num_initial_points=None,
                 seed=None,
                 hyperparameters=None,
                 *args, **kwargs):
        super(BayesianOptimizationOracle, self).__init__(
            objective=objective,
            max_trials=max_trials,
            hyperparameters=hyperparameters,
            seed=seed,
            *args, **kwargs)

        self.num_initial_points = num_initial_points or 2
        self.beta = beta
        self.seed = seed or random.randint(1, 1e4)
        self._random_state = np.random.RandomState(self.seed)
        self.gpr = self._make_gpr()

    def _make_gpr(self):
        return gaussian_process.GaussianProcessRegressor(
            kernel=gaussian_process.kernels.Matern(nu=2.5),
            alpha=1e-4,
            normalize_y=True,
            random_state=self.seed)
```

```python
    def _get_hp_bounds(self):
        nonfixed_hp_space = [hp for hp in self.hyperparameters.space
            if not isinstance(hp, hp_module.Fixed)]
        bounds = []
        for hp in nonfixed_hp_space:
            bounds.append([0, 1])      # ◁ 하이퍼파라미터에 대한 정규화된
        return np.array(bounds)                경계를 추가함


    def populate_space(self, trial_id):

        if self._num_completed_trials() < self.num_initial_points:
            return self._random_populate_space()   # ◁ 초기 가우시안 프로세스 회귀 모델을
                                                         학습시키기 위한 임의 검색을 수행함
        x, y = self._vectorize_trials()
        try:
            self.gpr.fit(x, y)
        except exceptions.ConvergenceWarning:
            raise e


    def _upper_confidence_bound(x):
        x = x.reshape(1, -1)
        mu, sigma = self.gpr.predict(x, return_std=True)
        return -1 * (mu + self.beta * sigma)   # ◁ 값이 최소화되어야 목적에 맞게
                                                      UCB 점수의 부호를 뒤집음
optimal_val = float('inf')
optimal_x = None
num_restarts = 50   # ◁─────────────────────────────────────────────┐
bounds = self._get_hp_bounds()                                        │
x_seeds = self._random_state.uniform(bounds[:, 0], bounds[:, 1],      │
                                size=(num_restarts, bounds.shape[0]))  # ◁─┘
                                                                    해당 경계들에 속하는
for x_try in x_seeds:                                               50개의 임의 벡터를
    result = scipy_optimize.minimize(_upper_confidence_bound,       균등하게 생성함
                            x0=x_try,
                            bounds=bounds,
                            method='L-BFGS-B')   # ◁ 부호가 뒤집힌 획득 함수를
    if result.fun[0] < optimal_val:                  최소화함
        optimal_val = result.fun[0]
        optimal_x = result.x

                                                # ◁ 최적의 벡터를 원본 하이퍼파라미터
values = self._vector_to_values(optimal_x)          값에 매핑함
return {'status': trial_lib.TrialStatus.RUNNING,
        'values': values}
```

벡터화 함수, 샘플링 함수, 가우시안 프로세스 회귀 모델을 생성하는 함수를 조합하면 AutoML 작업을 수행하는 완전한 베이지안 최적화 오라클을 만들 수 있습니다. 다음으로 살펴볼 내용에서는 베이지안 최적화 오라클을 사용하여 주택 가격을 예측하기 위한 GBDT 모델을 튜닝합니다.

7.3.5 베이지안 최적화로 GBDT 모델 튜닝하기

임의 검색과 GBDT 모델을 튜닝하는 데 사용자 정의 튜너를 사용했던 방식과 같은 방식으로 데이터를 불러온 다음 분할합니다. 유일한 차이점은 다음 코드처럼 임의 검색 오라클 대신 베이지안 최적화 오라클을 사용했다는 점입니다. 이렇게 해서 얻은 최상의 모델은 최종 테스트용 데이터셋에 대해 0.2202 정도의 MSE를 달성했습니다.

코드 7-12 UCB 획득 함수에 기반해 샘플링하기

```
>>> bo_tuner = LightGBMTuner(
...     oracle=BayesianOptimizationOracle(
...         objective=kt.Objective('mse', 'min'),
...         max_trials=100,
...         seed=42),    ◁── 사용자 정의 베이지안 최적화 검색 알고리즘을 사용함
...     hypermodel=build_model,
...     overwrite=True,
...     project_name='bo_tuner')

>>> bo_tuner.search(X_train, y_train, validation_data=(X_val, y_val))

>>> from sklearn.metrics import mean_squared_error
>>> best_model = bo_tuner.get_best_models(1)[0]
>>> y_pred_test = best_model.predict(X_test)
>>> test_mse = mean_squared_error(y_test, y_pred_test)
>>> print('The prediction MSE on test set: {}'.format(test_mse))

The prediction MSE on test set: 0.2181461078854755
```

두 검색 기법을 더 잘 이해하기 위해 베이지안 최적화 검색과 임의 검색 기법을 비교해보죠. 발견된 모든 모델의 성능 평가를 순서대로 추출합니다. [그림 7-9(a)]는 검색 과정 중 검증용 데이터셋에 대해 평가된 발견된 모델들의 MSE를 직접적으로 보여줍니다. 임의 검색 기법과는

달리, 베이지안 최적화로 탐색된 모델의 성능은 탐색 과정이 계속될수록 점점 안정적으로 변하는 것을 알 수 있습니다. 베이지안 최적화 기법이 과거의 정보를 고려하여 이를 검색에 활용하기 때문에, 나중에 발견된 모델이 지금까지 발견된 모델보다 성능이 비슷하거나 더 나을 가능성이 높기 때문이죠. [그림 7-9(b)]는 검색 과정이 진행됨에 따라, 지금까지 발견된 최적의 모델 성능을 보여줍니다. 임의 검색이 초반에는 약간 더 나은 성능을 보이는듯 하지만, 후반부로 갈수록 베이지안 최적화가 더 나은 결과를 보이는 것을 알 수 있습니다. 이는 과거의 수집된 데이터양이 증가함에 따라, 베이지안 최적화 검색이 더 많은 정보를 활용하여 더 효과적인 검색을 가능하게 해주기 때문입니다.

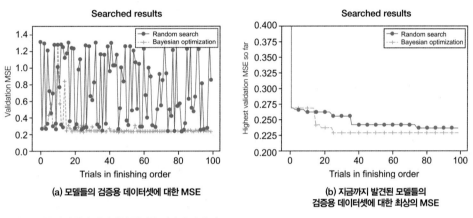

그림 7-9 임의 검색과 베이지안 최적화 기법의 결과 비교

이 예제에서는 베이지안 최적화 기법이 임의 검색 기법보다 성능이 뛰어나지만, 탐색 공간이 작고 범주형 및 조건부 하이퍼파라미터가 많은 상황에서도 그러리라는 보장은 없습니다. 탐색 공간의 크기, 검색의 반복 횟수, 시간과 자원 제약 사항(기본적인 베이지안 최적화 기법은 임의 검색보다 수행 속도가 훨씬 느립니다)을 고려하여 다양한 검색 기법을 선택하고 조정하는 일이 필요하죠. 구체적인 제약 조건이 없다면 베이지안 최적화 검색 기법으로 먼저 시작해보는 것은 좋은 선택이 될 수 있습니다.

복잡성이 증가하는 것 외에도, 베이지안 최적화 기법을 적용했을 때 지역 최적화라는 또 다른 문제에 봉착할 수도 있습니다. 샘플링을 위해 획득 함수를 최적화할 때 여러 초깃값을 탐색하려는 시도를 했지만 대리 모델이 과거의 샘플에 기반하여 잘 맞지 않거나 획득 함수가 이용에 지나치게 치우치는 경우 여전히 지역적 범위에서 초깃값들이 샘플링될 가능성이 높습니다. 이러면 평가 성능 표면이 볼록하지 않은 경우 다른 지역을 무시하고 특정 지역만 집중적으로 탐색하게 됩니다. UCB 획득 함수의 파라미터를 줄이는 등 획득 함수의 탐색 선호도를 높이는 것 외에도 베이지안 최적화가 지역 최적에 수렴하는 것을 방지하는 데는 일반적으로 두 종류의 방법이 사용됩니다.

- 베이지안 최적화 검색을 여러 번 수행한 다음, 서로 다른 랜덤 시드를 사용해 초기의 대리 모델을 학습시키기 위한 서로 다른 임의의 데이터를 샘플링합니다.
- 베이지안 최적화와 임의 검색을 동적으로 결합합니다. 즉 베이지안 최적화 검색을 몇 번(예: 5회) 반복할 때마다, 임의 검색을 시도하여 두 종류의 기법을 번갈아가며 수행될 수 있도록 합니다.

또한 검색의 반복 횟수가 많고 시간이 충분하다면 정해진 검증용 데이터로 각 모델을 평가하는 단순한 방법 대신 발견된 각 모델에 대해 교차 검증을 수행하는 것이 좋습니다. 그러면 검증용 데이터에 과적합되는 것을 방지할 수 있습니다. 그리고 실제로도 꽤 유용한 경우가 많습니다.

7.3.6 검색 과정의 재개 및 검색 기법의 복구

AutoML 과정이 꽤 오래 걸리고 예기치 않게 중단되는 일이 흔히 발생할 수 있으므로, 검색 과정을 재개하고 오라클을 복구하는 데 유용한 두 가지 보조 함수를 추가하는 것이 좋습니다(코드 7-13). KerasTuner의 기반 오라클 클래스는 오라클의 복구를 위해, 지금까지 수행된 시도와 메타데이터를 기억하고 다시 불러오기 위한 두 가지 메서드를 제공합니다. 먼저 검색 과정 중 오라클의 과거 시도 및 파라미터의 상태를 기억하도록 get_state() 메서드를 확장할 수 있습니다. 이 메서드는 모든 검색 루프에서 호출되어, 시도와 오라클에 대한 현재 상태를 저장합니다. 이를 구현하려면, 먼저 기반 클래스의 get_state() 메서드를 호출하여 현재 시도의 상태 딕셔너리를 가져온 뒤 검색 기법의 고유한 하이퍼파라미터로 갱신해야 합니다. 가령 랜덤 시드, 임의로 초기화할 시도의 횟수, UCB 획득 함수의 이용–탐색 균형에 대한 파라미터를 상태 객체에 저장할 수 있습니다. 그리고 오라클의 상태를 다시 불러오려면 set_state() 메서드를 확장해야 합니다. 이 메서드는 디스크로부터 다시 불러와 이전 상태에 접근하여, 모든 시도의 기록 및 오라클의 파라미터 정보를 파악합니다. 예를 들어 베이지안 최적화 오라클은 set_state() 함수를 호출하여, 모든 모델의 평가 정보를 파악하고 불러온 상태가 저장된 딕셔너리로 오라클의 속성을 하나씩 복구합니다.

```python
class BayesianOptimizationOracle(oracle_module.Oracle):

    def get_state(self):
        state = super().get_state()
        state.update({
            'num_initial_points': self.num_initial_points,
            'beta': self.beta,
            'seed': self.seed,
        })    ◁── 상태에 대해 오라클에 특화된 설정을 저장함
        return state

    def set_state(self, state):
        super().set_state(state)    ◁── 상태 기록 다시 불러오기
        self.num_initial_points = state['num_initial_points']
        self.beta = state['beta']
        self.seed = state['seed']
        self._random_state = np.random.RandomState(    ┐
            self.seed)                                   ├ 베이지안 최적화 오라클을 재개함
        self.gpr = self._make_gpr()                      ┘
```

검색 과정을 재개하려면 재개를 원하는 프로젝트의 이름으로 튜너를 초기화하고 그 이후부터는 지금까지와 같은 방식으로 검색을 이어 나갈 수 있습니다. 한 가지 다른 점은 초기화 시 **overwrite** 매개변수를 False로 설정해야, 작업 디렉터리 내 같은 이름을 가진 기존 프로젝트가 존재하는 경우 이를 재개할 프로젝트로 선택한다는 것입니다(다음 코드의 **bo_tuner**). 그러면 구현한 **set_state()** 메서드가 호출되어 오라클의 복구에 도움을 줍니다.

코드 7-14 오라클 재개하기

```python
bo_tuner = LightGBMTuner(
    oracle=BayesianOptimizationOracle(
        objective=kt.Objective('mse', 'min'),
        max_trials=100,
        seed=42),
    hypermodel=build_model,        ┌ 이미 존재하는 프로젝트 이름인
    overwrite=False,    ◁──────────┘ 경우 덮어쓰지 않음
    project_name='bo_tuner')    ◁──┐ 검색 과정을 저장 또는 재개하기 위해 프로젝트 이름을 제공함

bo_tuner.search(X_train, y_train, validation_data=(X_val, y_val))
```

이어지는 절에서는 흔히 사용하는 또 다른 기록에 기반한 기법을 소개합니다. 대리 모델이나 획득 함수의 선택이 필요 없는 기법입니다.

7.4 진화적 검색 기법을 사용자 정의하기

진화적 검색 기법^{evolutionary search method}은 생물학적 행동에서 영감을 받은 발견적 검색 기법입니다. AutoML에서 가장 유명한 기법 중 하나는 모집단을 기반으로 한 진화적 검색 기법입니다. 이 기법은 아래의 네 단계에 따라 모집단의 진화를 생물학적으로 시뮬레이션합니다.

1. **초기 모집단 생성**^{initial population generation}: 초기 모집단을 형성하기 위해 초기의 머신러닝 파이프라인을 무작위로 몇 개 생성하고 평가합니다. 이때 모집단의 크기는 미리 정의되어야 합니다.

2. **부모 선택**^{parent selection}: 다음 시도에서 평가될 새로운 자식 파이프라인을 번식하기 위해 지금까지의 가장 적합한 파이프라인(부모)을 선택합니다.

3. **크로스오버 및 돌연변이**^{crossover and mutation}: 이 작업은 부모로부터 새로운 자손 번식에 사용될 수 있습니다. 크로스오버는 두 부모 파이프라인의 일부 하이퍼파라미터를 교체하여 2개의 새로운 파이프라인을 생성하는 것을, 돌연변이는 크로스오버에서 생성된 부모 또는 자손의 하이퍼파라미터 중 일부를 임의로 변경하여 약간의 변이를 발생시키는 것을 의미합니다. 유전적 돌연변이의 '염색체 수정^{tweak in the chromosome}'을 모방하여 검색 과정에서의 탐색력을 향상시킵니다. 크로스오버와 돌연변이가 모두 함께 필요한 것은 아니며, 둘 중 하나만으로도 새로운 자손을 생성할 수 있습니다. 예를 들어 두 파이프라인을 결합하는 대신 각 실험의 모집단에서 하나의 부모 파이프라인을 선택합니다. 그다음 해당 하이퍼파라미터 중 하나 이상을 변이시켜 평가할 다음 파이프라인을 생성할 수 있습니다.

4. **생존자 선택**^{survivor selection}(모집단 세대 교체^{population regeneration}): 새로운 자손이 평가된 다음 단계입니다. 적합도가 낮았던 파이프라인만을 새로운 자손으로 대체하여, 새로운 머신러닝 파이프라인 모집단을 재생성합니다.

2~3단계는 [그림 7-10]에서 볼 수 있듯이 검색 과정 동안 반복적으로 수행되어 새로운 평가 결과를 통합합니다.

7.4.1 진화적 검색 기법의 선택 전략

크로스오버 및 돌연변이의 단계가 기존 파이프라인에서 새로운 자손을 만드는 방법을 결정하지만, 부모 및 생존자를 선택하는 두 단계의 전략을 잘 선택하는 것이 좋은 진화론적 기법을 설계하는 데 더 중요할 수도 있습니다. 선택의 단계는 검색 과정 동안 이용과 탐색 간의 균형을 잘 유지해야 합니다. 여기서 **이용**이란 얼마나 집중적으로 평가 성능이 좋은 파이프라인을 부모로 선택하고자 하는지를 나타내며, **탐색**은 최적 파이프라인에만 집중하지 않고 더 많은 임의성을 도입하여 탐색되지 않은 영역을 시도하는 것을 의미합니다. 진화론적 기법을 다루는 학문에서는 이용과 탐색 사이의 균형을 선택의 강도 및 다양성 사이의 균형이라고도 합니다. 그러면 지금부터 가장 널리 사용되는 세 가지 선택 전략을 살펴보겠습니다.

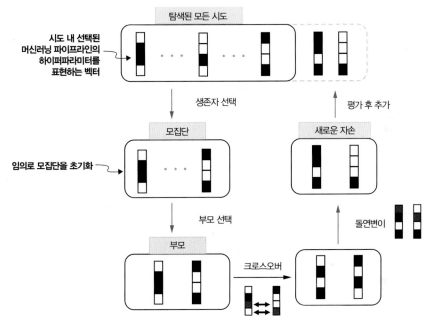

그림 7-10 모집단 기반 진화적 검색의 생애 주기

비례 선택

비례 선택proportional selection(또는 **룰렛 선택**roulette wheel selection)에서는 확률 분포에 따라 개체를 선택합니다. 그리고 개체를 선택할 확률은 해당 개체의 적합도에 비례하죠. 가령 분류 문제를 위한 머신러닝 파이프라인을 선택한다면, 각 파이프라인의 적합도를 측정하는 데 정확도를 사용할 수 있습니다. 파이프라인의 정확도가 높을수록 더 높은 확률을 부여해야 합니다. i번째 파이프라인이 부모로 선택될 확률은 $\frac{f_i}{\sum_i f_i}$로 표현할 수 있습니다. 여기서 f_i는 i번째 파이프라인의 (양수) 정확도를 나타내며, 분모는 모집단의 모든 파이프라인에 대한 정확도를 합산한 것입니다. 생존자 선택 단계에서는 지금까지 탐색한 모든 파이프라인의 정확도 합계를 사용하고, 중복 없이 여러 개체를 샘플링하여 다음 탐색 루프를 위한 모집단을 구성합니다. 이 전략이 널리 사용되기는 하지만 몇 가지 문제를 갖고 있습니다. 특히 특정 파이프라인의 정확도가 다른 파이프라인보다 훨씬 높다면 여러 번 반복해서 선택되는 경향이 있기 때문에 원치 않게 조기에 수렴할 위험이 있습니다.

순위 선택

순위 선택 ranking selection은 비례 선택과 유사한 전략을 채택하지만, 파이프라인의 적합도 순위를 사용해 확률을 계산한다는 점이 다릅니다. 가령 정확도에 따라 1, 2, 3등의 순위로 매겨진 3개의 파이프라인이 모집단에 있다고 가정해보죠. 그러면 각 파이프라인마다 $\frac{1}{2}, \frac{1}{3}, \frac{1}{6}$의 확률을 할당하여, 부모를 선택할 수 있습니다. 잘 설계된 확률은 선택의 강도와 다양성 사이의 균형을 맞출 수 있습니다. 방금 본 간단한 예시는 확률이 개체별 순위에 비례하는 **선형적 순위 선택** linear ranking selection 전략입니다. 비선형적 확률을 사용하는 경우에는 이용 또는 탐색의 정도를 강화할 수 있습니다. 예를 들어 높은 순위의 파이프라인에 더 높은 비례 확률을 할당하여 선택 과정에서 탐색보다 이용에 더 큰 가중치를 둘 수 있습니다. 순위 선택은 모든 개체를 균일한 칙도로 매핑하여 비례 선택이 가진 척도 scale에 대한 문제를 해소하기 때문에, 비례 선택보다 더 나은 성능을 발휘하는 경우가 많습니다. 모든 파이프라인의 정확도가 비슷하더라도, 순위 선택은 순위에 기반하여 각 파이프라인을 구분짓는 것이 가능합니다. 또한 특정 한 파이프라인이 나머지 모든 파이프라인보다 낫다면, 다른 파이프라인과 비교했을 때 아무리 적합하더라도 해당 파이프라인이 부모 또는 생존자로 선택될 확률은 바뀌지 않습니다. 따라서 비례 검색 대비 선택의 강도가 다소 떨어질 수는 있지만, 일반적인 상황에서 선택의 강도와 다양성 간의 균형을 더욱 견고히 유지할 수 있습니다.

경쟁 선택

경쟁 선택 tournament selection은 두 단계의 선택 과정으로 구성됩니다. 먼저 일정 개수만큼 후보 개체를 임의로 선택한 다음, 그중 가장 우수한 것을 부모로 선택해 크로스오버 및 돌연변이를 수행합니다. 최하위 k개의 개체에 확률 0을 할당하는 특수 유형의 순위 선택으로 변환될 수 있습니다. 여기서 k는 경쟁 선택에서 비교를 위해 선택될 개체의 수를 의미합니다. 나머지 개체에 할당된 확률은 $\frac{\binom{r_i+k-1}{k}}{\binom{p+k}{1+k}}$ 로 볼 수 있는데, 여기서 r_i는 i번째 파이프라인의 순위를, p는 모집단의 크기를, $\binom{a}{b}$는 이항 계수 $\left(\binom{n}{m} = \frac{n!}{m!(n-m)!}\right)$를 의미합니다. 경쟁 선택의 후보 개체 수를 늘리면, 선택의 강도(이용)는 높이고 선택의 다양성은 낮출 수 있습니다. 후보 개체 중 가장 좋은 것 하나만 부모로 선택되기 때문이죠. 두 가지 추가 상황을 고려해봅시다. k의 크기가 1이라면, 모집단에서 하나의 개체를 임의로 선택하는 것과 같습니다. 그리고 k의 크기가 모집단의 크기와 동일하다면, 선택의 강도는 최대화되며 가장 좋은 개체가 부모로 선택됩니다.

모델의 성능 평가 외에도, 최적의 모델에 대한 요구 사항에 따라 다른 목적을 지정하는 것도 가능합니다. 예를 들어 파이프라인의 정확도와 복잡도를 모두 고려하는 함수를 만들어(예: 초당 부동소수점 연산floating point operations per second(FLOPS)), 각 파이프라인에 확률을 할당할 수 있습니다. 선택 전략에 대해 더 자세히 알고 싶다면 『Evolutionary Optimization Algorithms』을(John Wiley & Sons Inc, 2013) 읽어보길 바랍니다.

7.4.2 노화 진화적 검색 기법

이 절에서는 구글 브레인팀의 연구자가 「regularized evolution for image classifier architecture search」[7]에서 제안한 **노화 진화적 검색**aging evolutionary search이라는 진화적 검색 기법을 구현합니다. 본래 최적의 신경망 구조를 검색하기 위해 제안된 기법이지만, 다양한 AutoML 작업에 일반화하여 적용될 수도 있습니다. 이 기법은 파이프라인을 번식시킬 부모 파이프라인을 선택하기 위해 경쟁 선택을 사용하고, 생존자 선택을 위해서는 발견적 노화 선택 전략을 사용합니다. 파이프라인(또는 시도)의 '나이'는 검색 과정 중 반복의 횟수를 의미합니다. 시도가 처음 생성(시작)되면 0으로 정의되며, 이후 N개의 시도가 더 선택되고 실행되면서 나이는 N이 됩니다. 이를 노화 진화적 검색 기법을 모집단 기반의 진화적 검색 기법의 네 가지 핵심 단계로 설명하면 다음과 같습니다.

1. **초기 모집단 생성**: 초기 모집단을 형성하기 위해 머신러닝 파이프라인을 무작위로 몇 개 생성하고 평가합니다.
2. **부모 선택**: 각 검색의 반복마다 부모는 경쟁 선택 기법에 따라 모집단으로부터 선택됩니다.
3. **돌연변이**: 부모의 하이퍼파라미터를 임의로 선택하고, 그 값을 다른 값으로 임의 변경합니다. 생성된

---

7 https://arxiv.org/abs/1802.01548

자손이 이미 탐색된 적이 있는 것이라면, 이를 충돌^{collision}로 간주하고 유효한 자손이 선택되거나 최대 충돌 횟수에 도달할 때까지 돌연변이 단계를 재시도합니다. 한편 자손이 이미 탐색된 적이 있는지를 검사하기 위해서, 시도 내 하이퍼파라미터들은 해시 문자열로 표현합니다.

4. **생존자 선택**: 새로운 자손이 생성된 다음에는 가장 최근에 샘플링된 시도들을 신규 모집단에 유지합니다. 가령 모집단의 크기가 100이라고 가정해보죠. 101번째 시도가 끝났을 때, 첫 번째(가장 오래된) 시도는 모집단에서 제거되고, 새로운(가장 어린) 시도가 그 자리를 메우게 됩니다. 노화 진화적 기법이라고 불리는 이유입니다. 가장 최근 시도를 생존자로 선택하는 것은 오래된 것들이 최근 것보다 성능이 떨어진다고 가정하기 때문에 탐색력을 강화합니다.

이 과정을 그림으로 표현하면 [그림 7-11]과 같습니다. 이번에는 크로스오버가 사용되지 않은 것을 알 수 있으며, 새로운 자손을 생성하는 데 오직 돌연변이만 사용했습니다.

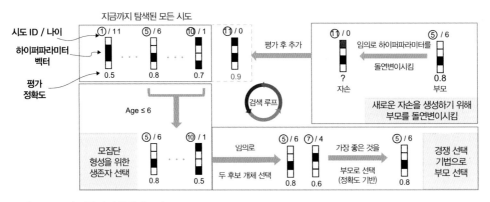

그림 7-11 노화 진화적 검색 생애 주기

알고리즘을 제어하기 위해서는 경쟁 선택 전략에 대한 모집단의 크기와 후보 개체 수라는 두 하이퍼파라미터를 미리 정의해야 합니다. 이 둘은 이용과 탐색의 균형을 맞추는 데 도움을 줍니다. 모집단의 크기를 크게 설정하면 더 많은 오래된 시도가 생존자로서 유지되고 새로운 자손을 번식하는 부모로서 선택될 가능성이 커집니다. 그러면 오래된 시도가 그렇지 않은 것보다 성능이 떨어질 가능성이 높기 때문에 탐색력은 커지며, 모집단의 다양성도 커집니다. 후보 개체 수를 크게 설정하면 선택 강도는 증가합니다. 이는 곧 이용력을 증가시키게 됩니다.

노화 진화 오라클의 구현 방법은 [코드 7-15]와 같습니다. 먼저 모집단을 구성하는 시도들에 대한 ID를 저장하기 위한 리스트를 만듭니다. 임의로 초기화된 시도의 개수는 모집단의 크기보다 커야 합니다. 그래야 모집단이 꽉 찰 수 있기 때문입니다. 핵심 메서드인 `populate_space()`를 살펴보죠. 이 메서드의 시작부에서는 모집단 형성을 위해 임의로 시도를 샘플링합니다. 모집단이 생성되고 나면 각 검색 루프에서 시도의 마지막 순번에 기반해 생존자를 선택하여 고정된 모집단 크기를 유지합니다. 그다음 후보 개체를 임의로 선택하고 그중 가장 좋은 것을 부모로 선택(best_candiate_trial)하는 방식으로 경쟁 선택을 수행합니다. 임의로 선택된 부모 시도의 하이퍼파라미터를 _mutate() 메서드를 통해 돌연변이시키고, 자손의 하이퍼파라미터값을 반환하여 자손 시도의 상태와 함께 딕셔너리에 집어넣습니다. 이때 상태는 실행 중을 의미하는 RUNNING으로 설정하여 시도가 평가를 위해 준비되었음을 표현합니다.

코드 7-15 진화적 검색 오라클

```python
import random
import numpy as np
from keras_tuner.engine import hyperparameters as hp_module
from keras_tuner.engine import oracle as oracle_module
from keras_tuner.engine import trial as trial_lib

class EvolutionaryOracle(oracle_module.Oracle):
    def __init__(self,
                    objective,
                    max_trials,
                    num_initial_points=None,
                    population_size=20,
                    candidate_size=5,
                    seed=None,
                    hyperparameters=None,
                    *args, **kwargs):
        super().__init__(
            objective=objective,
            max_trials=max_trials,
            hyperparameters=hyperparameters,
            seed=seed,
            *args, **kwargs)
        self.population_size = population_size
        self.candidate_size = candidate_size
        self.num_initial_points = num_initial_points or self.population_size
        self.num_initial_points = max(self.num_initial_points, population_size)  # 임의로 초기화된 시도들이 모집단을 꽉 채울 수 있도록 함
        self.population_trial_ids = []  # 모집단을 구성하는 시도들의 ID를 유지하기 위한 리스트
        self.seed = seed or random.randint(1, 1e4)
        self._seed_state = self.seed
        self._max_collisions = 100

    def _random_populate_space(self):
```

```python
        values = self._random_values()
        if values is None:
            return {'status': trial_lib.TrialStatus.STOPPED,
                    'values': None}
        return {'status': trial_lib.TrialStatus.RUNNING,
                'values': values}

    def _num_completed_trials(self):
        return len([t for t in self.trials.values() if t.status == 'COMPLETED'])

    def populate_space(self, trial_id):

        if self._num_completed_trials()
        < self.num_initial_points:          ◁── 모집단을 초기화하기 위해 임의로 선택함
            return self._random_populate_space()

        self.population_trial_ids = self.end_order[
        -self.population_size:]          ◁── 시도의 나이에 기반해 생존자를 선택함

        candidate_indices = np.random.choice(     ◁── 모집단에서 후보 개체를 선택함
            self.population_size, self.candidate_size, replace=False
        )
        self.candidate_indices = candidate_indices
        candidate_trial_ids = list(
            map(self.population_trial_ids.__getitem__, candidate_indices)
        )

        candidate_scores = [self.trials[trial_id].score
        for trial_id in candidate_trial_ids]     ◁── 성능에 기반해 최고의 후보 개체를 가져옴
        best_candidate_trial_id =
        candidate_trial_ids[np.argmin(candidate_scores)]
        best_candidate_trial = self.trials[best_candidate_trial_id]

        values = self._mutate(best_candidate_trial)  ◁──┐ 임의로 선택된 부모의
                                                         └ 하이퍼파라미터를 돌연변이함

        if values is None:    ◁── 자손이 유효하지 않은 경우 시도를 중단함(이미 평가된 적이 있는 경우)
            return {'status': trial_lib.TrialStatus.STOPPED, 'values': None}

        return {'status': trial_lib.TrialStatus.RUNNING,
                'values': values}
```

이제 돌연변이 작업을 구현하는 방식을 살펴보겠습니다.

7.4.3 돌연변이의 간단한 구현

하이퍼파라미터의 값이 고정되어 있지 않는 한, 다른 값으로 변경할 수 있는 게 이상적입니다. 하지만 선택된 하이퍼파라미터가 조건부 하이퍼파라미터인 경우 이 값을 변경한다면 다른 하이퍼파라미터에 영향을 미칠 수 있습니다. 예를 들어 모델의 유형을 나타내는 하이퍼파라미터의 값을 선택하고 변경했는데, 그 값이 MLP에서 결정 트리로 바뀌었다면 본래 활성화되지 않았던 트리의 깊이에 대한 하이퍼파라미터는 활성화되어야 하고 특정 값을 할당받아야 합니다 (그림 7-12). 따라서 돌연변이시킬 하이퍼파라미터가 조건부 하이퍼파라미터인지를 확인할 필요가 있습니다. 그래서 조건부 하이퍼파라미터라면 해당 조건에 달린 하위 하이퍼파라미터 (그림에서 자식 노드로 표현된 하이퍼파라미터)에 임의로 선택된 값을 할당해야 합니다.

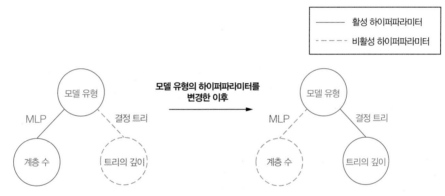

그림 7-12 돌연변이에 따라 활성화되는 비활성 하이퍼파라미터

먼저 부모 시도(best_trial)에서 고정되지 않은 활성 하이퍼파라미터를 수집한 다음, 그중 돌연변이할 하이퍼파라미터를 무작위로 선택해야 합니다. 그다음 hps라는 이름의 하이퍼파라미터 컨테이너 인스턴스를 생성하고, 새로운 자손의 하이퍼파라미터값을 저장합니다. 탐색 공간 내 모든 하이퍼파라미터를 하나씩 접근하며 값을 생성하고, 이를 하이퍼파라미터 컨테이너로 주입합니다. 조건부 하이퍼파라미터가 변경됨에 따라 일부 비활성 하이퍼파라미터의 상태가 활성화될 수 있어서 부모 시도 내 활성 하이퍼파라미터를 처리하는 대신 탐색 공간 내 모든 활성 하이퍼파라미터를 처리해야 합니다(그림 7-12).

부모 시도 내 활성화되었지만 선택된 돌연변이 하이퍼파라미터가 아닌 모든 하이퍼파라미터에 대해, 원래 값을 할당하고 돌연변이 작업을 계속 진행합니다. 선택된 돌연변이 하이퍼파라미터에 대해서는 새 값을 임의로 선택합니다. 가령 선택된 돌연변이 하이퍼파라미터가 조건부 하이퍼파라미터라고 가정해보죠. 이 값이 변경된 이후 그 자손에서는 활성 상태가 되어 해당 조건에 달린 하이퍼파라미터에는 값이 임의로 할당됩니다. 자손의 하이퍼파라미터가 활성인지 아닌지는 [코드 7-16]의 hps.is_active(hp)라는 코드로 결정됩니다. 그리고 새로운 자손이 생성된 다음에는, 해당 자손이 이미 평가된 적이 있는지를 오라클 클래스로부터 상속한 _compute_values_hash()라는 해싱 함수를 통해 판단할 수 있습니다. 자손이 이전에 평가된 적이 있는 것이라면(충돌) 건너뛰고 그다음 돌연변이 과정을 반복합니다. 유효한 자손이 생성되거나 최대 충돌 횟수에 도달할 때까지 이 과정은 계속 수행됩니다. 한편 최종 자손에 대한 해시 값은 이후 시도에서 검사하기 위한 목적으로 파이썬의 세트(set) 자료 구조로 정의된 self._tried_so_far에 저장됩니다.

코드 7-16 부모 시도 내 하이퍼파라미터값 변경하기

```
def _mutate(self, best_trial):
    best_hps = best_trial.hyperparameters      ◁─┤ 최상의 시도에 대한 하이퍼파라미터를 추출함
    nonfixed_active_hps = [hp for hp in self.hyperparameters.space
        if not isinstance(hp, hp_module.Fixed) and
➤ best_hps.is_active(hp)]      ◁─┤ 고정되지 않은 활성 하이퍼파라미터를 수집함

    hp_to_mutate = np.random.choice(
        nonfixed_active_hps, 1)[0]      ◁─┤ 변경하기 위한 하이퍼파라미터를
                                            임의로 선택함

    collisions = 0
    while True:
        hps = hp_module.HyperParameters()

        for hp in self.hyperparameters.space:      ◁─┤ 탐색 공간 내 모든 활성 하이퍼파라미터를
            hps.merge([hp])                             반복적으로 접근함
            if hps.is_active(hp):
                if best_hps.is_active(hp.name) and hp.name !=
➤ hp_to_mutate.name:      ◁─┤ 현재 하이퍼파라미터가 변경될 필요가 있는지 검사함
                    hps.values[hp.name] = best_hps.values[hp.name]
                    continue
                hps.values[hp.name] =
➤ hp.random_sample(self._seed_state)      ◁─┤ 임의의 돌연변이를 수행함
                self._seed_state += 1
        values = hps.values

        values_hash = self._compute_values_hash(
```

```
                values)  ◄──┤ 새로운 자손을 위한 해시 문자열을 생성함
            if values_hash in self._tried_so_far:  ◄──┐ 자손이 이미 평가된 적이
                collisions += 1                          │ 있는지를 검사함
                if collisions <= self._max_collisions:
                    continue
                return None
            self._tried_so_far.add(values_hash)
            break
    return values
```

여기서 다음 두 가지를 알아두면 좋습니다.

- KerasTuner의 속성을 활용하면 하이퍼파라미터가 조건부 하이퍼파라미터에 종속된 하위 하이퍼파라미터인지를 결정할 수 있습니다. 하이퍼파라미터 목록(self. hyperparameters.space)에서 하위 하이퍼파라미터는 항상 조건부 하이퍼파라미터 다음에 등장하죠. 실제로 하이퍼파라미터의 탐색 공간은 각 노드가 하이퍼파라미터를, 노드를 잇는 선이 머신러닝 파이프라인 형상의 순서 또는 조건부 관계를 나타내는 그래프로 표현될 수 있습니다. KerasTuner는 하이퍼파라미터의 탐색 공간을 그래프의 위상 순서를 통해 리스트로 저장합니다.

- 알고리즘이 하이퍼파라미터 간에 조건부 연관성이 있다는 사실을 인식하고, 조건부 하이퍼파라미터에 달린 하위 하이퍼파라미터 중 누가 활성인지를 감지하려면 5장에서 다룬 것처럼 탐색 공간 내 조건부 범위를 명시적으로 정의해야 합니다. 합성 탐색 공간에 대한 예시는 다음의 코드로 설명될 수 있습니다. 다음 코드에서 conditional_choice는 조건부 하이퍼파라미터로, 이에 따라 child1_choice와 child2_choice라는 두 하위 하이퍼파라미터의 활성 여부가 결정됩니다.

코드 7-17 조건부 탐색 공간

```
def build_model(hp):
    hp.Choice('conditional_choice', [1, 2, 3], default=2)
    with hp.conditional_scope(
            'conditional_choice', [1, 3]):
        child1 = hp.Choice('child1_choice', [4, 5, 6])  ◄──┐ 하이퍼파라미터의
    with hp.conditional_scope(                                │ 조건부 범위
            'conditional_choice', 2):               ◄────────┘
        child2 = hp.Choice('child2_choice', [7, 8, 9])
```

돌연변이 함수와 이전에 학습한 오라클의 샘플링 함수를 결합하여 오라클의 핵심 구현을 완료합니다. 또한 오라클을 저장하고 재개하는 데 도움이 되는 함수를 추가할 수도 있습니다. 오라클을 제어하는 데 사용되는 하이퍼-하이퍼파라미터는 상태 사전에 저장되며, 다음 목록과 같

이 set_state() 함수에서 오라클을 재개할 때 이러한 하이퍼-하이퍼파라미터와 함께 모집단 목록이 다시 초기화되어야 합니다.

코드 7-18 진화적 검색 오라클의 재개를 도와줍니다

```python
class EvolutionaryOracle(oracle_module.Oracle):
    def get_state(self):
        state = super(EvolutionaryOracle, self).get_state()
        state.update({
            'num_initial_points': self.num_initial_points,
            'population_size': self.population_size,    # 모집단의 크기와
            'candidate_size': self.candidate_size,      # 후보 개체 수를 저장함
        })
        return state

    def set_state(self, state):
        super(EvolutionaryOracle, self).set_state(state)
        self.num_initial_points = state['num_initial_points']
        self.population_size = state['population_size']    # 오라클의 재개 과정에서 모집단의
        self.candidate_size = state['candidate_size']      # 리스트를 다시 초기화함
        self.population_trial_ids = self.end_order[-self.population_size:]
```

마지막으로 앞 절에서 사용한 회귀 문제(캘리포니아 주택 가격 예측)를 통해 노화 진화적 검색 기법을 평가해보고 이를 임의 검색과 베이지안 최적화 검색 기법과 비교합니다.

7.4.4 노화 진화적 검색 기법 평가

노화 진화적 검색 기법을 평가하기 위해 모집단의 크기와 후보 개체 수를 각각 20과 5로 설정한 다음 100번의 시도에 대해 검색합니다. 이 두 하이퍼파라미터는 탐색 공간에 대한 이해와 튜닝 결과에 따른 경험에 따라 설정되는 것이 보통입니다. 보통 탐색 공간이 큰 경우 자손을 번식시키기에 충분히 다양한 시도가 누적될 수 있도록 모집단의 크기를 크게 설정합니다. 모집단의 크기가 100 정도라면 대부분 상황에서 충분히 크다고 볼 수 있습니다. 여기서는 약간 보수적으로 20을 설정했습니다. 그 이유는 탐색 공간에 포함된 하이퍼파라미터가 3개뿐이기 때문입니다. 한편 모집단 크기의 절반 또는 1/4 정도를 후보 개체 수로 사용하면 경험적으로 좋은 성능을 얻을 수 있습니다.

다음 코드는 서로 다른 검색 기법을 호출하는 부분만을 보여줍니다. 데이터를 불러오고, 탐색 공간을 생성하고, 튜너를 사용자 정의하는 부분의 코드는 이전과 동일하며, 이 책이 제공하는 저장소[8]에서 확인할 수도 있습니다.

코드 7-19 서로 다른 검색 기법 호출하기

```
evo_tuner_p20c5 = LightGBMTuner(
    oracle=EvolutionaryOracle(
        objective=kt.Objective('mse', 'min'),
        max_trials=100,
        population_size=20,
        candidate_size=5,
        seed=42),    ←┤ 검색에 노화 진화적 기법을 사용함
    hypermodel=build_model,
    overwrite=True,
    project_name='evo_tuner_p20c5')

evo_tuner_p20c5.search(X_train, y_train, validation_data=(X_val, y_val))

random_tuner = LightGBMTuner(
    oracle=kt.oracles.RandomSearchOracle(
        objective=kt.Objective('mse', 'min'),
        max_trials=100,
        seed=42),    ←┤ KerasTuner에 내장된 임의 검색 기법을 사용함
    hypermodel=build_model,
    overwrite=True,
    project_name='random_tuner')

random_tuner.search(X_train, y_train, validation_data=(X_val, y_val))

bo_tuner = LightGBMTuner(
    oracle=kt.oracles.BayesianOptimization(
        objective=kt.Objective('mse', 'min'),
        max_trials=100,
        seed=42),    ←┤ KerasTuner에 내장된 베이지안 최적화 검색 기법을 사용함
    hypermodel=build_model,
    overwrite=True,
    project_name='bo_tuner')

bo_tuner.search(X_train, y_train, validation_data=(X_val, y_val))
```

----

8 https://github.com/datamllab/automl-in-action-notebooks

[그림 7-13]은 검색 과정이 진행됨에 따라 세 종류의 기법에 의해 발견된 최상의 모델이 평가된 성능을 보여줍니다. 베이지안 최적화 기법이 셋 중 가장 우수한 것을 알 수 있습니다. 진화적 기법이 탐색 과정에서 더 많은 단계별 향상을 이루어 내지만, 임의 검색 대비 크게 다르지 않습니다. 매번 하나의 하이퍼파라미터에 대해서만 돌연변이를 허용했기 때문에 각 단계별 향상은 미비하며 검색 과정의 마지막까지 향상은 계속됩니다. 즉 선택 강도(이용력)가 초기에 향상될 수 있다는 것을 의미합니다.

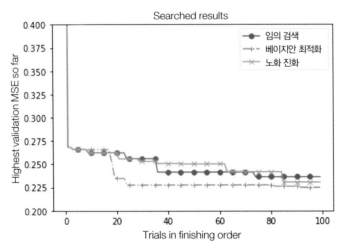

그림 7-13 3개의 검색 기법에 대한 검색 결과 비교하기

그러면 이번에는 후보 개체 수를 20으로 늘려서 이용력을 강화했을 때 어떤 일이 발생하는지 알아보죠(모집단의 크기도 20이므로 극단적인 선택입니다). [그림 7-14]로부터 알 수 있듯이 초기에 더 많은 향상이 이루어집니다. 즉 후보 개체 수를 늘리면 초기에 선택의 강도(이용 능력)가 강화될 수 있습니다. 비록 최종 결과가 크게 향상되지는 않았지만(탐색력의 부족으로 적은 수의 후보 개체로 더 많은 시도를 했을 때보다 결과가 더 나빠질 수도 있습니다), 100번의 시도만 놓고 봤을 때는 더 큰 후보 개체 수가 더 적은 시도 횟수로 비슷한 수준의 결과에 도달할 수 있다는 것을 시사합니다. 실전에서는 허용 오차와, 여러분이 투자할 수 있는 시간의 제약에 따라 이 후보 개체 수를 조정해야 합니다. 탐색 공간을 더 철저히 탐색하기 위한 시간을 더 많이 투자해도 된다면 더 작은 후보 개체 수(및 더 큰 모집단의 크기)를 선택할 수 있습니다. 또는 더 적은 횟수로 적당히 좋은 모델을 얻기를 원한다면 더 큰 후보 개체 수(및 더 작은

모집단 크기)를 사용할 수도 있습니다.

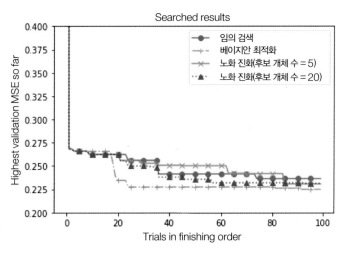

그림 7-14 서로 다른 검색 기법의 비교

이 예시에서는 베이지안 최적화가 모든 검색 알고리즘 중 가장 우수한 성능을 보입니다. 이는 조정하려는 하이퍼파라미터가 연속형이거나 순서형 값을 가지기 때문입니다. 일반적으로 연속형 또는 순서형 값을 가진 하이퍼파라미터가 탐색 공간을 주로 차지하는 경우 베이지안 최적화 알고리즘을 사용하는 편이 좋다고 알려져 있습니다. 반면 하이퍼파라미터 대부분이 범주형이거나 조건부 하이퍼파라미터라면 진화적 기법을 선택하는 것이 좋습니다. 연속형 하이퍼파라미터를 탐색하는 데 있어서 임의적인 변이는 좋은 선택이 아닙니다. 이를 개선하기 위한 솔루션으로는 일부 하이퍼파라미터(예: 학습률)에 로그 스케일을 사용하거나 돌연변이 가이드에 유용한 대리 모델을 추가하여 진화적 기법과 모델 기반의 기법을 결합하는 방법, 즉 돌연변이를 여러 번 임의로 수행하고 대리 모델로 가장 좋은 시도를 자손으로 선택하는 방법이 있습니다. 임의 검색 기법은 시도 횟수가 탐색 공간의 크기에 비해 많이 작을 때 꽤 좋은 기준선을 제공할 수 있습니다. 이는 심층 신경망을 설계하고 튜닝하는 작업(신경망 구조 탐색)에서 흔히 볼 수 있는 경우입니다.

- 순차적 검색 기법은 탐색 공간 내 하이퍼파라미터를 반복적으로 샘플링하고 평가합니다. 보통 하이퍼파라미터를 샘플링하는 과정이 필요하며 선택적으로 과거의 평가를 통합하기 위한 갱신 단계를 가질 수 있습니다.

- 기록에 의존적인 검색 기법은 평가된 하이퍼파라미터를 통해 탐색 공간에서 더 나은 표본을 추출할 수 있습니다. 기록에 의존적인 기법은 크게 발견적 및 모델 기반 기법으로 나눌 수 있습니다.

- 베이지안 최적화 기법은 AutoML에서 가장 널리 사용되는 모델 기반의 기법입니다. 대리 모델을 사용해 모델의 평가 성능을 근사하고, 탐색 공간에서 새로운 하이퍼파라미터를 샘플링할 때 탐색과 이용의 균형을 맞추기 위해 획득 함수를 사용합니다. 가장 일반적으로 사용되는 대리 모델로는 가우시안 프로세스가 있으며, 널리 사용되는 획득 함수로는 상한 신뢰 구간(UCB), 개선 확률, 기대 개선이 있습니다.

- 진화적 기법은 생물의 세대를 거듭하는 진화를 시뮬레이션하여 새로운 샘플을 생성하는 발견적 검색 기법입니다. 초기 개체군 생성, 부모 선택, 크로스오버 및 돌연변이, 생존자 선택의 네 단계로 구성됩니다. 노화 진화적 검색 기법은 원래 신경망 구조 탐색을 위해 제안된 널리 사용되는 진화적 검색 방법입니다. 생존자 선택에는 기존 시도들의 나이를 활용하고 부모 선택에는 경쟁 선택을 활용합니다.

AutoML의 규모 확장

이 장은 다중 GPU로 대규모 모델을 대규모 데이터셋으로 학습시키는 대규모 학습을 위한 다양한 기법을 다룹니다. 한 번에 메모리에 불러올 수 없을 정도로 큰 데이터셋에 대해, 학습 과정에서 배치 단위로 불러오는 방법을 배웁니다. 또한 다중 GPU로 학습용 및 검색 과정을 분산 처리 하기 위한 몇 가지 병렬화 전략도 알아봅니다. 마지막으로 고급 검색 알고리즘 및 탐색 공간을 사용해 제한된 컴퓨팅 자원으로 검색 과정을 가속하기 위한 전략을 살펴보며 이 장을 마무리합니다.

8.1 대규모 데이터셋 다루기

딥러닝의 성능을 강화하는 가장 중요한 요소는 모델이 학습할 수 있는 대량의 데이터입니다. 데이터셋이 크고 다양할수록 학습된 모델의 성능이 더 나아진다는 것이 일반적인 통념입니다. 지금까지 이 책에서 다룬 예제는 컴퓨터의 주 메모리에 모두 불러올 수 있을 만큼의 작은 데이터셋을 사용했습니다. 하지만 딥러닝을 하다보면 종종 전체 데이터셋을 주 메모리에 불러올 수 없는 상황에 직면하게 됩니다. GPU를 사용한다면 데이터셋은 여러 작은 단위의 배치로 분할되어 배치 단위로 GPU의 메모리에 적재됩니다. 즉 하나의 데이터 배치는 하나의 GPU 메모리 슬롯(단위)으로 적재되고, 새로운 배치가 적재될 때 이전 것은 덮어써집니다.

따라서 컴퓨터의 주 메모리에 다 올라갈 수 없을 정도의 대규모 데이터셋을 사용한다면 전체 데이터셋을 한 번에 불러오는 노력을 하기보다는 한 번에 몇 개(또는 하나)의 배치만 불러와야 합니다. 그러면 학습 과정에서 각 배치는 GPU 메모리에 적재될 수 있습니다.

요약하면 데이터를 불러오는 데는 두 가지 방법이 있습니다. 두 경우 모두 GPU는 머신러닝 모델이 소비할 데이터의 배치를 위한 버퍼를 갖고 있습니다. 첫 번째의 경우에서는 전체 데이터셋을 주 메모리에 불러온 다음, 해당 데이터를 GPU의 메모리에 배치 단위로 적재합니다. 그리고 두 번째의 경우에서는 주 메모리도 디스크로부터 데이터를 배치 단위로 불러오는 버퍼 역할을 합니다. 이 두 방식은 [그림 8-1]처럼 비교할 수 있습니다.

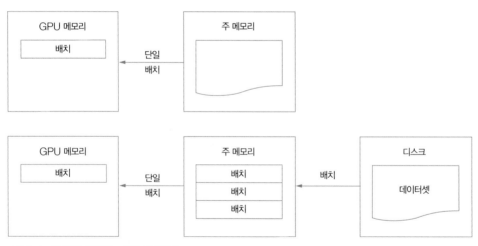

그림 8-1 데이터를 불러오는 서로 다른 방식

이 절에서는 주 메모리에 불러올 수 없을 만큼의 대규모 데이터셋을 불러오기 위한 두 번째 방법을 다룹니다. 그러기 위해서 먼저 AutoKeras가 제공하는 데이터 불러오기 API를 사용하여 이미지 및 텍스트 분류용 데이터를 불러오는 방법을 다룹니다. 그다음 디스크에서 데이터셋을 배치 단위로 불러오는 방법을 살펴봅니다.

8.1.1 이미지 분류용 데이터셋 불러오기

AutoKeras는 이미지 분류용 데이터를 디스크에서 불러올 때 유용하며 편리한 함수를 제공합니다. 여기서는 예시로 MNIST 데이터셋을 사용합니다. 해당 데이터셋을 다운로드한 뒤 압축을 해제하기 위해 다음 코드의 두 명령어를 실행합니다. 파이썬 노트북에서 즉시 실행하거나 리눅스 또는 유닉스의 명령줄 터미널에서 !(느낌표) 문자를 빼고 실행합니다. 그러면 wget 명령어에 입력된 URL이 가리키는 압축된 MNIST 데이터셋 파일이 현재 디렉터리에 다운로드됩니다. 그리고 tar 명령어로 압축된 파일에 담긴 파일들을 추출합니다. xzf는 파일을 추출하기 위해 가장 널리 사용되는 설정(옵션)으로, 여기서 x는 추출(extract)을, z는 아카이브된 내용 필터링에 gzip을 사용한다는 것을, f는 파일로부터 내용을 읽겠다는 것을 의미합니다.

```
!wget https://github.com/datamllab/automl-in-action-notebooks/raw/master/data/mnist.
tar.gz
!tar xzf mnist.tar.gz
```

추출이 끝나고 나면 범주를 서로 다른 디렉터리로 나누어 그룹화된 이미지들을 확인할 수 있습니다. train과 test 디렉터리는 각각 0~9로 이름이 붙여진 10개의 하위 디렉터리를 갖고 있으며, 이들 이름은 다음처럼 이미지에 대한 범주를 표현합니다.

```
train/
├─0/
│ ├─1.png
│ └─21.png
│ ...
├─1/
├─2/
└─3/
...
test/
├─0/
└─1/
...
```

이제 AutoKeras의 내장 image_dataset_from_directory() 함수를 사용해 이미지 데이터셋을 불러올 수 있습니다. 이 함수는 데이터를 담은 tf.data.Dataset 객체를 반환합니다.

해당 함수의 첫 번째 매개변수는 데이터 디렉터리의 경로로, 우리의 경우에는 'test' 또는 'train'이 될 수 있습니다. 그리고 image_size 매개변수에 두 개의 정수를 가진 튜플(높이, 너비)을 입력하여 이미지의 크기를 지정하고, batch_size 매개변수로 데이터셋의 배치 크기를 지정할 수 있습니다. 이 3개는 선택이 아니라, image_dataset_from_directory() 함수를 호출하는 데 반드시 필요한 매개변수입니다.

이 함수를 호출하면 이미지와 레이블의 튜플들로 구성된 배치를 생산^{yield}합니다. 각 튜플의 첫 번째 요소(이미지 배치)의 형상은 (배치 크기, 이미지 높이, 이미지 너비, 채널 수)와 같습니다. 채널 수는 color_mode 매개변수를 통해 흑백('grayscale'), RGB('rgb'), RGBA('rgba') 중 하나로 지정할 수 있습니다. 그러면 선택된 값에 따라 각각 채널 수는 1, 3, 4로 설정됩니다. MNIST 데이터셋은 흑백 이미지이기 때문에 여기서는 채널 수를 1로 설정합니다.

튜플의 두 번째 요소는 레이블입니다. 레이블은 문자열로, test 또는 train 디렉터리 속 하위 디렉터리의 이름과 일치합니다. 즉 0부터 9까지의 숫자 문자열인 것이죠. image_dataset_from_directory() 함수에는 디폴트 값이 True인 shuffle이라는 매개변수도 지정할 수 있는데, 그 역할은 서로 다른 디렉터리 내 서로 다른 범주의 이미지들을 뒤섞는 것입니다. 뒤섞기를 위한 랜덤 시드는 seed라는 매개변수를 통해 설정할 수 있습니다.

그러면 다음 코드처럼 테스트용 데이터를 불러와보죠. 이번에는 데이터를 분할하는 과정이 필요 없습니다. 따라서 학습용 데이터를 불러오는 것보다 간단합니다. 그다음 불러온 데이터의 첫 번째 배치에 대한 일부 정보를 출력합니다. 초기에 데이터에 대한 정보를 출력하는 것은 유리한 디버깅 전략입니다.

코드 8-1 디스크에서 테스트용 데이터 불러오기

```
import os
import autokeras as ak

batch_size = 32
img_height = 28
img_width = 28

parent_dir = 'data'
test_data = ak.image_dataset_from_directory(
```

```
        os.path.join(parent_dir, 'test'),    ◁── 테스트용 데이터셋이 위치한 경로
        seed=123,
        color_mode='grayscale',
        image_size=(img_height, img_width),
        batch_size=batch_size,

for images, labels in test_data.take(1):    ◁── 첫 번째 배치로만 구성된
    print(images.shape, images.dtype)            신규 데이터셋을 반환
    print(labels.shape, labels.dtype)
```

출력을 통해 리스트에는 10개의 서로 다른 범주의 레이블을 가진 10,000장의 이미지가 담겨 있는 것을 알 수 있습니다. 불러온 이미지들의 단일 배치에 대한 형상은 (32, 28, 28, 1)과 같으며, 데이터 유형은 float32입니다. 또한 이에 대응되는 레이블의 형상은 (32,)이며 그 데이터 유형은 문자열입니다.

```
Found 10000 files belonging to 10 classes.
(32, 28, 28, 1) <dtype: 'float32'>
(32,) <dtype: 'string'>
```

데이터셋이 성공적으로 디스크에서 tf.data.Dataset 객체로 불러왔습니다. 하지만 아직 AutoML에서 바로 사용할 수는 없습니다. 학습용 및 검증용 tf.data.Dataset 객체가 2개 더 필요합니다. 따라서 이번에는 데이터셋을 서로 다른 부분 집합으로 분할하는 효율적인 방법을 알아봅니다.

8.1.2 불러온 데이터셋 분할하기

데이터셋은 여러 가지 방법으로 분할될 수 있습니다. [코드 8-2]는 간단하지만 비효율적인 방법입니다. 학습용 데이터 전체를 불러온 다음 take() 및 skip() 메서드를 통해 분할하죠. dataset.take(n) 메서드 호출은 처음 *n*개의 배치로 구성된 데이터셋을 반환합니다. 그리고 dataset.skip(n) 메서드를 호출하면 처음 *n*개의 배치 이후부터 마지막까지의 배치로 구성 된 데이터셋을 반환합니다.

```
all_train_data = ak.image_dataset_from_directory(
    os.path.join(parent_dir, 'train'),
    seed=123,
    color_mode='grayscale',
    image_size=(img_height, img_width),
    batch_size=batch_size,
)
train_data = all_train_data.take(int(60000 / batch_size * 0.8))
validation_data = all_train_data.skip(int(60000 / batch_size * 0.8))
```

이 코드가 비효율적인 이유는 skip() 메서드가 반복을 시작하기도 전에 처음 n개의 배치를 거쳐야 하기 때문입니다. [코드 8-3]은 이보다 더 효율적인 솔루션을 제시합니다. image_data-set_from_directory() 함수를 두 번 호출하여, 학습용 및 검증용 데이터셋을 각각 불러옵니다. 해당 함수를 호출할 때 데이터셋 분할을 제어하는 validation_split과 subset이라는 새로운 매개변수를 사용했다는 점만 제외하면 전과 동일합니다. validation_split 매개변수는 검증용 데이터셋에 포함할 배치의 백분율을 0과 1 사잇값으로 지정하는 데 쓰이며 해당 백분율에 속하지 않는 데이터는 학습용 데이터셋에 포함됩니다. subset 매개변수는 함수가 반환할 데이터셋을 표시하는 역할로, 'training' 또는 'validation' 중 하나로 설정되어야 합니다. 한편 두 번의 함수 호출에서 데이터 분할 방식에 차이가 없도록 하기 위해 seed 매개변수를 수동으로 설정했습니다.

코드 8-3 디스크에서 학습용 및 검증용 데이터를 불러오기

```
train_data = ak.image_dataset_from_directory(    ◁─┤ 학습용으로 분할될 데이터셋 불러오기
    os.path.join(parent_dir, 'train'),    ◁─┤ 학습용 데이터가 담긴 디렉터리에 대한 경로
    validation_split=0.2,
    subset='training',
    seed=123,
    color_mode='grayscale',
    image_size=(img_height, img_width),
    batch_size=batch_size,
)

validation_data = ak.image_dataset_from_directory(    ◁─┤ 검증용으로 분할될 데이터셋 불러오기
    os.path.join(parent_dir, 'train'),    ◁─┤ 학습용 데이터가 담긴 디렉터리에 대한 경로
    validation_split=0.2,
```

```
            subset='validation',
            seed=123,
            color_mode='grayscale',
            image_size=(img_height, img_width),
            batch_size=batch_size,
        )
```

이렇게 데이터를 불러오기 위한 부분이 끝났습니다. 그러면 모든 데이터는 `tf.data.Dataset`이라는 유형으로 래핑되어 있습니다. 이제 불러온 데이터셋의 사용 효율을 더욱 개선하기 위한 간단한 기법인 프리페칭을 살펴봅니다.

프리페칭으로 데이터를 불러오는 효율성 향상시키기

읽기가 비효율적이라면 디스크에서 데이터를 불러오는 데 시간이 꽤 걸릴 수 있습니다. 프리페칭을 사용하지 않으면 머신러닝 모델이 현재 메모리에 적재된 모든 배치를 사용한 다음에야 디스크로부터 다음 배치에 대한 데이터를 불러오기 시작합니다. 이때 모델의 학습과 추론의 속도 과정은 다음 배치의 데이터를 불러올 때까지 기다려야 합니다. 듣기만 해도 이 접근법은 효율적으로 보기는 어렵습니다.

프리페칭^{prefetching}은 학습 또는 추론이 일어나는 시점에 병렬로 디스크로부터 다음 배치용 데이터를 메모리로 사전에 불러옵니다. [그림 8-2]의 순서도는 앞에서 살펴본 접근법과의 차이를 잘 보여줍니다. 학습과 불러오기라는 두 작업이 있으며, 위쪽에서 아래쪽으로 뻗은 선은 전체 실행 시간 중 특정 시간에 어떤 작업이 실행 중인지를 표현합니다. 보다시피 프리페칭을 사용하지 않으면 불러오기와 학습 두 작업이 함께 실행되지 않고 학습은 불러오기 작업이 완료될 때까지 대기하는 모습을 보입니다. 반면에 프리페칭이 사용된 상황에서는 두 작업이 병렬로 실행되어 시간이 절약되는 모습을 볼 수 있습니다. 즉 프로그램을 더 효율적으로 실행하는 것이죠.

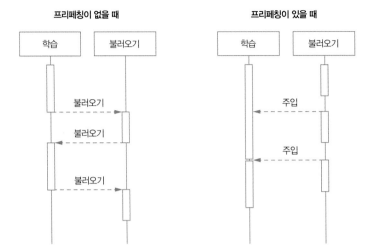

그림 8-2 프리페칭 순서도

tf.data.Dataset에 대해 프리페칭을 활성화하기 위해서는 해당 자료형에 달린 prefetch() 메서드를 호출합니다. 이 메서드를 호출할 때는 메모리에 예비로 불러올 배치 크기를 매개변수로 지정해야 합니다. 예를 들어 dataset.prefetch(5)는 메모리에 5개의 배치를 사전에 불러옵니다. 어느 정도의 배치 크기가 이상적인지 잘 모르겠다면 dataset.prefetch(tf.data.AUTOTUNE)를 사용해도 좋습니다. 그러면 배치 크기를 자동으로 조정해줍니다.

학습, 검증, 테스트용 데이터셋에 대해 프리페칭을 적용한 코드는 [코드 8-4]와 같습니다. 여기서 학습용 및 검증용 데이터셋에 대해서는 5개의 배치를 예비로 불러오게 하고, 테스트용 데이터에는 자동 조정 기능을 적용합니다.

코드 8-4 프리페칭으로 불러오는 효율성 향상하기

```
import tensorflow as tf

train_data = train_data.prefetch(5)
validation_data = validation_data.prefetch(5)
test_data = test_data.prefetch(tf.data.AUTOTUNE)
```

그러면 이렇게 구성된 데이터셋으로 간단한 이미지 분류 모델을 학습시켜봅니다(코드 8-5). 보다시피 모델을 학습시키는 코드는 프리페칭의 사용 여부에 상관없이 동일합니다. 단순히 학습용 및 검증용 데이터셋을 fit() 메서드에 입력하면 됩니다.

코드 8-5 디스크에서 불러온 데이터로 이미지 분류 모델 학습시키기

```
clf = ak.ImageClassifier(overwrite=True, max_trials=1)
clf.fit(train_data, epochs=1, validation_data=validation_data)
print(clf.evaluate(test_data))
```

이렇게 디스크로부터 대규모 이미지 데이터셋을 불러오는 방법을 살펴봤습니다. 하지만 텍스트 데이터셋처럼 다른 유형의 대규모 데이터셋도 주 메모리에 맞지 않는 경우가 많습니다. 이번에는 디스크로부터 대규모 텍스트 데이터셋을 불러오는 방법을 살펴보겠습니다.

8.1.3 텍스트 분류용 데이터셋 불러오기

대규모 텍스트 분류용 데이터셋을 불러오는 것은 대규모 이미지 분류용 데이터셋을 불러오는 것과 크게 다르지 않습니다. 이번에도 AutoKeras가 제공하는 내장 함수를 사용합니다. 다만 이미지 데이터셋을 불러올 때 사용한 것과는 매개변수의 사용법이 약간은 다른 text_dataset_from_directory()라는 내장 함수를 사용합니다.

text_dataset_from_directory() 함수에는 이미지 데이터에만 연관된 image_size나 color_mode 같은 매개변수가 없습니다. 그 대신 각 텍스트 인스턴스에 대해 유지해야 하는 문자열의 최대 문자 수인 max_length라는 매개변수를 입력받습니다. max_length의 값을 지정하지 않으면 문자열은 모델로 입력되기 전에 본래의 길이 그대로 보존됩니다.

IMDb 영화 리뷰 데이터셋을 예로 들어, 디스크로부터 텍스트 데이터를 불러오는 방법을 알아보죠. 먼저 다음처럼 비가공된 원시 텍스트 파일을 다운로드합니다. 이 두 명령어는 압축된 데이터셋을 다운로드한 뒤 현재 디렉터리에 압축을 해제합니다. 이미지 데이터셋을 다운로드했을 때와 마찬가지로, 노트북에서 즉시 명령어를 실행하거나 !(느낌표)를 제거하고 리눅스 또는 유닉스 터미널에서 실행해도 좋습니다.

```
!wget https://github.com/datamllab/automl-in-action-notebooks/raw/master/data/imdb.
tar.gz
!tar xzf imdb.tar.gz
```

압축 해제가 끝나면 다음과 같은 내용물로 채워진 **imdb**라는 이름의 디렉터리가 생깁니다. 보다시피 영화 리뷰는 학습용 및 테스트용 데이터셋으로 분리되어 있으며, 각각 영화 리뷰를 긍정positive과 부정negative으로 분류합니다.

```
train/
├─pos/
| ├─0_9.txt
| └─10000_8.txt
| ...
└─neg/
test/
├─pos/
└─neg/
```

다음으로 이미지 데이터를 불러온 방식으로 텍스트 데이터도 불러올 수 있습니다. **train** 디렉터리로부터 데이터를 불러온 다음 이를 **text_dataset_from_directory()**를 사용해 학습용 및 검증용 데이터셋으로 분할합니다. 또한 학습에서 반복 과정의 속도를 높이기 위해 프리페칭을 적용합니다. 한편 **text_dataset_from_directory()** 함수의 **max_length** 매개변수 값을 1000으로 설정했습니다. 이는 불러온 문자열의 최대 길이를 1000으로 제한하는 것을 의미합니다. 즉 문자열에서 1000자를 초과한 모든 문자는 버려집니다. 또한 다음 코드를 통해 알 수 있듯이, 테스트용 데이터를 불러올 때는 학습용 데이터셋을 구성할 때만 필요했던 일부 매개변수를 제어하지 않았습니다.

코드 8-6 디스크에서 학습, 검증, 테스트용 데이터 불러오기

```
train_data = ak.text_dataset_from_directory(    ◁─┤ 학습용 데이터셋 불러오기
    'imdb/train',
    validation_split=0.2,
    subset='training',
    seed=123,
    max_length=1000,
    batch_size=32,
).prefetch(1000)

validation_data = ak.text_dataset_from_directory(    ◁─┤ 검증용 데이터셋 불러오기
    'imdb/train',
    validation_split=0.2,
```

```
        subset='validation',
        seed=123,
        max_length=1000,
        batch_size=32,
    ).prefetch(1000)

    test_data = ak.text_dataset_from_directory(   ◁── 테스트용 데이터셋 불러오기
        'imdb/test',
        max_length=1000,
    ).prefetch(1000)
```

데이터를 불러온 다음 간단한 텍스트 분류 모델을 사용하여 불러온 데이터가 의도한 대로 작동하는지를 검사할 수 있습니다.

코드 8-7 디스크에서 불러온 데이터로 텍스트 분류 모델 학습시키기

```
clf = ak.TextClassifier(overwrite=True, max_trials=1)
clf.fit(train_data, epochs=2, validation_data=validation_data)
print(clf.evaluate(test_data))
```

지금까지 AutoKeras의 내장 함수를 통해 디스크로부터 이미지 및 텍스트 분류용 데이터를 불러오는 방법과 프리페칭 기능을 통해 속도를 개선하는 방법을 알아봤습니다. 하지만 특정 데이터 유형에 대해서만 작동하게끔 했기 때문에 유형에 상관없이 보다 일반화된 데이터셋을 불러오는 방법이 필요합니다.

8.1.4 대규모 데이터셋을 다루는 일반화 방법

이 절은 `tf.data.Dataset`의 내부 메커니즘을 사용해서 주 메모리에 맞지 않을 정도로 큰 규모의 데이터를 유형에 상관없이 불러오는 방법을 다룹니다. 그리고 앞으로 발생할지도 모르는 메모리 문제를 여기서 배운 내용으로 해결합니다. 하지만 데이터 유형을 더욱 유연하게 다루기 위해서는 데이터를 하나씩 반복적으로 접근하는 파이썬의 제너레이터를 사용한 다음, 해당 제너레이터를 `tf.data.Dataset`으로 변환해줄 필요가 있습니다.

그러면 파이썬 제너레이터란 무엇일까요? 개념적으로는 일련의 데이터를 하나씩 반복적으로 접근하는 것이라고 설명할 수 있습니다. 그리고 이를 파이썬으로 구현하려면 **yield**라는 키워

드를 사용해 반복적으로 각 데이터 조각을 접근해야 합니다. 다음 코드처럼, 모든 데이터를 얻기 위한 함수를 for 반복문으로 구현할 수 있습니다. 여기서 파이썬의 제너레이터 역할을 하는 것이 바로 generator() 함수이고, 이를 제너레이터로 만들어 주는 것은 바로 yield 키워드입니다.

코드 8-8 파이썬의 제너레이터 예시

```
data = [5, 8, 9, 3, 6]

def generator():    ◁─┤ 제너레이터 정의
    for i in data:
        yield i

for x in generator():    ◁─┤ for 반복문으로 제너레이터가 생성하는
    print(x)                  요소를 하나씩 접근하며 출력함
```

[코드 8-8]의 data 리스트에 담긴 요소들을 하나씩 접근하는 제너레이터의 출력 결과는 다음과 같습니다.

```
5
8
9
3
6
```

tf.data.Dataset 클래스에는 파이썬의 제너레이터로 신규 인스턴스를 생성하기 위한 from_generator()라는 메서드가 있습니다. 이 메서드를 사용하는 방법은 간단합니다. 제너레이터 함수를 제공하고 output_types 매개변수에 데이터 유형을 지정하면 됩니다. 그러면 앞서 만든 제너레이터를 tf.data.Dataset 인스턴스로 변환해보죠(코드 8-9). 출력 결과는 동일합니다.

코드 8-9 파이썬의 제너레이터를 tf.data.Dataset으로 변환하기

```
dataset = tf.data.Dataset.from_generator(
    generator,    ◁─┤ 제너레이터 함수를 지정함
    output_types=tf.int32)    ◁─┤ 출력될 자료 형을 정수로 지정함
```

```
for x in dataset:
    print(x.numpy())
```

파이썬의 제너레이터가 무엇인지 배우고, 이를 사용해 `tf.data.Dataset` 인스턴스를 구축하는 방법에 대해 살펴봤습니다. 이 방식을 활용해서 실제 데이터셋을 불러올 차례입니다.

파이썬 제너레이터로 데이터셋 불러오기

파이썬 제너레이터로 IMDb 데이터셋을 불러오기 위해 다음과 같은 단계를 따릅니다.

1. 모든 파일 경로와 레이블을 넘파이 배열로 구성합니다. 그리고 해당 배열을 섞어 서로 다른 디렉터리에 위치한 데이터의 순서를 혼합합니다.
2. 뒤섞인 넘파이 배열을 파일 경로에 해당하는 텍스트 데이터로 변환하는 제너레이터를 구축합니다.
3. 제너레이터로 `tf.data.Dataset` 인스턴스를 생성합니다.

첫 번째 단계에서는 서로 다른 범주(디렉터리)에 대한 모든 파일을 접근하며 (파일 경로, 레이블) 형식의 두 요소로 구성된 튜플을 생성합니다. 파일 경로는 나중에 학습이 진행될 때 파일 내용을 읽는 데 사용됩니다. 레이블 정보는 해당 파일이 저장된 디렉터리의 이름에 표시되어 있기 때문에, 디렉터리를 반복해서 접근할 때 해당 정보를 기록해야 합니다.

하지만 디렉터리별로 모든 파일을 하나씩 접근하므로 동일 디렉터리 내 있는 모든 파일(같은 범주에 대한 레이블)은 배열상 서로 인접해 있습니다. 따라서 학습을 진행하기에 앞서, 서로 다른 범주의 파일들이 혼합되도록 데이터를 섞어야 합니다.

곧장 제너레이터를 만들지 않고 넘파이 배열을 선언한 이유는 메모리에 파일 경로와 레이블을 불러오고 나면 쉽게 데이터를 섞고 분할할 수 있기 때문입니다. 어차피 파일 경로(문자열)가 메모리 공간을 많이 차지하는 것도 아니고 말이죠.

이 과정을 수행하는 코드는 다음과 같습니다. `load_data()` 함수는 데이터를 넘파이 배열에 담고 섞은 다음 반환하는 역할을 합니다.

코드 8-10 파일명을 통해 IMDb 데이터셋 불러오기

```
import numpy as np

path = os.path.join(parent_dir, 'train')
```

```
def load_data(path):
    data = []
    for class_label in ['pos', 'neg']:    ◁─┤ 범주 레이블을 하나씩 접근함
        for file_name in os.listdir(
            os.path.join(path, class_label)):    ◁─┤ 각 범주에 대한 모든 파일이름을 하나씩 접근함
            data.append((os.path.join(
                path, class_label, file_name), class_label))  ◁─┤ (파일 경로, 범주 레이블)
                                                                   튜플을 생성함
    data = np.array(data)
    np.random.shuffle(data)    ◁─┤ 데이터를 뒤섞음
    return data

all_train_np = load_data(os.path.join(parent_dir, 'train'))    ◁─┤ 학습용 데이터를 불러옴
```

이렇게 얻은 넘파이 배열로 배열의 각 요소를 하나씩 접근하며 실제 텍스트 데이터로 변환할 수 있습니다. 곧장 제너레이터를 구현하는 대신, 제너레이터를 반환하는 **get_generator(data)** 함수를 구현합니다. 그러면 학습, 검증, 테스트용 데이터셋에 대한 다른 제너레이터가 필요한 상황을 일반화할 수 있습니다. **get_generator(data)** 함수에 넘파이 배열을 입력하여 동적으로 해당 넘파이 배열에 대한 제너레이터를 생성할 수 있습니다. 그런 다음 생성된 제너레이터 함수를 반환할 수 있죠.

제너레이터 함수 내부는 **for** 반복문을 사용해 파일 경로를 하나씩 접근하고, 해당 파일의 실제 내용을 읽고 그 내용과 텍스트를 반환합니다. 이 방식을 통해 제너레이터는 학습에 사용될 실제 텍스트 데이터 및 레이블을 생성하게 되죠. **get_generator()** 함수를 구현한 코드는 [코드 8-11]과 같습니다. 보다시피 **get_generator()** 함수가 하는 일은 제너레이터 역할을 하는 **data_generator()**라는 함수를 반환하죠.

코드 8-11 파이썬 제너레이터로 IMDb 데이터셋 불러오기

```
def get_generator(data):
    def data_generator():    ◁─┤ 제너레이터 함수
        for file_path, class_label in data:    ◁─┤ 넘파이 배열을 하나씩 접근
            text_file = open(file_path, 'r')
            text = text_file.read()            ┤ 파일 경로로 파일 내용 읽기
            text_file.close()
            yield text, class_label    ◁─┤ 텍스트와 매핑된 범주 레이블을 생산(반환)함
    return data_generator    ◁─┤ 제너레이터 함수를 반환함
```

그러면 두 번째 단계로 해야 할 일은 tf.data.Dataset 인스턴스를 생성하는 것입니다. 먼저 넘파이 배열을 tf.data.Dataset으로 변환하는 np_to_dataset() 함수를 작성합니다. 이후 데이터를 분할에 편리하게 활용될 이 함수는 내부적으로 get_generator() 함수를 호출하여 제너레이터 역할의 함수를 만든 다음, 해당 제너레이터를 tf.data.Dataset.from_generator()로 입력하여 tf.data.Dataset 인스턴스를 만듭니다.

넘파이 배열을 분할한 다음 np_to_dataset() 함수를 호출하는 작업은 총 두 번 일어납니다. 적용해야 할 대상이 학습용 및 검증용 데이터셋으로 2개 있기 때문이죠(각각 20,000, 5,000 개의 데이터로 구성). 데이터셋을 만드는 동안 몇 가지 주의해야 할 사항이 있습니다. 먼저 from_generator() 함수를 호출할 때 output_types 매개변수의 값을 지정해야 합니다. 텍스트 데이터를 다루는 경우 텍스트 및 레이블 모두 문자열이기 때문에 tf.string을 값으로 지정할 수 있습니다.

AutoKeras에서는 구체적인 데이터셋의 형상(모양)이 명시되어야 합니다. 따라서 데이터셋의 형상을 output_shapes 매개변수에 tf.TensorShape 형식의 인스턴스로 지정해야 합니다.

생성된 데이터셋은 각 데이터가 단일 텐서(형상이 (2,))에 담기기 때문에, 즉시 사용할 수 없습니다. AutoKeras에서 사용되는 데이터셋은 (x, y) 형식의 두 텐서가 담긴 튜플이 되어야 합니다. 따라서 map() 메서드를 호출하여 데이터셋의 형태를 변형해야 합니다.

다음 코드의 map() 메서드에는 람다 함수가 매개변수로 주어졌습니다. 이 함수의 역할은 현재 데이터를 입력받아 새로운 (가공된) 데이터로 반환하는 것으로, 원본 텐서의 첫 번째와 두 번째 차원에 담긴 내용을 튜플 형식으로 반환합니다.

코드 8-12 제너레이터로 데이터셋 생성하기

```
def np_to_dataset(data_np):    ←┤ 넘파이 배열을 tf.data.Dataset으로 변환하기 위한 함수
    return tf.data.Dataset.from_generator(
        get_generator(data_np),    ←┤ 배열을 위한 제너레이터 함수
        output_types=tf.string,
        output_shapes=tf.TensorShape([2]),
    ).map(    ←┤ 텐서형 데이터를 튜플로 변환함
        lambda x: (x[0], x[1])
    ).batch(32).prefetch(5)    ←┤ 데이터셋에 대한 배치 및
                                   프리페치 크기를 설정함
```

```
train_data = np_to_dataset(all_train_np[:20000])     ◁── 학습용 데이터셋을 불러옴
validation_data = np_to_dataset(all_train_np[20000:])     ◁── 검증용 데이터셋을 불러옴
```

이 모든 절차는 함수 단위로 구현되었기 때문에, 테스트용 데이터셋을 불러올 때도 [코드 8-13]처럼 같은 방식을 적용할 수 있습니다.

코드 8-13 IMDb 데이터셋의 테스트용 데이터셋을 파이썬 제너레이터로 불러오기

```
test_np = load_data(os.path.join(parent_dir, 'test'))
test_data = np_to_dataset(test_np)
```

학습, 검증, 테스트용 데이터셋을 모두 **tf.data.Dataset** 형식으로 준비를 마쳤습니다. 그러면 이제 기대한 대로 AutoKeras의 텍스트 분류 모델이 작동하는지 확인해보죠.

코드 8-14 파이썬 제너레이터로 불러온 데이터로 텍스트 분류 모델 학습시키기

```
clf = ak.TextClassifier(overwrite=True, max_trials=1)
clf.fit(train_data, epochs=2, validation_data=validation_data)
print(clf.evaluate(test_data))
```

이번에 살펴본 예제의 주 목적은 파이썬의 제너레이터로 데이터셋을 구성하는 방법을 보여주는 것이었습니다. 이제는 어떤 유형의 데이터셋도 **tf.data.Dataset**으로 불러오는 방식을 통해 대규모 데이터셋을 훨씬 더 유연하게 불러올 수 있게 되었습니다.

또한 이 접근법은 디스크로부터 데이터를 불러오는 상황에 국한되지 않습니다. 네트워크를 통해 원격 저장소로부터 데이터를 불러오거나, 파이썬 코드를 통해 동적으로 생성되는 데이터를 불러오는 경우에도 파이썬의 제너레이터를 사용해서 데이터셋을 래핑할 수 있습니다.

8.2 다중 GPU로 병렬화하기

대규모 모델과 대규모 데이터셋을 다루기 위해 머신러닝 및 AutoML의 규모를 키우려면, 프로그램은 여러 대의 서버와 GPU에서 병렬로 실행될 수 있어야 합니다. 통상적으로 병렬화는 학습과 추론을 가속화하거나(데이터 병렬화), 단일 GPU의 메모리로는 적재가 불가능한 규모의

모델을 하용하는 경우(모델 병렬화)에 사용됩니다. 때로는 하이퍼파라미터를 튜닝하는 과정을 가속하는데도 사용되죠(튜닝 병렬화). [그림 8-3]은 병렬화에 대한 서로 다른 세 가지 유형과, 각 유형별 데이터셋과 모델에 대한 메모리 할당이 어떻게 다른지 보여줍니다.

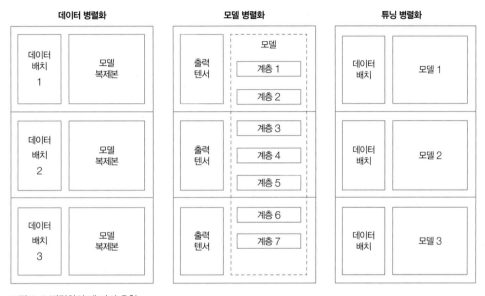

그림 8-3 병렬화의 세 가지 유형

[그림 8-3]은 3개의 GPU가 있다는 것을 가정하고 각 전략(병렬화 유형)을 묘사합니다. 좌측의 그림은 대규모 데이터에 대해 학습 과정을 가속하는 **데이터 병렬화**^data parallelism 접근법에 대한 것입니다. 이때 3개의 GPU는 각각 동일 모델의 복사본을 갖고 있지만, 서로 다른 데이터 배치에 대한 작업을 수행합니다. 그리고 서로 다른 GPU에서 계산된 가중치는 주기적으로 동기화됩니다.

중간의 그림은 단일 GPU 메모리에 담길 수 없는 대규모 모델 또는 추론 과정이 병렬화될 수 있는 모델을 가속하는 데 쓰이는 **모델 병렬화**^model parallelism 전략의 예시를 보여줍니다. 모델을 여러 조각으로 나눈 다음, 서로 다른 GPU에 할당하는 방식이죠. [그림 8-3]의 첫 번째 GPU는 모델의 처음 2개의 계층과 학습용 데이터를, 두 번째와 세 번째 GPU는 나머지 계층과 계층별 중간 출력 결과를 담습니다. 추론 과정에서는 모델의 일부 조각들이 시간을 절약하기 위해 병렬로 실행될 수 있습니다.

마지막 우측의 튜닝 병렬화parallel tuning 전략은 AutoML 과정을 가속하기 위해 사용됩니다. 이 접근법을 사용하면 서로 다른 GPU는 서로 다른 하이퍼파라미터로 설정된 모델을 처리하고, 모두 동일한 학습용 데이터셋이 사용됩니다. 따라서 하이퍼파라미터를 튜닝하는 과정이 병렬로 수행될 수 있습니다.

각 전략에 대해 좀 더 자세히 살펴보겠습니다.

8.2.1 데이터 병렬화

텐서플로에서는 `tf.distribute.Strategy`로 데이터 병렬화를 관리하며, 이를 상속해 `tf.distribute.MirroredStrategy`와 같은 하위 클래스로 다양한 병렬화 전략을 구현합니다. 그리고 AutoKeras 및 KerasTuner에서도 해당 클래스를 상속한 하위 클래스들을 사용합니다.

AutoKeras의 `AutoModel` 클래스와 모든 태스크 API 클래스(예: `ImageClassifier`, `Text-Classifier`)는 초기화 시 `distribution_strategy`라는 매개변수를 지정할 수 있습니다. 바로 여기에 `tf.distribute.MirroredStrategy`를 포함해 데이터 병렬화 전략을 구현한 하위 클래스의 인스턴스를 입력할 수 있죠. 그러면 하이퍼파라미터를 검색하는 동안 모델을 학습시키는 모든 과정은 데이터 병렬화를 사용할 수 있게 됩니다. 다음 [코드 8-15]는 MNIST 데이터셋을 사용한 예시를 보여줍니다. 즉 프로그램에 가용한 모든 GPU를 활용해 분산된 방식으로 작동합니다.

코드 8-15 AutoKeras로 데이터 병렬화 구현하기

```
import tensorflow as tf
from tensorflow.keras.datasets import mnist
import autokeras as ak

(x_train, y_train), (x_test, y_test) = mnist.load_data()
clf = ak.ImageClassifier(
    overwrite=True,
    max_trials=1,
    distribution_strategy=tf.distribute.MirroredStrategy())  ◁── 학습에 데이터
clf.fit(x_train, y_train, epochs=1)                              병렬화를 사용함
```

KerasTuner에서 **Tuner** 클래스를 상속한 모든 튜너(예: **BayesianOptimization**, **Hyperband**, **RandomSearch**) 또한 초기화 시 **distribution_strategy** 매개변수를 지정할 수 있으며, AutoKeras와 정확히 같은 방식으로 작동합니다. 즉 **tf.distribute.MirroredStrategy**처럼 텐서플로의 분산 전략을 구현한 클래스의 인스턴스를 해당 매개변수에 입력할 수 있고, 그러면 학습 시 모델은 지정된 분산 전략을 사용하게 됩니다.

AutoKeras는 내부적으로 KerasTuner의 기능을 사용합니다. KerasTuner로 데이터 병렬화를 사용하는 간단한 예시는 [코드 8-16]과 같습니다. 데이터 병렬화를 보여주는 것에 집중하므로 검색 MNIST 데이터셋에 대한 탐색 공간을 매우 단순히 설계했습니다.

코드 8-16 KerasTuner로 데이터 병렬화 구현하기

```python
import keras_tuner as kt

def build_model(hp):
    model = tf.keras.Sequential()
    model.add(tf.keras.layers.Flatten())
    model.add(tf.keras.layers.Dense(
            units=hp.Int('units', min_value=32, max_value=512, step=32),
            activation='relu'))
    model.add(tf.keras.layers.Dense(10, activation='softmax'))
    model.compile(optimizer='adam', loss='sparse_categorical_crossentropy')
    return model

tuner = kt.RandomSearch(
    build_model,
    objective='val_loss',
    max_trials=1,
    directory='my_dir',
    distribution_strategy=tf.distribute.MirroredStrategy(),
    MirroredStrategy(),      ◀──┤ 학습에 데이터 병렬화를 사용함
    project_name='helloworld')

tuner.search(x_train, y_train,
                epochs=1,
                validation_data=(x_test, y_test))
```

프로그램은 가용한 모든 GPU를 사용해 데이터를 분할하고, 그레이디언트를 취합하여 모델의

가중치를 갱신합니다. 이번에는 데이터 병렬화 이외에, 다른 분산 전략들이 어떻게 학습 과정을 가속하는 데 도움이 되는지 살펴보겠습니다.

8.2.2 모델 병렬화

앞서 언급한대로, 모델 병렬화는 대규모 모델로 작업할 때 주로 쓰입니다. 단일 GPU 메모리로는 감당할 수 없을 정도로 큰 모델을 작은 단위로 분할하여 가용한 처리 장치(GPU)로 분산시킵니다. 즉 다중 GPU로 대규모 모델에 대한 계산을 효율적으로 처리하는 방법을 제시합니다. 또한 추론 시 일부 계산을 다른 GPU로 오프로드하여 병렬로 실행될 수 있게끔 해주기도 하죠.

전형적으로 여러 분기(브랜치)를 가진 모델을 예로 들 수 있습니다. 중간의 출력이 다른 독립적인 두 계층의 입력이 되는 구조를 가진 모델이죠. 이 상황은 [그림 8-4]처럼 묘사될 수 있습니다. [그림 8-4]에서 4개의 GPU가 사용되는 상황을 보여줍니다. 추론 시 두 번째와 세 번째 GPU에 자리한 각각의 합성곱 계층은 병렬로 처리될 수 있습니다. 각 합성곱 계층으로의 입력이 합성곱 계층이 도출하는 결과에 무관하기 때문입니다.

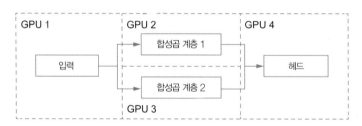

그림 8-4 다중 GPU에 다중 브랜치를 둔 모델

또 다른 예로는 단일 계층이 여러 부분으로 분할되어 병렬로 계산이 수행되는 상황을 들 수 있습니다. 가령 합성곱 계층의 각 필터는 독립적으로 작동하죠. 따라서 각 필터의 계산 작업을 다중 GPU로 분할 처리할 수 있습니다. 이후 각 필터의 출력 결과는 전체 합성곱 계층의 출력 텐서를 형성하기 위해 취합됩니다.

아직까지 인기 있는 오픈 소스 딥러닝 프레임워크 중 모델 병렬화를 간단한 API로 만든 사례는 없습니다. 대부분 모델은 단일 GPU의 메모리로 충분히 다뤄질 수 있기 때문이죠. 모델 병렬화를 지원하는 모델을 구현하고 싶다면 메시 텐서플로$^{\text{Mesh TensorFlow}}$를 살펴보기 바랍니다. 이 책에서 자세히 다루지는 않지만, 메시 텐서플로 프로젝트에 대한 깃허브 저장소[1]에서 관련 정보를 살펴볼 수 있습니다.

8.2.3 튜닝 병렬화

튜닝 병렬화은 서로 다른 하이퍼파라미터로 구성된 모델을 서로 다른 장치(GPU)에서 학습시키는 것을 의미합니다. 가령 GPU가 4개 달린 단일 머신이 있다고 가정해보죠. 이때 탐색 공간내 8개의 서로 다른 하이퍼파라미터를 시도해볼 수 있습니다. 모델 4개를 병렬로 처리할 수 있다면 검색을 완료하는 데까지 모델 2개를 학습시킬 때 드는 시간만 소요될 뿐입니다.

튜닝 병렬화이 가능하려면 튜닝 알고리즘이 평가 결과를 비동기적으로 수신할 수 있어야 합니다. 병렬로 처리되지 않는 상황에서 튜닝 알고리즘은 다음 모델의 학습을 시작하기 전에, 이전모델에 대한 평가 결과가 도출되기를 기다려야만 하죠. 그러나 병렬로 처리된다면, 검색 알고리즘은 여러 모델의 학습을 동시에 시작할 수 있으며, 각 모델에 대한 평가 결과도 학습 시작순서와 무관하게 다뤄질 수 있습니다. 그리고 장치 중 가용 상태가 된 것이 있다면, 그때마다새로운 모델의 학습을 시작할 수 있습니다.

그러면 KerasTuner로 어떻게 튜닝 병렬화을 할 수 있는지 알아보죠. 크게 치프/작업자chief/worker 프로세스라는 구조로 구현되어 있습니다. 항상 치프는 한 번에 하나만 존재할 수 있지만, 작업자는 여러 개 있을 수 있습니다. 치프 프로세스는 검색 알고리즘을 실행하는 주체로, 작업자들에게 학습 과정을 시작할 것을 명령하고, 그들로부터 평가 결과를 취합합니다.

튜닝을 병렬로 수행할 때 모델을 어디에 저장해야 하는지에 대한 한 가지 문제에 직면합니다. 튜닝을 병렬로 처리하지 않는다면, 검색된 모델과 학습된 가중치는 디스크에 저장되고 검색이 끝난 후 최상의 모델을 불러올 수 있습니다. 하지만 병렬로 처리되는 경우에는 모든 작업자와 치프가 접근할 수 있는 공유 저장소가 필요합니다. GPU 네 개 달린 단일 머신을 사용하는경우에는 같은 저장소를 사용하기 때문에 문제될 것이 없습니다. 하지만 다중 GPU를 가진 여러 머신을 사용하는 경우라면, 각 머신에게 공유 저장소를 마운트하거나 구글 클라우드 스토리지Google Cloud Storage 버킷bucket처럼 네트워크상의 스토리지를 사용해야 합니다.

튜닝 병렬화에서 치프와 작업자 간의 소통은 [그림 8-5]와 같은 방식으로 이루어집니다. [그림

---

1 https://github.com/tensorflow/mesh

8-5]의 실선은 제어 흐름을 의미하며, 치프 노드는 서로 다른 하이퍼파라미터 조합을 서로 다른 작업자로 보냅니다. 그러면 작업자는 수신한 하이퍼파라미터로 모델을 구축하고 학습을 시작합니다. 학습이 끝나면, 작업자들은 평가 결과를 치프 노드로 되돌려줍니다. [그림 8-5]의 점선은 데이터의 흐름을 나타냅니다. 학습된 모델과 결과는 모든 작업자 및 치프가 접근할 수 있는 중앙 집중형centralized 저장소에 저장됩니다. 사용자가 치프 노드로 최상의 모델을 가져올 것을 요청하면, 치프는 중앙 집중형 저장소에서 해당 모델을 불러올 수 있어야 합니다. 학습과 검증 시에 쌓인 데이터(로그, 메트릭) 또한 모든 작업자가 접근 가능한 중앙 집중형 저장소에 저장되어야 합니다.

그러면 KerasTuner로 튜닝 병렬화을 어떻게 시작할 수 있는지 알아보죠. 치프 및 작업자 프로세스를 시작하기 위해 모두 동일한 파이썬 스크립트를 실행합니다. KerasTuner는 환경 변수를 통해 현재 프로세스의 역할이 치프나 작업자 중 어느 것이 될지에 대해 파악합니다.

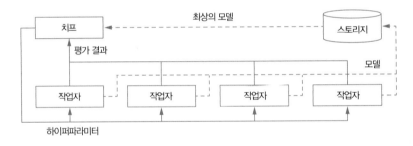

그림 8-5 병렬화된 튜닝의 커뮤니케이션 패턴

KERASTUNER_TUNER_ID는 서로 다른 프로세스의 식별자(ID)를 지정하는 데 사용되는 환경 변수입니다. 치프에게는 'chief', 첫 번째와 두 번째의 작업자에게는 각각 'tuner0' 및 'tuner1'같이 값을 할당할 수 있죠.

그리고 치프의 주소(위치)를 파악하기 위한 2개의 환경 변수를 추가로 더 설정해야 합니다. 그래야 평가 결과를 치프로 보낼 수 있겠죠. 치프 프로세스에 대한 IP 주소 및 포트 번호는 KERASTUNER_ORACLE_IP 및 KERASTUNER_ORACLE_PORT라는 환경 변수를 통해 설정할 수 있습니다. 이 두 환경 변수는 치프를 포함해 작업자 프로세스에서 모두 설정되어야 합니다.

요약하면 스크립트(잠시 후 살펴볼 run_tuning.py)를 실행하기에 앞서 3개의 환경 변수를 설정해야 합니다. 이 책에서는 총 2개의 셸 스크립트를 제공하고 각각 치프와 작업자 프로세스를 실행하는 데 사용됩니다. 가장 먼저 해야 할 일은 치프 프로세스를 실행하는 것입니다. [코드 8-17]은 환경 변수를 설정하고 프로세스를 실행하는 방법을 보여줍니다. 터미널을 열고 나열된 명령어들을 실행해보면 작업자들이 실행되기까지 기다리는 것을 확인할 수 있습니다.

코드 8-17 치프 프로세스 시작하기

```
export KERASTUNER_TUNER_ID='chief'    ◁─┤ 프로세스를 치프로 지정
export KERASTUNER_ORACLE_IP='127.0.0.1'   ◁─┤ 치프의 IP 주소를 설정
export KERASTUNER_ORACLE_PORT='8000'   ◁─┤ 치프의 포트 번호를 설정
python run_tuning.py   ◁─┤ 치프 프로세스를 시작
```

이제 또 다른 터미널 창을 열고 [코드 8-18]을 통해 작업자 프로세스를 실행해보죠. 치프 프로세스를 실행했던 것과 매우 유사하지만, KERASTUNER_ TUNER_ID 환경 변수에 작업자를 식별할 수 있는 다른 ID가 부여된 것을 알 수 있습니다.

코드 8-18 작업자 프로세스 시작하기

```
export KERASTUNER_TUNER_ID='tuner0'   ◁─┤ 프로세스를 작업자로 지정
export KERASTUNER_ORACLE_IP='127.0.0.1'   ◁─┤ 치프의 IP 주소를 설정
export KERASTUNER_ORACLE_PORT='8000'   ◁─┤ 치프의 포트 번호를 설정
python run_tuning.py   ◁─┤ 작업자 프로세스를 시작
```

작업자 프로세스를 실행하면 그 즉시 튜닝이 시작됩니다. 나머지 작업자들도 실행하고 싶다면 KERASTUNER_TUNER_ID 환경 변수의 값만 달리하여 동일한 명령어를 실행하면 됩니다(예: 'tuner1', 'tuner2').

run_tuning.py의 파이썬 코드는 프로세스를 시작합니다. 코드를 살펴보죠. KerasTuner를 사용하는 간단한 예시 코드가 담긴 것을 알 수 있습니다(코드 8-19). 모든 작업자와 치프가 접근할 수 있는 디렉터리를 가리키는 directory 매개변수를 제외하면 지금까지 살펴본 코드와 비교해서 특별한 것은 없습니다.

코드 8-19 KerasTuner로 병렬화된 튜닝 구현하기

```
import tensorflow as tf
from tensorflow.keras.datasets import mnist
import autokeras as ak
```

```
import keras_tuner as kt

(x_train, y_train), (x_test, y_test) = mnist.load_data()

def build_model(hp):
    model = tf.keras.Sequential()
    model.add(tf.keras.layers.Flatten())
    model.add(tf.keras.layers.Dense(
            units=hp.Int('units', min_value=32, max_value=512, step=32),
            activation='relu'))
    model.add(tf.keras.layers.Dense(10, activation='softmax'))
    model.compile(optimizer='adam', loss='sparse_categorical_crossentropy')
    return model

tuner = kt.RandomSearch(
    build_model,
    objective='val_loss',
    max_trials=1,
    directory='result_dir',      ◁──  모든 작업자와 치프가
    project_name='helloworld')        접근 가능한 디렉터리

tuner.search(x_train, y_train,
             epochs=1,
             validation_data=(x_test, y_test))
```

지금까지 다중 GPU로 튜닝 속도를 높이는 방법을 알아봤습니다. 다중 GPU를 사용하는 것만이 속도를 높일 수 있는 것은 아닙니다. 이번에는 알고리즘 차원에서 튜닝의 속도를 개선하는 전략을 살펴보겠습니다.

8.3 검색 속도를 높이는 전략

이번 절에서는 검색 과정의 속도를 높이기 위한 일부 전략을 소개합니다. 가장 먼저 소개할 전략은 하이퍼밴드Hyperband라는 이름의 모델 스케줄링 기법입니다. 이 기법은 일정량의 계산 자원이 주어졌을 때 이를 할당하여 서로 다른 모델을 서로 다른 범위로 학습시킬 수 있습니다. 모든 모델을 완전히 학습시키는 대신, 유망성이 낮은 모델을 조기에 종료하여 시간을 절약할 수 있게 해줍니다.

그다음으로 소개할 전략은 사전에 학습된 가중치로 모델을 사용하는 방법입니다. 그리고 마지막에는 AutoML에서 널리 활용되고 있는 일부 좋은 모델로 탐색 공간을 웜 스타트하는 기법을 알아봅니다. 이 기법은 튜너에게 어느 정도 지침을 제공하여, 적은 탐색으로도 상대적으로 성능이 좋은 모델을 찾을 수 있게 해줍니다.

8.3.1 하이퍼밴드로 모델 스케줄링하기

하이퍼밴드[2]는 AutoML에서 널리 사용되는 모델 스케줄링 알고리즘입니다. 이 알고리즘의 핵심은 모델을 구성하는 하이퍼파라미터와 성능 사이의 모든 관계를 고려하는 것이 아닙니다. 즉, 탐색 공간으로 구성될 수 있는 모든 모델을 완전히 학습시키기보다, 그중 유망한 모델들에만 집중하여 계산 자원 및 시간을 절약하는 것입니다.

구체적인 예를 들어보죠. 서로 다른 4개의 하이퍼파라미터 조합으로 딥러닝 모델을 구축하고 각 모델을 40번의 에포크 동안 학습시킨다고 가정해보죠. 먼저 모델 4개를 20번의 에포크 동안 학습시킨 다음, 성능이 떨어지는 모델 2개를 제거할 수 있습니다. 그러면 성능이 비교적 좋은 모델 2개만 남겠죠. 그리고 이 두 모델을 다시 20번의 에포크 동안 학습시킵니다. 즉 남은 두 모델만 완전히 학습시켜, 그중 가장 좋은 것을 가려내는 전략입니다. 따라서 초기 20번의 에포크를 통해 발견된 그다지 좋지 않은 두 모델을 제외하여, 시간과 계산 자원을 절약할 수 있습니다.

하이퍼밴드를 사용하는 과정을 이해하려면 **연속 이등분** successive halving이라는 부분 과정을 이해해야 합니다. 연속 이등분은 2개의 추가 단계로 구성된 반복을 통해 진행됩니다. 첫 번째 단계는 덜 유망한 모델을 제거하여 남은 모델의 수를 줄이는 것이고, 두 번째 단계는 남은 모델을 후속으로 더 학습시키는 것입니다. 이때 연속 이등분 알고리즘에는 다음 4개의 매개변수가 필요합니다.

- `models`: 학습될 모든 모델 목록
- `max_epochs`: 모델을 완전히 학습시키는 데 필요한 에포크 횟수
- `start_epochs`: 첫 번째 턴에서 모든 모델을 학습시킬 에포크 횟수

---

2 Li, Lisha, et al., "Hyperband: A Novel Bandit-Based Approach to Hyperparameter Optimization," The Journal of Machine Learning Research 18, no. 1 (2017): 6765-6816.

- factor: 모델의 수를 얼마나 빨리 줄여나가고, 남은 모델을 학습시킬 에포크 횟수를 얼마나 빠르게 늘릴지를 정하는 정도입니다. 예를 들어 factor=3인 경우 반복을 할 때마다 남은 모델의 수는 1/3만큼 줄고, 남은 모델은 지금껏 학습된 에포크보다 세 배 많은 횟수만큼 학습됩니다.

이 과정을 남은 모든 모델이 완전히 학습될 때까지 반복합니다. 그리고 최종적으로 최상의 모델의 검증용 데이터셋에 대한 손실과 모델 자신을 반환합니다.

알고리즘이 시작할 때 학습될 모델의 목록이 제공됩니다. 그리고 이들을 remaining_models에 저장한 다음, 반복 과정을 거칠 때마다 일부 모델을 제거합니다. 최초 시작 시 주어진 모델의 총 개수는 n_models라는 변수에 기록됩니다. 그리고 trained_epochs는 남은 모델이 지금까지 학습된 에포크 횟수를 기록하는 데 사용됩니다. target_epochs는 현재 반복 과정에서 도달해야 할 에포크 횟수를 의미하며, 반복할 때마다 이 값은 갱신됩니다. 평가 결과는 eval_results라는 딕셔너리에 기록되며 이 딕셔너리는 모델을 키^{key}로하여 각 모델의 검증용 데이터셋에 대한 손실을 값으로 담아 보관합니다.

이 변수들이 초기화되면 남은 모든 모델이 완전히 학습될 때까지 반복하는 바깥쪽 반복문(즉 trained_epochs의 값이 max_epochs와 같거나 클 때까지 계속)을 시작할 준비가 된 것입니다. 이 반복문의 첫 번째 단계는 remaining_models에 담긴 모든 모델을 학습시키고 평가한 다음, 그 결과를 eval_results에 저장합니다.

그다음 지정된 factor만큼 가장 성능이 나쁜 모델들을 제거하여, 남은 모델의 개수를 줄입니다. 한 번의 반복이 끝날 때마다 에포크를 추적하는 변수의 값은 갱신됩니다.

바깥쪽 반복문이 완료되고 나면(즉 모델들이 완전히 학습되고 나면) 최상의 모델을 도출할 수 있습니다. 따라서 해당 모델과 검증용 데이터셋에 대한 손실을 반환합니다. 연속 이등분의 과정은 [코드 8-20]처럼 의사 코드로 표현될 수 있습니다.

코드 8-20 연속 이등분에 대한 의사 코드

```python
import copy

def successive_halving(models, max_epochs, start_epochs, factor=3):
    remaining_models = copy.copy(models)
    n_models = len(models)
    trained_epochs = 0
    target_epochs = start_epochs
```

```
eval_results = {}
i = 0        ◁── 원형 카운터                        바깥쪽 루프(남은 모델들이
                                                     완전히 학습될 때까지 계속됨)
while trained_epochs < max_epochs:      ◁──
    for model in remaining_models:      ◁── 안쪽 루프
        model.fit(x_train, y_train,
                  epochs=target_epochs - trained_epochs)
        eval_results[model] = model.evaluate(x_val, y_val)
        remaining_models = sorted(remaining_models, key=lambda x:
  ➥ eval_results[x])[int(n_models / pow(factor, i))]     ◁── 모델의 수를 줄임
        trained_epochs = target_epochs                    카운터상 다음 모델에 대한
        target_epochs = trained_epochs * factor           변수를 갱신함
        i += 1
best_model = min(remaining_models, key=lambda x: eval_results[x])
return best_model, eval_results[best_model]
```

효과적으로 연속 이등분의 과정을 수행하려면 탐색할 모델의 수와 초기 학습이 진행될 에포크 횟수를 잘 골라야 합니다. 모델의 수가 충분치 않다면 탐색을 충분히 할 수 없을 것입니다. 반면 모델이 너무 많다면 효용 가치를 알아보기도 전에 수많은 모델이 조기에 제거될 것입니다. 따라서 하이퍼밴드에는 모델의 고정 개수를 지정하지 않아도 되는 방법이 고안되어 있습니다.

이 문제를 해결하기 위해 하이퍼밴드는 연속 이등분 과정을 서로 다른 factor 값으로 여러 번 수행하여, 이용과 탐색의 균형을 맞춥니다. 하이퍼밴드를 실행하려면 max_epochs와 factor 라는 두 매개변수에 값을 지정해야 합니다. 이는 연속 이등분 알고리즘에 입력했던 것과 동일합니다.

하이퍼밴드는 연속 이등분 알고리즘을 여러 번 반복해서 수행합니다. 여기서 한 번의 반복을 브래킷bracket이라고 합니다. 여기서 보게 될 예제에서는 실행할 최대 브래킷의 수를 s_max 변수로 지정하는데, 이 변수의 값은 log(max_epohcs, factor)로 계산됩니다.

브래킷에 얼마나 많은 모델을 생성해야 하는지 살펴보도록 하죠. 먼저 첫 번째 브래킷에서 생성된 모델 수는 max_epochs와 같습니다. 그다음 각 브래킷의 초기 모델 수는 이전 호출의 1/ factor입니다(실제 구현에서 모델 수는 pow(factor, s) 정도지만 이후 브래킷에서는 그 수가 더 크게 조정됩니다). 또한 하이퍼밴드는 브래킷이 너무 적은 모델을 갖게 되는 것을 방지합니다. 가령 브래킷은 단일 모델로 시작하지 않습니다. 서로 다른 브래킷은 모델들을 공유하지 않고, 각 브래킷의 시작점에서 새로운 모델들이 임의로 생성됩니다. 브래킷에 대한 start_epochs 값은 브래킷당 factor의 배수만큼 엄격하게 증가합니다.

이제 필요한 모든 매개변수를 이해했습니다. 이제 [코드 8-21]을 통해 하이퍼밴드에 대한 의사 코드를 살펴보겠습니다.

코드 8-21 하이퍼밴드 의사 코드

```
import math

def hyperband(max_epochs, factor=3):
    best_model = None
    best_model_loss = math.inf
    s_max = int(math.log(max_epochs, factor))    ⟵  괄호의 개수를 지정
    for s in (s_max, -1, -1):    ⟵  괄호를 반복적으로 하나씩 접근
        models = generate_models(math.ceil(pow(factor, s) * (s_max + 1) / (s + 1)))    신규 모델을 생성
        start_epochs = max_epochs / pow(factor, s)
        model, loss = successive_halving(models, max_epochs, start_epochs, factor)    ⟵ successive_halving을 호출
        if loss < best_model_loss:
            best_model_loss = loss    최상의 모델을 갱신
            best_model = model
    return model
```

앞 코드를 제대로 이해하기 위해서 구체적인 값을 대입하여 하나씩 그 흐름을 살펴보겠습니다. max_epochs와 factor의 값을 각각 81과 3으로 설정하면 s는 4부터 0까지를 반복할 것입니다. 그리고 브래킷들에 대한 모델 수는 [81, 34, 15, 8, 5]가 되겠죠. pow(factor, s)에 거의 근접하지만 값이 클수록 pow(factor, s)는 작아집니다.

하이퍼밴드는 이미 KerasTuner에 구현되어 있습니다. Hyperband라는 이름의 튜너로 구현되어 있죠. 이를 활용하면 단일 GPU 또는 다중 GPU에 대해 튜닝 병렬화을 수행할 수 있습니다. 그리고 Hyperband 클래스를 초기화할 때 max_epochs와 factor 값을 매개변수로 입력할 수 있으며, [코드 8-21]의 s_max와 동일한 역할을 하는 hyperband_iterations 매개변수를 통해 브래킷의 수를 지정하여 검색 시간을 제어할 수도 있습니다. 가령 다음 코드처럼 말이죠.

코드 8-22 KerasTuner로 하이퍼밴드 실행하기

```
import tensorflow as tf
from tensorflow.keras.datasets import mnist
import autokeras as ak
import keras_tuner as kt
```

```
(x_train, y_train), (x_test, y_test) = mnist.load_data()

def build_model(hp):
    model = tf.keras.Sequential()
    model.add(tf.keras.layers.Flatten())
    model.add(tf.keras.layers.Dense(
            units=hp.Int('units', min_value=32, max_value=512, step=32),
            activation='relu'))
    model.add(tf.keras.layers.Dense(10, activation='softmax'))
    model.compile(optimizer='adam', loss='sparse_categorical_crossentropy')
    return model

tuner = kt.Hyperband(
    build_model,
    objective='val_loss',       최대 에포크 횟수를
    max_epochs=10,              10으로 지정
    factor=3,          브래킷당 모델 수와 에포크 횟수를 조정하는 factor 값을 3으로 지정
    hyperband_iterations=2,       브래킷의 개수를
    directory='result_dir',       2로 지정
    project_name='helloworld')

tuner.search(x_train, y_train,
    epochs=1,
    validation_data=(x_test, y_test))
```

이 코드는 KerasTuner를 사용하는 일반적인 방식과 다를 바가 없습니다. 단지 다른 tuner 클래스를 사용했을 뿐입니다.

8.3.2 사전 학습된 가중치로 탐색 공간을 보다 빨리 수렴하기

일반적으로 딥러닝 모델을 학습하는 데는 오랜 시간이 걸립니다. 하지만 사전에 학습된 가중치를 사용한다면 더 적은 에포크만으로 모델을 수렴시켜 학습을 가속화할 수 있습니다.

NOTE_ 사전 학습된 가중치란 학습된 모델의 가중치를 말합니다.

때로는 학습을 통해 일반화가 잘 된 모델을 도출하기에 부족한 작은 데이터셋을 가진 경우가

있습니다. 사전 학습된 가중치는 이 경우에도 큰 도움이 됩니다. 다른 데이터셋(훨씬 크고, 표현력이 풍부함)에 대해 학습된 가중치를 가진 모델을 다운로드하여 사용할 수 있는데, 이렇게 학습된 피처들은 새로운 데이터셋에 대해서도 일반화될 수 있습니다. 사전 학습된 모델을 두고, 여러분이 가진 데이터셋으로 추가 학습시키면 되겠죠. 보통 이 과정을 전이 학습^{transfer} learning이라고 합니다.

사전 학습된 가중치를 사용하는 방법은 크게 두 가지로 나뉩니다. 그중 첫 번째 접근법은 꽤 간단합니다. 단순히 신규 데이터셋으로 해당 모델을 추가 학습시키는 것이죠. 이때 큰 학습률은 원본 가중치를 크게 뒤흔들 수 있기 때문에, 학습률을 낮게 설정하는 것이 보통입니다. 두 번째 접근법은 모델의 대부분(계층)의 가중치는 고정하고, 출력 쪽에 배치한 계층만을 학습시키는 것입니다.

예를 들어 분류 작업에 대해 사전 학습된 합성곱 신경망을 사용한다고 가정해보죠. 출력 계층에는 범주의 개수만큼의 뉴런을 가진 완전 연결 계층이 사용되었습니다. 이때 합성곱 계층 부분은 그대로 유지하고, 완전 연결 계층을 제거합니다. 그리고 새롭게 초기화된 완전 연결 계층을 합성곱 계층 다음으로 연결시킨 다음, 합성곱 계층이 동결된 모델을 학습시킵니다. 즉 모델에 추가한 완전 연결 계층이 가진 가중치만 갱신하겠다는 것이죠(그림 8-6). 다른 유형의 모델이더라도, 피처를 학습하는 부분(합성곱, 순환, 트랜스포머 계층)과 헤드 부분(보통 완전 연결 계층)을 분리할 수 있습니다. 따라서 여전히 사전 학습된 가중치를 사용한 같은 방식을 적용할 수 있습니다.

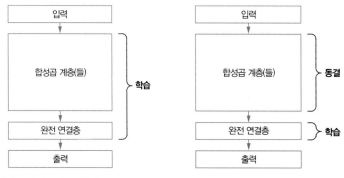

그림 8-6 사전 학습된 가중치를 허용하는 두 가지 방식

앞서 언급된 두 방식 외에도, 모델의 동결될 부분과 학습될 부분을 더 유연하게 고를 수도 있습니다. 원한다면 더 많은 계층을 추가할 수도 있습니다. 가령 전체 합성곱 계층 중 일부는 동결, 일부는 미동결할 수 있습니다. 하나 이상의 완전 연결 계층을 모델의 마지막에 추가할 수도 있습니다.

사전 학습된 가중치 사용 시 한 가지 제약 사항은 사전 학습된 모델을 학습시킨 데이터셋과, 새로 학습시킬 데이터셋이 같은 유형이어야 한다는 것입니다. 예를 들어 여러분이 영어 문장들로 구성된 데이터셋을 갖고 있고, 사전 학습된 모델도 영어 문장으로 학습된 자연어 처리 모델이라면 이 제약 사항을 만족한 것입니다. 반면, 여러분이 보유한 데이터셋이 중국 문자들로 구성되었다면, 사전 학습된 모델을 사용하더라도 성능의 향상을 기대하기는 어렵습니다. 오히려 부정적인 결과를 초래할 가능성이 높겠죠.

AutoKeras는 이미 탐색 공간에서 일부 사전 학습된 가중치를 사용하고 있습니다. 일부 텍스트 또는 이미지 관련 블록을 보면 pretrained라는 이름의 불리언형 하이퍼파라미터가 있습니다. 이 하이퍼파라미터가 하는 역할이 바로 사전 학습된 가중치의 사용 여부를 결정하는 것입니다. 가령 이미지 데이터를 다룰 때는 이미지넷 데이터셋으로 사전 학습된 ResNetBlock, XceptionBlock, EfficientNetBlock과 같은 것이, 텍스트 데이터를 다룰 때는 위키피디아 데이터셋으로 사전 학습된 BertBlock 등이 해당됩니다.

AutoKeras에서 사전 학습된 가중치를 사용하는 방법은 AutoModel로 앞서 언급된 블록을 연결하여 탐색 공간을 형성하는 것입니다. [코드 8-23]은 사전 학습된 ResNet을 사용해 CIFAR-10 데이터셋의 이미지를 분류하는 간단한 예시를 보여줍니다. 보다시피 ResNetBlock의 pretrained 매개변수를 True로 설정하여 ResNet에 사전 학습된 가중치를 적용하여 튜닝을 수행합니다.

코드 8-23 이미지 분류를 위해 AutoKeras의 사전 학습된 ResNet 사용하기

```
import tensorflow as tf
import autokeras as ak

(x_train, y_train), (x_test, y_test) = tf.keras.datasets.cifar10.load_data()
input_node = ak.ImageInput()
output_node = ak.Normalization()(input_node)
output_node = ak.ImageAugmentation()(output_node)
output_node = ak.ResNetBlock(pretrained=True)(output_node)  ← 블록 형식으로 사전 학습된
                                                               가중치 사용
```

```
output_node = ak.ClassificationHead()(output_node)
model = ak.AutoModel(
    inputs=input_node, outputs=output_node, max_trials=2, overwrite=True)
model.fit(x_train, y_train, epochs=10)
model.evaluate(x_test, y_test)
```

사전 학습된 가중치를 가진 모델로 여러분만의 탐색 공간을 구축하는 방법 중 하나는 사전 학습된 모델 집합을 제공하는 케라스의 applications 모듈을 활용하는 것입니다. tf.keras.applications을 통해 원하는 모델을 불러올 수 있죠. 가령 ResNet 모델을 불러오고 싶다면 tf.keras.applications.ResNet50에 접근하는 식입니다. 지원하는 모든 모델 목록은 https://keras.io/api/applications/에서 확인할 수 있습니다.

사전 학습된 모델 객체를 초기화할 때는 include_top과 weights라는 매개변수를 지정하는 것이 보통입니다. include_top은 불리언값으로, 사전 학습된 모델이 본래 갖고 있는 분류용 헤드를 포함시킬지에 대한 여부를 정합니다. 그리고 weights는 'imagenet' 또는 None으로 설정될 수 있으며 이미지넷 데이터셋에 대해 사전 학습된 가중치를 사용하거나 임의로 초기화된 가중치를 사용할지를 결정합니다. [코드 8-24]는 ResNet을 사용한 예시입니다. 완전 연결 계층이 없고, 이미지넷 데이터셋에 대해 사전 학습된 가중치를 가진 ResNet을 생성합니다.

코드 8-24 케라스 애플리케이션 모듈의 사용 예시

```
import tensorflow as tf
resnet = tf.keras.applications.ResNet50(
    include_top=False,
    weights='imagenet')
```

케라스의 applications 모듈은 사전 학습된 모델의 탐색 공간을 구축하기 위해, Keras Tuner에서도 사용할 수 있습니다. 가령 [코드 8-25]는 2개의 하이퍼파라미터로 탐색 공간을 구축합니다. 그중 첫 번째는 사전 학습된 가중치의 사용 여부를, 두 번째는 모델의 동결 여부를 결정합니다.

```python
import tensorflow as tf
import keras_tuner as kt

def build_model(hp):
    if hp.Boolean('pretrained'):    ◀─┐ 이미지넷을 통해 사전 학습된 가중치를 사용할지,
        weights = 'imagenet'           │ 임의로 초기화된 가중치를 사용할지를 지정함
    else:
        weights = None
    resnet = tf.keras.applications.ResNet50(
            include_top=False,    ◀─┤ 사전 학습된 가중치의 사용 여부를 의미하는 하이퍼파라미터
            weights=weights)    ◀─┤ 분류용 헤드를 포함하지 않음
    if hp.Boolean('freeze'):    ◀─┤ 모델의 동결 여부를 의미하는 하이퍼파라미터
        resnet.trainable = False
    input_node = tf.keras.Input(shape=(32, 32, 3))    ◀─┤ 케라스 모델을 구축 후 반환함
    output_node = resnet(input_node)
    output_node = tf.keras.layers.Dense(10, activation='softmax')(output_node)
    model = tf.keras.Model(inputs=input_node, outputs=output_node)
    model.compile(loss='sparse_categorical_crossentropy')
    return model

(x_train, y_train), (x_test, y_test) = tf.keras.datasets.cifar10.load_data()

tuner = kt.RandomSearch(
    build_model,
    objective='val_loss',
    max_trials=4,
    overwrite=True,
    directory='result_dir',
    project_name='pretrained')

tuner.search(x_train, y_train,
            epochs=1,
            validation_data=(x_test, y_test))
```

사전 학습된 가중치의 사용 여부, 모델의 동결 여부를 결정하는 탐색 공간을 구축하는 것은 가장 좋은 솔루션을 선택하는 데 도움을 줄 수 있습니다. 사전 학습된 가중치 및 모델은 보유한 학습 데이터가 제한적일 때 일반화가 잘 된 모델을 학습시키는 시간을 가속하는 좋은 수단이죠. 하지만 여러분이 직면한 문제에 사전 학습된 가중치가 유의미할지 아닐지는 오직 실험을 통해서만 알아낼 수 있다는 사실을 기억하세요.

8.3.3 탐색 공간을 웜 스타트하기

AutoML 및 하이퍼파라미터 튜닝에서, 웜 스타트가 없다는 것은 검색 알고리즘이 탐색 공간에 대한 사전 지식을 가지고 있지 않다는 것을 의미합니다. 서로 다른 하이퍼파라미터의 의미를 모르며, 각 모델의 성능이 좋을지 나쁠지를 모릅니다. 따라서 알려지지 않은 거대한 탐색 공간을 점진적으로 탐색하기 때문에 비효율적입니다.

탐색 공간을 웜 스타트한다는 것은 검색을 시작하기에 앞서 일부 좋은 모델, 검색 알고리즘을 평가하기 위한 좋은 하이퍼파라미터를 수작업으로 선택한다는 것을 의미합니다. 서로 다른 모델의 성능에 대한 사람의 지식을 검색 과정에 주입하는 좋은 방법이죠. 웜 스타트를 사용하지 않는다면 검색 알고리즘은 좋지 않은 모델과 하이퍼파라미터 조합에 많은 시간을 투자할지도 모릅니다. 좋은 모델보다 좋지 않은 모델이 훨씬 더 많기 때문에, 그럴 가능성이 꽤 높습니다.

웜 스타트를 사용하면 검색 알고리즘은 시작 시 주어진 모델을 활용하여 제한된 계산 자원으로도 좋은 모델을 빠르게 찾을 수 있습니다. 이 아이디어를 바탕으로 그리디 전략greedy strategy을 사용해 탐색 공간을 검색할 수 있습니다. 먼저 시작 시 주어진 모델들을 평가합니다. 그리고 그중 가장 좋은 모델을 선택한 다음 일부 하이퍼파라미터의 값을 약간 조정하여 그다음 모델을 도출합니다.

이미 AutoKeras는 그리디 전략을 Greedy라는 튜너로 구현하여 제공합니다. ImageClassifierTuner 및 TextClassifierTuner처럼 일부 특정 작업에 특화된 튜너는 Greedy 튜너를 상속한 하위 클래스입니다. 그리고 이들은 ImageClassifier 및 TextClassifier 같은 태스크 API를 사용할 때 기본으로 선택되는 튜너이며, 탐색 공간을 탐색하기 전 먼저 시도해야 할 하이퍼파라미터값을 사전에 정의합니다. 따라서 AutoKeras로 이 작업을 수행하면 해당 작업에 맞는 튜너는 웜 스타트를 사용하지 않는 튜너보다 훨씬 더 효율적입니다.

- 학습용 데이터셋이 주 메모리가 수용할 수 없을 정도로 클 때는 배치 단위로 데이터를 메모리로 불러올 수 있습니다.

- 데이터 병렬화는 같은 모델을 여러 장치에 두고, 학습용 데이터셋을 병렬로 분할하여 각 장치로 입력하고 모델의 학습 시간을 단축시킵니다.

- 모델 병렬화는 대규모 모델을 분할하여, 서로 다른 계층을 서로 다른 장치에 위치시키고 동일 데이터를 각 계층이 병렬로 다루도록 합니다. 모델 병렬화도 학습의 시간을 단축시킬 수 있습니다.

- 튜닝 병렬화은 서로 다른 장치에서 서로 다른 하이퍼파라미터 조합의 여러 모델을 병렬로 튜닝하여 튜닝의 시간를 단축시킵니다.

- 하이퍼밴드는 유망하지 않은 모델에 자원 할당을 제한하고 보다 유망한 모델에 자원을 할당해 검색 과정의 시간을 단축할 수 있습니다.

- 대규모 데이터셋으로 사전 학습된 가중치를 사용하면 신규 데이터셋이 작더라도 더 빠르게 수렴할 수 있고, 그러지 않았을 때에 비해 보다 일반화된 모델을 도출할 수 있습니다.

- 탐색 공간에 웜 스타트를 적용하면 튜너가 공간을 더 잘 파악할 수 있어서 검색 과정의 시간이 단축됩니다.

CHAPTER 9

마무리

> ### 이 장의 내용
>
> - 이 책에서 배운 주요 내용 되돌아보기
> - AutoML을 위한 오픈 소스 도구 및 상업적 플랫폼의 종류
> - AutoML의 남은 도전 과제 살펴보기
> - 이 분야를 더 깊게 배울 수 있는 자료 살펴보기

책의 마지막에 이르렀습니다. 마지막 장에서는 지금까지 다룬 핵심 개념을 복습하는 동시에, 우리의 시야를 더 넓혀보겠습니다. 먼저 이 책을 통해 반드시 얻어가야 할 지식에 어떤 것이 있는지 소개합니다. 그다음 케라스 생태계 밖의, 일부 인기 있는 AutoML 도구(오픈 소스 및 상용)의 목록을 살펴봅니다. 현재의 AutoML 커뮤니티에서 언급되는 대표적인 도구를 알면 이 책을 마무리한 뒤, 여러분의 관심사에 따라 더 깊이 파고들고 싶은 분야로 뻗어나갈 수 있을 것입니다. 마지막으로는 AutoML 영역의 핵심 과제와 향후 진화 방향에 대한 몇 가지 추측을 소개하며, 이 분야에 대한 보다 근본적인 연구를 하고 싶다면 꽤 흥미로울 것입니다. AutoML을 이해하려면 기나긴 여정이 필요합니다. 이 책은 그 여정의 첫 번째 단추에 불과합니다. 이 장 마지막에서 AutoML을 더 자세히 이해하고 이 분야의 최신 개발 동향을 파악하는 데 유요한 자료와 전략적인 방향성을 살펴보겠습니다.

9.1 주요 개념 되돌아보기

이 절은 이 책에서 배운 주요 내용을 간략하게 요약하여 이전에 학습한 내용을 떠올리도록 도와줍니다.

9.1.1 AutoML의 과정과 주요 구성 요소

AutoML은 실제 사람이 머신러닝 알고리즘을 설계하고 튜닝하고 적용하는 과정을 흉내내어 머신러닝을 보다 쉽게 도입할 수 있도록 해줍니다. 또한 주어진 머신러닝 문제에 대해 최적의 솔루션을 자동으로 찾아 지금까지 데이터 과학자가 해온 수동 튜닝의 부담을 덜고, 경험이 부족한 실무자는 상용 머신러닝에 접근할 수 있도록 하는 것을 목표로 합니다(그림 9-1).

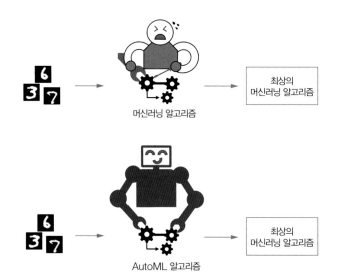

그림 9-1 ML vs AutoML

AutoML 과정은 일반적으로 다음 세 단계가 반복적으로 일어납니다(그림 9-2).

1. 탐색 전략에 따라 탐색 공간에서 관찰할 머신러닝 파이프라인을 선택합니다. 탐색 공간은 튜닝하려는 하이퍼파라미터 조합과 선택될 각 하이퍼파라미터값의 범위를 정의합니다. 탐색 전략은 탐색 공간을 탐색하고 평가될 완전한 머신러닝 파이프라인을 생성하기 위해 반복할 때마다 하이퍼파라미터 조합을 선택합니다.

2. 학습용 데이터셋에 대해 선택된 머신러닝 파이프라인을 학습시키고 검증용 데이터셋에 대한 성능을 평가합니다.

3. 더 나은 파이프라인을 찾는 데 평가 기록을 활용할 수 있다면 이를 통해 탐색 전략을 갱신합니다.

따라서 AutoML의 주요 구성 요소를 탐색 공간, 탐색 전략, 선택된 파이프라인의 평가 및 비교를 위한 검증 과정으로 볼 수 있습니다. 대부분 구현은 탐색 공간을 설계하는 작업이지만 나머지 2개에 대해서는 AutoML 도구가 내장 모듈로 제공하는 경우가 많습니다.

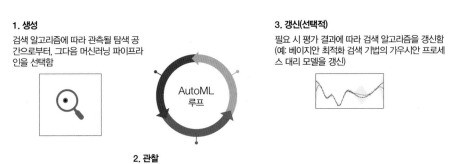

1. 생성
검색 알고리즘에 따라 관측될 탐색 공간으로부터, 그다음 머신러닝 파이프라인을 선택함

3. 갱신(선택적)
필요 시 평가 결과에 따라 검색 알고리즘을 갱신함 (예: 베이지안 최적화 검색 기법의 가우시안 프로세스 대리 모델을 갱신)

2. 관찰
데이터셋에 대해 선택된 머신러닝 파이프라인을 학습시키고 평가함

그림 9-2 일반적인 순차적 AutoML 과정의 검색 루프

9.1.2 머신러닝 파이프라인

2장에서 살펴본 일반적인 머신러닝 워크플로를 요약하면 다음과 같습니다.

- 문제 정의 및 데이터 수집problem framing and data collection : 예측하고자 하는 문제의 유형 또는 데이터로부터 추출하는 패턴 유형 등 문제의 목표를 정의합니다. 지도 학습, 비지도 학습 등 문제가 속할 패러다임의 유형을 정합니다. 또한 이미지 분류 문제에서의 예측 정확도처럼 최종 모델의 성공 여부를 안정적으로 측정할 척도를 정합니다. 대부분의 경우 도메인에 특화된 평가 지표가 필요할 수 있습니다. 한편, 모델의 학습용 및 평가를 위해 데이터를 수집해야 합니다.

- 데이터 전처리 및 피처 엔지니어링data preprocessing and feature engineering : 데이터를 머신러닝 알고리즘에 주입될 수 있는 적합한 형식으로 처리합니다. 필요 시 중복 피처를 제거하고 유용한 피처를 선택 및 생성하여 알고리즘의 성능을 개선합니다. 모델의 평가 방식을 생각하고 나중의 평가 과정에 도움이 될 수 있도록 데이터를 학습, 검증, 테스트용으로 분할합니다.

- 머신러닝 알고리즘의 선택ML algorithm selection : 직면한 문제에 대한 경험 및 사전 지식을 바탕으로 적절한 머신러닝 알고리즘을 선택합니다. 최종 테스트용 데이터셋에 적용한 뒤 배포하기에 앞서, 반복적으로 다양한 머신러닝 알고리즘을 시도하고 그중 가장 적합한 것을 선택해야 할지도 모릅니다.

- **모델의 학습용 및 평가**model training and evaluation : 머신러닝 알고리즘을 적용해 머신러닝 모델을 학습시키고 미리 정의된 척도에 기반해서 검증용 데이터셋을 평가합니다.
- **하이퍼파라미터 튜닝**hyperparameter tuning : 반복적으로 하이퍼파라미터를 튜닝하여 파이프라인이 더 나은 성능을 달성하도록 개선합니다. 과적합을 방지하려면 머신러닝 알고리즘을 선택하고 하이퍼파라미터를 조정하는 데 테스트용 데이터셋을 사용하지 않도록 주의합니다.
- **서비스 배포 및 모델 모니터링**service deployment and model monitoring : 최종 머신러닝 솔루션을 배포하고 성능을 모니터링하여 파이프라인을 지속적으로 유지 및 개선합니다.

9.1.3 AutoML의 분류 체계

머신러닝 워크플로를 반영하면 AutoML은 다음 세 가지 범주로 분류될 수 있습니다.

- **자동화된 피처 엔지니어링**은 피처를 생성하고 선택하는 과정을 반복합니다. 사전에 정의된 선택 기준에 따라 최상의 머신러닝 모델을 학습시키기 위한 유익하고 차별화된 피처를 자동으로 발견하는 것이 목표입니다.
- **자동화된 하이퍼파라미터 튜닝**은 머신러닝 파이프라인의 하나 또는 여러 구성 요소에 대한 최적의 하이퍼파라미터를 선택하는 것을 목표로 합니다. 일반적으로 튜닝 가능한 하이퍼파라미터에는 모델 유형, 다양한 데이터 전처리 방법, 최적화 알고리즘의 하이퍼파라미터 등 머신러닝 파이프라인의 모든 하이퍼파라미터가 포함될 수 있습니다.
- **자동화된 파이프라인 검색**은 입력 데이터와 분류 또는 회귀처럼 AutoML 시스템에 수행하도록 지시한 작업을 기반으로 전체 머신러닝 파이프라인을 생성하는 것을 목표로 합니다.

딥러닝에서는 보통 이중 나머지 2개에 집중하는 편이지만, 그렇다고 해서 자동화된 피처 엔지니어링이 덜 중요한 것은 아닙니다(특히 얕은 모델의 학습 속도 및 성능 개선을 위해).

9.1.4 AutoML의 적용

다양한 머신러닝 작업에 파이프라인을 설계하고 튜닝하는 데 AutoML을 적용했습니다. 다양한 상황에 적용된 AutoML은 탐색 공간 및 평가 전략의 설계에서 주로 차이를 보입니다. 이미지 분류에는 CNN, 시계열 데이터에는 RNN을 사용하는 등 탐색 공간은 마주한 작업에 적용 가능한 모든 머신러닝 파이프라인을 구성할 수 있어야 합니다. 머신러닝 작업에 적합한 탐색 공간을 설계하기 위해서는 작업별, 머신러닝 모델에 대한 사전 지식이 필요하고, 이런 지식은 더 나은 검색 결과를 도출하고 검색의 범위를 좁히는 데 중요한 역할을 할 수 있습니다. 평가 전략은 머신러닝 파이프라인을 비교하는 데 유용한 척도를 제공할 수 있도록, 적용처에 맞게 조정되어야 합니다. 가령 분류 작업에서는 분류 정확도를, 추천 시스템에서는 곡선 아래 면적area under the curve(AUC) 또는 정규화된 할인 누적 이득normalized discounted cumulative gain(NDC) 등을 사용할 수 있겠죠. 이런 검색 기법들은 보통 수정 없이도 바로 적용할 수 있는 경우가 많습니다. 지금까지의 연구 중 AutoML이 적용될 수 있는 대표적인 사례는 다음과 같습니다.

- **자동화된 물체 탐지**automated object detection : 물체 탐지는 이미지 및 비디오에서 특정 범주(예: 사람, 가구, 자동차)의 물체를 탐지하는 것을 목표로 하는 고전적인 컴퓨터 영상처리 작업입니다. 자동화된 물체 탐지는 그 성능을 향상하기 위해 물체의 다단계적인 피처 및 더 나은 탐지용 머신러닝 모델 구조를 잘 융합하려는 시도를 합니다.

- **자동화된 시맨틱 세그멘테이션**automated semantic segmentation : 시맨틱 세그멘테이션 시스템은 멀티스케일 컨텍스트 모듈과 신경망 구조라는 두 가지 필수 구성 요소를 가집니다. 세그멘테이션 작업은 공간 해상도의 변화에 민감하기 때문에, 적절한 공간 해상도를 가진 모든 계층의 서로 다른 구조를 검색하는 데 AutoML을 사용할 수 있습니다.

- **자동화된 생성적 적대 신경망**automated generative adversarial network : 생성적 적대 신경망의 백본은 생성자 신경망과 판별자 신경망이라는 두 가지 구성 요소를 가집니다. 여기서 AutoML은 생성자 신경망과 판별자 신경망의 최적 구조를 검색하는 데 사용될 수 있습니다.

- **자동화된 신경망 압축**automated network compression : AutoML은 계층의 희소성sparsity, 채널 수, 비트 폭bit width에 대한 최적의 조합을 찾아 정확도 또는 지연 속도의 저하 없이 신경망의 파라미터를 압축하는 데 사용될 수 있습니다.

- **자동화된 그래프 신경망**automated graph neural network : AutoML은 은닉 차원 수, 어텐션 헤드 수, 다양한 유형의 어텐션/취합/결합 함수 등 노드 분류 작업용 그래프 신경망에 대한 적합한 그래프 합성곱 구성 요소를 검색할 수 있습니다.

- **자동화된 손실 함수 검색**automated loss function search : 머신러닝에서 가장 일반적으로 쓰이는 손실 함수는 크로스 엔트로피와 RMSE입니다. 이 밖에도 AutoML은 다양한 컴퓨터 영상처리 작업에 대한 손실 함수에 범주 내/범주 간 거리 및 샘플의 학습되기 어려운 수준을 반영할 수 있습니다.

- **자동화된 활성 함수 검색**automated activation function search : 활성 함수는 심층 신경망에서 매우 중요한 역할을 합니다. AutoML은 기존 활성 함수 중 최적의 것을 선택하는 것 외에도, 미리 정의된 함수 구조에 대한 이항/단항 수학 함수들을 검색하여 새로운 활성 함수를 설계할 수 있습니다.

- **자동화된 클릭률 예측**automated click-through rate prediction : 클릭률click through rate(CTR)은 추천 시스템의 중요한 작업 중 하나입니다. AutoML은 효과적인 신경망을 설계하여, 명시적 및 묵시적인 피처들의 상호 관계를 포착하여 더 나은 CTR 예측을 수행할 수 있도록 해줍니다.

그 밖에 작업으로, 컴퓨터 영상처리 분야에서는 자동화된 사람 재식별re-identification, 자동화된 초해상도super-resolution, 자동화된 비디오 작업과 같은 것이 있으며, 자연어 처리 분야에서는 자동화된 번역, 자동화된 언어 모델링, 자동화된 키워드 추출keyword spotting과 같은 것이 있습니다. 또한 자동화된 비지도 학습, 자동화된 강화 학습, 자동화된 연합 학습federated learning 등 일부 모델/알고리즘/학습 패러다임별, 작업별 적용 분야가 존재합니다. 일반적으로 AutoML이 적용될 수 있는 영역은 머신러닝이 적용될 수 있는 영역과 같습니다. 머신러닝을 적용할 수 있는 모든 영역에 AutoML을 적용하여 머신러닝 파이프라인을 구축하거나 구성 요소를 수정하고 하이퍼파라미터를 튜닝하여 파이프라인을 개선할 수 있습니다.

9.1.5 AutoKeras로 딥러닝 자동화하기

딥러닝은 인공지능 커뮤니티에서 화제가 되는 머신러닝의 한 가지 하위 분야입니다. 방대한 적용 분야에서 유망한 성능과 가능성을 보여주고 있죠. 자동화된 딥러닝은 딥러닝 파이프라인을 자동으로 설계하고 튜닝하는 것을 목표로 합니다. 이때 가장 널리 사용되는 오픈 소스 라이브러리인 AutoKeras를 활용하여, 요구 사항 및 AutoKeras의 다양한 API로 다음과 같은 다양한 시나리오에 자동화된 딥러닝을 적용할 수 있습니다.

- AutoKeras의 태스크 API는 단 세 줄의 코드만으로도, 이미지 분류와 같은 머신러닝 작업에 대한 엔드투엔드 딥러닝 솔루션을 생성해줍니다. 딥러닝 모델을 직접 구현하는 방법을 모르더라도, 데이터만 입력하여 원하는 머신러닝 솔루션을 얻을 수 있기 때문에 AutoKeras의 가장 간단한 API라고 볼 수 있습니다. 최근에 릴리즈된 AutoKeras에서는 이미지, 텍스트, 정형 데이터에 대한 분류 및 회귀를 포함하여 총 여섯 가지 태스크 API를 지원합니다.

- AutoKeras의 입/출력(I/O) API는 멀티모달 및 멀티태스크 학습 문제를 처리하기 위한 보다 일반적인 솔루션을 제시합니다. 다양한 종류의 자료형, 정해지지 않은 입력과 출력의 개수를 수용하고, 이들의 유형은 초기화시 명시적으로 지정되어야 합니다.

- 함수형 API는 AutoKeras가 제공하는 가장 정교한 API로, 탐색 공간을 입맛에 맞게 설계하고 싶은 고급 사용자를 위해 고안되었습니다. 이 API는 텐서플로 케라스의 함수형 API와 유사하며, 이를 사용할 때는 일부 AutoKeras의 블록을 함께 연결하여 AutoML 파이프라인을 구현해야 합니다.

- 각 블록은 CNN과 같은 여러 케라스 계층으로 구성된 특정 딥러닝 모델(또는 데이터 전처리 방법)과 모델에 대한 하이퍼파라미터의 탐색 공간을 나타냅니다. 또한 각 빌딩 블록(또는 자체 AutoML 블록)에서 탐색 공간을 지정하고 기본 제공 블록과 함께 연결하여 자신만의 맞춤형 심층 신경망을 선택하고 조정할 수 있습니다.

[그림 9-3]에서 각각에 대한 사용 예시를 보여줍니다.

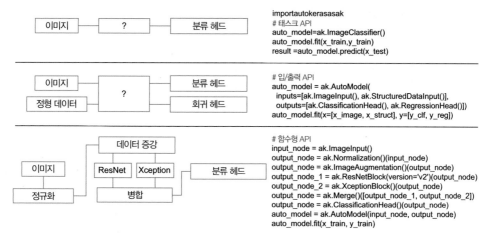

그림 9-3 AutoKeras API와 자동화된 딥러닝

AutoKeras는 분류 및 회귀와 같은 지도 학습에 대한 자동화된 딥러닝 솔루션을 제시합니다. AutoKeras에 내장된 블록은 탐색 공간을 생성하는 데 드는 수고를 덜어주기도 하죠. 하지만 여러분의 요구 사항에 맞는 내장 블록이 없거나 손실 함수를 튜닝하고 얕은 모델 중 하나를 선택하고 비지도 학습 문제에 대한 모델을 설계하는 등의 복잡한 AutoML을 다뤄야하는 경우에는 KerasTuner라는 또 다른 AutoML 도구를 사용하는 것이 바람직합니다.

9.1.6 KerasTuner로 완전히 개인화된 AutoML 구축하기

KerasTuner는 딥러닝 및 얕은 머신러닝 모델을 선택하고 튜닝하기 위한 라이브러리입니다. AutoKeras로 해결될 수 있는 문제 이외에도, AutoKeras로는 처리하기 어렵거나 추가적인 부담을 주는 다음 세 가지 시나리오를 다룰 수 있습니다.

- 탐색 공간 내 파이프라인들은 서로 다른 학습용 및 평가 전략을 갖는 경우입니다. 가령 얕은 모델의 경우 사이킷런으로, 딥러닝 모델의 경우 텐서플로 및 케라스로 구현될 수 있습니다.
- 지도 학습 이외의 작업을 다뤄야 하는 경우입니다.
- AutoKeras에 적절한 내장 블록이 없는 경우입니다. 6장에서 살펴본대로, KerasTuner로 모델을 튜닝하려면 탐색 공간을 특정하여 모델을 구축하는 함수(또는 HyperModel 클래스를 확장)를 구현해야 하고, [코드 9-1]처럼 검색 기법을 지정하는 튜너 객체를 초기화해야 합니다.

```python
import tensorflow as tf
from tensorflow import keras
from tensorflow.keras import layers
from keras_tuner import RandomSearch

def build_model(hp):    ◁─┤ 모델 구축 함수를 만든 뒤 탐색 공간을 지정
    input_node = keras.Input(shape=(20,))
    units = hp.Int('units', min_value=32, max_value=512, step=32)
    output_node = layers.Dense(units=units, activation='relu')(input_node)
    output_node = layers.Dense(units=1, activation='sigmoid')(output_node)
    model = keras.Model(input_node, output_node)

    optimizer = tf.keras.optimizers.Adam(learning_rate=1e-3)
    model.compile(
            optimizer=optimizer,
            loss='mse',
            metrics=['mae'])
    return model

tuner = RandomSearch(    ◁─┤ 임의 검색 튜너 정의
        build_model,
        objective='val_mae',
        max_trials=5,
        executions_per_trial=3,
        directory='my_dir',
        project_name='helloworld')
```

튜너는 검색 기법을 래핑하고, 검색 과정 동안 선택된 파이프라인의 학습용 및 평가를 관리합니다. KerasTuner가 딥러닝 모델의 튜닝용으로 고안되었기 때문에, **SklearnTuner**를 제외한 내장 튜너는 딥러닝 파이프라인을 튜닝하는 데 특화되어 있습니다. 딥러닝 파이프라인의 학습용 및 평가 과정을 래핑하는 각 튜너는 그 이름을 보면 어떤 검색 기법을 구현한 것인지 쉽게 파악할 수 있습니다. 예를 들어 **RandomSearch**는 딥러닝 모델 튜닝에 임의 검색 기법을 적용하는 튜너죠.

또한 사이킷런 모델 또는 파이프라인의 학습용 및 평과 과정을 래핑한 **SklearnTuner**를 사용하면 딥러닝 모델과 동일한 방식으로 사이킷런으로 구현된 얕은 모델을 튜닝하기 위한 탐색 공간을 구성할 수 있습니다. 한편, KerasTuner에서는 검색 기법을 오라클이라고 합니다. 즉, 튜

너 내 오라클을 바꾸면 서로 다른 검색 기법을 선택할 수 있습니다. 뿐만 아니라, 다른 라이브러리(케라스, 사이킷런 이외의)로 구현된 모델을 튜닝하는 튜너를 사용자 정의하는 것도 가능합니다. [코드 9-2]는 사용자 정의 튜너를 정의하는 의사 코드를 보여줍니다. 간단히 말해 현재 시도를 실행하는 run_trial() 메서드와 평가된 모델을 저장하고 불러오기 위한 두 보조 함수를 구현하면 됩니다.

코드 9-2 튜너를 사용자 정의하기 위한 템플릿

```
import tensorflow as tf
import keras_tuner as kt

class CustomTuner(kt.engine.base_tuner.BaseTuner):   ←─┤ GBDT 모델을 구축한 뒤 학습시킴

    def run_trial(self, trial, data):   ←─┐ 현재 시도에서 선택된 모델을 구축한 다음
        ...                                  학습시키고 저장함. 필요 시 오라클 갱신

    def save_model(self, trial_id, model, step=0):   ←─┤ 모델을 디스크에 저장함
        ...

    def load_model(self, trial):   ←─┤ 모델을 불러오기 위한 메서드
        ...
        return model

my_custom_tuner = CustomTuner(
        oracle=kt.oracles.RandomSearchOracle(
            objective=...,
            max_trials=...,
            seed=...),
        hypermodel=build_model,
        overwrite=True,
        project_name='my_custom_tuner')

>>> my_custom_tuner.search(data)
```

오라클을 바꿔서 사용자 정의 튜너에 대한 검색 기법을 선택하는 것뿐만 아니라, 오라클 클래스를 사용자 정의하면 자신만의 검색 기법을 구현할 수도 있습니다.

9.1.7 검색 기법 구현하기

존재하는 AutoML의 검색 기법들은 크게 기록 기반과 기록에 무관한 부류로 나눌 수 있습니다. 이는 검색 기법이 기록된 검색 결과를 성능을 향상하는 데 활용하는지에 따라 갈립니다.

임의 검색 및 그리드 탐색은 기록에 무관한 대표적인 기법입니다. 그리고 진화적 기법과 같은 경험적인 접근법 및 베이지안 최적화처럼 모델에 기반한 기법은 가장 널리 사용되는 기록에 기반한 기법입니다. 진화적 기법은 생물학적으로 모집단의 진화를 시뮬레이션하는 것으로, 시도별 모집단을 임의로 초기화한 다음 하이퍼파라미터를 변경 및 크로스오버한 자식을 생성하기 위해 모집단에서 일부 부모 시도를 샘플링합니다. 자식 시도가 평가되고 나면, 모집단은 순위 선택과 같은 특정 선택 전략에 따라 갱신됩니다. 한편, 베이지안 최적화 기법은 아직까지 보지 못한 모델의 성능을 저렴하게 추정하기 위해 머신러닝 파이프라인의 평가 기록으로 학습된 대리 모델을 활용합니다. 그리고 획득 함수는 대리 모델의 추정 결과의 도움을 받아 그다음 시도를 샘플링합니다.

기록 기반 검색 기법을 설계할 때는 이용과 탐색의 균형을 고려해야 합니다. 여기서 이용이란 과거 경험의 이점을 활용하여 가장 성능이 좋을 것으로 추정되는 모델의 하이퍼파라미터를 선택하는 것을 의미합니다. 그리고 탐색이란 지역 최적에서 벗어나지 못하고 전역 최적을 놓치는 사태를 방지하기 위해 탐색 공간 내 아직까지 둘러보지 못한 곳을 탐험한다는 것을 의미합니다.

기록 기반의 검색 기법을 구현하려면 하이퍼파라미터를 샘플링하고 알고리즘을 갱신하는 두 단계가 필요합니다. 그리고 각각 검색 기법의 샘플링과 갱신은 다음 코드처럼 populate_space() 메서드에서 구현되어야 합니다.

코드 9-3 오라클(검색 기법)의 사용자 정의를 위한 템플릿

```
class CustomOracle(Oracle):

    def __init__(self, *args, **kwargs):
        super().__init__(*args, **kwargs)
        ...     ◁── 검색 기법에 대한 추가적인 초기화 단계는 여기에 들어갈 수 있음

    def populate_space(self, trial_id):
        values = ...     ◁── 현재 시도의 하이퍼파라미터값을 샘플링함
        ...     ◁── 검색 기록에 기반해 검색 기법을 갱신함
```

```
if values is None:
    return {'status': trial_lib.TrialStatus.STOPPED,
            'values': None}
    return {'status': trial_lib.TrialStatus.RUNNING,
            'values': values}
```

> **NOTE_** 일부 선도적인 연구(특히 자동화된 딥러닝 분야)들은 강화 학습과 경사도에 기반한 기법에 집중하고 있습니다. 이 장에서는 이 내용에 대한 유용한 자료를 일부 수록하고 있으므로, 이 책을 다 읽은 후 최신 기법을 탐구해보길 바랍니다.

9.1.8 AutoML 과정의 규모 확장

AutoML을 실전에 적용할 때는 데이터의 규모, 시간 및 공간적 복잡성에 따른 어려움을 겪습니다. 이 문제를 해결하는 가장 일반적인 방법은 병렬 기법을 도입하는 것이죠. 8장에서 살펴본 병렬화는 크게 세 가지 유형으로 나눌 수 있습니다(그림 9-4).

- 데이터 병렬화는 여러 장치(CPUs/GPUs/TPUs)를 사용해서 대규모 데이터셋을 다룰 수 있게 해줍니다. 이 방식은 동일한 모델을 여러 장치로 복사하는 방식으로 데이터의 서로 다른 배치를 병렬로 학습하며, 서로 다른 장치에서 갱신된 모델의 가중치를 주기적으로 동기화합니다.

- 모델 병렬화는 주로 단일 GPU 메모리에 담을 수 없는 대규모 모델을 다루거나, 추론 과정이 병렬화될 수 있는 모델을 가속하는 용도로 사용됩니다. 이 방식은 모델을 여러 조각으로 분할하고 각 조각을 서로 다른 GPU에 할당함으로써 시스템상 가용 메모리에 모델을 불러올 수 있도록 합니다. 추론 시에는 모델의 일부 조각이 병렬로 실행되어 시간을 절약할 수도 있습니다.

- 튜닝 병렬화은 AutoML의 과정을 가속하는 데 사용됩니다. 이 방식은 서로 다른 하이퍼파라미터 조합으로 만들어진 여러 모델을 서로 다른 GPU에 두고, 모두 동일한 데이터로 학습을 진행하여 하이퍼파라미터 튜닝 과정이 병렬로 수행될 수 있도록 합니다.

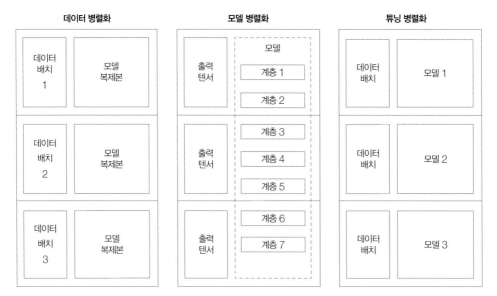

그림 9-4 병렬화의 세 가지 유형

하드웨어 자원을 더 많이 활용하는 방식 밖에도, 다음과 같은 알고리즘적 측면에서 검색 과정을 가속할 수도 있습니다.

- **품질 기반 기법 사용하기**|using fidelity-based technique : 서로 다른 머신러닝 파이프라인의 성능을 대략적으로 비교하기 위해 저품질 추정low fidelity estimation을 사용할 수 있습니다. 일부 전형적인 기법으로는 조기 종료, 검색 과정 내 발견된 모델의 학습용 및 평가를 위한 데이터의 부표본subsample 만들기, 하이퍼밴드와 같은 고급 스케줄링 기법을 도입하기 등이 있습니다.
- **사전 학습된 가중치 및 모델 사용하기**|using pretrained weights and model : 사전 학습된 가중치(전체 또는 부분)를 사용하면 발견된 머신러닝 모델의 학습을 가속할 수 있습니다. 이 방법은 특히 자동화된 딥러닝에서 유용합니다.
- **탐색 공간을 웜 스타트하기**|warm starting the search space : 사람의 사전 지식을 검색 알고리즘에 반영하여, 검색이 시작되기 전 일부 좋은 모델과 하이퍼파라미터를 수동으로 선택하여 검색 알고리즘이 사람의 전문 지식으로부터 시작될 수 있도록 합니다.

9.2 AutoML 도구 및 플랫폼

도구와 플랫폼의 발전은 AutoML 분야를 성장시키는 데 큰 기여를 하고 있습니다. 그중 일부를 살펴보겠습니다. 서로 다른 도구의 사용 환경을 설정하는 방법은 꽤 다르며, 일부는 더 나은 시각화와 손쉬운 상호작용을 위해 GUI를 제공합니다. 하지만 이들이 제공하는 API는 AutoKeras와 KerasTuner와 꽤 유사합니다. 대부분 도구와 플랫폼은 기본적으로 탐색 공간, 검색 알고리즘, 평가 기준이라는 세 가지 AutoML의 핵심 구성 요소를 가집니다. 이 책에서 배운 내용을 토대로, 다른 도구 및 플랫폼이 제공하는 튜토리얼과 저장소를 살펴본다면 큰 어려움 없이 적용할 수 있을 것입니다.

9.2.1 오픈 소스 AutoML 도구

가용한 오픈 소스 AutoML 도구는 핵심 집중 영역에 따라 몇 가지 범주로 분류될 수 있습니다.

- 자동화된 피처 엔지니어링 도구
- 자동화된 하이퍼파라미터 튜닝 및 모델 선택, 자동화된 엔드투엔드 파이프라인 검색 도구
- 자동화된 딥러닝 도구

각 범주의 대표적인 예시 몇 가지를 살펴보죠.

이 책을 쓴 시점에서, 자동화된 피처 엔지니어링 오픈 소스 라이브러리 중 가장 인기 있는 것은 피처툴^{FeatureTool}일 것입니다. 피처 엔지니어링 작업을 추상화하고 관계형 데이터셋 및 시계열 데이터셋에 대한 피처를 생성합니다.

대부분 AutoML 프로젝트는 하이퍼파라미터 튜닝 또는 엔드투엔드 머신러닝 파이프라인을 생성하는 데 중점을 두는 편입니다. 이 분야에 최초로 등장한 프로젝트는 AutoWeka로, 웨카^{Weka}(지식 분석을 위한 와이카토 환경)라는 데이터 분석용 패키지를 토대로 구축되었습니다. 이 프로젝트는 주로 지도 학습이 적용되는 작업에 대해 베이지안 최적과 기법을 통해 하이퍼파라미터 튜닝과 머신러닝 파이프라인을 생성합니다. AutoSklearn은 이와 유사한 접근법을 사이킷런에 적용한 사례로, 여러 AutoML 경연 대회에서 큰 가능성을 보여줬습니다. 또한 베이지안 최적화 기법을 통한 검색과 모델을 앙상블하는 방식을 통해 성능을 강화하기도 합니다. 최신 버전의 AutoSklearn은 [코드 9-4]처럼 AutoKeras의 태스크 API와 유사한 간결한 API를 제공합니다. 한편, 그 밖에 인기 있는 또 다른 라이브러리로는 티폿^{TPOT}, 하이퍼옵트^{Hyperopt}, 마이크로소프트 NNI, H2O의 AutoML 도구의 오픈 소스 버전 등이 있습니다.

```
from autosklearn.classification import AutoSklearnClassifier
automl = AutoSklearnClassifier()        ◁─┐  오토 사이킷런의 자동화된
automl.fit(X_train, y_train)               │  분류 학습자(러너)를 초기화함
predictions = automl.predict(X_test)


clf = ak.StructuredDataClassifier()     ◁─┐  AutoKeras의 자동화된
clf.fit(x_train, y_train, epochs=10)       │  분류 학습자(러너)를 초기화함
predicted_y = clf.predict(x_test)
```

최근 몇 년간의 연구 및 개발에 대한 노력은 자동화된 딥러닝에 집중되어 있었습니다. AutoKeras 외에도, 아마존의 연구원들은 글루온Gluon이라는 딥러닝 API에 기반한 AutoGluon 패키지를 선보이기도 했죠. MXNet 및 파이토치 사용자를 대상으로하는 이 패키지는 AWS 클라우드 인프라에서도 손쉽게 사용될 수 있도록 고안되었습니다. 또한 AutoPyTorch 등 AutoKeras와 유사한 API로 신경망 구조를 검색하는 다른 라이브러리도 존재합니다.

여기서 언급한 도구 외에도, 여러 도구가 AutoML의 구성 요소를 제공합니다. 가령 머신러닝을 위한 유명한 분산 실행 프레임워크인 레이Ray는 레이튠Ray Tune이라는 하위 모듈을 함께 제공합니다. 이 모듈을 사용하면 오픈 소스 AutoML 검색 알고리즘을 수집하고, 레이 프레임워크를 활용하여 분산 튜닝을 할 수 있습니다. 한편, 루드비히Ludwig 도구는 코드를 작성하지 않고도 딥러닝 모델을 학습시키고 평가할 수 있으며, 모델 선택 및 하이퍼파라미터 튜닝을 위한 AutoML 모듈도 제공합니다. 이런 도구들은 [표 9-1]로 정리해서 보여줍니다.

표 9-1 선택된 오픈 소스 AutoML 도구 목록

핵심 작업	프레임워크	URL
자동화된 피처 엔지니어링	피처툴	https://www.featuretools.com
자동화된 하이퍼 파라미터 튜닝 또는 파이프라인 탐색	하이퍼옵트	http://hyperopt.github.io/hyperopt/
	AutoWeka	https://www.cs.ubc.ca/labs/beta/Projects/autoweka/
	AutoSklearn	https://automl.github.io/auto-sklearn/master/
	레이 튠	https://docs.ray.io/en/master/tune/index.html
자동화된 딥러닝	KerasTuner	https://keras.io/keras_tuner/
	티폿	http://epistasislab.github.io/tpot/

핵심 작업	프레임워크	URL
	마이크로소프트 NNI	`https://nni.readthedocs.io`
	H2O AutoML 도구	`https://www.h2o.ai/products/h2o-automl/`
	루드비히	`https://github.com/ludwig-ai/ludwig`
	AutoKeras	`https://autokeras.com`
	AutoGluon	`https://auto.gluon.ai/stable/index.html`

9.2.2 상용 AutoML 플랫폼

오픈 소스 프로젝트 외에도, AutoML에 대한 상업적 솔루션을 제공하는 여러 회사(특히 클라우드 서비스를 제공하는 회사)가 있습니다. 몇 가지 사례를 살펴보죠.

- 구글 클라우드의 AutoML[1]은 허용된 적용 도메인과 데이터 구조에 따라 머신러닝 모델을 사용자 정의할 수 있는 시각적 인터페이스를 제공합니다. 구글이 제공하는 AutoML 상품에는 컴퓨터 영상 처리를 위한 AutoML Vision, 자연어 처리를 위한 AutoML Natural Language, 손쉬운 모델 구축 및 배포를 위한 Vertex AI 등이 있습니다.

- 아마존 세이지메이커 Autopilot[2]은 정형 데이터의 분류 및 회귀를 위한 엔드투엔드 머신러닝 파이프라인을 생성하는 데 집중합니다. 단순히 비가공된 정형 데이터와 레이블을 제공하면 자동으로 최상의 머신러닝 모델을 구축/학습/튜닝해주며, AWS의 인프라를 활용하여 대규모 작업을 처리할 수도 있습니다. 또한 아마존 세이지메이커 스튜디오를 사용하여 클릭 한 번으로 모델을 배포하고 반복적으로 모델을 개선할 수 있습니다.

- 마이크로소프트 애저 AutoML[3]은 두 부류의 사용자 그룹을 위해 고안되었습니다. 그중 첫 번째 그룹은 머신러닝을 경험해봤고, 파이썬으로 머신러닝 모델을 구현할 줄 아는 사용자들입니다. 이 그룹의 경우에는 애저 머신러닝의 파이썬 SDK를 활용하여 머신러닝 모델을 빠르게 구축하고, 더 나아가 대규모 모델도 쉽게 처리할 수 있습니다. 두 번째는 머신러닝을 직접 코딩해본 적이 없는 사용자로, 이 경우 단 몇 번의 클릭만으로 AutoML을 수행하는 시각적 인터페이스를 제공하는 애저 머신러닝 스튜디오[4]가 좋은 수단이 될 수 있습니다.

- IBM 왓슨 스튜디오 AutoAI[5]는 AI 생애 주기의 네 단계(데이터 준비, 피처 엔지니어링, 모델 개발, 하이퍼파라미터 튜닝)를 자동화합니다. 이 도구를 사용하면 단 한 번의 클릭만으로도, 모델의 전체 생애 주기 및 배포를 관리할 수 있습니다.

---

1 `https://cloud.google.com/automl`
2 `https://aws.amazon.com/sagemaker/autopilot/`
3 `http://mng.bz/aDEm`
4 `https://ml.azure.com`
5 `https://www.ibm.com/cloud/watson-studio/autoai`

방금 언급한 플랫폼 외에도, 데이터로봇[DataRobot], 포패러다임[4Paradigm], H20.ai, 피처랩스[Feature Labs], 다윈ML[DarwinML] 등 여러 스타트업에서도 다양한 노력을 기울이고 있습니다(표 9-2). 앞으로도 AutoML은 점점 더 많은 제품에서 계속 사용되어 그 이점을 보여줄 것이며, 다양한 산업에 분야에서 사용할 수 있도록 ML 기술을 대중화하는 기여할 것으로 전망됩니다.

표 9-2 선별된 상업용 AutoML 플랫폼

회사	상품	고객
구글	구글 클라우드 AutoML	디즈니, ZSL, URBN
아마존	아마존 세이지메이커 Autopilot	아마존 AWS
마이크로소프트	마이크로소프트 애저 AutoML	애저 머신러닝, 파워 BI, 그 밖의 마이크로소프트 상품
IBM	IBM 왓슨 스튜디오 AutoAI	IBM 클라우드
데이터로봇	기업용 AI 플랫폼 DataRobot	스노우플레이크, 렐시오(Reltio), 알터릭스(Alteryx), AWS, 데이터브릭스
포패러다임	AutoML 플랫폼 4Paradigm	뱅크오브차이나(Bank of China), PICC, 지후(Zhihu)
H2O.ai	AutoML 플랫폼 H2O	AWS, 데이터브릭스, IBM, 엔비디아
피처랩스	AutoML 플랫폼 Feature Labs	나사, 몬산토(Monsanto), 콜스(Kohl's)
다윈ML	AutoML 플랫폼 DarwinML	인텔리전스 큐빅(Intelligence Qubic)

9.3 AutoML의 미래 과제

아직 초기 단계에 있는 AutoML에는 가능성과 한계가 많이 있습니다. 이 절은 AutoML 분야의 현재 주요 도전 과제에 대한 생각을 공유하고, 그 해결 방향에 대해 이야기해봅니다.

9.3.1 AutoML의 성능 측정

AutoML을 수행하기에 앞서, AutoML의 성능을 측정하는 목적 함수/평가 지표를 명확히 해야 합니다. 이 책에서는 이미지 분류에서와 같이, AutoML 알고리즘이 발견한 모델의 좋은 정도를 평가하는 데 있어 정확도라는 평가 지표를 주로 사용했습니다. 하지만 AutoML은 단순히 모델의 정확도를 개선하기 위한것 만은 아닙니다. 실제로 AutoML을 적용할 때는 여러 가지 평가 지표를 고려해야 할 수 있습니다. 가령 에지 장치에 배포하려면, 모델 크기가 작거나 (메모리 제한) 학습/추론 속도를 높여야 할 수 있겠죠. 이 경우에는 검색 과정에서 초당 부동소수점 연산(FLOPS)과 같은 복잡성에 대한 척도를 고려할 수 있습니다. 또 다른 예로, 단순히 정확한 예측을 제공하는 것이 아니라 해석 가능성과 설득력이 높은 결과를 생성할 수 있는 모델이 필요할 수 있을 것입니다. 이는 해석 가능성과 투명성이 매우 중요한 의료 분야에서 매우 흔합니다. 도덕과 윤리 또한 데이터 프라이버시와 머신러닝 모델의 예측 공정성의 중요성을 지적하며, 이런 목적의 강화를 위해 연합 학습이 포함된 AutoML과 같은 새로운 연구 방향을 제시합니다. 사용해야 할 정확한 목적 함수/평가 지표는 사례별로 다르기 때문에, 이상적인 AutoML 시스템은 이러한 작업별 요구 사항을 고려할 수 있어야 합니다. 또한 다양한 AutoML 알고리즘을 잘 벤치마킹하여 머신러닝에 대한 배경지식이 없는 사용자도 가장 적합한 알고리즘을 쉽게 선택할 수 있도록 지원할 수 있어야 합니다.

9.3.2 자원 복잡성

자원 소비는 오늘날 AutoML 분야의 가장 큰 과제입니다. 데이터셋과 머신러닝 모델의 규모가 점점 더 커짐에 따라, 최종 사용자가 머신러닝 모델을 설계하고 튜닝하기 위해 AutoML을 직접 도입하는 것이 점점 더 어려워지고 있습니다. 제한된 자원 때문에, 적은 자원으로 얻을 수 있는 결과로 만족해야 하는 경우가 많죠. 최근 연구는 반복적인 튜닝 과정을 피하는 원샷one-shot 튜닝 기법을 제안하는 등 일부 진전을 이루어 내고 있습니다. 하지만 머신러닝 알고리즘 및 하드웨어 설계 관점에서 볼 때, 모두 AutoML 처리 시간과 공간의 복잡성을 줄이기 위해 여전히 많은 연구가 진행되어야 합니다.

9.3.3 해석 가능성과 투명성

AutoML은 궁극적으로 사용자를 위한 편리한 사용성과 부담을 덜어주는 것을 목표로 해야합니다. 즉 AutoML 시스템은 인간 중심적이어야 하며, 사용자가 여러 방식으로 검색 과정에 참여할 수 있어야 한다는 것을 의미합니다. 먼저, AutoML 시스템이 제공하는 결과를 해석할 수 있어야 사용자가 그 효과를 확신하고, 도메인별 AutoML 솔루션의 채택 신뢰도를 높일 수 있습니다. 그리고 사용자가 탐색 공간이나 목적 함수를 조정하여 검색 과정을 가속할 수 있어야 합니다. 이를 위해서는 가시성^{visibility}이 필요합니다. 마지막으로, 사용자가 검색 과정을 더 잘 이해하고, 데이터 프라이버시가 보호되며, 공정한 예측을 위해 투명한 검색 방법이 필요합니다. AutoML의 해석 가능성과 투명성을 보장하려면 다양한 머신러닝 파이프라인과 AutoML 검색 기법에 대한 깊은 이론적 이해가 필요합니다.

9.3.4 재현성과 견고함

머신러닝의 재현성 및 머신러닝 모델의 견고함은 머신러닝 분야에서 꽤나 뜨거운 주제입니다. AutoML 시스템은 여러 머신러닝 파이프라인의 학습을 제어할 뿐만 아니라, 검색 알고리즘을 제어하는 여러 '하이퍼파라미터'를 포함하기 때문에, 이 주제는 AutoML에서도 중요하며 더욱 까다롭습니다. 시드를 약간만 바꾸더라도 단일 머신러닝 파이프라인의 학습 결과에 큰 차이가 발생할 수 있으며, 하이퍼파라미터 샘플링과 검색 알고리즘 갱신에 큰 편차를 초래할 수도 있습니다. 또한 머신러닝, 특히 딥러닝 모델은 적대적인 예시와 인간의 지각 교란$^{human\ imperception\ perturbations}$에 취약합니다. 머신러닝 모델의 학습과 평가의 견고함, 하이퍼파라미터 샘플링 및 검색 알고리즘 갱신의 견고함을 보장하는 것은 AutoML 시스템을 보호하는 데 필수 요소입니다.

9.3.5 일반화 가능성과 전이 가능성

현실적인 AutoML 과정에는 여러 데이터셋과 여러 작업이 필요할 수 있습니다. 사람이 설계한 모델이 다른 데이터셋에도 적용되거나, 다양한 작업으로도 전이될 수 있습니다. 또한 AutoML 솔루션은 다른 머신러닝이 적용될 수 있는 상황에도 일반화될 수 있는 것을 기대할 수 있습니다. 한편 사람이 지식과 경험을 축적하는 것처럼, 이전 AutoML 작업에서 학습한 메타 지식을 기억하고 새로운 작업에 적용할 수 있는 평생 학습 능력 갖추는 것도 기대할 수 있습니다.

9.3.6 대중화 및 상품화

AutoML은 특히 머신러닝의 전문성이 약한 사용자에게, 고급 머신러닝 기술을 대중화하는 데 중요한 역할을 합니다. 오픈 소스 커뮤니티에서 사용이 쉬운 AutoML 솔루션을 개발하는 데 많은 노력을 기울이고 있지만, 대부분 도구의 사용법을 익히는 데는 큰 노력이 필요하며, 머신러닝 지식 및 AutoML 시스템을 미리 이해하고 있어야 합니다. 또한 모든 상황에 적용될 수 있는 범용적인 탐색 공간에서 AutoML 솔루션을 생성하는 것은 사실상 비현실적이기 때문에, 일반적이지 않은 머신러닝 작업을 처리하는 데에도 AutoML 기법을 도입하기 위해 추가적인 수동 데이터 전처리 및 도메인별 특화된 탐색 공간을 설계해야 하는 경우가 많습니다. 또한 AutoML 솔루션을 상용 및 상품화하려면, 보다 최적화된 시스템 설계도 필요합니다. 이를 배포하는 것은 수동으로 설계하고 튜닝하는 기존 머신러닝을 채택하는 것보다 훨씬 더 복잡할 수 있습니다.

9.4 빠르게 변하는 분야에서 최신 상태 유지하기

빠르게 변하는 AutoML 분야를 따라잡을 수 있도록, 이 절은 AutoML 기술의 최근 발전을 추적하고 배우는 데 유용한 몇 가지 자료를 제시합니다. 여러 연구실과 개인 연구자들은 사설 웹사이트나 깃허브에서 AutoML 도구 및 논문의 최신 발전 상황을 조사하고 정리하고 있습니다. 따라서 그런 웹사이트 몇 개로부터 시작해보는 게 좋습니다(현재까지 주기적으로 갱신되고 있는 것 위주로). 다음 자료를 참조하여 AutoML 연구의 최신 동향을 빠르게 검색할 수 있습니다.

- 프랭크 허터 Frank Hutter와 마리우스 린다우어 Marius Lindauer 교수가 이끄는 프라이부르크 대학교의 AutoML 연구실 웹사이트가 있습니다.[6] AutoML 연구실에서 진행한 프로젝트 외에도, 신경망 구조 탐색 neural architecture search(NAS)을 기반으로 한 AutoML 논문 및 자료를 큐레이션해서 제공합니다.
- 마크 린 박사 Dr. Mark Lin의 깃허브는 AutoML 관련 논문 외에도 다양한 자료를 큐레이션해서 제공합니다.[7]
- 웨인 웨이 Wayne Wei의 깃허브는 AutoML 관련 문헌 및 도구를 큐레이션해서 제공합니다.[8]

---

6 https://www.automl.org
7 https://github.com/hibayesian/awesome-automl-papers
8 https://github.com/windmaple/awesome-AutoML

나열된 웹사이트 외에도, 최신 AutoML 논문 또는 실제로 적용할 수 있는 코드를 통해 최신 상태를 유지하는 데 다음 웹사이트를 참고하길 바랍니다.

- 아카이브[arXiv][9]는 과학 연구 논문을 위한 개방형 견본 인쇄 서버입니다. 머신러닝 커뮤니티의 연구자들은 그들의 발견과 아이디어를, 실제 논문으로 출판되기 전 아카이브에 견본을 공개합니다. 이 웹사이트에 올라오는 수많은 논문을 지켜보고 있는 것만으로도 압도되긴 하지만, AutoML 분야의 새로운 발견을 추적할 수 있기 때문에 매우 유용합니다.
- 페이퍼스 위드 코드[Papers with Code][10]는 머신러닝에 대한 오픈 소스 코드(저장소)와 논문을 묶어서 큐레이션합니다. 최신 AutoML 논문뿐만 아니라, 코드와 데이터셋에 대한 예시 또한 함께 찾아볼 수 있습니다.
- 캐글[Kaggle][11]은 데이터 과학 및 머신러닝 전문가를 위한 온라인 커뮤니티로, 데이터셋 공유와 머신러닝 모델을 활용해 데이터 문제를 해결하며 실력을 향상시킬 수 있는 경연 대회를 주최합니다. 이 경연 대회에 참가하면, 다른 참가자들의 머신러닝이나 AutoML 솔루션을 배워서 머신러닝 모델과 AutoML 기법을 깊게 이해할 수 있습니다.

AutoML이 등장한 시기는 오래되지 않았습니다. 하지만 의심할 여지 없이 생성형 AI[general AI]를 향한 중요한 단계임이 틀림없습니다. 장기적으로 볼 때 모든 머신러닝 문제를 완전히 자동화할 수 있겠지만, 근 미래에 실현될 가능성은 매우 낮습니다. AutoML에 대한 기대가 부풀려져 이미 정점에 도달했을지도 모르며, 생성형 AI로 가는 길에는 여전히 많은 과제가 남아있습니다. 다양한 분야의 연구자, 개발자, 실무자의 참여에 따라 이 발전은 크게 좌우될 것입니다. 평생 연구해야 할지도 모를 AutoML을 배워 끊임없이 질문하며 개발하는 여정을 꾸준히 이어나가길 바랍니다. 한편, 몇몇 사람들은 인공지능의 대중화는 인공지능 에이전트가 인간 전문가를 대체하여 인간을 쓸모없게 만들 수 있다고 생각합니다. 하지만 연구자들은 기계가 인간의 지혜를 완전히 초월할 수 없으며 인간과 함께 배우면서 성장할 것이라고 말합니다. 결국 우리는 현재 아는 것을 바탕으로 미래에 어떤 일이 일어날지 상상하는 것뿐입니다. 그러나 과거의 사람들이 미래를 어떻게 상상했는지 생각해보면, 오늘날 현실은 과거의 상상을 뛰어넘는 기술 발전 속도를 경험하고 있다는 사실을 발견하게 됩니다.

---

9 https://arxiv.org
10 https://paperswithcode.com
11 https://kaggle.com

요약

- 이 장은 지금까지 배운 핵심 개념을 요약했습니다. AutoML에 대한 지식과 AutoKeras 및 KerasTuner로 그 지식을 적용하는 방법을 배웠습니다. 머신러닝을 AutoML 관점에서 엿볼 수 있었길 바랍니다.

- 점점 더 많아지고 있는 오픈 소스 및 상용 AutoML 도구와 함께 이 분야에 대한 연구가 활발히 진행되고 있습니다. 이런 도구들은 다양한 연구 분야와 산업에 머신러닝을 적용하고 대중화하는 데 큰 역할을 하고 있습니다.

- AutoML은 여전히 초기 단계이므로, 가능성과 한계가 많은 분야입니다. 이 장에서 제공한 자료를 통해 이 분야를 계속 탐구하고 AutoML의 신비로움을 이해하기 위한 노력을 멈추지 않길 바랍니다.

코드 실행을 위한
환경 설정

부록 A는 이 책의 예제 코드를 실행하기 위한 환경을 설정하는 방법을 다룹니다. 모든 코드는 주피터 노트북용 스크립트 또는 노트북 그 자체로 제공됩니다. 주피터 노트북[1]은 머신러닝 및 데이터 과학 커뮤니티가 널리 사용하는 오픈 소스 웹 애플리케이션으로, 대화형 방식으로 파이썬을 비롯한 다양한 언어로 코드의 설계, 데이터의 처리 및 시각화, 문서화를 할 수 있게 해줍니다. 명령줄 또는 파이참^{PyCharm}과 같은 IDE 환경에서 파이썬 스크립트를 실행하는 것보다 사용성이 쉽고 편리합니다.

이 책이 제공하는 깃허브[2]에서 다운로드하는 스크립트는 다음 두 가지 환경에서 실행할 수 있습니다.

- 구글 코랩, AWS의 EC2와 같은 온라인 서비스나 플랫폼
- 로컬 워크스테이션에 설치된 주피터 노트북

필자는 개인적으로 구글 코랩을 사용하는 것을 추천합니다. 그 이유는 어렵지 않게 시작할 수 있으며, 머신러닝에 대한 실험도 간단히 수행할 수 있기 때문입니다. 또한 무료 하드웨어 자원(CPU 및 GPU)을 제공하여, 특히 딥러닝에 대한 실험을 쉽고 빠르게 해볼 수 있습니다.

먼저 구글 코랩 환경을 설정하는 방법을 살펴보고, 그다음 노트북을 생성하고 실행하는 기본적인 조작 방식을 알아봅니다. 그리고 이 책이 제공하는 주피터 노트북을 실행하는 데 필요한 추가 패키지를 설치하는 방법과 더불어 런타임을 설정하는 방법도 다룹니다. 마지막에는 좀 더 유연하게 코드를 실행할 수 있는 로컬 워크스테이션에 환경을 구성하는 방법도 함께 살펴봅니다.

A.1 구글 코랩 시작하기

구글 코랩은 머신러닝에 대한 실험에 사용되는 주피터 노트북을 무료로 사용할 수 있는 환경을 제공합니다. 내부적으로는 클라우드가 모든 것을 처리하기 때문에, 별도의 설치 과정이 전혀 필요 없죠. 또한 텐서플로와 같이 머신러닝에 필요한 대부분의 패키지가 설치된 기본 환경이 제공되며, 제한적이지만 무료로 GPU를 사용할 수도 있습니다.

---

1 https://jupyter.org
2 https://github.com/datamllab/automl-in-action-notebooks

> **NOTE_** 그래픽 처리 장치로도 알려진 GPU는 그래픽과 수학 연산을 효율적으로 처리하는 데 사용되는 단일칩 프로세서single-chip processor입니다. GPU는 CPU보다 빠르고 효율적이기 때문에, 머신러닝 모델을 학습시키는 데 안성맞춤인 하드웨어 장치입니다.

코랩을 시작하려면 `http://colab.research.google.com`에 접속합니다. 그러면 다음 두 가지 선택지가 주어지는 것을 확인할 수 있습니다.

- 'NEW NOTEBOOK'[3]을 클릭해서 자신만의 신규 스크립트 생성하기
- 로컬 파일 업로드 또는 깃허브의 특정 저장소 내 이미 존재하는 스크립트를 불러오기

'NEW NOTEBOOK'을 클릭하면(그림 A-1) 파이썬 3 환경의 신규 노트북이 생성됩니다.

그림 A-1 'NEW NOTEBOOK'을 클릭하여 구글 코랩에서 신규 노트북 생성하기

이 책의 모든 코드는 깃허브의 저장소로 제공되므로 [그림 A-2]처럼 'GitHub' 탭을 클릭하여 특정 저장소 내 노트북을 직접 불러올 수도 있습니다.

이 책이 제공하는 저장소 URL[4]을 입력하고 엔터 키를 누릅니다(그림 A-3).

---

3 옮긴이_접속 지역에 따라 한글 또는 영문으로 표기됩니다. 스크린샷은 영문 기준입니다.
4 `https://github.com/datamllab/automlin-action-notebooks`

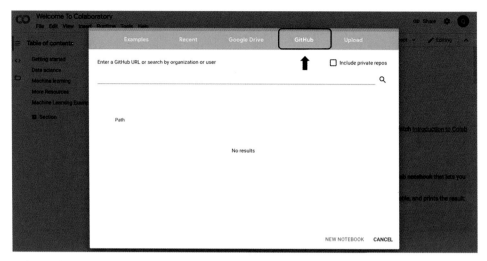

그림 A-2 메뉴 바에서 'GitHub'을 선택하여 주피터 노트북 불러오기

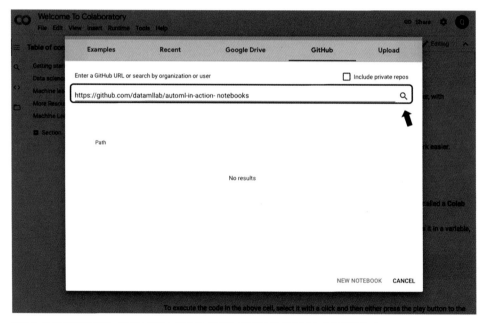

그림 A-3 책에서 제공하는 깃허브 저장소 URL을 입력한 뒤 검색 아이콘(돋보기)을 클릭하기

그러면 'Repository(저장소)'란이 datamllab/automl-in-action-notebooks, 'Branch(브랜치)'란이 master로 설정되는 것을 확인할 수 있습니다. 그리고 그 하단에는 해당 저장소에 담긴 모든 주피터 노트북의 목록이 나열됩니다(그림 A-4).

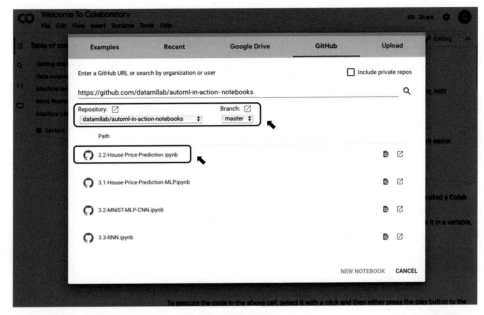

그림 A-4 책에서 제공하는 깃허브 저장소 내 노트북 목록 확인하기

그중 첫 번째 주피터 노트북인 2.2-House-Price-Prediction.ipynb를 선택합니다(그림 A-4 하단의 네모 박스 쳐진 부분). 그러면, 코랩은 노트북을 실행할 수 있도록 CPU로 설정된 파이썬 3 환경을 자동으로 구성합니다.

A.1.1 구글 코랩의 기본 작업

노트북 내 보이는 코드 또는 텍스트 덩어리들을 셀^{cell}이라고 합니다. 존재하는 셀에 담긴 코드나 텍스트를 더블 클릭하면 직접 수정할 수도 있습니다. 그리고 셀을 실행하고 싶다면 [Shift]+[Enter] 키를 누르거나, 셀 좌측의 삼각형 모양의 버튼을 클릭합니다(그림 A-6).

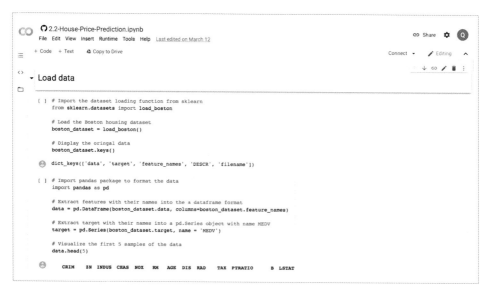

그림 A-5 불러온 2.2-House-Price-Prediction.ipynb 스크립트

그림 A-6 삼각형 버튼을 클릭하여 셀 내 코드 실행하기

실행 가능한 파이썬 코드를 담은 신규 셀을 추가하고 싶다면, 툴바에 위치한 '+Code'를 클릭합니다. 가령 넘파이 패키지를 불러오고, `numpy.ndarray` 객체를 생성하는 파이썬 코드 셀을 추가한 뒤 각각의 셀을 실행할 수 있습니다(그림 A-7). 또한 마크다운 문법을 허용하는 텍스트 셀도 생성할 수 있습니다. 텍스트 셀은 툴바에 위치한 '+Text'를 클릭하여 추가할 수 있습니다(그림 A-8).

그림 A-7 코드 셀을 생성하고 실행하기

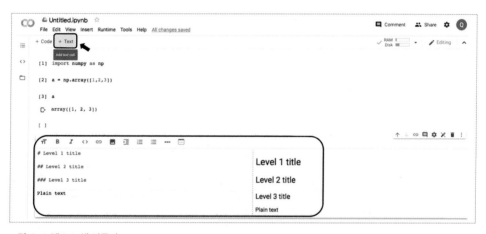

그림 A-8 텍스트 셀 만들기

원하는 셀을 선택한 다음, 선택한 셀의 우측 상단 모서리에 마우스를 가져다 대면 셀 단위의 툴바가 나타나는 것을 확인할 수 있습니다. 이 툴바는 셀을 삭제하고, 복사하고, 위치 이동하는 등의 다양한 작업을 할 수 있게 해줍니다(그림 A-9).

A.1.2 패키지 및 하드웨어 설정

구글 코랩의 기본 환경은 이 책을 실습하는 데 필요한 대부분의 라이브러리(넘파이, 판다스, 텐서플로 등)를 포함합니다. 따라서 이와 같은 라이브러리(패키지)들을 신규 환경을 만들 때마다 설치할 필요가 없습니다. 하지만 AutoKeras 또는 KerasTuner와 같은, 기본 환경에 포함되지 않은 파이썬 패키지를 설치하고 싶다면 **pip** 명령어를 사용해야 합니다.

그림 A-9 셀이 지원하는 다른 종류의 작업을 위한 툴바

예를 들어 [그림 A-10]은 AutoKeras 패키지를 설치하는 방법을 보여줍니다. 코드 셀의 가장 앞에 붙은 느낌표(!)는 노트북 명령어 대신 셀 명령어로 코드를 실행하라는 지시문입니다.

그림 A-10 pip을 사용해 코랩 노트북 환경에 AutoKeras 패키지 설치하기

이 책의 코드를 실행하는 데 필요한 패키지 목록은 저장소 내 `requirements.txt` 파일[5]에 나열되어 있습니다. 스크립트를 실행하기에 앞서 모든 패키지를 설치해도 좋지만, 특정 코드 셀을 실행할 때 필요한 패키지를 그때마다 설치해도 상관없습니다. 'Runtime 〉 Change runtime type(런타임 〉 런타임 유형 변경)'을 선택하면 런타임을 변경하거나 하드웨어 옵션을 조정할 수 있습니다.

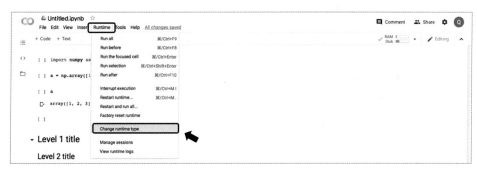

그림 A-11 런타임 및 하드웨어 설정하기

파이썬 또는 R 언어 중 하나를 선택하거나, 하드웨어 가속 장치의 유형(GPU, TPU, None[6]) 중 하나를 선택할 수 있습니다(그림 A-12).

여기까지 코랩을 설정하는 데 필요한 모든 내용을 살펴봤습니다. 다음은 로컬 워크스테이션에 주피터 노트북을 설치하는 방법을 다룹니다.

A.2 로컬 우분투 시스템에 주피터 노트북 환경 설정

이번에는 이 책이 제공하는 스크립트를 로컬 또는 우분트/데비안 시스템에서 실행하기 위해 주피터 노트북 환경을 구성하는 방법을 살펴보겠습니다.

- 파이썬 3을 설치합니다. 파이썬 2는 더 이상 사용하지 않으며, 파이썬 소프트웨어 재단^{Python Software} ^{Foundation}에서도 더 이상 지원하지 않기 때문에 파이썬 3을 사용하는 것을 권장합니다.

---

5 http://mng.bz/QWZ6
6 기본으로 선택되는 None은 CPU 환경을 의미합니다.

- venv 명령어로 파이썬 3 기반의 가상 환경을 생성합니다. 가상 환경은 가상 개발 환경을 더욱 쉽고 간결하게 관리할 수 있도록 해줍니다.
- 이 책이 제공하는 저장소를 복제한 다음 주피터 및 AutoKeras 등 필요한 모든 파이썬 패키지를 설치합니다.
- 제공된 주피터 노트북으로 작업을 시작합니다.

그림 A-12 구글 코랩에서 GPU 사용하기

파이썬 3 환경을 설치하고 사용해본 경험이 있다고 가정하고 이어서 설명하겠습니다. 따라서 주피터 노트북을 실행하기 위한 가상 환경을 구성하는 것부터 다룹니다. 로컬 환경에 GPU를 설정하는 자세한 방법을 알고 싶다면 『케라스 창시자에게 배우는 딥러닝(개정 2판)』을 참고하기 바랍니다.

A.2.1 파이썬 3의 가상 환경 생성

venv를 사용해서 깨끗한 상태의 파이썬 3 환경을 생성하는 것이 좋습니다. 그러면 가상의 파이썬 개발 환경에서 코드를 실행할 수 있습니다. 이 가상 환경에 설치된 패키지들은 여러분이 시스템에 설치한 파이썬 패키지와는 별도로 격리 및 관리됩니다. 먼저 **venv** 명령어를 설치합니다.

```
$ sudo apt-get install python3-venv
```

그다음 **automl**이라는 이름의 파이썬 3 환경을 생성합니다.

```
$ python3 -m venv ~/automl
```

파이썬 코드를 실행기 전 다음처럼 해당 가상 환경을 활성화합니다.

```
$ source ~/automl/bin/activate
(automl) ...$
```

설정이 완료되었다면, 명령줄 앞 단에 (automl)이라는 텍스트가 따라붙은 것을 알 수 있습니다. 이는 해당 이름의 가상 환경이 활성화되었음을 알리는 표시자입니다. 이때 deactivate 명령어를 실행하면 해당 가상 환경에서 빠져나올 수 있습니다.

A.2.2 필요한 파이썬 패키지 설치

가상 환경을 성공적으로 생성했다면 이제는 필요한 패키지를 설치할 차례입니다. 필요한 패키지 목록은 이 책이 제공하는 저장소 내 requirements.txt 파일에 나열되어 있습니다. 다음의 명령어들로 전체 저장소를 복제한 뒤 패키지를 설치합니다.

```
(automl) ...$ git clone https://github.com/datamllab/automl-in-action-notebooks.git
(automl) ...$ cd automl-in-action-notebooks
(automl) .../automl-in-action-notebooks$ pip install -r requirements.txt
```

주피터 노트북을 위한 패키지도 함께 포함되어 있습니다. 따라서 별도로 설치할 필요는 없습니다. 이 밖에 설치하고 싶은 패키지가 있다. pip 명령어를 사용하면 됩니다.

```
(automl) .../automl-in-action-notebooks$ pip install $원하는_패키지_이름
```

A.2.3 IPython 커널 설정

이제 주피터 노트북 애플리케이션을 포함해 모든 예제를 실행하는 데 필요한 패키지가 가상 환경에 설치됐습니다. 하지만 주피터 노트북을 곧 바로 사용하기에 앞서, 생성한 가상 환경을 주피터 노트북에 연결해야 합니다. 그래야 코드가 특정 파이썬 환경에서 실행될 수 있습니다. 다음처럼 가상 환경을 노트북 커널로 설치 및 등록합니다.

```
(automl) .../automl-in-action-notebooks$ ipython kernel install --user --name=automl
```

커널이란 노트북에 담긴 코드 셀을 실행하기 위한 계산 엔진^{computational engine}입니다. IPython 커널이 파이썬 코드를 실행하는 주체죠. 여러 커널을 필요에 따라 바꿔가며 사용할 수 있는데, 그러면 서로 다른 환경에서 코드를 실행하는 것이 가능합니다.

A.2.4 주피터 노트북으로 작업

주피터 노트북으로 작업하기 위한 주피터 노트북을 실행하는 방법은 다음과 같습니다.

```
(automl) .../automl-in-action-notebooks$ jupyter notebook
```

브라우저 윈도우 속에서 애플리케이션이 열립니다. 한편, 브라우저가 없는 원격 서버에서도 주피터 노트북을 실행할 수 있습니다. 이 경우 포트 번호를 --port 옵션을 통해 지정해야 합니다 (기본으로는 8888번 포트가 할당되어 있습니다). 그러면 원격 서버의 커널이 계산을 수행하지만, 해당 원격 서버에 접속한 로컬 브라우저에서 코드를 작성하는 것이 가능합니다.

```
(automl) .../automl-in-action-notebooks$ jupyter notebook --no-browser --port=XXXX
```

앞 명령어를 실행하면 [그림 A-13]과 같은 로그가 출력되는 것을 확인할 수 있습니다. 로그에 나온대로 http://localhost:8888에 접속하면 애플리케이션에 접근이 가능합니다. 하지만 주피터 노트북을 원격 저장소에서 실행하는 경우를 고려한 일반화된 URL은 'http://주피터_노트북_실행_기기의_IP주소:포트_번호'와 같습니다

```
(automl) qq@datalab3:~/test_book/automl-in-action-notebooks$ jupyter notebook
[I 09:23:09.955 NotebookApp] Serving notebooks from local directory: /home/qq/test_book/automl-in-action-notebooks
[I 09:23:09.955 NotebookApp] Jupyter Notebook 6.1.4 is running at:
[I 09:23:09.955 NotebookApp] http://localhost:8888/    ←
[I 09:23:09.956 NotebookApp] Use Control-C to stop this server and shut down all kernels (twice to skip confirmation).
```

그림 A-13 명령줄에서 주피터 노트북 웹 애플리케이션의 URL 확인하기

주피터 노트북을 열고 나서 다운로드한 저장소의 폴더로 이동하면, 이 책이 제공하는 모든 노트북 목록을 확인할 수 있습니다(그림 A-14).

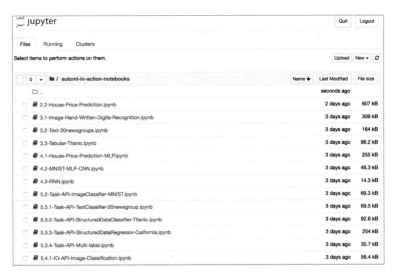

그림 A-14 주피터 노트북 웹 애플리케이션에서 노트북 목록 확인하기

그다음 원하는 노트북을 더블 클릭하여 열고, 커널을 앞서 생성한 가상환경(automl)으로 설정합니다(그림 A-15).

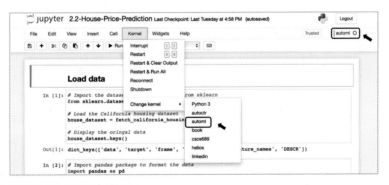

그림 A-15 주피터 노트북에서 커널 설정하기

선택된 커널은 우측 상단에 표시됩니다. 이제 원하는 대로 노트북을 수정하고 실행할 준비가 됐습니다. 또한 맥OS 환경에서는 [Cmd]+[Shift]+[P] 단축키를, 윈도우 환경에서는 [Ctrl]+[Shift]+[P] 단축키를 누르면 유용하게 사용할 수 있는 여러 단축키 목록을 확인할 수 있습니다.

부록 B

이미지, 텍스트,
정형 데이터 분류 예제

2장에서 우리는 정형 데이터에 대한 회귀 문제를 해결하기 위해 엔드투엔드 머신러닝 파이프라인을 구축하는 방법을 배웠습니다. 부록 B에서는 여러분이 머신러닝 파이프라인에 보다 더 익숙해질 수 있도록 세 가지 예제를 활용하여 설명하겠습니다. 특히 고전적인 머신러닝 문제와 함께 이미지, 텍스트, 정형 데이터에 대한 분류 문제를 다양하게 다룹니다. 이러한 유형의 데이터에 맞는 전처리 기법에 대한 사용 방법을 배웁니다. 또한 AutoML 기법을 사용하여 문제들이 어떻게 해결되는지를 확인할 수 있어, 부록 B를 보고 2부를 다시 읽어봐도 좋습니다.

B.1 이미지 분류: 손 글씨 숫자 인식

첫 번째로 다룰 문제는 이미지 내 손 글씨 숫자를 인식하는 것입니다. 2장에서 소개한 머신러닝 파이프라인을 구축하는 흐름을 따라가며, 문제를 정의하고 데이터셋을 준비해봅시다.

B.1.1 문제 정의 및 데이터 준비

각 이미지에서는 0부터 9까지의 정수만 표현한다고 가정하기 때문에, 이 문제는 분류 문제입니다. 따라서 숫자를 인식한다는 것은 결국, 이미지를 올바른 숫자의 범주(0~9)로 분류한다는 것과 같은 말입니다. 또한 이러한 문제를 다중 클래스 분류 문제라고도 합니다. 두 가지 이상의 숫자 유형이 존재하기 때문이죠. 분류해야 할 범주가 두 개뿐이라면, 이때는 이진 분류 문제라고 합니다.

우리가 다룰 데이터는 사이킷런 라이브러리가 제공하는 데이터셋으로, 8×8 크기의 손 글씨 숫자 이미지 1,797장으로 구성되어 있습니다. 그리고 이 데이터는 다음 코드처럼 사이킷런의 `load_digits()` 함수로 불러올 수 있습니다. 이 함수를 호출하면 이미지와 각 이미지에 대응하는 레이블이 함께 반환됩니다.

코드 B-1 숫자 데이터셋 불러오기

```
from sklearn.datasets import load_digits
digits = load_digits()        ←┐ 숫자 데이터셋 불러오기
images, labels = digits.images, digits.target        ←┐ 이미지와 각 이미지에 대응하는
                                                        레이블(타깃)을 개별적으로 저장하기
```

불러온 데이터에는 1,797장의 이미지가 1797×8×8 형상의 3차원 배열에 담겨 있습니다. 이 배열의 각 요소는 0~16 사이의 정숫값을 가집니다. 이는 이미지를 구성하는 픽셀값을 의미합니다. 또한 두 번째와 세 번째 차원은 각각 이미지의 높이와 너비를 표현하고 있습니다.

```
>>> images.shape, labels.shape
((1797, 8, 8), (1797,))
```

보통 실전에서 다뤄지는 이미지들은 서로 다른 크기와 해상도를 가지기 때문에, 이들을 모두 균일하게 맞추기 위한 잘라내기 및 크기의 재조정 같은 연산이 필요합니다. 다만, 이 예제가 다루는 데이터셋은 이미 이 작업이 완료된 이미지가 제공된 것으로, 곧 바로 머신러닝 모델을 학습시키는 데 사용될 수 있습니다. 다만 그 전에 몇 가지 탐색적 데이터 분석exploratory data analysis(EDA)을 해보겠습니다.

B.1.2 데이터 탐색 및 준비

[코드 B-2]는 20개의 샘플 데이터를 시각화하여 보여줍니다. 이렇게 하면, 데이터의 생김새에 대한 감을 잡을 수 있죠. [코드 B-2]를 실행하면 [그림 B-1]와 같이 20개의 이미지가 출력되는 것을 알 수 있습니다.

코드 B-2 20개의 숫자 이미지와 각 이미지에 대응하는 레이블 시각화하기

```
import matplotlib
import matplotlib.pyplot as plt

n = 20
_, axes = plt.subplots(2, 10, figsize=(10, 2))   ◁── 2×10 레이아웃에 20개의
                                                      부분 플롯을 가진 그림을 생성하기
plt.tight_layout()   ◁──┤ 부분 플롯을 감싸는 패딩과 부분 플롯 간의 패딩을 자동으로 조정하기
for i in range(n):   ◁──┤ 처음 20개의 숫자 이미지를 그리기
    row, col = i // 10, i % 10
    axes[row, col].set_axis_off()
    axes[row, col].imshow(images[i,], cmap=plt.cm.gray_r,
        interpolation='nearest')
    axes[row, col].set_title('Label: %i' % labels[i])
```

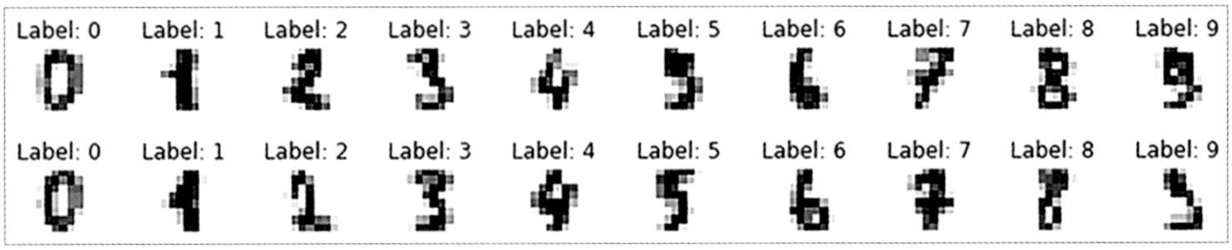

그림 B-1 20개의 숫자 이미지와 각 이미지에 대응하는 레이블의 시각화

많은 분류 알고리즘은 2차원 이미지에 곧바로 적용할 수 없습니다. 따라서 다음 코드처럼 각 이미지를 벡터 형상(1차원)으로 바꿔줄 필요가 있습니다. 이렇게 변형된 데이터는 1794×64 형상의 2차원 배열이 되며, 행마다 이미지를 표현하는 벡터가 담겨 있습니다.

```
>>> n_samples = len(digits.images)
>>> X = digits.images.reshape((n_samples, -1))
>>> X.shape
(1797, 64)
```

변형된 데이터는 2장에서 다룬 정형 데이터의 형식과 유사해 보입니다. 다만 캘리포니아 주택 문제에서는 8개의 피처가 있었다면, 이미지는 64개의 피처를 가지고 있다는 점이 다르죠. 피처가 많을수록, 더 많은 계산 자원과 더 많은 시간이 학습에 할애되어야만 합니다. 또한 피처가 많을수록, 머신러닝 모델이 데이터에서 유용한 분류 패턴을 추출하기가 어려워집니다. 이 같은 문제를 다루기 위한 다양한 피처 엔지니어링 기법이 제안되었는데, 그중 하나를 다음 절에서 살펴봅니다.

B.1.3 주성분 분석을 사용한 피처 압축

피처를 가공하기에 앞서, 다음처럼 먼저 최종 테스트를 위해 20%의 데이터를 따로 빼놓겠습니다. 학습용 데이터에 대해 과적합될 가능성을 낮추는 데 도움을 줄 수 있습니다.

```
>>> from sklearn.model_selection import train_test_split
>>> X_train, X_test, y_train, y_test = train_test_split(
...          X, labels, test_size=0.2, shuffle=False)
>>> X_train.shape, X_test.shape
((1437, 64), (360, 64))
```

데이터 내 피처의 개수를 줄이는 자연스러운 방법은 특정 비율에 따라 피처를 선택하는 것입니다. 하지만 이미지의 경우, 피처(픽셀들)마다 특별한 의미가 있지 않아서 그중 선택해야 할 피처를 선별하기 어렵습니다. 또한 일부 피처를 무턱대고 고른다면, 이미지가 손상되어 분류 알고리즘의 성능에 지대한 영향을 미칠 수도 있습니다. 예를 들어 숫자가 이미지의 왼쪽 또는 오른쪽에 나타날 수 있다고 가정해보죠. 어느 쪽에 표시되든 같은 숫자의 레이블입니다. 하지만 모든 이미지의 왼쪽 절반을 제거한다면, 일부 이미지에서는 더 이상 숫자가 포함되지 않아서 분류에 쓰일 중요한 정보가 소실되어 버립니다.

가능한 정보의 손실을 최소화하면서, 이미지의 피처 수를 줄이는 한 가지 고전적인 기법으로 주성분 분석principal component analysis(PCA)이 있습니다. 데이터를 타원체에 적합시켜 원본 피처들을 더 적은 수의 피처로 선형적인 변환을 시도하고 타원 축에 기반한 저차원 공간low dimensional space을 생성하는 기법입니다(그림 B-2). 축은 주성분이라고 하는 직교 벡터 집합에 의해 구성되는데, 이 주성분들을 통해 좌표 공간을 재정의하고 데이터점을 그 위에 표현할 수 있습니다. 각 데이터점의 좌표 값이 새로운 피처가 됩니다. 그래서 부분(하위) 공간을 형성하는 축들을 사용해 주성분 중 일부를 선택하면 차원을 축소할 수 있고, 그다음 데이터를 새로운 공간으로 투영할 수 있습니다. 부분(하위) 공간은 전체 데이터셋내 신규 피처들의 분산에 따라 선택됩니다. 분산은 [그림 B-2]의 타원체의 축들의 길이로 시각화될 수 있습니다. 데이터의 더 많은 정보를 보존하고 싶다면, 분산이 가장 큰 주성분을 선택합니다. 그리고 보존할 수 있는 전체 피처의 분산 정도에 따라 주성분의 개수를 선택합니다.

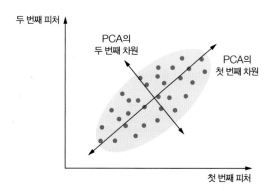

그림 B-2 PCA에 대한 묘사: 두 피처를 축으로 한 데이터점들에 대한 두 주성분

[그림 B-2]에서 우리가 선택한 주성분의 수가 원본 피처의 수와 동일한 경우, PCA 변환을 수

행하는 것은 좌표를 회전하고 두 주성분에 걸친 새 좌표계에 데이터를 매핑하는 것과 동일하다는 점을 알 수 있습니다. 하나의 주성분만 사용한다면 타원의 더 긴 축에 데이터를 투영할 것입니다(그림 B-2의 첫 번째 PCA 차원). 다음은 사이킷런으로 숫자 이미지에 대해서 10개의 피처를 선택하는 PCA를 구현한 방법을 보여줍니다.

코드 B-3 학습용 데이터에 PCA 적용하기

```
from sklearn.decomposition import PCA   ←┤ PCA 모델을 불러오기

n_components = 10                                    ┐ 학습용 데이터로
pca = PCA(n_components=n_components).fit(X_train) ←┤ 모델을 적합시키기

X_train_pca = pca.transform(X_train)   ←┤ 학습용 데이터를 저차원 공간으로 변형하기
```

학습용 데이터가 가진 원본 피처와 변환된 피처의 형상은 각각 (1437, 64)와 (1437, 10)입니다.

```
>>> X_train.shape, X_train_pca.shape
((1437, 64), (1437, 10))
```

PCA 모델을 적용하려면 타깃 레이블 없이 **X_train**만 입력하면 됩니다. 머신러닝 모델을 학습시키는 데 타깃을 제공해야 하는 지도 학습과는 다른 이 방식을 비지도 학습 unsupervised learning 이라고 합니다. 사람의 지도 없이(레이블 없이) 피처로부터 숨은 변환을 학습하거나 패턴을 찾는 것이 목적입니다. PCA와 같은 비지도 학습 모델은 EDA를 할 때 매우 유용합니다. 발견되지 않은 데이터의 패턴을 찾을 수 있게 해주기 때문이죠. 우리의 문제로 돌아가서 예를 들면 2개의 주성분으로 구성된 2차원 공간에 투영된 데이터를 생각해볼 수 있습니다. 이를 통해 색상과 레이블의 관계(패턴)를 시각화하면 [그림 B-3]과 같습니다.

```
plt.figure(figsize=(8, 6))

plt.scatter(X_train_pca[:, 0], X_train_pca[:, 1],
            c=y_train, edgecolor='none', alpha=0.5,
            cmap=plt.cm.get_cmap('Spectral', 10))
plt.xlabel('Component 1')
plt.ylabel('Component 2')
```

```
plt.title('PCA 2D Embedding')
plt.colorbar();
```

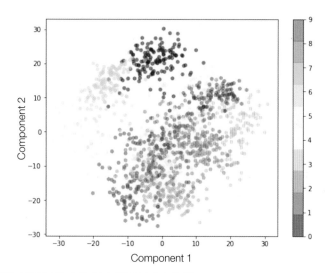

그림 B-3 PCA 변형 이후 학습용 데이터를 2차원 공간에서 시각화

[그림 B-3]의 시각화는 학습용 이미지들의 패턴을 군집화하여 보여줍니다. 즉 같은 범주의 숫자를 표현하는 이미지는 2차원 공간에서 더 가까이 위치하는 경향을 보입니다. 이렇게 피처를 압축했다면, 이제는 분류 알고리즘을 구축하기 위한 머신러닝 모델을 선택할 차례입니다.

B.1.4 서포트 벡터 머신을 사용한 분류

이번에는 가장 널리 사용되는 분류 모델 중 하나인 서포트 벡터 머신 support vector machine (SVM)과, 이 모델의 성능을 개선하기 위해 튜닝할 수 있는 두 하이퍼파라미터를 소개합니다. 가장 간단한 버전의 SVM은 두 범주를 분류하는 선형 SVM입니다. 가령 두 가지 피처를 가진 데이터가 있다고 가정해보죠. 선형 SVM 모델의 핵심은 데이터점들을 두 범주로 구분하는 선을 찾고, 선과 데이터들 사이의 여백을 최대화하는 것입니다. 여백의 경계에 위치한 데이터점(예. 그림 B-4(a)의 A와 B)은 여백의 두 경계선을 '지지 support'하고 있기 때문에 **서포트(지지) 벡터라고 부릅니다.** 두 범주를 즉시 분리할 수 있다면 같은 범주 내 모든 학습용 데이터가 같은 영역에 위치하는 것을 보장하는 선을 찾을 수 있습니다. 이 경우의 여백을 하드 마진 hard margin 이라고 합니다. 만약 그렇지 않으면 일부 데이터의 영역 침범을 허용할 수밖에 없는 소프트 마진soft margin만 얻을 수 있습니다. 이 허용 정도는 하이퍼파라미터 C에 의해 제어될 수 있습니다. 특히 이 하이퍼파라미터를 조정하는 게 유용한 상황은 두 범주가 거의 선형적으로 분리될 수 있는 경우입니다. 예를 들어 [그림 B-4(c)]처럼 C를 줄이면 허용 오차를 높이고 더 큰 마진을 얻을 수 있습니다.

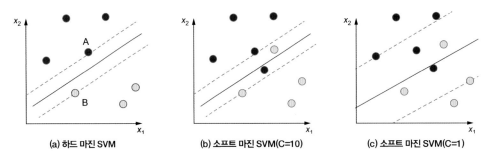

(a) 하드 마진 SVM   (b) 소프트 마진 SVM(C=10)   (c) 소프트 마진 SVM(C=1)

그림 B-4 하드 마진 SVM(a), 서로 다른 하이퍼파라미터 C 값이 설정된 소프트 마진 SVM(b와 c). C의 크기는 설명을 위해 함께 표기함

때로는 데이터셋을 선형적으로 분리할 수 없는 경우도 있는데(그림 B-5(a)), 이때는 비선형 SVM을 사용할 수 있습니다. 비선형 SVM의 핵심은 본래 피처를 고차원 피처 공간에 매핑하여 피처 수를 늘리고, 데이터점들이 선형적으로 더 잘 분리되도록 만드는 것입니다(그림 B-5(b)). 커널 트릭kernel trick이라는 수학 기법을 사용하면 암묵적으로 이 변환을 수행할 수 있습니다. 신규 피처를 명시적으로 생성하지 않고도, 커널 함수kernel function라는 함수를 적용해 신규 피처 공간에서 데이터점들 간의 유사도를 직접 계산하는 방식으로 SVM 알고리즘의 효율성을 크게 향상시킵니다.

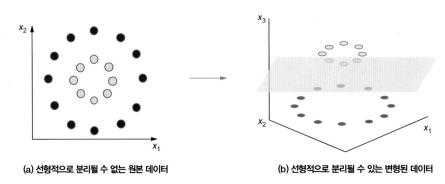

(a) 선형적으로 분리될 수 없는 원본 데이터   (b) 선형적으로 분리될 수 있는 변형된 데이터

그림 B-5 선형적으로 분리될 수 없는 2차원 데이터를 3차원 공간으로 매핑하면 선형적으로 될 수 있음

원래 SVM은 이진 분류를 위해 고안되었습니다. 일대일$^{\text{one-versus-one}}$(OvO) 전략이라는 일반적인 접근법을 사용하면, SVM을 다중 범주로 분류하는 문제까지 일반화할 수 있습니다. 이 전략은 전체 범주 중 두 범주만을 선택하여 이진 SVM 분류 모델을 구축하는 과정을 계속 반복합니다. 그러면 최종적으로 $\frac{c(c-1)}{2}$개의 분류 모델이 생성됩니다(c는 총 범주의 개수). 모든 이진 SVM 분류 모델은 현재 주어진 데이터를 해당 모델이 학습된 두 범주 중 하나로 분류하여 검증됩니다. 즉 모든 데이터가 $\frac{c(c-1)}{2}$번의 투표를 받는 셈이죠. 사이킷런에 구현되어 있는 다중 범주에 대한 선형 SVM 분류 모델은 다음처럼 사용할 수 있습니다.

코드 B-4 SVM 분류 모델을 구축하고 학습시키기

```
from sklearn.svm import SVC   ◁── SVM 분류 모델용 모듈을 불러오기
clf = SVC(kernel='linear', random_state=42)   ◁── 선형 커널을 가진 서포트 벡터 분류 모델을 생성하기
clf.fit(X_train, y_train)
```

앞 코드에서는 정확도 점수로 모델을 평가했습니다. 따라서 예측 정확도는 테스트용 데이터의 총 개수로, 올바르게 분류된 데이터의 개수를 나눈 것과 같습니다.

```
>>> from sklearn.metrics import accuracy_score
>>> y_pred_test = clf.predict(X_test)
>>> acc = accuracy_score(y_test, y_pred_test)
>>> print('Prediction accuracy: {:.2f} %'.format(acc * 100))
Prediction accuracy: 93.06 %
```

범주별로 올바른 예측과 올바르지 않은 예측의 횟수를 보여주는 오차 행렬$^{\text{confusion matrix}}$을 사용하면 분류 정확도를 보다 종합적으로 시각화할 수 있습니다.

```
>>> from sklearn.metrics import plot_confusion_matrix
>>> disp = plot_confusion_matrix(clf, X_test, y_test)
>>> disp.figure_.suptitle('Confusion Matrix (linear SVM classifier)')
>>> plt.show()
```

오차 행렬의 각 행은 정답 레이블을, 각 열은 모델이 예측한 레이블을 표현합니다. 가령 [그림 B-6]의 첫 번째 행은 정답 레이블 0을, 첫 번째 열은 모델이 예측한 레이블 0을 의미합니다. 행을 채운 각 요소는 해당 레이블이 매겨진 데이터를 모델이 예측해서 얻은 레이블의 횟수를 나타

냅니다. 따라서 각 행의 합은 테스트용 데이터셋 중 해당 레이블을 가진 총 데이터의 개수와 동일합니다. 한편 오차 행렬의 대각선은 각 범주별 올바르게 예측된 레이블의 개수를 나타냅니다. [그림 B-6]에서 만든 분류 모델은 레이블 3을 가진 이미지를 분류할 때 가장 나쁜 성능을 보이는 것을 알 수 있습니다. 정답 레이블 3의 이미지 중 6개를 레이블 8로 잘못 분류합니다.

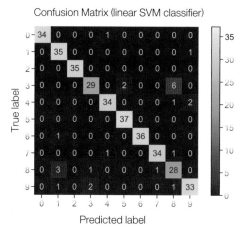

그림 B-6 선형 SVM 분류 모델에 대한 오차 행렬

F1-점수, 정밀도, 재현률 등 모델 평가에 일반적으로 사용되는 지표를 더 자세히 알고 싶다면 『케라스 창시자에게 배우는 딥러닝(개정 2판)』을 참고하기 바랍니다.

피처 엔지니어링을 위해 적용되는 PCA 및 분류를 위한 SVM을 구축하는 두 과정을 통합 파이프라인으로 만들면, 데이터 처리 및 하이퍼파라미터 튜닝을 더욱 편리하게 이용할 수 있습니다.

B.1.5 PCA와 SVM으로 데이터 처리 파이프라인 구축하기

사이킷런은 데이터를 처리하는 여러 가지 구성 요소를 순차적으로 조립할 수 있는 `Pipeline` 모듈을 제공합니다. 가령 두 구성 요소(PCA 및 SVM)를 갖는 파이프라인을 다음처럼 구축할 수 있습니다.

```
from sklearn.pipeline import Pipeline
image_clf = Pipeline([
    ('pca', PCA(n_components=10)),
    ('clf', SVC(kernel='linear', random_state=42)),])       이미지 분류 파이프라인을 구축하고
                                                            각 컴포넌트에 이름을 부여하기

image_clf.fit(X_train, y_train)       파이프라인을 학습시키기

y_pred_test = image_clf.predict(X_test)       파이프라인을 테스트하기
```

다음처럼 테스트용 데이터셋에 대해 정확도를 확인해보면 PCA 없이 SVM을 적용했을 때보다 더 낮은것을 알 수 있습니다.

```
>>> acc = accuracy_score(y_test, y_pred_test)
>>> print(f'The prediction accuracy: {acc * 100:.2f} %')
The prediction accuracy: 89.44 %
```

앞서 살펴본대로 PCA는 피처의 수를 줄여줍니다. 하지만 분류에 유용한 일부 중요한 정보를 제거할 수도 있고, 여기서도 그런 일이 발생했을 가능성이 높습니다. 데이터의 피처를 압축하는 PCA의 유용성을 부정할 수는 없지만, 항상 정확성과 단순함의 균형이 잘 맞도록 파이프라인을 설계해야 합니다.

그러면 PCA와 SVM 모델을 모두 튜닝하여 분류 정확도를 높이는 시도를 해봅시다.

B.1.6 파이프라인의 여러 구성 요소를 함께 튜닝하기

지금부터 보게 될 예제는 튜닝해야 할 하이퍼파라미터를 여러 개 가진 서로 다른 두 구성 요소로 사이킷런 파이프라인을 구축합니다. 가령 SVM 분류 모델에 대한 하이퍼파라미터 C와 커널 유형을 모두 튜닝할 대상으로 삼을 수 있습니다. 사이킷런으로 파이프라인을 튜닝하는 것은 단일 모델을 튜닝하는 것과 거의 같습니다. 다만, 탐색 공간의 하이퍼파라미터 이름이 정의되는 방식이 다를 뿐입니다. 파이프라인의 서로 다른 구성 요소에 대한 하이퍼파라미터를 구분하기 위해서, 각 하이퍼파라미터 이름에 접두사를 추가하는 식이죠(예: `ComponentName_Hyper-parameterName`). 그다음 전체 파이프라인에 하이퍼파라미터를 입력하여 모든 하이퍼파라미

터에 대한 그리드 탐색을 수행할 수 있습니다.

코드 B-6 3개의 하이퍼파라미터를 함께 튜닝하기

```
>>> from sklearn.model_selection import GridSearchCV
>>> from sklearn.metrics import make_scorer
>>> hps = {
...       'pca__n_components': [2, 5, 10, 20],
...       'clf__C': [0.05, 0.1, 0.2, 0.5, 1, 2, 3, 4, 5, 6, 7, 8, 9, 10, 15],
... }          ◁── 딕셔너리로 하이퍼파라미터 탐색 공간을 생성하기
>>> scoring_fnc = make_scorer(accuracy_score)     ◁── 성능 추정을 위한 점수 측정용 함수를 구성하기
>>> grid_search = GridSearchCV(estimator=image_clf,
...                            param_grid=hps,
...                            scoring=scoring_fnc,
...                            cv=3,
...                            verbose=5,        전체 파이프라인에 대해 3단 폴드 교차 검증의
...                            n_jobs=-1)   ◁──  그리드 탐색을 생성하기
                                                      최적의 모델을 찾기 위해
>>> grid_search = grid_search.fit(X_train, y_train)  ◁── 학습용 데이터를 그리드 탐색용 객체에
                                                      주입하여 적합시키기
Fitting 3 folds for each of 120 candidates, totalling 360 fits
[Parallel(n_jobs=-1)]: Using backend LokyBackend with 48 concurrent workers.
[Parallel(n_jobs=-1)]: Done 66 tasks ¦ elapsed: 1.5s
[Parallel(n_jobs=-1)]: Done 192 tasks ¦ elapsed: 2.1s
[Parallel(n_jobs=-1)]: Done 338 out of 360 ¦ elapsed: 3.0s remaining: 0.2s
[Parallel(n_jobs=-1)]: Done 360 out of 360 ¦ elapsed: 4.1s finished
```

그다음 최상의 하이퍼파라미터 조합을 출력하고, 최종 검증을 위해 해당 조합에 대한 파이프라인을 가져옵니다. 보다시피 이전 파이프라인이 달성한 것보다 훨씬 더 나은 결과를 얻었으며, 우리의 기대에 부합했습니다.

```
>>> grid_search.best_params_
>>> best_pipeline = grid_search.best_estimator_

>>> print('The best combination of hyperparameters is:')

>>> for hp_name in sorted(hps.keys()):
...     print('%s: %r' % (hp_name, grid_search.best_params_[hp_name]))
The best combination of hyperparameters is:
clf__C: 3
clf__kernel: 'rbf'
```

```
pca__n_components: 20
```

```
>>> y_pred_train = best_pipeline.predict(X_train)
>>> y_pred_test = best_pipeline.predict(X_test)

>>> train_acc = accuracy_score(y_train, y_pred_train)
>>> test_acc = accuracy_score(y_test, y_pred_test)
>>> print(f'Prediction accuracy on training set: {train_acc * 100:.2f} %')
>>> print(f'Prediction accuracy on test set: {test_acc * 100:.2f} %')

Prediction accuracy on training set: 99.93 %
Prediction accuracy on test set: 96.67 %
```

이 예제는 고전적인 이미지 분류 문제를 다뤘으며, 이를 통해 머신러닝 파이프라인의 서로 다른 구성 요소(모델)를 함께 쌓고 튜닝하는 방법을 배웠습니다. 이어지는 절에서는 머신러닝을 적용할 때 중요한 또 다른 유형의 데이터인 텍스트 데이터를 다루는 파이프라인을 튜닝합니다.

B.2 텍스트 분류: 뉴스 그룹의 주제 분류하기

이 절에서는 텍스트 데이터를 분류하는 예제를 다룹니다. 이미지 및 정형 데이터와는 달리, 텍스트 데이터를 다룰 때는 피처(단어) 간의 의미론적 의미와 의존성이 고려되어야 합니다. 우리가 사용할 데이터셋은 사이킷런으로 쉽게 얻을 수 있는 20 newsgroup[1] 데이터셋으로, 총 20개의 주제에 대해 18,846건의 뉴스 기사글이 포함되어 있습니다. 이 예제를 다루면서 여러분은 분류에 대해 통계적 원칙을 사용하는, 확률적 분류 모델의 사용을 위해 텍스트 데이터를 전처리하는 방법을 배우게 될 것입니다.

B.2.1 문제 정의 및 데이터 조합하기

평소처럼 문제를 정의하고 데이터셋을 조합하는 것부터 시작해보죠. 다음 코드에서 볼 수 있듯이 이번에 다룰 문제는 뉴스 기사를 20개의 서로 다른 주제로 분류하는 다중 클래스 분류 문제입니다. 따라서 우리의 목표는 모델 학습에 사용되지 않은 뉴스 기사의 주제를 예측하는 것

---

1 http://qwone.com/~jason/20Newsgroups/

입니다. 먼저 이 데이터는 사이킷런의 내장 함수 **fetch_20newsgroups**로 내려받을 수 있습니다. 그리고 이 함수는 사용의 편의성을 제공하기 위해 데이터를 학습용 및 테스트용으로 나누는 매개변수를 제공합니다.

코드 B-7 사이킷런 라이브러리로 20newsgroups 데이터셋 불러오기

```
from sklearn.datasets import fetch_20newsgroups

news_train = fetch_20newsgroups(subset='train',
  ➥ shuffle=True, random_state=42)          ◁┐  학습용 및 테스트용 데이터를
news_test = fetch_20newsgroups(subset='test',     따로 불러온 뒤 섞기
  ➥ shuffle=True, random_state=42)          ◁┘

doc_train, label_train = news_train.data,
  ➥ news_train.target                       ◁┐  텍스트 문서(기사)와 해당 문서에 대한
doc_test, label_test = news_test.data,            타깃 레이블을 별도로 저장하기
  ➥ news_test.target                        ◁┘
```

간단히 살펴보면 **doc_train**과 **doc_test**는 각각 11,314건과 7,532건의 문서로 구성된 리스트인 것을 알 수 있습니다.

```
>>> len(doc_train), len(doc_test)
(11314, 7532)
```

그러면 가공되지 않은 텍스트가 어떻게 생겼는지 살펴보겠습니다. 각 문서는 문자, 숫자, 구두점, 일부 특수 문자로 구성된 문자열로 구성되어 있는 것을 알 수 있습니다.

```
>>> type(doc_train[0]), doc_train[0]
(str, 'From: lerxst@wam.umd.edu (where's my thing)\nSubject : WHAT car is this!?\
nNntp-Posting-Host: rac3.wam.umd.edu\nOrganization: University of Maryland, College
Park\nLines: 15\n\n I was wondering if anyone out there could enlighten me on
this car I saw\nthe other day. It was a 2- door sports car, looked to be from the
late 60s/\nearly 70s. It was called a Bricklin. The doors were really small. In
addition,\nthe front bumper was separate from the rest of the body. This is \nall I
know. If anyone can tellme a model name, engine specs, years\nof production, where
this car is made, history, or whatever info you\nhave on this funky looking car,
please e-mail.\n\nThanks,\n- IL\n ---- brought to you by your neighborhood Lerxst
----\n\n\n\n\n')
```

가공되지 않은 텍스트를 머신러닝 모델에 즉시 입력할 수는 없습니다. 따라서 몇 가지 데이터 준비 작업이 필요합니다.

B.2.2 데이터 전처리 및 피처 엔지니어링하기

현재 우리가 가져온 텍스트 문서는 문자열로 기록되어 있기 때문에, 가장 먼저 해야 할 일은 문자열을 수치형 벡터로 변환하는 것입니다. 그래야지 머신러닝 알고리즘의 입력으로 활용될 수 있겠죠.

일반적으로 모든 단어, 특수 문자, 구두점은 텍스트 문서의 피처로 취급될 수 있습니다. 따라서 여러 문자 또는 여러 단어를 그룹화해서 하나의 피처('단어word' 또는 '용어term')로 취급해볼 수 있겠죠. 이런 피처들을 수치형으로 인코딩하는 직관적인 방법은 모든 문서에 등장하는 모든 고유 단어를 파악한 뒤, 각 문서를 고유 단어 수만큼의 길이를 가진 수치형 벡터로 변환하는 것입니다. 그러면 벡터의 각 요소에는 문서 내 해당 단어가 등장한 횟수를 기록할 수 있겠죠. 이런 변환 방식은 백오브워즈bag of words (BoW)로 잘 알려져 있습니다(그림 B-7).

비가공된 텍스트	and	automated	easy	it	learning	machine	makes	to	use
BoW 벡터	0	1	1	0	2	2	1	1	1

그림 B-7 문서를 BoW 표현 방식으로 변환하기

코드 B-8 학습용 문서를 BoW 표현 방식으로 변환하기

```
from sklearn.feature_extraction.text import CountVectorizer
count_vec = CountVectorizer()   ◁─┤ CountVectorizer 객체 생성
X_train_counts = count_vec.fit_transform(doc_train)
```
학습용 텍스트 문서를 토큰별 등장 횟수를 표현하는 행렬로 변환

다음처럼 변환된 학습용 문서의 형상을 출력해보면 열로 학습용 문서가 130,107개의 열로 BoW를 표현하는 행렬이 만들어진 것을 알 수 있습니다.

```
>>> X_train_counts.shape
(11314, 130107)
```

BoW 접근법은 문자열로 표현된 문서 집합을 토큰별 등장 횟수를 표현하는 행렬로 변환하여, 머신러닝 알고리즘에 주입될 수 있도록 만들어줍니다. 하지만 문서 내 단어의 등장 횟수를 그 대로 사용하는 것은 다음과 같은 이유로 별로 좋은 생각이 아닐 수 있습니다.

- 문서마다 길이가 다릅니다. 서로 다른 두 문서에서 같은 횟수만큼 등장하는 동일한 단어가 있을 수는 있 지만, 이 두 단어의 중요도가 동일한 것은 아닙니다.
- 일부 특정 단어('the', 'a' 등)가 비정상적으로 많이 등장할 수 있습니다. 이들이 유독 많이 등장하는 단어 이긴 하지만, 자주 등장하지 않는 단어들보다 별다른 의미를 갖지 않을 수 있습니다.

이 두 문제는 TF-IDF[Term Frequency Inverse Document Frequency]라는 피처 변환 기법으로 해결할 수 있습니다. 이 기법의 핵습은 문서 내 단어의 등장 빈도(보통 횟수)를 해당 단어를 포함한 문서 의 개수로 나눠서 중요도를 평가하는 것입니다. 문서 내 매우 자주 등장하지만, 전체 문서를 대 상으로 볼 때는 그 빈도가 낮은 단어/용어는 해당 문서뿐만 아니라 다른 많은 문서에서도 자주 등장하는 단어보다 해당 문서에서 더 중요한 것으로 간주됩니다.

이 변환은 다음처럼 사이킷런의 **TfidfTransformer** 클래스로 구현할 수 있습니다.

```
from sklearn.feature_extraction.text import TfidfTransformer
tfidf_transformer = TfidfTransformer()
X_train_tfidf = tfidf_transformer.fit_transform(X_train_counts)
```

TF-IDF는 큰 장점이 있지만, 계산이 복잡하고 단어 사이의 의미적 유사성을 포착하는 능력이 떨어지는 몇 가지 문제도 있습니다. TF-IDF를 개선하는 일은 여러분의 숙제로 남겨두겠습니 다. 3장에서 단어 임베딩을 사용하는 또 다른 접근법을 소개했습니다.

이제 다음으로 할 일은 텍스트 분류 모델을 구축하고 준비된 데이터셋을 학습시키는 것입니다. 이어지는 절에서는 이를 위한 두 가지 확률론적 분류 모델을 소개합니다. 두 가지 모두, 텍스트 분류를 포함해 다양한 영역에서 널리 사용되는 근본적인 머신러닝 모델입니다.

B.2.3 로지스틱 회귀 모델로 텍스트 분류 모델 구축하기

첫 번째로 살펴볼 모델은 로지스틱 회귀 모델입니다. 이름만 보면 2장의 선형 회귀 모델과 유 사하다고 생각할 수도 있지만, 실제로는 분류 문제를 위해 설계된 모델입니다. 선형 회귀 모델 과 로지스틱 회귀 모델의 차이점은 출력에 있습니다. 전자는 데이터의 피처에 따른 예측 값을 직접 출력하는 반면, 후자는 로짓logit이라는 것을 출력합니다. 로짓은 $logit(p) = log(\frac{p}{1-p})$로 정의될 수 있는데, 여기서 p는 데이터가 특정 범주에 속할 확률을 의미합니다. 학습용 데이터셋에서 각 범주별 레이블의 빈도를 계산하면 이 확률을 추정할 수 있습니다. 학습할 때 보지 못했던 데이터가 테스트 단계에서 주어지면, 그 데이터가 가진 피처에 따라 각 범주에 속할 확률을 계산하여 가장 높은 확률의 범주에 할당할 수 있습니다.

다중 클래스 분류의 경우, OvO 전략(다중 클래스 SVM과 유사) 또는 1대 나머지one-versus-rest(OvR) 전략을 사용할 수 있습니다. 각 범주 쌍에 대해 분류기 모델을 구축하는 OvO 방식과는 달리, OvR은 범주의 개수만큼의 분류 모델을 구축해야 합니다. 각 분류 모델마다 하나의 범주에 대응하는 것이죠. 그리고 이 모델은 각 범주에 해당하는 데이터를 나머지 *n-1*개의 범주로부터 구별하려는 시도를 통해 학습됩니다. 학습 때 보지 못했던 데이터가 테스트 단계에서 주어지면, *n*개의 분류 모델에 모두 적용하여 해당 데이터의 모든 범주에 대한 확률을 구합니다. 그러면 *n*개의 분류 모델마다 각자 확률을 도출할 것이고, 해당 데이터의 범주는 그중 가장 높은 확률을 도출한 분류 모델의 결과가 곧 해당 데이터의 범주로 예측됩니다.

다음은 다중 클래스에 대한 로지스틱 회귀 분류 모델을 만들고, 전처리된 문서로 학습을 수행하는 방법을 보여줍니다.

```
from sklearn.linear_model import LogisticRegression
lr_clf = LogisticRegression(multi_class='ovr', random_state=42)
lr_clf.fit(X_train_tfidf, label_train)
```

그리고 다음처럼 테스트용 데이터에 대해서도 동일한 변환을 적용하여, 학습된 로지스틱 회귀 모델을 평가할 수 있습니다.

```
>>> from sklearn.metrics import accuracy_score

>>> X_test_counts = count_vec.transform(doc_test)
>>> X_test_tfidf = tfidf_transformer.transform(X_test_counts)
>>> label_pred_test = lr_clf.predict(X_test_tfidf)

>>> lr_acc = accuracy_score(label_test, label_pred_test)
>>> print(f'Test accuracy: {lr_acc * 100:.2f} %')

Test accuracy: 82.78 %
```

테스트용 데이터셋에 대한 정확도가 82.78%로 측정되었습니다. 이번에도 마찬가지로, 좀 더 자세한 분류 결과를 확인하고 싶다면 오차 행렬을 출력합니다.

B.2.4 나이브 베이즈 모델로 텍스트 분류 모델 구축하기

텍스트 분류에서 자주 사용되고, 잘 알려진 또 다른 확률 모델은 나이브 베이즈 모델naive Bayes model입니다. 이 모델은 베이즈 정리Bayes' theorem를 적용하여, 주어진 데이터가 특정 범주에 속할 확률을 계산합니다. 여기서 '나이브naive'라는 단어는 모든 피처가 서로 독립적이라는 가정을 의미합니다. 가령 뉴스 기사의 주제를 분류하는 문제의 경우, 특정 주제(범주) 내에서 등장한 용어들이 서로 독립적인 확률로 등장한다고 가정하는 것이죠. 이러한 가정이 불합리하게 보일 수 있지만, 실제로는 꽤 잘 작동하는 경우가 많습니다.

나이브 베이즈 모델을 적용할 때는 학습 단계에 다음 두 작업을 수행해야 합니다.

- 학습용 데이터셋의 각 범주별 나타나는 각 용어(단어)의 등장 횟수를 세고, 이를 해당 범주에 포함된 총 용어 개수로 나눕니다. 이렇게 얻은 값은 $P(term_i|class_j)$ 확률의 추정치 역할을 합니다.
- 학습용 데이터셋에서 등장한 각 범주의 빈도 수를 셉니다. 이는 $P(class_j)$에 대한 추정치입니다.

나이브 베이즈 모델은 $(term_i, class_j)$의 확률 분포를 다항식 분포로 가정하여, 다중 클래스 분류 문제를 다룰 수도 있습니다. 여기서는 수학적인 세부 사항 대신 사이킷런을 활용한 구현 방법에 집중합니다. 다음은 전처리된 텍스트 데이터로 나이브 베이즈 모델을 학습시키는 방법을 보여줍니다.

```
from sklearn.naive_bayes import MultinomialNB
nb_clf = MultinomialNB().fit(X_train_tfidf, label_train)
```

테스트 단계에서 베이즈 정리를 적용하면 문서의 피처에 기반하여 해당 문서가 각 범주에 속할 확률을 계산할 수 있습니다. 그리고 최종적으로 그중 가장 큰 확률을 가진 범주가 해당 문서에 대해 예측된 레이블이 됩니다. 학습용 데이터에 적용된 것과 동일한 변환을 테스트용 데이터에 적용한 다음, 학습된 나이브 베이즈 분류 모델을 평가하는 방법은 다음과 같습니다.

```
>>> X_test_counts = count_vec.transform(doc_test)
>>> X_test_tfidf = tfidf_transformer.transform(X_test_counts)

>>> label_pred_test = nb_clf.predict(X_test_tfidf)

>>> lr_acc = accuracy_score(label_test, label_pred_test)

>>> print(f'Test accuracy: {lr_acc * 100:.2f} %')

Test accuracy: 77.39 %
```

사이킷런이 지정한 기본 하이퍼파라미터를 사용한 다항식 나이브 베이즈 모델의 테스트용
데이터셋에 대한 최종 정확도로 77.39%를 얻었습니다. 직전에 로지스틱 회귀 모델로 얻은
82.78%보다 약간 낮은 수치입니다. 그러면 주요 하이퍼파라미터 중 일부를 튜닝해서 그 성능
을 높여보겠습니다.

B.2.5 그리드 탐색으로 텍스트 분류 파이프라인 튜닝하기

지금까지 텍스트 분류 파이프라인에 포함 가능한 데이터 처리 요소로 다음 세 가지를 살펴봤습
니다.

- BoW 변환
- TF-IDF 변환
- 분류 모델(로지스틱 회귀 모델/나이브 베이즈 모델)

B.1.6절에서 소개한 것과 동일한 과정을 사용해서 여러 구성 요소의 하이퍼파라미터를 함께
튜닝하기 위해 세 가지 구성 요소를 모두 결합한 순차적 파이프라인을 구축합니다. 우리는 다
항식 나이브 베이즈 분류 모델을 예시로 선택하여, 사이킷런의 학습 파이프라인을 구축하고 튜
닝할 하이퍼파라미터로 다음 세 개를 선택합니다.

- CountVectorizer의 ngram_range: CountVectorizer는 문서 내 각 용어(단어)의 등장 횟수를 계산
  하여 BoW 변환을 수행합니다. 또한 n개의 용어가 연속해서 등장한 횟수를 의미하는 n그램[ngram]을 계
  산하는 능력도 있습니다. 가령 'I love machine learning'이라는 문장에서의 1그램(유니그램[unigram])
  은 'I', 'love', 'machine', 'learning'이 횟수를 셀 대상이 되며, 2그램(바이그램[bigram])은 'I love', 'love
  machine', 'machine learning'이 그 대상이 됩니다.

- **use_idf**: TF 변환 또는 TF−IDF 변환 중 어느 것을 사용할지 결정합니다.
- **alpha**: 다항식 나이브 베이즈 분류 모델의 평활화(매끄러운 정도)를 결정하는 하이퍼파라미터입니다. 나이브 베이즈 모델이 가진 한 가지 문제는 학습용 데이터셋의 특정 범주에 대해 특정 용어가 등장한 문서가 없는 경우($P(term_i|class_j) = 0$), 테스트 단계에서 해당 용어가 포함된 문서를 해당 범주로 할당하지 않는다는 것입니다. 이 문제를 완화하는 일반적인 방법은 평활화 하이퍼파라미터를 도입하여, 이런 용어에 작은 확률을 할당하는 것입니다.

전체 파이프라인을 구축하고 3개의 하이퍼파라미터에 대한 탐색 공간을 정의하는 방법은 다음과 같습니다.

코드 B-9 텍스트 분류용 파이프라인 생성하기

```
text_clf = Pipeline([
    ('vect', CountVectorizer()),
    ('tfidf', TfidfTransformer()),
    ('clf', MultinomialNB()),])    ◁─┤ 파이프라인 정의

hps = {
    'vect__ngram_range': [(1, 1), (1, 2)],
    'tfidf__use_idf': (True, False),
    'clf__alpha': (1, 1e-1, 1e-2),
}    ◁─┤ 검색될 하이퍼파라미터를 선안하고 탐색 공간을 정의
```

그리고 모델의 선택을 위해 그리드 탐색 및 3단 교차 검증을 적용하는 방법은 다음과 같습니다.

```
>>> scoring_fnc = make_scorer(accuracy_score)

>>> grid_search = GridSearchCV(estimator=text_clf,
...                            param_grid=hps,
...                            scoring=scoring_fnc,
...                            cv=3,
...                            verbose=5,
...                            n_jobs=-1)

>>> grid_search = grid_search.fit(doc_train, label_train)
Fitting 3 folds for each of 12 candidates, totalling 36 fits
[Parallel(n_jobs=-1)]: Using backend LokyBackend with 48 concurrent workers.
[Parallel(n_jobs=-1)]: Done 5 out of 36 ¦ elapsed: 7.1s remaining: 43.8s
```

```
[Parallel(n_jobs=-1)]: Done 13 out of  36 ¦ elapsed: 10.0s remaining: 17.6s
[Parallel(n_jobs=-1)]: Done 21 out of  36 ¦ elapsed: 18.2s remaining: 13.0s
[Parallel(n_jobs=-1)]: Done 29 out of  36 ¦ elapsed: 20.2s remaining: 4.9s
[Parallel(n_jobs=-1)]: Done 36 out of  36 ¦ elapsed: 21.6s finished
```

그다음 3개의 하이퍼파라미터로 표현되는 각 파이프라인의 검색 결과는 grid_search.cv_results_을 통해 조회할 수 있으며, 다음처럼 그중 최상의 파이프라인을 얻을 수 있습니다.

```
>>> grid_search.best_params_
>>> best_pipeline = grid_search.best_estimator_

>>> for hp_name in sorted(hps.keys()):
...     print('%s: %r' % (hp_name, grid_search.best_params_[hp_name]))

clf__alpha: 0.01
tfidf__use_idf: True
vect__ngram_range: (1, 2)
```

GridSearchCV 객체의 refit 하이퍼파라미터를 지정하지 않았다면, 최상의 파이프라인은 교차 검증이 끝난 다음에 자동으로 학습용 데이터셋 전체를 사용하여 학습됩니다. 따라서 테스트용 데이터셋에 대한 최상의 파이프라인을 바로 평가할 수 있습니다. 그리고 다음처럼 최종 정확도로 83.44%를 얻은 것을 확인할 수 있는데, 이는 초기에 얻은 77.39%보다 훨씬 더 나은 결과입니다.

```
>>> test_acc = accuracy_score(label_test, label_pred_test)
>>> print(f'Test accuracy: {test_acc * 100:.2f} %')
Test accuracy: 83.44 %
```

이렇게 이미지 및 텍스트 데이터을 분류하는 작업에 접근하는 방법을 살펴봤습니다. 정형 데이터를 다루는 문제로 다시 돌아가서, 상대적으로 더 복잡한 예제를 다뤄보겠습니다.

B.3 정형 데이터 분류: 타이타닉 생존자 식별하기

마지막으로 다룰 예제는 미셸 A. 핀들레이^{Michael A. Findlay}가 편집한 캐글 대회에서 사용된 유명한 타이타닉 데이터셋을 사용합니다. 이 데이터셋은 타이타닉호에 탑승한 1,309명의 승객(학습용 및 테스트용 데이터셋에 각각 891명, 418명 할당)의 이름과 성별 등의 개인정보를 포함합니다. 우리의 목표는 이 데이터셋으로 생존자를 식별하는 모델을 도출하는 것입니다. 그리고 이미 준비가 잘 되어있는 수치형 피처 행렬을 사용하지 않고, 다양한 유형의 데이터가 혼합되고 누락된 값들이 존재할 수 있는 가공되지 않은 야생에 가까운 데이터셋의 전처리 방법을 배울 것입니다. 여기서 설명하는 기법들은 정형 데이터를 다루는 수많은 캐글 대회에서 흔히 볼 수 있는 것으로, 딥러닝이 널리 보급된 오늘날에도 실제 애플리케이션에서 널리 사용되고 있는 것들입니다.

B.3.1 문제 정의 및 데이터 준비하기

이번 절에서는 이진 분류 문제를 다룹니다. 타깃 레이블이 승객의 생존 여부(0 또는 1)를 의미하기 때문이죠. 사용할 데이터는 사이킷런의 내장 API를 통해 접근할 수 있는 OpenML 플랫폼[2]에서 가져옵니다. 그리고 이 API를 호출할 때 **as_frame** 매개변수의 값을 **True**로 설정하면, 다음처럼 데이터를 데이터프레임 형식으로 가져올 수 있습니다.

코드 **B-10** 타이타닉 데이터셋 가져오기

```
from sklearn.datasets import fetch_openml


titanic = fetch_openml(name='titanic', version=1, as_frame=True)
data, label = titanic.data.copy(), titanic.target.copy()


data.head(5)
```

OpenML로부터 타이타닉 데이터셋의 첫 번째 버전을 데이터프레임 형식으로 가져옴

깊은 복사를 통해 데이터의 복사본을 만든 다음, 데이터 처리 작업이 원본 데이터에 영향을 미치지 않도록 함

처음 다섯 명의 승객에 대한 피처를 출력

---

2 호아킨 반쇼렌(Joaquin Vanschoren)이 설립한 OpenML 플랫폼(https://openml.org)은 머신러닝과 데이터 분석을 간단하고 개방적이고 접근성을 높이며 재현할 수 있도록 만들기 위해 데이터, 코드, 모델, 실험 결과를 공유하는 온라인 플랫폼입니다.

처음 5개의 데이터에 대해 가공되지 않은 피처 행렬은 [그림 B-8]과 같습니다.

	pclass	name	sex	age	sibsp	parch	ticket	fare	cabin	embarked	boat	body	home.dest
0	1.0	Allen, Miss. Elisabeth Walton	female	29.0000	0.0	0.0	24160	211.3375	B5	S	2	NaN	St Louis, MO
1	1.0	Allison, Master. Hudson Trevor	male	0.9167	1.0	2.0	113781	151.5500	C22 C26	S	11	NaN	Montreal, PQ / Chesterville, ON
2	1.0	Allison, Miss. Helen Loraine	female	2.0000	1.0	2.0	113781	151.5500	C22 C26	S	None	NaN	Montreal, PQ / Chesterville, ON
3	1.0	Allison, Mr. Hudson Joshua Creighton	male	30.0000	1.0	2.0	113781	151.5500	C22 C26	S	None	135.0	Montreal, PQ / Chesterville, ON
4	1.0	Allison, Mrs. Hudson J C (Bessie Waldo Daniels)	female	25.0000	1.0	2.0	113781	151.5500	C22 C26	S	None	NaN	Montreal, PQ / Chesterville, ON

그림 B-8 타이타닉 데이터 중 처음 5개에 대한 가공되지 않은 피처 행렬

처음 5개의 데이터를 확인해보면, 승객이 13개의 피처로 표현된 것을 알 수 있습니다. 그리고 이 피처들은 서로 다른 유형의 데이터로 기록되어 있죠. 가령 이름(name)은 문자열, 성별(sex)은 범주형, 나이(age)는 수치형 피처입니다. 그러면 머신러닝 알고리즘에 사용하기 위해 데이터셋을 좀 더 살펴보고 준비하는 작업을 해보겠습니다.

B.3.2 데이터 전처리 및 피처 엔지니어링하기

일반적인 세 가지 절차를 통해 정형 데이터를 준비합니다.

- 누락된 데이터 복구하기
- 승객의 이름에 포함된 호칭(Mr., Ms. 등)에 기반한 성별을 추출하는 등 사전 지식에 기반한 피처 추출하기
- 범주형 피처를 수치형으로 인코딩하기

먼저 누락된 값을 확인해보겠습니다. 각 피처의 누락된 값의 개수를 세어보면, 다음처럼 나이(age), 요금(fare), 객실(cabin), 승선 항구(embarked), 구명 보트 탑승 여부(boat), 사망자 확인 번호(body), 승객의 집/목적지(home.dest)에서 누락된 값이 존재하는 것을 알 수 있습니다.

```
>>> data.isnull().sum()
pclass 0
name 0
sex 0
age 263
```

```
sibsp 0
parch 0
ticket 0
fare 1
cabin 1014
embarked 2
boat 823
body 1188
home.dest 564
dtype: int64
```

우리에게 1,309개의 데이터만 있다는 점을 고려하면, 꽤 많은 양의 누락된 값이 존재한다고 볼 수 있습니다. 특히 cabin, boat, body, home.dest에서 다량의 누락된 값이 발견되었죠. 이렇게 많은 양이 누락된 피처의 값들을 잘못 채워넣으면, 오히려 모델의 성능이 저하될 수도 있습니다. 따라서 이 네 가지 피처는 제거하고 나머지 세 가지 피처에 대해서만 누락된 값을 채워넣는 방향을 고려해보겠습니다.

```
data = data.drop(['cabin', 'boat', 'body', 'home.dest'], axis=1)
```

누락된 값을 채워넣는(대치하는) 방법은 여러 가지가 있지만, 다음 세 가지가 가장 일반적입니다.

- 피처 간의 합리적인 상관관계에 기반한 수동 추정: 이 방법은 보통 도메인 전문 지식과 사람의 노동력이 필요하지만, 다른 방법 대비 정확한 편입니다. 가령 embarked 피처값이 누락된 두 승객의 승선 요금을 검사해보면 이들의 승선 항구 위치를 추정할 수 있습니다.
- 통계적 정보의 사용: 누락된 승선 요금 값을 평균 또는 중간값으로 채워넣을 수 있습니다. 편리하고 효율적인 접근법이지만, 때로는 분류에 유용한 특징적인 정보가 손실될 수 있습니다.
- 다른 피처들에 기반한 머신러닝 모델을 사용한 값 추정: age 피처를 타깃으로 두고, 다른 피처들에 대해 회귀 모델을 적용하여 age 피처의 누락된 값을 추정할 수 있습니다. 이 방법은 꽤 강력할 수 있지만, 경우에 따라 학습용 데이터에 과적합될 수도 있습니다. 또한 누락된 데이터를 채워넣는 데 사용된 모델에 의존적이어서, 편향될 수도 있습니다.

fare 및 embarked 피처에는 누락된 값이 많이 없어서 몇 가지 피처 간의 합리적인 상관를 통해 이들을 추정해보겠습니다. 먼저 다음처럼 승선한 항구(embarked)와 등급(pclass)에 따라 요금을 그룹화하여 박스 플롯을 그려봅니다.

코드 B-11 embarked와 pclass로 그룹화된 fares에 대한 박스 플롯 그리기

```
import seaborn as sns    ◁──┤ 박스 플롯을 그리는 데 필요한 패키지를 불러오기
boxplot = sns.boxplot(
    x='embarked', y='fare', data=data,hue='pclass')    ◁──┤ 박스 플롯을 그리기
boxplot.axhline(80)    ◁──┤ 요금이 $80인 위치에 수평선을 그리기
boxplot.set_title(
    'Boxplot of fare grouped by embarked and pclass ')    ◁──┤ 타이틀 추가
boxplot.text(                                                              범례 추가 │
    x=2.6, y=80, s='fare = $80', size='medium', color='blue', weight='bold')    ◁──┘
```

이렇게 그려진 [그림 B-9]로부터 같은 항구에서 승선했더라도 요금에는 큰 차이가 있다는 사실을 알 수 있습니다. 그 대신 요금은 등급과 밀접한 관련이 있습니다.

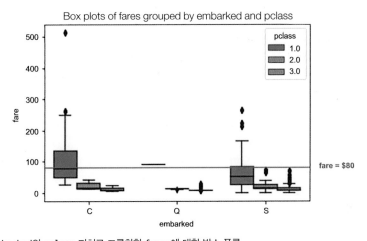

그림 B-9 embarked와 pclass 피처로 그룹화한 fares에 대한 박스 플롯

embarked 피처이 누락된 승객을 확인해보면 두 승객 모두 등급이 일등석이고 승선 요금으로 $80을 지불한 것을 알 수 있습니다(그림 B-10).

```
>>> data[data['embarked'].isnull()]
```

	pclass	name	sex	age	sibsp	parch	ticket	fare	embarked
168	1.0	Icard, Miss. Amelie	female	38.0	0.0	0.0	113572	80.0	NaN
284	1.0	Stone, Mrs. George Nelson (Martha Evelyn)	female	62.0	0.0	0.0	113572	80.0	NaN

그림 B-10 embarked 피처가 누락된 승객

$80 기준선은 $80의 요금을 지불한 일등석 승객이 C 항에서 승선했을 가능성이 높다는 것을 나타냅니다. 따라서 이 두 승객의 누락된 embarked 피처를 다음처럼 C로 채울 수 있습니다.

```
>>> data['embarked'][[168, 284]] = 'C'
```

마찬가지로 이번에는 fare 피처가 누락된 승객을 확인합니다(그림 B-11).

```
>>> data[data['fare'].isnull()]
```

	pclass	name	sex	age	sibsp	parch	ticket	fare	embarked
1225	3.0	Storey, Mr. Thomas	male	60.5	0.0	0.0	3701	NaN	S

그림 B-11 fare 피처가 누락된 승객

이 승객은 3등석으로 여행 중이었으며, S 항에서 승선했습니다. 이 정보를 통계 정보와 결합하면, 다음처럼 S 항에서 동일한 등급으로 승선한 승객들이 지불한 요금의 중간값으로 누락된 값을 채워넣을 수 있습니다.

```
>>> data['fare'][1225] = data.groupby(
...            ['embarked', 'pclass'])
...            .get_group(('S', 3))['fare']
...            .median()
```

그리고 마지막에 누락된 age는 통계적인 중간값을 사용하여 누락된 값들을 바로 채워넣습니다.

```
>>> data['age'].fillna(data['age'].median(skipna=True), inplace=True)
```

누락된 데이터를 모두 처리한 다음 할 일은 상식에 기반하여 피처를 추출하는 것입니다. 여기서 우리가 살펴볼 피처는 **name**입니다. 처음에 이 피처의 값들을 보면, 값들이 중구난방이고 쓸모없어 보일지도 모릅니다. 하지만 이름에는 Mr., Mrs., Master 등과 같은 호칭을 표현하는 문자열들이 포함된 것을 알 수 있습니다. 그리고 이를 통해 결혼 여부, 사회적 지위 등을 추정할 수 있겠죠. 먼저 다음처럼 호칭을 추출하여, 각 호칭별 빈도를 살펴봅니다.

```
>>> data['title'] = data['name'].str.extract(' ([A-Za-z]+)\.', expand=False)
>>> data['title'].value_counts()
Mr          757
Miss        260
Mrs         197
Master       61
Rev           8
Dr            8
Col           4
Major         2
Ms            2
Mlle          2
Capt          1
Don           1
Mme           1
Countess      1
Dona          1
Lady          1
Jonkheer      1
Sir           1
Name: title, dtype: int64
```

머신러닝 입장에서 볼 때 'Ms'와 'Miss'처럼 일부 호칭은 유사한 의미를 지니고 있습니다. 따라서 이런 것들을 통일시킬 수 있습니다. 그리고 매우 드물게 등장한 일부 호칭들은 rare라는 하나의 호칭으로 취합하는 것이 좋습니다. 다음은 여덟 번 이하로 등장한 호칭들을 rare로 통합하는 방법을 보여줍니다.

코드 B-12 유의어를 통일하고 자주 등장하지 않는 것은 rare로 대치하기

```
data['title'] = data['title'].replace('Mlle', 'Miss')
data['title'] = data['title'].replace('Ms', 'Miss')      같은 의미의 호칭을 통일하기
data['title'] = data['title'].replace('Mme', 'Mrs')
```

```
data['title'] = data['title'].replace(
['Lady', 'Countess','Capt', 'Col','Don', 'Dr',
'Major', 'Rev', 'Sir', 'Jonkheer', 'Dona'], 'Rare')
```
◁── 드물게 등장하는
호칭들을 rare로 통합하기

```
data = data.drop(['name'], axis=1)
```
◁── 원래의 name 열을 제거하기

호칭을 추출한 다음 처음 5개의 데이터를 다시 확인해봅니다(그림 B-12).

```
>>> data.head(5)
```

	pclass	sex	age	sibsp	parch	ticket	fare	embarked	title
0	1.0	female	29.0000	0.0	0.0	24160	211.3375	S	Miss
1	1.0	male	0.9167	1.0	2.0	113781	151.5500	S	Master
2	1.0	female	2.0000	1.0	2.0	113781	151.5500	S	Miss
3	1.0	male	30.0000	1.0	2.0	113781	151.5500	S	Mr
4	1.0	female	25.0000	1.0	2.0	113781	151.5500	S	Mrs

그림 B-12 누락된 값을 채우고 이름의 호칭을 추출한 다음 출력한 처음 5개의 데이터

마지막 단계는 성별(sex), 승선 항구(embarked), 호칭(title) 등 범주형 피처를 수치형으로 변환하는 것입니다. 일부 머신러닝 라이브러리는 문자열 값을 가진 피처를 범주형으로 즉시 처리할 수 있지만, 설명을 명확하게 하기 위해 전처리를 직접 진행해보겠습니다. 이런 피처들을 변환하는 직관적인 방법은 정수로 인코딩하는 것입니다. 이 방법은 성별처럼 범주가 많이 없는 피처에는 적합하지만, 모델의 성능에 큰 영향을 미칠 수도 있습니다. 숫자로 변환된 값에 원래는 존재하지 않았던 순서 관계$^{ordinal\ relationship}$가 발생하기 때문입니다. 널리 사용되는 또 다른 방법은 원-핫 인코딩입니다. 원-핫 인코딩에는 정수 인코딩이 가진 문제는 없지만, 지나치게 많은 피처가 생성되어 효율성을 낮출 수 있다는 다른 문제가 존재합니다. 원-핫 인코딩은 범주형 피처를 N개의 이진 범주형 피처로 재구성하는데 여기서 N개의 신규 피처는 원본 범주형 피처가 가진 N개의 범주를 표현합니다. 각 데이터(승객)에 대해 N개의 신규 피처 중 하나만 1로 설정하고, 나머지는 0으로 설정합니다. 가령 여성과 남성 승객의 성별 피처는 각각 [1, 0]과 [0, 1]로 재구성될 수 있는데, 이 벡터의 첫 번째 요소는 여성, 두 번째 요소는 남성임을 나타내는 데 쓰입니다. 다음은 모든 범주형 피처에 대해 원-핫 인코딩을 적용하는 방법을 보여

줍니다.

코드 B-13 범주형 데이터에 대해 원-핫 인코딩 적용하기

```
import pandas as pd
encode_col_list = ['sex', 'embarked', 'title']
for i in encode_col_list:
    data = pd.concat(
        [data, pd.get_dummies(data[i], prefix=i)],axis=1)    ◁── 원-핫 인코딩 수행하기
    data.drop(i, axis = 1, inplace=True)    ◁── 원본 피처 제거하기
data.drop('ticket', axis = 1, inplace=True)    ◁── ticket 피처는 너무나도 많은 범주가
                                                    포함되어 있으므로 제거하기
```

ticket 피처가 범주형 피처이긴 하지만, 인코딩을 하지 않고 제거했다는 사실에 주목합니다.
그 이유는 해당 피처에 지나치게 많은 범주(고윳값)가 존재하기 때문입니다. 다음 코드를 통
해 알 수 있듯이 ticket에는 총 929개의 범주가 존재하죠.

```
>>> data['ticket'].describe()
count        1309
unique        929
top CA.      2343
freq           11
Name: ticket, dtype: object
```

이렇게 해서 얻은 최종 데이터는 15개의 피처로 구성됩니다(그림 B-13).

	pclass	age	sibsp	parch	fare	sex_female	sex_male	embarked_C	embarked_Q	embarked_S	title_Master	title_Miss	title_Mr	title_Mrs	title_Rare
0	1.0	29.0000	0.0	0.0	211.3375	1	0	0	0	1	0	1	0	0	0
1	1.0	0.9167	1.0	2.0	151.5500	0	1	0	0	1	1	0	0	0	0
2	1.0	2.0000	1.0	2.0	151.5500	1	0	0	0	1	0	1	0	0	0
3	1.0	30.0000	1.0	2.0	151.5500	0	1	0	0	1	0	0	1	0	0
4	1.0	25.0000	1.0	2.0	151.5500	1	0	0	0	1	0	0	0	1	0

그림 B-13 타이타닉 데이터셋의 처음 5개 데이터에 대한 최종 피처 정보

마지막으로, 다음처럼 데이터를 학습용 및 테스트용 데이터셋으로 분할합니다. 분할 기준으로
891이 쓰인 이유는 캐글 대회의 데이터 분할 기준을 따랐기 때문입니다.

```
>>> X_train, X_test, y_train, y_test = data[:891], data[891:], label[:891], label[891:]
```

이렇게 전처리가 끝났습니다. 그러면 준비된 타이타닉 데이터셋을 머신러닝 알고리즘에 적용해볼 차례입니다.

B.3.3 트리 기반 분류 모델 구축하기

딥러닝이 등장하기 전까지는 트리 기반 모델이 정형 데이터를 가장 잘 분류했습니다. 여기서는 세 종류의 트리 기반 분류 모델을 소개합니다. 첫 번째는 2장에서 본 것과 유사한 일반 결정 트리 모델이며, 나머지 2개는 분류의 정확도를 높이기 위해 여러 결정 트리를 집단적으로 활용하는 앙상블 모델에 대한 것입니다.

2장의 캘리포니아 주택 가격을 예측했던 예제에서는 회귀 작업을 수행하기 위한 결정 트리 모델을 만들었습니다. 그리고 해당 코드를 약간 수정하면, 분류 문제를 위한 결정 트리 모델도 구축할 수 있습니다. 즉 트리가 가지를 쳐나갈 분할 기준을 회귀 성능 측정에서 분류 성능 측정으로 변경하고, 예측 방식도 다음처럼 변경해야 합니다.

- 회귀 문제에서는 각 노드가 분할된 품질을 측정하는 분할 기준을 MSE로 두었습니다. 이번에는 노드 분할로 얻은, 분류에 유용한 정보 이득^{information gain}을 측정하는 엔트로피^{entropy}라는 기준을 사용합니다. 이 책에서는 엔트로피의 수학적인 정의를 다루지는 않습니다.
- 회귀 문제에서는 테스트용 데이터를 입력하여, 마지막 리프(이파리) 노드에서 얻은 값의 평균을 계산하여 예측 값을 구했습니다. 이번에는 예측된 레이블의 평균 정확도를 사용합니다.

사이킷런을 사용하면 결정 트리 분류 모델을 쉽게 구현할 수 있습니다.

코드 B-14 타이타닉 데이터셋에 대한 결정 트리 분류 모델 만들기

```
from sklearn.tree import DecisionTreeClassifier
dt_clf = DecisionTreeClassifier(
    criterion='entropy', random_state=42)  ◁─┐ 엔트로피를 분할 기준으로 설정하여
                                              └ 결정 트리 분류 모델을 만들기
dt_clf.fit(X_train, y_train)
```

테스트용 데이터셋에 대해 측정된 정확도는 다음과 같습니다.

```
>>> from sklearn.metrics import accuracy_score
>>> y_pred_test = dt_clf.predict(X_test)
>>> acc = accuracy_score(y_test, y_pred_test)
>>> print('Test accuracy: {:.2f} %'.format(acc * 100))
Test accuracy: 71.05 %
```

그러면 이번에는 앙상블 학습$^{\text{ensemble learning}}$ 기법으로 고급 결정 트리 기반 모델을 2개 더 만들어 보죠. '백지장도 맞들면 낫다'는 속담처럼, 군중의 지혜는 사람뿐 아니라 머신러닝 모델에서도 많은 경우에 적용될 수 있습니다. 앙상블 학습이란 더 나은 예측을 달성하기 위해 여러 머신러닝 모델을 통합하는 과정을 말합니다. 다음은 앙상블 학습을 사용하는 두 가지 대표적인 트리 기반 알고리즘입니다. 캐글 대회에서 가장 많이 활용되는 모델이기도 하죠.

- 랜덤 포레스트$^{\text{random forest}}$: 여러 결정 트리를 동시에 구축하고, 각 트리의 예측 결과(투표)를 공동으로 고려하는 접근법입니다. 트리의 개수를 선택할 수 있고, 각 트리마다 분할 기준 및 최대 깊이와 같은 하이퍼파라미터를 조정할 수 있습니다.
- 그레이디언트 부스팅 결정 트리$^{\text{gradient-boosted decision tree}}$(GBDT): 여러 결정 트리는 순차적으로 구축하고, 이전까지의 앙상블이 잘못 분류하거나 약했던 부분을 보완할 수 있는 방향으로 새로운 트리를 구축합니다. 트리의 개수, 최종적으로 얻은 앙상블 모델을 구성하는 각 트리마다의 상대적인 기여도(learning_rate 하이퍼파라미터), 개별 트리의 하이퍼파라미터를 제어할 수 있습니다.

두 분류 모델 모두 sklearn.ensemble 모듈로부터 가져올 수 있습니다. 다음은 타이타닉 데이터셋을 각 모델에 적용하는 방법을 보여줍니다.

코드 B-15 타이타닉 데이터셋에 랜덤 포레스트 및 GBDT 알고리즘 적용하기

```
from sklearn.ensemble import RandomForestClassifier, GradientBoostingClassifier

rf_clf = RandomForestClassifier(
    n_estimators=100, random_state=42)     랜덤 포레스트 랑록리즘을
rf_clf.fit(X_train, y_train)               학습시키고 검증하기
y_pred_test = rf_clf.predict(X_test)
acc_rf = accuracy_score(y_test, y_pred_test)

gbdt_clf = GradientBoostingClassifier(n_estimators=100, random_state=42)
gbdt_clf.fit(X_train, y_train)             GBDT 알고리즘을 학습시키기고 검증하기
y_pred_test = gbdt_clf.predict(X_test)
acc_gbdt = accuracy_score(y_test, y_pred_test)
```

두 모델이 최종적으로 얻은 성능은 우리가 이전에 얻은 71.05%보다 좋습니다. 그리고 GBDT 모델이 랜덤 포레스트 모델보다 약간 더 성능이 좋은것으로 측정되었습니다.

```
>>> print(f'Random forest test accuracy: {acc_rf * 100:.2f} %')
>>> print(f'GBDT test accuracy: {acc_gbdt * 100:.2f} %')
Random forest test accuracy: 72.01 %
GBDT test accuracy: 72.97 %
```

한편 그리드 탐색을 사용하면 3개의 알고리즘마다 하이퍼파라미터를 튜닝할 수도 있습니다. 이 내용은 여러분을 위해 남겨두겠습니다. 직접 코드를 작성하면서 실습해보기 바랍니다.

INDEX

INDEX

INDEX

INDEX